지방재정의 이론과 실제

김 정 완

도서출판 대영문화사

Theory and Practice of Local Finance in Korea

by

Jeong Wan Kim

(Professor of Public Administration, Daejin University)

Daeyoung Moonhwasa Press, 2009

Printed in Korea

머리말

1995년 민선자치단체장의 선출과 함께 지방자치가 본격적으로 시작된 우리나라에서는 분권화와 지방화라는 시대적 흐름이 더해지면서 지방재정에 대한 관심과 논의가 급증했다. 그 결과 지방재정 연구는 기존의 재정학이나 지방행정론의 하부 학문에서 벗어나 독자적인 연구 영역을 넓혀가는 학문 분야로 성장해 왔다.

저자 역시 1994년 행정학 박사학위를 받고 초보 연구자로서 학계에 발을 들여놓은 이래로, 지역 연구소와 대학에서 당시 지방재정의 과제와 연구 동향을 파악하는 데 주력해 왔다. 지방재정 연구에 동참하여 선배 연구자들의 연구 방법을 원용하고 나름대로의 연구 영역을 개척하기 위해 노력해 왔다.

1994년 최초의 발표 논문은 「지방세의 지역 간 불균형」이었고 이를 바탕으로 지역 간 형평성 제고를 위한 지방재정조정제도의 역할을 강조했다. 그 후 형평성 위주의 지방재정조정제도의 운용은 지방자치단체의 도덕적 해이를 야기할 수 있다는 점에서 자구 노력 진작을 위한 인센티브제도의 중요성을 언급한 바 있다. 또한 모든 제도가 시대적이고 환경적인 요인에 영향을 받듯이 지방재정조정제도 또한 새로운 책무를 띠게 된다는 점을 제시했다. 실제로 우리나라에서는 직주분리(職住分離) 현상이 심하기 때문에 지역생산의 역외 유출입이 광범위하게 발생할 수 있다는 점에 착안하여 지역별 지역생산의 역외 유출입 현황 파악하고 지역 간 자원 배분의 효율성 관점에서 이를 보전하기 위한 지방재정조정제도의 운용 방향을 제시한 바 있다.

이 밖에도 1990년대 중반기 WTO 출범과 함께 국가산업의 경쟁력 제고를 위한 SOC 확충의 필요성이 제기되는 시점에서는 지역 개발을 위한 민간자본과 해외자본 유치의 필요성과 함께 지역 균형개발이라는 관점에서 정부가 추진했던 민간자본 및 해외 차관의 운용에 관한 정책대안을 제안한 바 있다.

2000년대 접어들면서 민선자치단체들의 방만한 재정 운용으로 재정건전성 침해를 비롯한 정부실패가 야기됨에 따라 지방정부의 적정 채무 규모 추정, 주민참여예산제도, 시장경제 메커니즘의 도입 등에 관한 연구를 진행했다.

그동안의 연구들을 일정한 틀(framework)에 의해 정리해 볼 필요성을 인식한 후에 기존 연구들에 대한 선정 작업과 함께 통계의 업데이트를 시도했다. 제1부 지방재정이론, 제2부 지방세, 제3부 지방재정조정제도, 제4부 지방재정관리, 제5부 지역 개발과 지방재정의 총 5개 부에 14개 주제를 선정했다. 대부분이 기존 전국 규모 학회지에 발표된 논문들이고 여기에 몇 개의 주제를 새로이 집필하여 보완했다. 2000년 이전의 통계는 최근 자료로 업데이트했고 그동안 제도 변화가 이루어진 경우에는 변천 과정을 소개함으로써 독자들에게 편의를 제공하고자 했다.

현재 지방재정에 관한 훌륭한 교과서가 다수 출판된 상황에서 학계에 조금이나마 보탬이 될 수 있는 방안을 고심하다가 이 책의 출간을 결심했다. 결심을 실행으로 옮기는 과정에서 더 많은 고민을 했다. 교과서에 비해 수미일관성이 떨어지는데다가 저자의 주관이 많이 개입되고 다소 난해한 부분이 포함될 수 있다는 우려를 떨칠 수 없었기 때문이다.

다행히 몇 개의 주제를 첨가함으로써 전체적인 틀을 어느 정도 갖추게 되었으나 아직도 미비한 점이 많아 송구스러울 따름이다. 단지 국내에 아직 지방재정에 관한 전문서적이 출간되지 않았기 때문에 희소성이 있을 수 있다는 점에 위안을 삼고 싶다.

그럼에도 불구하고 이 저서의 출간에 즈음하여 학회에서 처음으로 논문을 발표할 때와 같은 두려움과 긴장감을 금할 수 없다. 오로지 집을 짓는 데 벽돌 하나를 쌓는다는 심정이다. 향후 지방재정 연구에 조그만 보탬이라도 되었으면 한다. 이 저자의 연구가 결실을 맺기까지는 선배 연구자들의 선행 연구가 많은 도움을 주었다. 선행 연구의 방법론을 모방하는 데서

부터 걸음마를 배우듯이 한 단계씩 발전시켜 왔다. 앞으로도 동도제현(同途諸賢)의 아낌없는 지도 편달을 부탁드린다.

이 저서의 출간에 즈음하여 저자에게 사표(師表)가 되어 주신 한국방송통신대학교 임용주 박사님과 전남대학교 김성기 박사님께 감사의 말씀을 올린다. 그리고 어려운 여건 속에서도 저자가 학자의 길을 걸을 수 있도록 독려해 주신 큰형님 내외분께 감사드리며 아내와 두 아들 진석과 민석에게도 고마움을 표한다. 그리고 난해한 부분까지 세심하게 교정을 봐준 백재환 조교와 이은혁 조교에게 감사의 뜻을 전한다. 끝으로 전문서적이라는 한계에도 불구하고 새로운 학술이론의 보급이라는 순수한 학문적 동기에서 출간을 흔쾌히 수락해 주신 도서출판 대영문화사 임춘환 사장님과 관계자 여러분께 깊은 사의를 표한다.

2009년 8월
왕방산 기슭 연구실에서
저자 씀

차 례

제 2 부 지방세

제 3 부 지방재정조정제도

제 5 부 지역개발과 지방재정

제 1 부 지방재정이론

제 1 장 I 공공선택론과 지방재정

제 1 장 공공선택론과 지방재정

제1절 서 론

1 연구 목적

그동안 지방재정에 대한 연구는 기술적(記術的)인 측면에 치중해 지방재정제도에 대한 소개와 단편적인 개선 방안을 제시하는 데 중점을 두었다. 이러한 학문적 경향은 지방재정 연구가 재정학이나 행정학의 하부 학문 분야 수준에 안주했던 학문적인 위계에서 비롯되었다. 그러나 분권화와 지방화의 시대적 흐름 속에서 지방정부의 역할이 커지고 지방재정의 중요성이 부각되면서 독자적인 학문 분야로서 학문적 위상이 제고되고 있다. 따라서 이러한 학문적 요구에 걸맞은 이론 체계를 구축하는 것이 지방재정의 당면 과제이다. 지방재정 연구가 독자적인 학문으로서 위상을 갖추기 위해서는 현실적인 기술성(art)과 함께 보편적인 이론 체계를 구축해 가는 과학성(science)을 추구해야 한다.

이와 더불어 지방재정 연구는 다른 학문 분야에 비해 실천적이고 처방적인 지식을 더 많이 요구하고 있다. 지방재정의 문제점에 대한 진단과 함께 개선 방안을 필요로 한다. 이는 응용 학문으로서의 지방재정론의 특성에서 비롯되었다. 이러한 실천성과 처방성은 과학성을 전제하기 때문에 이론적인 틀에 기초한 과학성이 추구해야 한다. 이를 위해 지방재정에 대한 다양한 이론 체제와 이에 기초한 접근 방법이 마련되어야 한다.

이 장에서는 주류 재정학의 공공재정론과 전통 행정학의 관료제 모형에 바탕을 두고 있는 기존 지방재정 연구의 대안으로 새로이 부각되고 있는 공공선택론을 제시하고자 한다. 공공선택론은 중앙집권적이고 관료제 중심적인 기존 지방재정 운영에 대해 새로운 틀을 제공하게 된다. 또한 이 연구는 공공선택론에 의한 기존 지방재정 운용 방식을 평가하고 새로운 접근 방법을 제시한다. 이와 더불어 그동안의 지방재정 연구는 비록 단편적이지만 다양하고 심층적인 연구 경험들이 축적되어 있기 때문에 공공선택론이라는 이론적인 맥락에 의해 재정비하는 과정으로 이루어지게 된다.

2 공공선택론의 이론모형

공공선택론[1]은 방법론적 개체주의(methodological individualism)에 입각하여 전통적인 관료조직의 규모와 구조, 서비스 전달 체제, 의사전달 과정 등을 비판하고 대안적인 개혁 방안을 제시한다. 공공선택론은 합리적인 선택 과정을 통해 자신의 효용(utility)을 극대화하고자 하는 자기 이익 추구적인(self-interested) 개인을 분석 대상으로 하는 방법론적 개체주의(methodological individualism)를 취한다(Harmon & Mayer, 1986: 241). 이러한 방법론적 개체주의는 정부 부문을 구성하는 기본 단위를 원자적 개

---

1) 공공선택론은 비시장적 의사결정 과정에 대한 경제적 연구 혹은 정치학에 대한 경제학의 적용이라고 정의된다. 공공선택론은 1963년 정치이론과 경제이론이 교차되는 영역의 문제에 관심 있는 정치학자와 경제학자의 모임에서 탄생했다. 이들은 집단적이고 정치적 또는 사회적인 의사결정에 경제학적인 사고방식을 적용하는 문제에 관심을 가졌다. 이러한 공공선택론의 연구 대상은 국가론·투표규칙·투표 행태·정당정치·관료제 등 공적 관심이며 방법론은 경제학적 접근을 지향한다. 공공선택론은 공공 부문에서의 의사결정이 이루어지는 메커니즘에 관한 연구와 그에 대한 발전적인 대안을 제시해 준다.

인으로 보고, 개인의 속성을 자신의 선호나 효용을 중요시하는 존재로 규정하며, 이러한 자신의 가치를 의사결정 과정에서 극대화하고자 하는 합리적인 존재로 보고 있다.

이러한 공공선택론은 개인적이고 자유주의적인 관점에서 공공 부문의 문제점(정부실패)을 분석하고 제도 개선을 제시한다. 대외적으로는 민간부문에 대한 정부의 지나친 개입이나 팽창을 축소하고 민간 부문의 자율성과 창의성을 최대한 보장하고자 한다. 대내적으로는 서비스 전달 체계 및 조직설계에서 권위적 요소를 배제하고 경쟁과 자율성을 보장할 수 있는 조직모형을 선호한다.

이와같이 공공선택론은 실증적 측면에서는 비대해 있고 낭비적이면서 억압적인 정부 부문의 관료제 조직모형(Leviathan)을 비판하고, 규범적인 측면에서는 대안적인 처방을 제시한다. 오스트롬(V. Ostrom)에 의하면 공공 부문의 관료제는 첫째, 다양한 수요에 대한 반응성이 낮고, 둘째 수익자들에게 높은 사회적 비용을 부과하고, 셋째 수요와 공급이 불균형을 이루고, 넷째 공공 서비스에 대한 무상수혜(free-ride)와 외부효과(externality)를 방지하지 못함으로써 공공 서비스를 잠식시키고, 다섯째 공적 행동이 그 목적에서 일탈하는 것을 방지하거나 통제하지 못할 뿐만 아니라 실수가 내재해 있고, 여섯째 치료적인 행위가 문제를 개선하기보다는 악화시키는 등의 상황에 이르렀다(Ostrom, 1971: 64).

이러한 한계에 대해 공공선택론은 방법론적 개체주의의 가정에 입각하여 규범적인 처방을 제공하고 있다. 처방의 기본적인 관점과 함께 이에 부합되는 대안을 제시한다. 공공선택론은 그 규범적인 전제를 다음과 같이 네 가지로 요약된다. 첫째, 모든 개인은 공적인 활동에 참여할 수 있는 자격을 부여받고 있다는 평등주의적(eqalitarian) 가정, 둘째 중요한 결정은 모든 구성원들이 고려해야 한다는 것, 셋째 명령권은 최소한도로 억제되어야 한다는 것, 넷째 관리자의 지위는 지배자(master)에서 책임자로 전환하는 것 등을 내용으로 한다(Ostrom, 1971: 80).

오스트롬은 공공선택론의 규범적인 전제와 현대 정치경제학자들과 고전적인 민주행정이론가들의 연구를 토대로 하여 전통적인 정부조직 형태인 관료제 문제를 해소하기 위한 민주행정의 조직 원리를 제시한다.

첫째, 행정조직의 최종적인 의사결정자들은 일반인과 마찬가지로 부패할 가능성이 있기 때문에 권한의 행사를 통제하고 제한할 수 있도록 분산되어야 한다.

둘째, 공공재와 서비스의 이용자들은 행정적인 규칙에 대해 관심을 갖기 때문에 정치행정 이원론은 타당하지 않다(Ostrom, 1971: 63).

셋째, 단일조직보다는 복합적인 조직구조가 건전하고 민주적인 경쟁을 진작시킨다(Ostrom, 1971: 81).

넷째, 민주행정의 목적은 능률성을 확보하는 데 있으며, 능률성은 고전적 의미의 투입과 산출의 비율뿐만 아니라 고객의 다양한 선호의 반영도까지 포함한다(Ostrom, 1974: 112).

제 2 절 전통적인 공공재정론

1 시장실패와 공공재정

스미스(A. Smith)는 '보이지 않는 손(invisible hand)'이라는 가격기구에 의해 시장경제에서 수요과 공급이 일치하고 자원이 최적 배분된다는 점을 제시했다. 효용을 극대화하고자 하는 소비자와 이윤을 극대화하고자 하는 생산자가 시장경제에서 교환과 경쟁 과정을 통해 수급의 일치와 자원 최적 배분이 달성될 수 있다는 것이다. 자원 최적 배분은 파레토(V. Pareto)가 제시한 개념으로 자유로운 시장경제에서 가격기구를 매개로 하여 교환이 이루어지는 경우 어느 누구도 부당하게 손해보지 않고 이득을 보이지 않을 정도의 완벽하게 경제 정의가 이루어진 상태를 의미한다. 이러한 자원 최적 배분(pareto optimum) 상태는 다른 사람의 후생을 감소시키지 않고는 한 사람의 후생을 증가시킬 없는 수준의 자원 배분 상태를 의미하며 이는 시장경제의 가격 메커니즘에 대한 신뢰에 기반을 두고 있다.

먼저 소비자는 상품 구매를 결정할 때 자신의 효용을 극대화시킬 수 있도록 자신의 구매력을 배분한다. 배분된 구매력은 소비를 위한 지불 용의(willing to pay) 가격을 의미하고 구매력의 지불 용의 여부는 소비를 통해 얻을 것으로 예상되는 한계효용의 크기에 의해 결정된다. 따라서 시장가격이 지불 용의 가격에 비해 낮으면 소비를 확대하고 높으면 축소하게 된다.

반면에 생산자(기업)는 이윤을 극대화하는 방향에서 생산활동을 하게 된다. 생산자는 한계수입(가격)과 한계비용(생산비)을 비교하여 한계수입이 한계비용을 초과할 때 생산활동을 시작하고 완전경쟁 시장에서는 장기적으로는 양자가 일치하는 선에서 생산활동을 지속하게 된다.

이상을 종합할 때 수요 측면에서는 가격(P)=한계효용(MU)에 의해 균형이 이루어지고 공급 측면에서는 가격(P)=한계비용(MC)에 의해 균형이 형성된다. 수요와 공급을 동시에 고려할 때 가격을 중심으로 하여 수요와 공급은 균형을 이루고(MU=P=MC), 이 점에서 소비자와 생산자 모두 자신의 효용과 이윤을 극대화함으로써 자원 최적 배분 상태를 달성한다.

이러한 상황에서는 정부의 경제적인 측면의 시장개입이 불필요하다. 그러나 현실에서는 가격기구의 불안정으로 말미암아 자원 최적 배분의 왜곡 현상이 나타나고, 이러한 시장실패(market failure)를 치유하기 위해 공공부문의 경제활동으로서 공공재정이 필요하게 된다. 시장실패를 야기하는 요인에는 불완전경쟁시장・외부효과・공공재가 있다. 이중 불완전경쟁시장의 조정과 외부효과(externality)의 내재화는 독과점 폐해를 막기 위한 경제 규제와 각종 범칙금이나 부담금의 징수와 관련된 사항으로 주로 중앙정부[2)]가 담당한다. 따라서 지방정부 수준의 재정활동은 공공재의 공급과 재

---

2) 이 밖에도 중앙정부의 재정활동은 소득재분배와 경제 발전 기능을 담당한다. 실제로 머스그레이브(R. Musgrave)는 공공재정의 역할을 자원 최적배분・경제 발전・소득재분배의 기능으로 규정하고 있다. 공공재정의 세 가지 기능 중에서 경제 발전과 소득재분배는 주로 중앙재정이 담당하고 자원 최적 배분 기능은 지방재정이 담당한다. 중앙재정은 거시경제의 안정과 국가적 관점에서의 지역 균형 개발과 균형 있는 복지 수준의 확보에 중점을 둔다. 자원 최적배분 기능에는 불완전시장에 의한 독과점 해소, 외부효과의 내재화, 공동소비 현상의 편익과 비용 간의 합치 등이 포함되어 있다. 지방재정은 이러한 자원 최

원 조달이 대부분을 차지한다.

2 공공재정의 역할

한 국가경제(지역경제)에서 필요로 하는 재화나 서비스의 대부분은 시장경제에서 거래된다. 시장경제에서 거래되는 재화와 서비스는 배제성(排除性)과 경합성(競合性)의 적용을 받는다. 배제성이란 대가를 지불하지 않은 사람은 그 재화나 서비스로부터 제외되는 것을 말하고, 경합성이란 한 사람의 경제활동이 다른 사람의 경제활동에 영향을 미치는 것을 뜻한다. 이러한 재화와 서비스는 사적 재(私的財) 혹은 민간재라고 하며 국가경제의 대부분을 차지하고 있다.

그러나 국가경제에 필요한 재화나 서비스 중에서 배제성과 경합성을 적용받지 않는 것이 있다. 치안・도로・공원・환경・교육 등이 이에 속한다. 이들 중에서 치안을 예를 들면 치안 관련 경비(조세)를 부담하지 않았다고 해서 치안 서비스에서 제외시킬 수 없고 한 사람이 치안 서비스를 받는다고 해서 다른 사람의 몫을 감소시키지 않는다. 이러한 재화나 서비스는 대가 지불 여부와 관계없이 모두가 동일한 수준의 혜택을 보는 공동소비 현상을 내포하고 있다는 점에서 공공재(public goods)[3]라고 한다. 이러한 공공재를 시장경제에 일임하는 경우 모든 소비자들은 이용에 대한 대가를 지불하지 않으면서 이익만을 보려고 하는 무상수혜자(無償受惠者, free rider) 행태를 보인다. 바로 이때 경제적 가치가 생산자에서 소비자에게로 편중되는 양상의 자원 최적 배분의 왜곡 현상이 나타나게 된다. 이는 경제 정의 훼손으로서 시장실패의 대표적인 유형에 속한다. 이러한 시장실패의 상황

적 배분 기능 중에서도 공동소비 현상에 의한 자원 최적 배분의 왜곡 상태를 해소하고 원활한 지방 수준의 지방 공공재 공급 기능을 담당한다.

3) 공공재는 두 가지 의미를 내포하고 있다. 한편으로는 공동소비 현상을 내포하고 있는 재화나 서비스를 뜻하고, 다른 한편으로는 공공소비 현상에 의한 무임승차(free ride)로 말미암아 시장경제 대신에 공공 부문이 공급하고 조세에 의해 그 대가를 지불하는 재화나 용역을 의미하기도 한다.

에서 공공재를 시장경제에 일임하는 경우 생산자는 원가 회수가 불가능하기 때문에 손해를 보게 되고 생산은 중단된다.

그러나 공공재는 국가경제(지역경제)에 필수적인 재화나 용역으로서 반드시 공급되어야 할 국가 기간산업에 속한다. 따라서 공공 부문(중앙정부와 지방정부)이 공공재의 공급을 담당하고 이에 필요한 경비는 조세수입으로 충당하게 된다. 공공 부문에서 재정활동 대부분이 공공재의 공급과 경비 조달에 관한 내용으로 이루어져 있다. 이 밖에도 공공재정은 외부효과의 내재화, 불완전 경쟁시장의 조정, 경제 안정, 소득재분배 등의 역할을 수행하지만 가장 기본적인 역할은 공공재의 공급과 재원 조달이다. 이와같이 지방재정의 고유한 영역은 공동소비 현상을 내포하고 있는 재화의 공급에서 자원 최적 배분을 달성하는 데 목적이 있다.

3 공공재정론과 엘리트주의

공공재정론은 시장실패라는 현실적인 요인과 함께 고유한 정치관과 경제관에 기초를 두고 있다. 공공재정의 이론적 기반을 구축한 케인스(J. M. Keynes)는 불편부당하고 공평무사한 소수의 엘리트로 구성된 '현인위원회'가 재정 운용을 담당해야 한다는 점을 주장했다. 뷰캐넌(J. Buchanan)과 바그너(R. Wagner)는 비판적 관점에서 케인스의 엘리트주의를 '하비街의 전제(Presuppositions of Harvey Road)'라고 설명하고 있다. 하비가는 케인스가 출생하여 유년기를 보낸 영국 케임브리지의 지명이고 하비가의 전제는 상류계급에 의한 지배를 정당화하는 엘리트주의를 내포하고 있다.

첫째, 정책결정은 지적으로 우월하고 공익을 합리적으로 평가하는 사람들이 참여함으로써 이루어진다.

둘째, 영국의 정치 체제는 퍼블릭 스쿨(Public School), 옥스퍼드, 케임브리지 등의 대학에서 교육을 받은 상류층 출신의 엘리트에 의해 운영되고 있으며, 이들은 공적 의무감, 공공심, 지적 능력 등을 보유하고 있기 때문에 국가 운영을 안심하고 위임할 수 있다.

셋째, 엘리트는 여론을 설득할 수 있고 또 해야 하며 그렇게 함으로써 여론과 정책을 합치시킬 수 있다는 것 등을 내용으로 한다(Buchanan & Wagner, 1977: 78-81).

그러나 이러한 케인스의 재정정책론은 선거로 이루어지는 대의정치를 표방하는 민주적인 정치제도에 적용되는 경우 고유한 편견이 발생한다. 득표극대화를 지향하는 정치가는 감세와 정부 지출의 증대는 환영받지만 증세와 정부 지출의 감소는 거부된다는 사실에 바탕을 두고 정책을 결정하기 때문에 방만한 재정 운용과 재정적자가 발생한다.

제 3 절 실증적 공공선택론: 정부실패[4)]

공공선택론은 시장실패라는 명분으로 민간 부문에 과도하게 개입한 공공재정론에 대한 대안으로서 제시되었다. 공공선택론은 공공재정론자들이 전제로 하고 있는 바와 같이 공공 부문이 기능적으로 유능하지도 않고 규범적으로 공평무사하지도 않다는 점을 지적하고 있다. 시장에 비해 정부 부문은 기술적으로 무능하고 개인적인 이해관계가 개입되어 자원 배분의 왜곡 현상을 심화시킨다는 점을 강조하고 있다.

공공선택론에 의한 경우 지방재정의 규모와 운영 방법에 대한 중요한 결정은 지방정부 내의 공공 부문에 의해 주도적으로 이루어진다. 지방자치가

4) 정부실패(government failure)는 시장실패(market failure)에 대비되는 개념이다. 시장실패는 스미스(A. Smith)에 기초한 자유방임적 경제이론에 의해 야기된 시장경제의 부작용을 해소하기 위해 정부 부문이 개입하기 위한 명분으로서 공공재정론자들이 제시한 개념이다. 반면에 정부실패는 케인스(J. M. Keynes)가 시장실패를 치유하기 위해 공공재정의 역할을 강조하고 민간경제에 대한 개입을 강조함에 따라 발생하는 정부의 부작용을 나타내기 위해 공공선택론자들이 제시한 개념이다. 공공선택론자들은 정부실패라는 명분으로 공공재정의 규모와 역할을 축소하고 시장경제의 범위를 확대하고 공공 부문의 재정 운용에도 경쟁과 자율을 강조한다. 이와같이 공공선택론자들은 정부실패라는 개념에 따라 경험적인 측면에서는 공공재정론의 한계를 분석하고 규범적으로는 시장과 유사한 공공재정의 운영 방안을 제안하고 있다.

활성화되고 민선자치가 정착됨에 따라 유권자로서 지역 주민, 주민의 대변자로서 지방의회, 집행자로서 관료에 의한 지방재정 결정 메커니즘에 대한 관심이 점증되고 있다. 이러한 지방재정 메커니즘은 정치적인 과정으로서 결정 주체들 간의 자기이익 추구적인 행태가 작용한다. 그 결과 윌다브스키(A. Wildavsky)가 지적한 바와 같이 예산 과정은 정치적 과정이며 재원배분 양상 또한 정치 과정의 산물이다(Wildavsky, 1964: 4). 예산 배정은 효율성이나 형평성과 같은 합의된 원리가 아닌 정치적 역할 관계에 의해 결정된다.

1 예산결정 주체의 행태

1) 지방관료: 예산극대자

공공선택론이 등장하면서 관료에 대한 전통적인 견해가 변하고 있다. 관료는 공익에 대해 복합적이고 경쟁적인 충성심을 표하지 않고 자신의 최상의 이익을 측정하고 이를 바탕으로 하여 행동한다는 것이다.

공공선택론자들은 자기 이익 추구적인 관료의 효용함수를 다양하게 정의하고 있다. 다운스(Downs, 1967: 32-40)는 개인 소득·권력·위신·편의·안전 등, 바틀렛(Bartlett, 1973)는 안전극대화, 윌리엄슨(Wiliamson, 1963)은 자유재량을 행사하기 위한 예산잉여, 라이벤슈타인(Leibenstein, 1970: 17-38)는 편의와 안주를 위한 관성 영역(inetia area) 등을 각각 제시하고 있다.

이러한 사적 이익은 관료가 소속해 있는 조직의 합리성과 역량을 확보해주는 기반인 예산 규모에 따라 그 실현 여부가 좌우된다. 따라서 관료 개인의 효용함수는 해당 조직의 총예산에 대한 단조 증가함수로 나타낼 수 있고, 관료의 효용극대화는 예산극대화로 표현된다.

이와 같은 관료의 확대 지향적인 예산 행태는 니스카넨(Niskanen, 1971: 617-643)에 의해 체계적으로 정리되었다. 그에 의하면, 관료의 효용은 소득을 비롯하여 이로운 목표들로 이루어진다. 관료의 효용함수는 급료와 수당을 포함하여 권력, 후원, 우호적인 평판, 수입원에 대한 접근성 등 다양한 요소로 구성된다. 소득과 부가적인 수입은 관료의 산출과 재량적(discretionary)인 예산 규모에 대한 정(正, positive)의 함수이다. 재량적인 예산은 정치가들로부터 승인받을 수 있는 최대의 예산액과 실제 생산비와의 차액으로 이루어지고, 관료들에게는 일종의 이득으로 간접적으로 배당된다. 이와같이 예산 규모의 팽창에 의해 기구가 확대됨에 따라 승진, 봉급 인상, 사업 확장에 따른 부가적인 수입 증가 등의 형태로 할당된다는 것이다.

또한 관료들은 자신들이 요구한 예산안이 정치적으로나 법적으로 바람직한 것으로 받아들여지도록 전략을 고안한다. 지나친 예산액의 요구로 말미암아 적자가 발생할 우려가 있는 경우에 가상적인 균형예산(phantom balance budget)의 기법을 이용한다. 인위적으로 세수를 과대 예측하고, 자본예산(capital budget) 시스템을 운영하고, 차기 회계연도의 세수를 미리 징수하고, 다년도 사업의 경우 예산의 세출을 다음 연도로 연기하고, 정치적으로 긴급한 항목을 의도적으로 제외하면서 추가적인 항목을 삽입하고, 예산액의 확대를 유도할 수 있는 예측을 강조하는 등의 방법이 이에 해당된다(Mikesell, 1982: 56-59).

이와같이 관료들은 기본적으로 자기 확장적인(self-aggrandizing) 예산 행태를 내포하고 있으며 지방의회의 예산당당기관과 집행부의 예산주무기관에 가능한 많은 금액을 신청한다. 더 나아가 예산편성 시 예산주무기관에서 삭감될 것까지를 고려하고, 요구액을 관철시키기 위해 예산안의 모든 항목들이 선거나 투표에 유리하다는 점을 강조하기도 한다. 그 결과 예산주무기관은 예산안에 대한 왜곡된 정보를 갖게 되고 실제 예산은 과도하게 확대된다. 비록 예산주무기관이 각 부서의 팽창적인 예산안을 억제할 수 있는 외부적인 통제 체제를 갖추고 있다고 하더라도 정확한 사정(review)은 불가능하기 때문이다.

또한 관료는 정책집행자로서뿐만 아니라 투표자 혹은 이익집단으로서 지역 정치 과정에 참여하게 된다. 이때 관료는 일반 유권자과 마찬가지로 자신의 소득을 증가시키기 위해 정부 지출의 증대를 원하기 때문에 투표의 집중을 통해 확대 지향적인 정책을 지지하게 된다(신해룡, 1989: 55-58).

이상을 종합할 때 관료는 정보를 독점하고 있기 때문에 사회적인 최적 수준의 두 배에 달하는 예산을 편성하고, 집행부 예산주무기관의 예비사정과 지방의회의 심의 과정에서 삭감된다고 해도 균형 수준을 초과하게 된다는 것이다.

2) 지방정치가: 득표극대자

공공선택론에 의하면 현실의 정치가는 고전적 의미의 정치적 지도자가 아닌 자기 이익 추구적인 존재이다. 대표자들은 지역 전체를 대표하기보다는 특정한 이익집단이나 지역구의 이익을 대변한다. 그 결과 의원들은 위원회 배정, 사적 투표, 보조금입법, 방청권의 배정 등에서 자신에게 유리하면서 경쟁자에게는 불리한 전략을 추구한다.

브레튼(Breton, 1974: 124)에 의하면 정치가는 금전적 이익, 개인적인 권력, 역사상의 이미지, 인간적인 이상 등을 추구한다. 이러한 정치가의 모든 효용은 선거에서 투표 수를 극대화하여 재선됨으로써 보장된다(Hans van den Doel, 1979). 따라서 정치가들은 득표를 확대하려고 하고 이를 위한 분위기 조성을 위한 수단으로서 정부 지출을 확대하고자 한다. 마이크셀(J. L. Miksell)은 의원들이 재선을 위해 재정정책을 이용한다는 점을 구체적으로 지적하고 있다. 정부 지출의 정치적 유용성과 과세의 정치적 거부감 간에 균형이 확보되도록 조세정책과 지출정책을 집행해 나간다는 것이다.

3) 지역유권자: 효용극대자

공공선택론에 의하면, 국민들은 아리스토텔레스(Aristoteles)가 규정하고 있는 바와 같이 공공심이나 사회성을 함양하고 있는 시민(citizen)이 아니라 자신의 효용을 극대화하고자 하는 소비자(consumer)이다. 개인들은 공공재와 서비스의 소비자로서 개인의 가치・취미・욕구・혐오 등을 반영한 선호를 정부가 제공하는 공공재에 대한 수요・선택・평가 등에 합리적으로 적용시킨다. 이와 같은 효용극대자로서의 일반 국민은 조세 부담과 정부 지출에서 '더 적은 부담(the less burden)에 의해 더 많은 편익(the more benefit)'을 추구한다.

이와같이 재정 운용과 관련된 유권자들의 자기 이익 추구적인 성향은 정치에도 영향을 미친다. 과중한 조세에 대한 저항이 정치적인 변혁의 주원인이 된다는 점은 역사적 사실로 증명되고 있다. 위대한 종교적인 혁명은 참을 수 없는 조세 억압에 그 근원을 두고 있었고, 대부분 혁명의 실패는 승리자 측이 국민들의 지지를 받을 수 있는 조세를 비롯한 재정정책을 제시하지 못한 데에서 비롯되었다(Musgrave & Peacock, 1958: 202). 앨먼드(G. A. Almond)와 버바(S. Verba)에 의하면 정치가 발전할수록 국민들은 이와같이 정치 과정에 대한 투입인 조세에 대해 많은 관심을 갖는다(Almond & Verba, 1963: 17-20). 그 구체적인 예로서 영국의 대처(M. Thatcher)는 인두세에 대한 반발로 선거에서 패배하게 되었고, 1978년 캘리포니아에서는 주민들이 세금 인상을 반대하는 발의안인 'Proposition 13'을 주민 투표에 부쳐 통과시켰다.

반면에 유권자는 자신들에게 무엇보다 많은 서비스가 제공되기를 원하기 때문에 정부 지출의 확대를 요구한다. 특히 유권자로서 기업의 정치적 영향력이 커짐에 따라 정치가와 기업의 유착이 재정지출의 규모에 많은 영향을 미친다. 기업은 자신의 이윤을 증대시키기 위해 정부 지출의 확대를 원한다. 반면에 정치가는 투표극대화에 의해 동기가 부여되기 때문에 기업으로부터 자금력과 집표력을 의존하게 됨에 따라 지출 규모가 확대된다(신해룡, 1989: 58-59). 이와같이 정치가들은 유권자들로부터 조세수입의 축소와 정부 지출의 확대라는 상반된 요구에 직면하게 된다. 정치가들은 이에 대한 반응으로 공채 발행, 화폐 증발, 외자 도입 등을 통해 적자재정을 선호하게 되고 관료들에게 이러한 선택을 강요하게 된다.

2 예산결정 주체 간의 상호관계

1) 지방관료와 지방정치가의 관계

정치가와 관료는 자신들의 정치적 임기, 영향력, 재량 등을 확대·유지하기 위해 예산시장이라는 메커니즘을 통해 상호간 협력 체제와 유기적인 관계를 형성한다.

이와 같은 정치가와 관료의 협조적인 관계는 피오리나(M. P. Fiorina)와 놀(R. G. Noll)에 의해 최초로 체계적으로 정리되었다. 그들에 의하면, 정치가와 관료는 행정 과정과 재정 규모를 결정할 때 보완적인 상호 관계를 유지하려 한다. 정치가는 재선을 위해 유권자들에게 더 많은 공공 서비스·정보·이전지출 등을 제공하기 위해 관료와 협력하게 된다. 이때 정치가의 유권자에 대한 편의 제공(facilitation services)은 여러 가지 형태로 이루어진다. 예를 들면 복잡한 행정절차에 직면해 있는 시민들에게 도움을 주기 위한 관료적 과정에 대한 개입, 관료제에 접근하고자 하는 시민들에게 그 방법과 소재에 관한 정보 제공, 유권자들에게 건설사업·보조금·소비재와 같은 분배적 서비스 제공 등으로 이루어진다.

니스카넨(Niskanen, 1971: 54)은 이러한 양자의 관계를 예산에 대한 소관 상임위원회별 예비심의 과정상 관료와 의원들 간의 쌍방독점(bilateral monopoly)으로 설명하고 있다. 니스카넨(W. Niskanen)에 의하면 각 상임위원회는 소관 공공재에 대해 가장 높은 수요를 갖는 의원들로 구성되기 때문에 예산심의 과정에서 관료에 대해 통제자가 아닌 후원자(sponsor)가 된다는 것이다. 의원들은 재선을 위해 유권자들에게 더 많은 서비스를 제공하고자 하기 때문에 관료가 확대 편성한 예산을 지지하고 더 나아가 보강해 주기까지 한다는 것이다.

2) 지방정치가와 지역유권자의 관계

재정 운용에서 정치시장으로 표현되는 정치가와 납세자의 관계는 재원조달 측면에서 재정착각(fiscal illusion)의 성향을 나타낸다. 세입제도가 상이함에 따라 개인들이 인지하는 비용의 정도가 달라 현실의 재정 부담을 완전히 이해하지 못한다(Buchanan, 1966: 35-42). 납세자들은 공공재의 공급을 위한 재원을 조달할 때 조세보다는 공채 발행, 화폐 증발, 외자 도입 등의 방법에 의하면 공공재에 대한 인지조세가격(perceived tax- price)을 낮게 평가한다(Crain & Ekelund, 1978: 813-828). 정치가들은 재선을 위해 유권자들의 이러한 성향을 활용한다는 것이다. 이러한 재정 착각은 비용 지불을 미래로 지연하는 방법과 비용 신호가 감지되는 시기에 소음을 개입시키는 방법에 의해 유도된다. 비용 지불의 연기는 공채, 비용 신호에 대한 소음은 다양한 세입구조로 이루어진다.

이러한 재정착각의 배경은 공공 서비스의 편익과 비용의 분석상 편향된 평가로 인해 발생한다.

첫째, 공채에 의한 경우 비용보다 편익을 과대 평가한다. 공채의 비용은 다음 세대에 전가되어 광범위하게 확산되기 때문에 과소 평가되는 반면에 편익은 특정 집단에 집중되어 과대 평가된다는 것이다.

둘째, 조세에 의한 경우 공공재로부터 얻은 편익보다는 조세의 비효용(disutility)을 과대 평가한다. 이러한 현상은 조세는 직접적인 부담으로 간주되는 반면에 공공재는 공공성으로 말미암아 그 편익이 과소 평가되기 때문이다. 이와 같은 재정착각은 재원 조달에서 조세보다는 공채를 위주로 한 적자재정이 선호된다는 점을 보여 준다.

공채에 의한 재원 조달은 특히 나이가 많거나 현재 가치를 중시하는 납세자들이 선호한다. 공채로 재원을 조달하는 경우 비용 부담이 미래 시기나 다음 세대로 지연·전가되기 때문이다.

이와같이 유권자들이 정부의 세입정책에 대해 재정착각을 보이고 있기 때문에 일반적으로 정치가들은 유권자들로부터의 지지와 후원을 얻기 위해 조세보다는 공채에 의한 재원 조달 방안을 선호하게 된다.

3) 지방관료와 지역유권자의 관계

유권자가 관료에 대해 영향력을 행사할 수 있는 방법은 상대적으로 제한되어 있고, 유권자들은 관료의 예산안에 대해 보편적으로 수동적이다.

일반적으로 유권자들은 합리적인 관점에서 복잡한 행정 과정에 대한 감시와 통제를 하지 않는다. 행정 과정에 대한 정보를 획득함으로써 얻게 되는 편익이 이를 확보하는 데 드는 시간과 노력 등의 비용을 따르지 못하기 때문이다.

다운스(A. Downs)는 유권자의 이러한 행태를 합리적 무지(rational ignorance)로 설명하고 있다. 공공재는 외부성을 갖고 있어 그 효과와 비용을 측정하는 데 많은 시간과 노력이 소요되기 때문에 납세자는 합리적인 측면에서 무지(無知)를 택하게 된다는 것이다.

따라서 유권자들은 관료의 확대 지향적인 예산을 아무런 평가 없이 받아들이게 되어 재정적자의 원천을 봉쇄하지 못한다. 관료나 정치가는 그 성격상 세입보다는 지출, 조세보다는 공채를 각각 선호하는데 유권자들은 재정 규모의 팽창이나 적자재정의 원리를 그대로 수용한다는 것이다.5)

또한 유권자들이 공공재의 편익과 비용을 정확히 평가한 경우에도 개인은 하나의 투표자로서 다수가 참여하는 정치 체제의 한 구성원에 불과하여 정치적 결과에 대해 영향력을 거의 행사할 수 없다는 점을 인식한다. 이때 유권자의 행태는 합리적 무지와 같은 결과를 나타낸다.

3 정부실패의 예시: 재정적자 메커니즘

이상에서 공공선택론자들이 논한 예산결정 주체들의 예산 행태와 주체들 간의 상호 관계에 관한 이론적인 논의를 종합하여 재정적자의 메커니즘에 관한 분석적 모형(analystic model)을 만들 수 있다.

공공선택론에 의하면 관료는 봉사자가 아니라 자기 이익 추구적인 존재이다. 관료들은 공익의 증진 이외 재량·위신·권한 등의 사익을 보유하고 있는데 이러한 자기 이익은 예산에 의해 확보되기 때문에 확대예산을 지향한다. 니스카넨에 의하면 관료는 정보를 독점하고 있기 때문에 예산 편성 시에 사회적인 최적 수준의 두 배에 달하는 예산을 요구한다.

정치가들은 재선을 위해 지역구의 유권자나 대표하는 이익집단에 더 많은 편익을 제공할 수 있는 지출정책을 선호한다. 따라서 정치가들은 정부지출을 확대시키는 반면에 조세를 인하하게 되고 이러한 의도를 관료에게

---

5) 다운스는 유권자 중심의 순수한 민주국가에서 유권자들의 합리적인 무지는 작은 재정 규모를 초래한다고 보면서 관료가 개입하는 경우 재정 규모의 팽창을 야기할 수 있다고 보고 있다(Downs, 1960: 543). 그러나 유권자의 합리적인 무지가 관료의 예산확장성과 정치가의 재선 욕구가 결합하는 경우 재정적자를 발생시킨다.

강요한다. 또한 상임위원회 별 예산 심의에서 정치가와 관료 간의 협력이 이루어지고 의원은 관료에 대해 후원자의 역할을 한다. 이와 같은 확대 지향적인 예산지출은 일반 국민들의 선호를 반영할 뿐만 아니라 관료와 의원들의 효용극대화에도 기여한다.

그러나 이러한 지출 확대에 반하여 모순되게도 그 재원을 부담해야 할 납세자인 유권자들은 자신의 부담을 감소시키려고 한다. 조세보다는 공채를 선호하고 관료의 팽창적인 예산에 대해 합리적 무관심을 보인다. 이와 같은 모순적인 상황이 재정적자를 발생시킨다.

이러한 재정적자 메커니즘의 모형을 지방정부의 예산에 적용하는 경우 다음과 같은 가설적인 설명이 가능하다. 관료들은 확대된 금액으로 예산을 편성하고(점증주의), 정치가들은 지방의회 예산심의 과정 중 예산을 삭감하기보다는 증액하려 할 것이다(예산옹호). 반면 소요되는 재원은 조세보다는 공채에 의해 조달하려고 하고 이러한 현상은 정치가나 유권자도 동일할 것이다(재정착각). 유권자들은 관료들이 지나치게 확대된 예산은 편성한다고 할지라도 이에 대한 통제와 관심을 갖지 않을 것이다(합리적 무지).

[그림 1-1] 공공선택론의 정부실패 메커니즘의 모형도

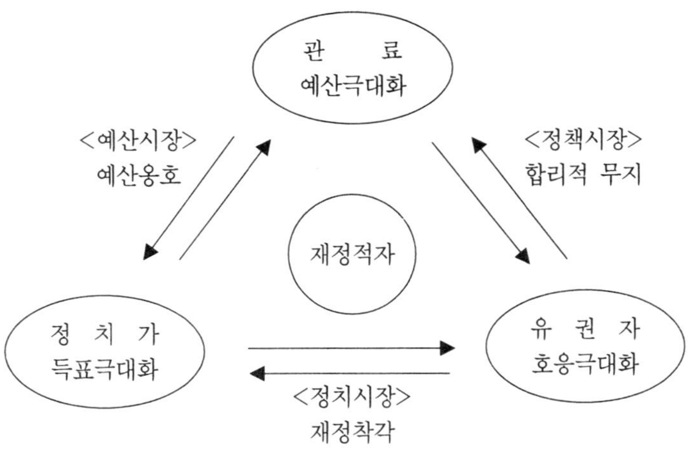

제 4 절 규범적 공공선택론

1 공공선택론의 공공재 공급 체계

공공선택론의 원리에 입각한 경우 관료제 형태의 기존 공공재 공급 체계의 대안으로서 '시장과 유사한 과정(market-like process)'이 제시된다. 오스트롬에 의하면 단일한 중앙집권적인 관료제로부터 의사결정에 관한 독점권을 분산시키는 경우 행정적인 책임성과 효과성을 확보할 수 있다 (Harmon & Mayer, 1986: 259).

시장 메커니즘에 입각한 조직은 미국 헌법에 나타난 연방 원리와 맥을 같이하는 분권(fragmentation or decentralization)과 중복(overlapping)으로 설계된다 (Ostrom, 1987: 26-27, 201-214). 이러한 조직구조는 소비자의 다양한 선호를 반영할 수 있고 경쟁과 거래를 가능하게 한다는 점에서 선호된다. 이러한 논리는 한 개인은 제한된 합리성으로 말미암아 다른 사람의 선호를 알 수 없기 때문에 중앙집권의 형태에 의한 단일한 공급자보다 분권화를 통한 다양한 공급자가 요구된다는 점에서 당연히 받아들여진다. 분권은 '다른 사람들에게는 다른 것'을 의미하는 것으로 정책결정을 하위 체제적인 고객과 일치시키려는 시도이다 (Baker, 1976: 49). 공공 서비스 제공 방식을 규모의 경제(scale of economy)에 입각한 통합(consolidation)보다는 하위 자치단체나 민간에 위탁하는 형태로 이루어진다. 이러한 분권은 수요와 공급을 일치시켜 과소와 과잉을 방지할 수 있고, 의사결정자의 낭비적인 부패를 억제할 수 있으며 시민들의 요구에 대한 반응성을 증진시킬 수 있다. 또한 정치적인 측면에서는 권한의 분배를 통해 권력의 도용과 횡포를 방지함으로써 구성원의 자유를 보장할 수 있다. 중복은 중첩적인 조직구조를 취하는 것을 말한다. 단일한 서비스를 여러 기관이 경쟁적으로 제공함으로써 개인의 선택폭을 확대시킨다. 또한 행정윤리적인 측면에서 공직자는 상급자가 아닌 소비자나 사용자로서의 시민들에게 봉사할 수 있는 기회를 제공한다.

이와같이 공공 부문에 시장 원리를 적용시키고자 하는 공공선택론의 조직구조 배열을 협상모형(bargaining model)이라 한다. 협상모형은 레이크우드 계획(Lakewood plan)으로 알려진 남캘리포니아 주의 정부 단위 간 계약에 대한 연구에서 유래되었다. 이 모형에서는 어떤 한 행정기관은 다른 행정기관에게 서비스를 제공할 수 있고, 양 기관이 결합하여 고객에게 서비스를 제공할 수도 있다. 공공선택론자들에게 의하면 협상모형에서는 특정 대도시권역의 모든 정부기관들을 통합하는 방법을 비생산적인 것으로 본다(Ostrom, Tiebout & Warren, 1961: 831-842). 가능한 현존하는 관할기관을 존속시키고 별도로 특별행정구역을 담당하는 행정기관을 설치하는 것이 더욱 유리하다고 본다. 환경오염 방지와 홍수 통제를 위한 특별구(special district)가 대표적인 형태이다. 이들 행정기관들 간의 인사 교류를 장려하고 행정기관들 간의 계약 능력을 증대시키며 관련이 있는 다른 행정기관과도 필요한 관계를 독자적으로 설정할 수 있도록 한다.

이러한 공공선택론에 입각한 모형은 단일 중앙집권적인 구조를 통해 통제와 능률을 지향하는 전통이론에 비해 좀더 인본적이고, 논의를 개인으로부터 출발하여 상향적으로 전개하고 있다는 점에서 민주적이다.

공공선택론은 전통적인 관료제에 대해 비판하고 대안적인 모형을 제시하지만 관료제를 전적으로 배제하지는 않는다. 다만 단일 중앙집권적인(monocentricity) 형태에서 벗어나 경쟁적인 조직 형태에 의한 다중심성(poliycentricity)를 지향한다(Ostrom, 1974: 81). 따라서 관료제와 다중심적인 조직 간에 갈등이 발생할 우려가 있다. 이때에는 대규모적이고 파급효과가 큰 서비스는 관료제가 담당하고 소규모적이고 한정적인 사업은 다중적인 조직이 담당해야 한다. 또한 일반적인 사업은 민간이 담당하고 사적 부문이 수행하기가 불가능하거나 곤란한 업무는 관료제가 맡는다.

공공선택론은 행정조직의 구조 배열에서 조직 규모에 대해서도 관심을 갖는다. 전통적인 이론에서는 규모의 경제에 입각한 능률성을 지향하기 때문에 가능한 대규모 조직을 선호하며 관료제가 대표적인 예이다. 그러나 공공선택론은 상황접근적인 관점에서 공급하는 재화나 서비스의 성질에 따라 조직의 규모를 결정한다. 조직의 규모는 공공재의 생산과 공급에서 통제성(control), 능률성(efficiency), 정치적 대표성(political representation), 자기결정성(self-determination) 등의 기준에 의해 결정된다. 일반적으로 공공선택론은 민주적으로 접근 가능한 소규모의 조직을 선호하지만 조직 규모의 최적성은 관할권이 중복되는 다수의 조직에 의해 결정된다.

2 공공선택론의 지방재정 원리: 티부 모형

1) 티부 모형의 전제

공공선택론에 입각한 지방재정 운영 원리는 티부(C. Tiebout)에 의해 구체화되었다(Tiebout, 1956). 티부는 지방공공재의 공급을 경쟁적인 시장에서 거래되는 사적 재와 동일한 논리에서 접근했다. 시장경제에서는 기업들이 자신이 생산한 재화를 완전경쟁시장에서 품질과 가격을 기준으로 하여 고객을 경쟁적으로 유치하고 판매함으로써 이윤을 획득하는 과정에서 사회적 후생이 증대된다. 마찬가지로 공공 부문에서도 다양한 지방정부들이 공공재의 품질과 조세 수준을 기준으로 하여 상호 경쟁하는 경우 지역 주민이 자발적인 선택(voting with feet)을 통해 자신들의 효용을 극대화하는 과정에서 공익이 증진될 수 있다. 이러한 티부 모형(Tiebout model)이 적용되기 위해서는 몇 가지 전제 조건이 충족되어야 한다.

첫째, 지역 주민들의 이주가 자유롭고 자신들의 선호를 최대로 충족시켜 주는 지역으로 이주할 수 있어야 한다.

둘째, 지역 주민들이 각 지방정부의 지방공공재와 조세 부담 수준에 대해 완전한 정보를 가지고 있어야 한다.

셋째, 지역 주민들의 다양한 선호 체제를 반영할 수 있을 정도로 다수의 지방정부가 존재해야 한다.

넷째, 직업 선택의 자유가 거주지의 결정에 영향을 미치지 않을 정도로 모든 지역에서 고용 기회가 보장되어야 한다.

다섯째, 각 지방정부가 제공하는 지방공공재의 외부효과가 존재하지 않아야 한다.

여섯째, 지방정부는 지방공공재의 평균 공급 비용을 최소화하는 최적 규모를 지향한다. 최적 규모 이하의 지방정부는 지역 주민의 유입을 촉진시킴으로써 지방공공재의 평균 공급비용을 감소시키고 반대로 최적 규모 이상인 경우에는 지역 주민을 유출시킴으로써 평균 공급비용을 증가시킨다.

이상의 가정 하에서 지역 주민들은 자신의 효용을 극대화시킬 수 있는 지방정부를 찾아 지속적으로 이주하게 된다. 다른 지역으로 이주하더라도 더 이상의 효용 증대를 기대할 수 없을 때 티부 모형은 균형을 이루게 된다. 이러한 상태는 지방공공재 배분에서 파레토 최적(Pareto optimum)을 의미하고, 특정 지역의 효용 감소 없이는 다른 지역의 효용을 증대시킬 수 없을 정도의 최적 자원 배분 상태를 의미한다.

2) 티부 모형의 한계

티부 모형은 이념형(ideal type)으로 제시된 개념으로 현실에 적용하는 데 한계가 있다. 민간 부문에서도 완전경쟁 원리는 개념적으로만 존재할 뿐이기 때문에 공공 부문에서 완전경쟁을 실현하는 데에는 많은 어려움을 내포하고 있다. 이러한 티부 모형을 현실에 적용하는 데에는 다음과 같은 몇 가지 한계가 있다.

첫째, 모든 지역 주민의 선호 체계를 반영할 수 있는 다수의 지방정부는 존재하지 않는다.

둘째, 지역 주민들이 각 지방정부의 지방공공재의 질과 조세 수준을 비교 분석할 수 있을 정도의 완전한 정보를 보유하고 있지 않다.

셋째, 지역 주민들이 거주지를 결정할 때 지방공공재와 조세 수준보다는 고용 기회를 최우선적으로 고려한다.

넷째, 지방공공재는 파급효과가 큰 사업들로서 지역 간 외부효과가 크다.

다섯째, 지방정부가 지방공공재의 평균 공급비용을 최소화하기 위해 적정한 인구 규모를 유지하고자 하지만 지방정부의 조직과 인구 규모는 관계 법령에 의해 규제를 받는다.

여섯째, 재산세를 중심으로 한 지방세의 과세 체계는 편익과 비용의 불일치를 야기한다. 지방공공재에 대한 가격인 재산세는 주로 주택을 과세객체로 하기 때문에 동일한 서비스를 향유하면서도 저소득층이 낮은 재산세를 부담하는 반면에 고소득층은 높은 수준을 부담한다. 그 결과 저소득층은 서비스의 수준이 높은 도심으로 집중하는 반면에 고소득층은 이탈함에 따라 도심의 공동화(空洞化)와 슬럼화를 초래한다.

3) 티부 모형의 보완

티부 모형은 이상의 한계에도 불구하고 주민들의 욕구에 대한 반응도를 제고하고 지방정부 간의 경쟁을 촉진시킴으로써 지방정부의 재정 운용 효율화를 촉진하기 위한 아이디어를 제공하고 있다. 따라서 티부 모형 한계점의 보완을 통해 적실성을 제고함으로써 지방재정의 유용한 패러다임으로 활용할 수 있게 된다.

첫째, 지방정부 규모를 소규모 단위를 분화시켜 다수의 지방정부를 구성하고 이들 간에 상호 경쟁이 이루어지도록 해야 한다.

둘째, 지역 주민들이 각 지방정부의 공공재-조세가격 체계를 용이하게 비교할 수 있도록 함으로써 정보비용을 낮추기 위해 예산정보 공개와 재정공시를 강화해야 한다.

셋째, 지방공공재의 소비자로서 지역 주민들이 각 지방정부의 공공재-조세가격에 대한 평가를 통해 의견 제시(voice and exit)와 개선 방안을 제시할 수 있도록 주민참여예산제도를 활성화해야 한다.

넷째, 지방정부 간의 외부효과를 내재화시키기 위한 상급정부의 지방재정조정제도와 지방정부 상호간의 교부금제도를 확대할 필요가 있다.

다섯째, 높은 수준의 지방공공재 서비스에 대한 조세 회피를 목적으로 재산세의 주요 과세 대상인 주택의 규모를 축소하는 행태를 방지하기 위해 건축 규모에 대한 법적 기준을 제시하거나 토지이용 규제(zoning law)를 도입해야 한다.

여섯째, 지역 주민들이 실업에 대한 두려움 없이 공공재-조세가격의 비교를 통해 자유롭게 주거지를 이전할 수 있도록 고용 기회 보장을 위한 다양한 일자리를 창출할 필요가 있다.

제 5 절 결 론

지방재정은 중앙정부·지방정부·시장의 세 경제 주체 간의 역할 분담으로 이루어져 있고 환경적인 요인과 시대적 흐름에 따라 일정한 패턴을 유지하고 있다. 먼저 중앙정부와 지방정부 간의 역할 분담에서 재정분권화에 대한 논의가 집중됨에 따라 지방정부의 역할이 제고되고 있다. 지방정부 부문에서는 재정론자와 공공선택론자들 간에 지방재정 운영에 관한 견해가 엇갈리고 있다. 재정론자들은 순수공공재의 공급이라는 관점에서 정치와 행정의 과정에서 지방재정이 결정되어야 한다는 점을 제시하는 반면에 공공선택론자들은 경쟁과 선택이라는 시장경제 원리에 의해 운영되어야 한다는 점을 제시하고 있다.

공공선택론은 지속적인 규모 팽창, 재정적자의 누적, 지방공공재의 수급의 불일치, 도덕적 해이 등 지방재정의 당면 과제에 대한 분석틀과 규범적인 처방을 제시해 주고 있다. 공공선택론에 기초한 티부 모형은 비록 이념형의 수준에서 제시된 개념이지만 실증분석의 기본 모형으로서 여러 국가와 학자들에 의해 경험적으로 분석되었다. 티부 모형은 각국 지방재정의 환경적인 요인으로 말미암아 일관된 결과를 도출하지 못했지만 지방재정은 지역 주민의 선택에 기초하고 강제와 일방적인 결정이 아닌 자유로운 교환과정을 통해 결정되어야 한다는 점을 강조함으로써 민주주의와 자본주의에 가치를 고양시키는 데 기여하고 있다.

이와같이 티부 모형은 위기에 직면하고 있는 지방재정이 나아가야 할 바를 제시하는 나침반 역할을 하고 있다. 그러나 공공선택론은 지나치게 보수적이고 시장 지향적이기 때문에 지역 균형개발이나 소득재분배에는 미흡하다. 공공 부문으로서 지방재정은 효율성과 함께 형평성의 가치를 강조해야 한다. 실제로 지방정부 간에는 행·재정적인 측면에서 불균형이 심하고 소득계층 간의 격차가 심하기 때문에 이를 조정하는 것이 지방재정의 주요한 임무로 인식되고 있다. 따라서 공공선택론과 이에 기초한 티부 모형은 정부실패를 야기하는 공공재정론에 대한 일시적인 개선책이 될 수 있으나 항구적인 해결책이 될 수 없다. 만약 공공선택론의 함의를 일방적으로 적용하는 경우 역진성이라는 또 다른 문제점을 야기하기 때문에 다양한 접근방법을 균형 있게 적용할 필요가 있다.

제 2 부 지방세

제 2 장 헨리 조지의 개혁사상과 토지가치세

제1절 서 론

헨리 조지(Henry George)는 19세기 후반에 사회 진보와 시장경제가 경제적 부(富)를 증대하는 과정에서 발생하는 사회적인 부산물을 경험하게 된다. 조지는 자신의 인생의 전반부에는 신분적 노예제를 경험하고 후반부에는 토지사유제에 의한 경제적 노예제를 목격하게 된다. 그 당시에는 경제 성장의 과실(果實)은 지주가 독점하는 데 반해 대다수는 비참한 생활을 면치 못하고, 스미스(Adam Smith)가 제시한 '보이지 않는 손(invisible hand)'이 작용하는 시장에서는 독점이 성행하고, 민주적인 정부에서는 특권과 부패가 만연하고 있었다. 이에 덧붙여 정치경제이론은 이러한 부작용을 용인하고 고착화시키기 위한 이데올로기로 작용하고 있었다.

조지에 의하면, 출발점이 불평등한 상태에서의 자유경쟁은 사회구성원들 간의 불균형을 심화시키고 경쟁에서 우위를 점한 계층은 자신의 입장을 견지하고 정당화하기 위한 이데올로기를 구축한다는 것이다. 맬서스(Robert Malthus)는 그의 『인구론』에서 빈곤의 원인을 노동자들의 무분별한 출산에 의한 인구 증가에서 찾고 있다. 맬서스는 빈곤의 원인을 노동자들의 탓으로 돌리면서 인간의 기본적인 욕구이고 사회를 지탱할 수 있는 생식의 욕구까지 억제하고 있다. 이는 프랑스혁명 후 정치적 영향력이 증대되는 노동자계층의 성장에 두려움을 느낀 지주계층을 비롯한 기득권층이 자신들의 특권을 보호하기 위한 이데올로기로 작용했다는 점은 주지의 사실이다.

조지는 이러한 구조적 불평등 관계를 해소하기 위해 이데올로기와 사회개혁이라는 양 측면에서 문제를 제기했다. 그는 구성원들 간 불평등의 원인을 신이나 자연의 탓으로 돌리는 데 반대한다. 자연은 인색하지 않고, 창조자는 전능하고 자애로워 모든 구성원들이 만족할 수 있는 여건을 이미 조성해 주었다고 본다. 다만 사회제도가 이를 방해하거나 제약할 따름이다. 사회제도는 관습이 제도화된 것이기(powers of habit) 때문에 구성원들은 이를 인식하지 못한다. 불합리하고 불평등한 상태를 자연 질서의 일부로 오해한다. 기득권층은 교육·종교·정책 등을 통해 왜곡된 상태를 지속시키고자 한다는 것이다(Horner, 1997: 602).

따라서 조지는 당시 미국에서 전개되고 있던 고전파 경제이론과 제도적 불합리성에 눈을 뜨게 된다. 조지는 사회개혁가 이전에 개신교 신도로서 종교적인 소명의식으로 무장되어 있었다. 특히 신과 자연의 이름으로 불평등을 정당화하는 현실에 심한 저항감을 갖게 된다.

무엇보다도 조지는 눈부시게 진보하는 현대 사회 속에서 왜 빈곤의 문제가 심화되는가라는 '현대 문명의 수수께끼'에 관심을 갖게 된다. 현대 사회의 생산 과실은 토지·자본·노동이라는 투입 요소별로 지대·이자·임금의 형태로 분배된다. 자본과 노동은 인위적인 요소로서 증대될 수 있는데 반해 토지는 자연적인 요소로서 제한적이기 때문에 희소성이 높아지면서 생산에 따른 지대분배율이 높아지고 상대적으로 이자와 임금은 축소된다고 본다. 따라서 지주계층이 부유해지는 데 반해 자본가계층과 노동자계층은 취약해진다. 그래도 자본가계층은 기본적으로 경제력이 뒷받침되는 유산계층에 속하기 때문에 가장 피해를 보는 계층은 노동자계층이다. 실제로 노동은 자본에 선행하는 생산 요소이고 자본의 상당 부분은 생산활동 과정에서 노동에 의해 증대된다. 따라서 노동자계층은 지주계층과 자본가계층에 생산 과실이 집중되는 과정에서 이중으로 상대적 박탈감을 감내해야 하는 상황이 전개된다. 조지는 이러한 모순된 분배구조 내에서 노동자계층의 빈곤 원인을 규명하고 이에 대한 정책 처방을 제시하는 데 일생을 바쳤다.

이 장에서는 조지의 사회개혁 사상의 배경과 그 내용을 연구함으로써 산업화 과정에서 야기되는 현대 사회의 빈곤문제를 해소하기 위한 단초를 얻고자 한다. 또한 자본주의 사회의 가장 큰 병폐인 빈부 격차의 원인을 규명하고 이에 대한 정책대안을 위한 함의를 도출하고자 한다. 특히 우리나라는 국토가 협소한 관계로 가용 면적이 한정되어 있고 소수계층이 토지를 독점함으로써 부(富)의 불평등이 야기될 수 있기 때문에 이에 대한 정책적 처방을 마련할 필요가 있다. 이에 조지의 사상과 사회개혁안은 우리에게 시사하는 바가 클 것으로 기대한다.

제 2 절 헨리 조지의 생애와 주요 활동

헨리 조지(Henry George, 1839-1897))는 미국 필라델피아의 영세한 인쇄업자의 아들로 태어나 14세까지 학교교육을 받고 곧바로 하급 선원으로 바다에서 생활하다가 3년 후 인쇄공으로 취업하게 된다. 이때 독서에 전념하면서 현실 문제에 눈을 뜨기 시작했다. 1858년에 샌프란시스코에 이주하여 이곳에서 광부생활을 하다가 행정기관의 검사관을 거쳐 기자가 된다. 이때에 본격적으로 사회문제에 대한 취재와 강연·저술활동에 매진하게 되고 빈곤과 토지문제에 대한 자신의 사상적 틀을 완성하게 된다. 그 후 많은 지지자들과 대중적인 인기에 힘을 얻어 정계에 입문하지만 제도권에 진입하는 데에는 실패하게 된다.

그는 생전에 『토지와 토지정책』(1870), 『진보와 빈곤』(1879), 『사회문제』(1883), 『보호무역과 자유무역』(1886)을 비롯한 많은 논문과 저서를 출판했다. 특히 『정치경제 과학』(1890)은 아들에 의해 최종적으로 완성되었고, 『진보와 빈곤』(1879)은 당대 최고의 베스트 셀러로 많은 반향을 불러일으켰다.

그는 대표적인 저서인 『진보와 빈곤(*Progress and Poverty*)』에서, 지속적인 경제적 진보에도 불구하고 계층 간의 극심한 소득 격차에 의한 사회적 빈곤과 주기적인 경제 불황은 토지사유제로 말미암아 지대가 지주에게 배타적으로 귀속되기 때문에 발생한다고 설파했다. 이를 해소하기 위해서는 지대를 정부가 조세로 징수하여 재분배하는 정책을 펴야 한다고 주장했다. 조지는 이와같이 물질적 진보가 빈곤을 수반하는 원인을 토지 독점에서 찾고 그 해결책으로 '토지단일세(single tax)'를 주장하여 많은 지지자를 확보하게 되었다. 당시 미국과 유럽의 경제학자·노동운동가·정치인들의 관심을 끌었으며, 급기야 1886년에는 자신의 명성을 기반으로 뉴욕시의 노동당 후보로 출마하지만 낙선하고 만다.

헨리 조지는 1880년대 중반에 그의 급진적인 개혁안들을 효율적으로 실천하기 위해 샌프란시스코에서 뉴욕으로 이동한다. 그는 뉴욕에 도착 후 2년 만에 국제적인 인물로 부각된다. 그 배경에는 많은 아일랜드계 미국인들의 지지가 있었다. 조지가 아일랜드계 미국인들로부터 광범위한 지지를 얻게 된 이유는 다음과 같다.

첫째, 조지는 1869년에 조그만 가톨릭 주간지의 편집자였을 당시 아일랜드의 사회경제적 상황을 취재한 바 있고, 그 과정에서 아일랜드는 토지 독점으로 고통받고 있기 때문에 근본적인 개혁이 필요하다는 점을 주장하게 된다. 그는 지주제를 폐지할 것과 미국과 아일랜드에서 '토지연맹(The Land League)'으로 알려진 민족주의 운동이 필요하다는 점을 주장한 바 있다. 이로 말미암아 뉴욕에 머무르고 있던 아일랜드 민족운동 지도자들의 공감을 이끌어 내는 계기가 된다(O'Donnell, 1997: 410-411).

둘째, 아일랜드계 미국인 포드(Patrick Ford)를 만남으로써 아일랜드계의 지지를 얻게 된다. 포드는 아일랜드계 미국인들 중에서 가장 영향력 있는 인사로서 『*Irish World*』의 편집자 역할을 담당하고 있었다. 그는 조지와 마찬가지로 아일랜드의 독립과 급진적인 사회개혁의 필요성을 절감하고 있었다. 포드는 1880년 『진보와 빈곤』을 읽고 조지의 사상에 감명받게 되고 그 후 조지의 또 다른 저서인 『아일랜드 토지문제(*Irish Land Question*)』를 주도적으로 재출간하게 된다. 조지는 1880년 뉴욕에 이주한 후 포드와 교류하면서 우정을 쌓게 된다. 포드가 『*Irish World*』에 헨리 조지의 개혁 프로그램을 소개하면서 조지는 아일랜드계 미국인들 사이에서 폭넓은 지지를 받게 된다.

『진보와 빈곤』의 출간, 조지의 뉴욕 이주(1880), 그리고 미국과 아일랜드에서의 아일랜드 민족주의 운동의 발발 등은 시기적으로 일치한다. 당시 아일랜드 민족주의는 세 개의 분파로 나뉘어 있었다. 그 중에서 데이빗(Michael Davitt)이 주도한 분파는 아일랜드 독립과 '토지연맹'(1879~1883)으로 알려진 토지개혁을 기치로 내걸었다.

애초부터 조지는 토지 독점은 모든 나라들을 위협하는 문제로 보았다. 그리하여 조지는 포드와의 만남 이후 '미국 토지연맹'에 참여하게 된다. '아일랜드 토지연맹' 운동은 아일랜드의 토지 독점을 제거할 수 있는 대안이라 생각하고, 아일랜드에서의 성공은 미국의 토지 독점 문제를 해결할 수 있는 계기가 될 수 있다고 본 것이다.

포드와의 우정과 '토지연맹'에서의 활동은 조지가 아일랜드계 미국인들과 굳건한 유대를 갖게 되는 계기가 된다. 이후 포드는 조지를 당시 미국에서 기금 모집을 하고 있던 아일랜드계인 데이빗에게 소개하게 되며, 데이빗은 조지의 토지개혁 사상에 감명받게 된다. 데이빗은 아일랜드로 돌아간 이후에도 조지의 급진적 토지개혁의 강력한 지지자가 되고, 이는 아일랜드에서 조지의 명성을 고양하는 계기가 된다.

포드는 '토지연맹'의 혼란을 회복시키기 위해 조지를 1881~1882 기간동안 『*Irish World*』의 특파원 자격으로 아일랜드에 파견한다. 조지는 아일랜드에서 급진적인 토지개혁 프로그램을 입안하는 과정에서 영국 정부에 의해 두 번이나 체포되지만 이는 도리어 자신의 명성을 높이는 계기가 된다.

신교도인 조지는 가톨릭 신자인 폭스(Annie Fox)와 1861년에 결혼하게 되며, 이후 급진적인 성직자인 맥글린(Edward McGlynn)을 만난다. 맥글린은 주체적인 사상을 가진 인물로서 뉴욕에서 가장 큰 교구를 가진 성직자이면서 가난한 사람들을 지원하고 있었다. 그는 가난한 사람들이 가난에서 벗어나지 못한 이유를 규명하고 이에 대한 해결책을 진지하기 고심하고 있던 중이었다. 이러한 맥글린의 열정은 조지에게 많은 영향을 미친다. 이때부터 조지는 『진보와 빈곤』을 집필하기 시작한다. 맥글린은 1881년에 조지의 저서 『진보와 빈곤』을 읽고 가난한 사람들의 지속적인 빈곤의 원인과 해결책에 대한 단서를 찾게 되면서 조지의 열렬한 지지자가 된다.

조지는 1882년에 아일랜드에서 귀국한 뒤 미국에서 본격적으로 맥글린과 교제하게 되고, 이는 조지가 아일랜드계 미국인 가톨릭 신도들로부터 지지를 확보하는 계기가 된다. 그러나 미국의 추기경과 로마의 교황청은 맥글린과 조지의 친분을 경계한다. 당시 로마 교황청은 급진적인 미국 가톨릭 신자들에 대해 경계하고 있던 상황에서 맥글린이 1886년 뉴욕시장에 출마한 급진적 개혁가인 조지를 지지하자 그를 파문하지만 5년 후에 다시 복직시키게 된다.

당시 조지는 빈민들과 아일랜드 임금노동자들의 지지를 받았으며 아일랜드에서와 같은 경제사회 정의를 위한 투쟁을 미국에서도 전개하려 한다. 조지는 『진보와 빈곤』에서 미국 사회는 더 이상 토지 독점으로부터 안전한 사회가 아니고, 사회주의 혁명이 발생할 수 있는 첫 번째 국가라 보았다. 또한 조지는 미국 정치인들은 아일랜드의 지주제에 대해 비난하면서도 미국의 지주제에 대해서는 언급를 자제하고 있다고 비판했다. 이와 같은 맥락에서 조지의 열렬한 지지자인 포드와 데이빗 역시 아일랜드에서의 지주제에 대한 투쟁은 본질적으로 미국에서도 동일하게 적용되어야 한다고 보았다. 이와같이 조지와 그의 지지자들은 아일랜드계 미국인 노동자들이 처해 있는 미국적인 지주제라고 할 수 있는 산업계급에 의한 비민주적이고 억압적인 노동 관계를 자각시키고 이를 해소하는 데에도 많은 노력을 기울였다. 실제로 조지는 '토지연맹'의 붕괴 이후에도 여러 해 동안 노동자 계층에게 가장 영향력 있는 인물로 기억되었다.

조지는 포드·맥글린·데이빗과의 교류, '토지연맹' 활동, 각종 저술활동과 아일랜드 방문 등을 통해, 성공적으로 아일랜드계 미국인들의 지지와 공감대를 형성할 수 있었다. 당시 조지는 신생 노동당의 후보자였음에도 불구하고 뉴욕시장 선거에서 2위를 차지하게 된다. 이는 더 이상 아일랜드계 미국인들이 보수적이며 개혁에 저항하는 세력이 아니라는 점을 보여 준 것이다. 조지와 비전을 공유했던 인사들은 1880년대에 산업자본주의가 진전되면서 나타나기 시작했던 빈부 격차를 비롯한 사회적인 병폐를 해소하면서 진정한 민주주의 사회를 조성하기 위한 새로운 대안을 제시해 주었다

(O'Donnell, 1997: 420).

제 3 절 헨리 조지의 개혁사상의 기반

1 고전학파에 대한 비판

조지는 19세기 후반 비약적인 경제 발전에도 불구하고 노동자들이 극심한 빈곤에 빠져드는 현상에 관심을 갖게 되었다. 조지는 당시 빈곤의 원인에 대한 고전학파의 견해인 인구론, 임금기금설, 지대론에 대해 비판을 제기하면서 자신의 견해를 전개했다.

1) 임금기금설에 대한 비판

당시 주류 경제학을 형성하고 있던 고전파 경제학은 현대의 주류 경제학과 다르게 임금을 정의하고 있었다. 현대 경제학에서 임금은 노동을 추가적으로 투입할 때 발생하는 추가적인 생산물의 크기인 노동의 한계생산력으로 규정하고 있다. 반면에 고전파 경제학이 제시하는 임금기금설에 의하면, 임금이란 사회에 축적된 총자본량 중에서 자본가들이 노동자들의 소득을 위해 의도적으로 할애한 일정한 비율에 기초한다. 임금기금설에 의하면 임금은 자본자가 노동력의 생산성과 별개로 노동자들을 위해 시혜적 혹은 배분적 목적을 갖고 제공한 자금에 해당된다. 따라서 노동자 각자의 임금은 총자본 중에서 임금기금이 차지하는 비율과 노동자의 수에 의해 결정된다.

이러한 임금기금설에 의하면 임금은 자본에 의해 형성되는 것처럼 보인다. 예를 들면 노동자가 생산한 제품이 시장에서 판매되기 이전에 임금을 받는 경우가 이에 속한다. 그러나 조지는 이에 반론을 제기한다. 원시 시대의 경우 노동에 대한 보상은 항상 직접 받았고 현대의 경우도 자신의 생산물로부터 직접 받을 수 있는 권리가 있다는 것이다. 비록 노동자가 생산한 제품이 시장에서 판매되지 않았다고 하더라도 경제적으로 가치가 있고 향후 적정하게 판매될 가능성이 있다면 현재 임금을 받는 경우 이는 자신이 생산한 부가가치에 대한 정당한 인출권에 해당된다는 것이다. 현물로 임금을 받는 경우에는 더욱 분명해진다. 아직 판매되지 않는 경우에도 임금으로 받은 현물의 물물 교환을 통해 유동성을 확보할 수 있다.

따라서 임금은 자본가의 총자본을 감소시키지 않을 뿐만 아니라 그들의 호의에 의해 형성된 것이 아니며, 노동자들의 자기 노동력에 대한 과실에 해당된다. 이와같이 조지가 당시 주류 이론을 형성하고 있던 임금기금설을 비판한 이유는, 노동자 빈곤의 원인을 총자본의 부족과 그에 따른 임금기금의 점유율 저하, 더 나아가 인구 증가 등과 별개인 다른 요인에서 규명하기 위해서였다. 임금은 노동자들이 자신의 부가가치에 대한 지분율을 주장하는 것이기 때문에 총자본의 감소나 사회적 생산성을 저하시키지 않을 뿐만 아니라 인구가 증가되더라도 빈곤해지지 않는다는 점을 강조하기 위한 것이다.

기본적으로 임금기금설은 자본과 노동을 대립시키고 노동자의 빈곤의 원인은 자본가가 제공하는 기금의 축소와 인구 증가에 따른 임금기금의 지분율 감소에서 찾고 있다. 그러나 조지는 토지 · 자본 · 노동 세 가지의 생산 요소 중에서 자본과 노동은 상호 호환이 가능한 것으로 본다. 노동은 자본에 선행하는 생산 요소이고 자본의 대부분은 노동의 결과로서 축적된다는 것이다. 따라서 조지는 임금기금설을 생산 과실의 분배에서 지주들이 자신의 몫인 지대를 유지하기 위해 자본가와 노동자를 대립시키는 이론에 불과하다. 이러한 조지의 주장은 빈곤의 원인을 토지사유권와 지대 독점에서 찾기 위한 예고이다.

2) 인구론에 대한 비판

맬서스(Thomas R. Malthus)는 『인구론』에서 인구는 기하급수적으로 증가하는 데 반해 식량은 산술급수적으로 증가하기 때문에 시간의 흐름에 따라 구성원들은 빈곤해진다는 점을 기초로 하고 있다. 일견하면 이러한 주장은 일리가 있고 자연스럽게 임금기금설과도 연관이 있다. 한정된 임금기금 수준에서 인구 수가 증가하면 각 노동자의 몫이 적어져 빈곤해질 수밖에 없다는 것이다.

그러나 조지는 『인구론』의 오류를 지적하고 있다. 맬서스가 『인구론』에서 인간을 괴물로 보고 있다고 비판한다. 맬서스가 제시한 바와 같이 인간이 괴물이라면 식량 공급의 한계 수준까지 출산을 계속하겠지만 인간은 이성적인 존재로서 적정한 수준에서 출산율을 통제할 수 있다는 것이다. 더 나아가 조지는 『인구론』의 이론적인 기반에 대해서까지 문제를 제기하고 있다. 『인구론』은 노동자의 빈곤을 노동자의 높은 출산 욕구와 낮은 저축 성향 그리고 토지의 한계생산력 저하와 같은 자연 법칙에 돌리고 있다는 것이다.

조지는 인구의 증가가 곧바로 빈곤을 초래하지 않는다는 점을 제시한다. 인구 증가의 순기능은 다양한다. 인구가 증가함에 따라 생산에서 규모의 경제를 달성할 수 있고, 다양한 산업과 직종이 발달하고, 토지와 자본의 생산성을 제고할 수 있다는 것이다.

맬서스는 빈곤의 원인을 잘못된 사회제도가 아닌 출산율이라는 하나님의 법칙과 자연 법칙에 돌림으로써 노동자 대중의 빈곤을 정당화하고 있다는 것이다(엄창옥, 2005: 59). 조지는 맬서스 『인구론』이 지주층을 옹호하고 사회개량 정책을 반대함으로써 사회통제를 위한 수단으로 작용했다는 점을 제시하고 있다.

실제로 맬서스가 『인구론』을 저술한 시대적 배경은 프랑스대혁명의 운동이 유럽 대륙을 휩쓸고 있을 때였다. 이에 놀란 영국 지주계급은 혁명의 기운을 잠재우고, 소작농의 항변을 이성·자연·종교에 기초한 현상 유지의 이데올로기로 제압할 필요가 있었고, 이에 선봉에 선 사람이 목사이자 경제학자인 맬서스였다. 맬서스는 무엇보다 소수의 지주층에 대항하는 노동자들을 중심으로 한 신흥계층의 증가를 억제할 필요가 있었고, 이에 대한 논리를 개발하기 위해 『인구론』을 집필하게 되었다는 것이다.

맬서스는 인구는 기하급수적으로 증가하는 데 반해 삶의 필수품들은 산술급수적으로 증가하는 상황에서 인구 증가의 억제할 수 있는 수단이 없다면 장기적으로 인류는 파멸에 봉착하게 된다는 점을 역설했다. 『인구론』의 초판에서 인구 증가는 전쟁·질병·기아를 초래한다는 점을 지적하고, 2판에서는 제시된 예방적 수단으로서 도덕적 자제, 독신생활, 만혼과 금욕을 제시했다. 더 나아가 빈곤의 원인을 유전·본성을 비롯한 빈곤층 자신들에서 찾고 있다.

이와같이 맬서스는 지주의 계급을 대변하기 위한 자원 희소성의 경제학을 제시한 데 반해, 조지는 풍요와 사회 정의에 대한 경제학을 제시했다. 또한 맬서스는 빈곤은 자연발생적이라고 주장한 반면에 조지는 빈곤층의 희생을 담보로 지주층을 보호하기 위한 사회정책에서 야기된다는 점을 주장했다 (Horner, 1997: 596).

3) 지대이론에 대한 비판

조지는 임금기금설과 인구론에 덧붙여 리카도(David Ricardo)의 지대론에 대해서도 동일한 맥락에서 비판하고 있다. 리카도에 의하면, 인구가 증가함에 따라 경작 가능한 토지가 부족하게 되어 지대가 상승하게 된다. 상승한 지대를 감당하지 못한 노동자들은 생존을 위해 현재보다 더 열악한 한계 토지를 개발해야 한다. 임금은 기본적으로 한계생산성에 의해 결정된다는 경제 원칙에 입각할 때 한계토지의 한계생산성은 상대적으로 저하되기 때문에 노동자의 임금은 자연적으로 낮아질 수밖에 없게 된다. 인구가 증가할수록 토지의 희소성으로 말미암아 경작 가능한 토지의 지대가 상승하는데 반해 생산력이 떨어지는 한계토지가 지속적으로 외연을 확대함에 따라 노동자의 임금은 하락하게 된다는 점이다. 리카도의 지대론은 임금기금설이나 인구론과 마찬가지로 인구 증가가 노동자의 임금 하락에 의한 빈곤을 초래하게 된다는 점을 주장한다 (정윤형, 1991).

그러나 조지는 인도·중국·아일랜드의 사례를 들어 생산성이 높은 지역에 거주함으로써 토지의 한계생산성이 높은 경우에도 노동자들의 임금이 낮다는 점을 지적하고 있다. 이는 토지·자본·노동의 세 가지 생산 요소 중 토지가 생산의 과실을 지대라는 형태로 과도하게 많은 부분을 차지하기 때문에 노동자들은 기본적으로 빈곤해질 수밖에 없다는 점을 지적한다.

2 분배이론

조지는 빈곤의 원인을 생산 측면의 한계에서 찾으려는 고전파 경제학의 시각을 비판하고 있다. 고전파 경제학에 속하는 인구론은 생산의 증가가 인구의 증가를 따라가지 못하기 때문에, 임금기금설은 총자본 중 임금기금의 크기가 고용의 크기를 제약하므로, 지대이론은 수확 체감의 법칙과 한계토지의 낮은 생산성으로 인해 각각 임금이 하락한다고 주장한다.

그러나 조지는 빈곤의 원인을 고전파와 달리 분배 측면에서 찾아야 한다는 점을 강조한다. 조지는 인구 증가에 의한 사회자본의 증가로 규모의 경제와 협업의 경제가 발생하여 인구 증가에 의한 생산 체감 이상의 생산 체증이 발생한다는 주장을 하고 있다. 또한 기술혁신으로 인해 한계토지의 생산성도 향상된다고 주장하고 있다. 이와같이 여러 요인에 의해 생산물의 증대는 늘어나는 인구를 충족시키고도 여유가 있다는 것이다(엄창욱, 2005: 60). 다만 토지・자본・노동의 생산 요소에 대한 과실의 분배에서 자본이나 노동보다는 지대라는 형식으로 토지에 과도하게 분배되기 때문에 지주층은 부유해지는 데 반해 노동자들은 상대적으로 가난해진다는 분배상의 문제점을 지적하고 있다.

1) 지대의 요인과 규모

조지는 토지를 일차적인 생산 요소로 간주한다. 따라서 생산의 과실도 일차적으로 지대에 분배하고 나머지 부분을 임금과 이자로 분배한다. 여기서 조지는 지주에게 분배되는 지대를 "토지 혹은 다른 자연적 능력의 소유자에게 그 소유권에 의해 귀속되는 생산물의 일부"라고 정의한다. 따라서 자기 소유 토지에서 발생하는 귀속지대만 지대에 포함되는 반면에 인위적인 토지개량물에 대한 대가는 지대가 아닌 이윤이다(김윤상, 1997: 165).

조지는 지대의 규모를 리카도의 차액지대론의 관점과 한계 원리를 통해 설명하고 있다. 지대는 동일한 투입으로 한계토지에서 얻을 수 있는 정도를 초과한 생산물의 크기로 결정되어야 한다는 것이다. 조지는 식(1)에 의해 일단 지대 법칙이 확정되고 나면 임금법과 이자 법칙이 자동적으로 결정된다는 점을 제시한다.

생산물=지대+임금+이자 ………………………………………………… (1)
생산물−지대=임금+이자 ………………………………………………… (2)

두 식은 지주계층과 비지주계층(노동자와 자본가의 연합) 간에 대립 관계가 존재함을 보여 준다. 생산의 과실 중에서 지주계층이 차지하고 남은 부분을 비지주계층이 차지하게 된다. 이때 지주계층이 정당한 근거 없이 많은 부분을 차지하기 때문에 비지주계층인 노동자가 가난해진다는 것이다. 또한 조지는 자본자계층과 노동자계층 간에는 상호 우호적인 관계가 성립하기 때문에 배분상의 문제는 지주계층과 비지주계층 간에만 존재한다는 점을 분명히 하고 있다.

식(1), (2)를 변형시켜 식(3)을 도출할 수 있다. 식(3)에 의하면 생산물에서 이자를 제외한 부문이 지대와 임금으로 분배된다. 그 결과 자본자계층과 비자본가계층(지주와 노동자) 간에 갈등이 발생할 수 있다. 그러나 조지는 자본과 노동의 상호 동일성과 호환성을 인정한다. 자본과 노동은 동일하게 인간의 노력에 의해 결정되고 자본은 노동의 결과로서 발생·증대된다는 점에서 노동의 하위 개념에 속하고, 이를 식(4)로 표현할 수도 있다. 반면에 토지는 자연에 의해 주어진 것이기 때문에 토지에서 발생하는 지대를 개인의 소유권으로 인정하는 것은 불합리하다. 조지는 로크(J. Locke)의 재산권이론과 마찬가지로 노동과 노력이 투하된 경우에만 정당한 소유권을 인정하고 한다. 토지는 공유물이고 토지가 발생시키는 지대를 개인 소유로 전환할 수 없다. 또한 지대는 토지 소유자의 노동이 가미되지 않은 불로소득에 해당되기 때문에 지주의 귀속권을 인정할 수 없다는 것이다. 그럼에도 불구하고 현실에서는 토지의 개인 소유가 인정되어 지대가 부당하게 지주에게 귀착된다는 점을 지적하고 있다.

생산물－이자＝지대＋임금 ………………………………………………… (3)
생산물－지대＝임금 ………………………………………………………… (4)

2) 지대분배율의 변화

조지의 주장은 장기적으로 자본과 노동은 가변적이고 증대되는 것이 일반적인 현상인데 반해 토지는 고정되어 있다는 점을 전제로 한다. 토지는 인간의 노력에 의해 규모를 증대시키는 데는 한계가 있다. 따라서 토지의 이용 대가인 지대는 증가하는 데 반해 임금과 이자는 고정되어 있거나 감소하게 된다고 설명한다. 조지는 지대의 절대적인 규모가 증가할 뿐만 아니라 생산물의 분배에서 지대가 차지하는 지대분배율이 높아지는 요인에 관심을 가졌다(김윤상, 1997: 227). 조지는 지속적으로 지대분배율이 증대되는 요인을 세 가지 관점에서 찾고 있다.

첫째, 인구 증가를 들 수 있다. 인구의 증가는 식량 수요를 확대시키고 지속적인 한계토지의 개발이 이루어진다. 한계토지에서는 지대가 발생하지 않을 것이다. 왜냐하면 지주가 지대를 요구하는 경우 한계토지를 이용하지 않기 때문이다. 반면에 한계내 토지(intra-margin)에서 지주는 한계토지에서 생산되는 생산물 이상의 초과 생산물에 대해서는 지대를 요구하게 된다. 한계토지가 확대됨에 따라 한계토지와 한계내 토지 간의 생산성의 격차는 더 벌어지고 그만큼 지대의 규모가 커지고 지대분배율이 높아진다.

고전학파의 임금기금설에 의하면 인구 증가는 임금의 하락을 초래하게 되어 빈곤의 문제가 발생한다고 보았다. 그러나 조지는 인구 증가가 한계토지를 확대시킴에 따라 한계내 토지의 지대가 상승하여 빈곤이 나타난다고 보고 있다.

또한 인구의 증가는 집적의 효과를 발생시키기도 한다. 인구가 특정 지역에 집중하는 경우 사회적 자본의 증가와 함께 분업과 협업의 증대로 사회적 효율성이 향상되어 토지의 가치가 상승하게 된다. 기술 진보 없이 인구만 증가해도 집적 효과로 인해 해당 지역의 노동생산성이 향상되어 한계토지와 한계내 토지 간의 생산성의 격차가 확대되어 그만큼 지대분배율이 증가된다.

둘째, 기술 진보가 나타나면 지대분배율이 증가한다. 기술 진보는 노동의 필요성을 절감시킴에 따라 분배에서 임금분배율을 감소시키고, 새로운 인간의 욕구를 발생시키기 때문에 토지에 대한 수요가 증가된다. 따라서 기술 진보에 의해 생산성이 증가되어도 지대분배율이 증가하지만 상대적으로 임금분배율은 적어지게 된다.

기술 진보가 분배에 미치는 영향에 관해 조지와 리카도의 견해는 차이가 있다. 리카도는 기술 진보는 한계내 토지의 경작으로도 충분한 곡물 수요를 충족시킬 수 있기 때문에 한계토지가 추가로 개발될 필요가 없어 한계내 토지의 지대 상승이 이루어지지 않는다고 보고 있다. 리카도는 곡물 수요는 인구 증가에 의해서만 영향을 받을 뿐이고 기술 변화에 의해서는 중립적이라는 점을 제시한다.

그러나 조지는 기술 진보는 생산력을 증대시키지만 다른 한편에서는 새로운 수요를 발생시킨다는 점을 제시한다. 리카도는 인간의 식량에 대한 욕구는 제한되어 있다고 보지만, 조지는 기술 진보는 인간의 식습관과 소비 행태를 변화시켜 식량에 대한 새로운 욕구를 발생시킨다는 점을 주장한다. 조지는 "식량을 비롯한 일반적인 수요는 수요하는 것을 얻을 수 있는 능력에 비례하여 증가한다. 평민의 생존 물자인 빵과 채소를 공급하는 데에는 약간의 토지면 충분하지만 왕의 수요를 충족시키기 위해서는 많은 토지가 필요하다"(김윤상, 1997: 248)는 점을 논거로 삼아 자신의 주장을 뒷받침하고 있다. 이와같이 기술 진보는 식량에 대한 수요를 증대시켜 한계토지를 확대시킴에 따라 한계내 토지의 지대가 높아져 지주의 지대분배율이 상승함에 따라 임금 노동자들이 가난해진다는 것이다.

셋째, 투기적 토지 수요가 지대분배율을 높인다. 조지에 의하면 인구 증가와 기술 진보는 지대를 상승시킨다. 사회가 지속적으로 진보한다는 사실에 기초할 때에 인구 증가와 기술 진보는 시대의 대세로 받아들여지고 이는 미래 지대 상승에 대한 기대를 강화시킨다. 이러한 기대 속에서 장래 지가 상승과 지대 인상을 목적으로 하는 투기적 수요가 발생한다. 토지를 투기적 목적으로만 보유할 뿐이고 생산활동에 활용하지 않게 됨에 따라 새로운 한계토지가 개발된다. 그 결과 한계내 토지의 지대는 상대적으로 증대되어 지대분배율이 증가되는 반면에 임금분배율은 하락하여 노동자들의 빈곤을 초래한다는 것이다.

3 토지가치세의 생성 배경

조지는 인구 증가·기술 진보·토지 투기 등에 의해 장기적으로 지대분배율은 증가하고 임금분배율과 이자분배율은 상대적으로 하락함에 따라 사회경제적 진보가 노동자를 중심으로 한 빈곤층을 양산한다는 점을 지적하고 있다.

인구 증가와 기술 진보가 이루어지고 있는 사회적 발전 과정에서 지대분배율은 지속적으로 상승하고, 상승한 지대를 지주라는 특정 계층이 독점할 수 있는 토지사유제가 존재하기 때문에 '진보 속에 빈곤'이라는 모순된 현상을 목도하게 된다.

> 토지의 가치는 노동에 의해 창출된 부를 차지할 수 있도록 하는 토지소유권의 힘에 달려 있으며, 토지가치의 증가는 언제나 노동의 가치를 희생시킴으로써 이루어진다. 그러므로 생산력이 증가한다고 해서 임금이 증가하는 것이 아니다. 그 이유는 토지가치가 증가한다는 사실에 있다. 지대는 모든 이익을 흡수하며 빈곤이 진보에 동반한다(김윤상, 1997: 214).

토지사유제 하에서는 인구 증가와 기술 진보에도 불구하고 노동자는 자기 노동의 과실 중에서 과도한 비율을 지대 형태로 부담하기 때문에 생존에 필요한 최저 임금 수준에 얽매이게 된다. 노동자는 무기력한 노예 상태로 전락하고 만다. 노동자가 무기력한 이유는 자신의 노력에 대한 정당한 분배율을 확보할 수 있는 수단(토지)을 갖고 있지 못할 뿐만 아니라 지주에게 공동으로 대항할 수 있는 조직력도 갖추지 못하고 있기 때문이다. 노예제도는 두 가지 유형이 있다. 전쟁 포로와 토지사유제가 이에 해당된다. 역사적으로 볼 때 전쟁 포로는 극히 한정되어 있는 데 반해 토지에 예속된 노예제도는 광범위하게 발견할 수 있다. 이집트의 노예제도는 파라오 왕이 토지를 독점하면서 발생했고, 폴란드의 농노나 러시아의 소작농도 토지사유제에서 비롯되었다. 이들 국가들은 개인의 토지 사유가 인정되면서 국가 재정이 궁핍해지고 대중의 생활상이 취약해져서 국가 기반이 급속하게 무너져 내렸다. 조지는 로마제국의 붕괴 원인도 토지사유제에서 찾고 있다. 토지의 공동 소유 원칙이 로마법 원리에 의해 절대적 사유제도로 전환함에 따라 부의 편중과 노동계층이 궁핍화로 쇠퇴의 길을 걷게 되었다는 것이다. 유럽의 여러 국가들은 로마법의 원리를 극복하면서 토지소유권을 국가 권력에 복속시키는 봉건제도를 완성시킴으로써 안정적인 국가 체제를 유지했다.

그러나 근대에 이르러 자연법 사상과 함께 재산권의 신성불가침이 인정되면서 토지사유제도가 나타났다. 그 결과 노동자들은 봉건적 억압에서 정치적 자유를 얻었지만 경제적 자유를 상실하는 결과를 초래했다. 특정 계층에게 토지 사유를 인정함으로써 이들에 대한 봉건제 하의 도덕적 의무감과 책임이 해소된 반면에 노동자들의 생활은 더욱 궁핍해졌다. 지주계층은 식솔을 부양해야 할 의무와 국가에 대한 재정 부담이 경감되고 노동자계층으로부터 지대를 챙길 수 있게 되었다. 반면에 노동자계층은 예전에 지주계층이 납부했던 국가재정 부담을 자유의 대가로서 조세라는 형식으로 감당해야 하고, 자기 생계를 스스로 책임져야 하며, 이를 위해 지주계층에게 막대한 토지사용료(지대)를 지불해야만 했다. 그 결과 근대의 자유와 평등은 구호에 불과하고 노동자계층은 노예화의 길을 걷게 되었다. 특히 토지는 점점 희소해지고, 공공토지의 규모가 축소되면서 토지 소유의 집중 현상이 심화됨에 따라 생존에 필요한 조건을 갖추지 못한 노동자의 비율은 점점 증대되어 갔다.

토지사유제도를 근간으로 하는 근대 경제 체제 하의 노동자들은 예전에 노예와 농노들이 누렸던 기본 생존권마저도 보장받지 못하게 되었다. 근대 경제 체제는 예전보다 더 많은 부를 창조했지만 노동자계층은 더욱 취약해졌다. 이를 '맷돌의 법칙'으로 설명할 수 있다(엄창옥, 2005: 65). 토지사유제는 멧돌의 아랫돌이고 이를 바탕으로 지탱하는 물질적인 진보는 윗돌에 해당된다. 멧돌이 돌아가는 과정 중에 노동자는 그 틈새에서 알맹이(인격체)에서 분발(노예)로 변화해 간다. 이러한 관점에서 조지는 토지사유제도가 존재하는 한, 노예 해방은 의미가 없고 어떤 공화국이 인권의 불가침성을 천명한다 하더라도 공허한 것이라는 점을 주장한다.

따라서 조지는 노동자가 자신의 노동의 대가를 온전히 보장받을 수 있는 경제 정의가 실현되어 사회적 빈곤이 타파되기 위해서는 토지의 사적 소유를 공동 소유로 바꾸어야 한다고 주장한다. 그 밖의 어떤 방법도 사회 병폐를 개선하지 못할 뿐만 아니라 미래에 대한 희망을 주지 못한다. 현대 문명에서 명백히 나타나고 있는 부당하고 불평등한 부의 분배에 대한 유일한 해결책은 바로 토지의 공동 소유라는 점을 천명한다(김윤상, 1997: 314).

그렇다고 해서 조지의 주장이 토지의 국유화나 수용을 의미하지는 않는다. 조지는 사회주의와는 분명히 구별된 견지에서 개인의 사유재산제도 보호라는 기본틀 속에서 토지의 공동 소유의 원리를 주장한다. 기본적으로 지주계층에게 토지 소유권을 인정하여 자신이 생산한 과실을 인정해 주면서, 노동자의 몫을 정당하게 보장해 주고 자연적인 여건과 구성원의 공동 노력에 의해 형성된 과실을 공동 소유로 하자는 것이다.

통상 한계토지에서 생산되는 생산량을 초과하는 생산물로 정의되는 지대는 지주계층과 노동자계층의 노력과 함께 자연적인 여건과 사회적인 요소에 생산된 부분으로 이루어진다. 실제로 지대는 지주계층과 노동자의 노력 이외에, 많은 부분이 토지의 자연적인 비옥도와 입지를 비롯한 자연적인 여건(리카도)과 인구 집적과 기술 진보를 비롯한 사회적인 요인(조지의 수정된 지대이론)에 의해 생산되는 부분이 많다. 따라서 지대를 각각의 기여도에 따라 배분하는 것이 진정한 자연권을 실현하는 것이다. 특히 자연적인 여건과 사회적인 요인에 의한 부분은 사회 공동의 목적에 사용될 수 있도록 조세로 징수할 필요가 있다.

이와같이 조지의 토지공유 사상은 토지의 공동 활용에 의해 발생하는 지대를 조세로 환수하여 국가재정을 충당하고 공익에 활용하는 것을 내용으로 한다. 따라서 조지의 토지공유 사상은 지대공유 사상으로 전환하여 토지가치세라는 이름으로 구체화되었다.

제 4 절 헨리 조지의 토지가치세

1 토지가치세의 이념

1) 자연권적 재산권 구현

조지는 토지가치세의 논거를 로크(J. Locke)의 근대 재산권이론에 기초를 두고 있다. 로크는 인간은 자신의 노동이 투입된 대상물에 대해서는 자연권적 재산권을 주장할 수 있다고 언급하면서 이에 대한 단서를 제시한다. 대상물을 사유화해도 타인의 몫을 침해하지 않아야 한다는 것이다. 개인이 대상물을 사유화하는 경우 타인도 충분하고 동일하게 공유할 수 있는 양질의 대상물이 남아 있어야 한다는 것이다(at least where there is enough, and as good left in common).

이러한 '로크의 단서'는 지주계층이 자기 노동의 산물에 대한 배타적인 소유권을 주장하기 위해서는 노동자와 사회 전체의 몫에 대한 배려가 있어야 한다는 점을 나타낸다. 그러나 토지사유제 하에서는 지주계층의 배타적인 소유권만을 인정하고 다른 사람의 권익은 배려하지 않기 때문에 진정한 자연권의 원리에 위배된다. 조지는 지대 중에서 지주계층과 노동자계층은 노동의 투입 정도에 따라 각자의 몫만 차지하고 나머지 부분은 사회 전체의 몫으로 토지가치세에 의해 징수되어야 한다는 것이다.

2) 토지 이용의 효율화

조지에 의하면 토지사유제는 토지의 효율적인 이용을 저해한다. 배타적인 토지소유권이 인정된다면 토지를 필요로 하는 사람은 적절히 사용할 수 없게 된다. 더욱이 투기적 토지 소유에 의해 생산성이 높은 토지가 방치되거나 비효율적으로 이용될 수 있다. 이러한 경우 진정으로 토지를 필요한 사람은 한계토지로 이동하지 않을 수 없게 된다. 이때에도 토지의 이용자는 적극적으로 토지를 개량하려 하지 않는다. 왜냐하면 토지사유제 하에서는 토지 개량물은 지대로서 토지 소유자의 몫으로 돌아가기 때문이다. 그러나 토지공유제에 의한 토지가치세는 사회적 공동 기여분에 대해 조세를 징수하는 반면에 지주계층과 토지 이용자의 몫은 노력에 비례하여 분명하게 보장되기 때문에 토지에 대한 생산성 증대 노력을 기대할 수 있다.

3) 사회적 후생 증대

토지공유제가 실시되면 지주계층이 지대를 독점하는 현상을 방지할 수 있고, 지대의 축소는 임금이 상승으로 이어져 노동자계층의 빈곤이 개선된다. 더 나아가 토지가치세로 환수된 지대가 사회 전반에 재분배됨으로써 국민들의 생활 수준을 향상시킨다. 또한 인구가 증가하고 사회가 진보할수록 지대가 증대되어 토지가치세의 수입이 확대됨에 따라 국가 재정이 호전되어 생산과 소비활동에 부과되었던 여타의 조세가 감면된다. 이는 지속적으로 경제 활성화라는 선순환을 야기해 사회 전체의 후생을 증대시킨다.

2 토지가치세의 주요 내용과 효과

사회개량주의자였던 조지는 토지사유제의 폐해를 인지하면서도 사회주의적 국유화와 국가 재정에 의한 수용을 주장하지는 않았다. 토지의 국유화는 자본주의 경제 질서에 부합되지 않을 뿐만 아니라 정의롭지 못하고 가능하지도 않다는 점을 주장하다. 이러한 점에서 조지는 토지사유제의 문제점을 적시하며 토지공유제를 제시한 스펜서(H. Spencer)와 밀(J. S. Mill)과 구별된다(엄창욱, 1997: 70).

스펜서는 토지공유제를 실현하기 위해 정부가 토지를 유상으로 매수하는 방법을 제시한 바 있다. 자신과 조상의 노력으로 취득한 사유 토지를 정부가 정당하게 보상해 주고 매수해야 한다는 점을 주장한다. 그러나 조지는 토지의 현재의 매수가격은 현재의 토지 이용 가치에다 미래에 발생할 토지 이익을 현재 가치로 환산하여 합한 것이기 때문에 미래의 지대수익을 선금으로 지급하는 것이나 다름없다고 비판한다. 더 나아가 미래의 가치를 현재 가치로 환산할 때 시장이자율보다 더 낮은 할인율을 적용하는 것이 일반적이기 때문에 투기적 가치까지 환산하여 보상금을 지급하게 된다는 점을 지적한다.

밀은 스펜서의 매매 환수안은 지나치게 급진적이고 사회적인 충격이 크기 때문에 대안으로서 초과이익 환수제를 제안하고 있다. 현재의 토지 시장가격을 설정하고 토지가격이 미래에 그 이상으로 상승하면 그 증가분을 불로토지 이익으로 규정하여 이를 환수하는 것을 내용으로 하고 있다. 조지는 이 제도가 투기적 토지 수요는 억제할 수 있지만 빈곤의 뿌리는 제거하지 못한다고 주장한다. 왜냐하면 현재의 시장가격에는 미래의 예상지대가 평가되어 있으며 토지사유제가 지속되는 한 이러한 지대의 일부는 토지 소유자에게 계속적으로 안전하게 보장되기 때문이다.

따라서 조지는 '매우 단순하고 쉽고 조용한 방법'에 의해 토지공유제를 실현하려 했다. 기존의 토지 소유자에게 소유권을 인정해 주면서 지주와 노동자를 비롯한 개인들의 노력에 의해 발생한 과실에 대해서는 사적 소유를 인정한다. 토지의 소유권을 사용권·처분권·수익권으로 구분할 때 조지는 사용권과 처분권은 개인들의 자율에 일임하고 수익권에 대해서만 관여하게 된다. 수익권도 일차적으로 수익에 대한 기여도에 따라 분배한다. 토지사유제도 하에서 모든 수익은 지주에게 배타적으로 귀속되었으나 토지공유제 하에서는 수익 중에서 지주와 노동자의 기여분에 대해서만 각자의 권한을 인정한다. 다만 인구 증가나 기술 진보와 같은 사회적인 요인과 자연적인 여건에 의해 발생한 수익은 토지가치세로 징수하자는 것이다. 그 결과 지주와 노동자에 의한 토지 개량에 대한 유인이 제공되어 경제가 활성화되고 징수된 재원은 빈곤의 해소와 국민의 생활 수준 향상에 기여하게 된다.

> 내가 주장하는 것은 사유 토지의 매수도 환수도 아니다. 매수는 정의롭지 못한 방법이고 환수는 지나친 방법이다. 현재 토지를 보유하고 있는 사람은 그대

로 토지를 가지게 한다. 각자 보유하는 토지를 지금처럼 자기 땅이라고 불러도 좋다. 토지 매매도 허용하고 유증과 상속도 허용한다 …… 다만 토지를 환수할 필요도 없고 단지 지대만 환수하면 된다(김윤상, 1997. 390).

또한 조지의 토지가치세는 조세 원칙에도 부합된다고 주장한다. 토지에 부과되기 때문에 조세 회피와 조세 전가가 발생하지 않는다. 아울러 세정의 투명성이 확보되고 생산과 소비를 비롯한 경제활동에 영향을 미치지 않는다는 점에서 중립성까지 담보할 수 있다. 또한 토지가치세의 세원은 풍부하여 여타의 조세를 보전하기에 충분하다. 따라서 소득세나 법인세와 같이 개인의 노력의 결실에 부과하는 벌금형 성격의 조세를 철폐할 수 있게 된다(토지단세론). 이는 징세를 위한 정부활동을 축소시켜 정부의 감축관리와 함께 상대적으로 민간 부문을 활성화할 수 있게 된다.

제 5 절 결 론

조지는 19세기 후반 빈부 격차 문제에 대해 관심을 갖고 그 원인을 규명하여 이에 대한 처방을 제시하고자 했다. 조지는 지속적인 경제 발전 과정에서 빈곤이 확대되는 이유를 토지사유제도에서 찾고 있다. 토지사유제도에 의해 토지의 모든 과실을 지대라는 명목으로 지주계층이 독점함에 따라 노동자계층은 상대적으로 빈곤해진다는 것이다. 조지는 기본적으로 자본주의 경제 질서를 존중하면서 소득재분배를 위한 토지가치세 도입을 제안한다. 토지사유제가 빈부 격차의 원인을 제공하지만 토지의 국유화나 국가 매수를 주장하지는 않았다. 개인의 토지 소유권을 인정해 주고 개인의 노력에 따라 증대된 지대에 대해서도 처분권을 보장해 주는 반면에 사회의 공동 노력과 자연적인 여건에 의해 증대된 지대를 토지가치세라는 조세로 징수하여 소득재분배에 활용하자는 것이다.

이러한 조지의 개혁사상은 생산과 소득의 원천은 토지에서 비롯된다는 점에 기초한다. 인구 증가, 기계화, 노사 대립 등은 별문제가 아니고 오로지 토지사유제에 의해 토지 소유와 지대가 소수계층에 의해 독점됨에 따라 빈곤이 야기된다는 것이다. 조지는 현재 주요한 이슈가 되고 있는 노동자와 자본가 간 갈등 관계나 이들 간의 빈부 격차는 경시했다. 더 나아가 이들 양자간에는 상호 호혜적인 관계가 존재한다고 보았다.

또한 조지는 토지·자본·노동이라는 세 가지 생산 요소에 대한 생산 과실의 분배에 중점을 두고 있다. 분배 과정에서 자본(이자)과 노동(임금)이 차지하는 비율은 고정되어 있는데 반해 토지(지대)가 증대되는 부가가치의 대부분을 차지한다는 것이다. 기술이 진보하는 경우도 이러한 분배구조는 변화되지 않는다고 주장한다. 그러나 생산의 과실을 모두 지대가 흡수한다는 조지의 주장(김윤상, 1997: 214)은 과장된 측면이 있고, 기술 진보의 결과 토지보다는 노동, 그리고 노동보다는 자본이 주요한 생산 요소로 작용하고 이들에 대한 분배율이 높아질 수 있다는 점이다. 이러한 주장에 대해 조지의 추종자들인 신(新)조지주의자도 인정하고 있는 사실이다(Andelson, 1979: 382).

그럼에도 불구하고 토지문제의 중요성을 인식하고 토지가치세를 중심으로 소득재분배를 기하고자 했던 조지의 사상은 정치개혁가들에게 많은 영향을 미쳤다. 조지의 대표적인 저서인 『진보와 빈곤』(1879)은 톨스토이(Lev N. Tolstoi), 쇼(Bernard Shaw), 쑨원(孫文) 등에 영향을 미쳤고, 실제로 호주·뉴질랜드·대만 등의 토지 개혁에 반영되기도 했다(이재율, 1999: 303).

조지의 사상은 국토가 협소하고 가용면적이 제한된 우리나라에도 시사하는 바가 크다. 소수계층이 토지를 독점하고 지가가 급등하고 있는 상황에서 투기 억제와 토지의 효율적인 이용 및 소득재분배에 관한 다양한 토지정책이 요구되고 있다. 이러한 정책대안을 마련할 때 조지의 토지가치세의 함의를 원용할 필요가 있다.

제 3 장 지방세의 지역 불균형

제1절 서 론

사회경제적인 수준의 진전으로 공공 부문에 대한 역할 기대가 증대함으로써 중앙정부와 지방정부는 모두 급격한 재정 수요에 직면하고 있다. 특히 민선자치 후 중앙정부의 기능이 지방에 이양되는 추세를 고려할 때 지방재정의 확충이 절실히 요구된다. 지방재정은 지방자치단체의 자체수입과 중앙정부에 대한 의존재원으로 구성되지만 지방자치의 원리에 의한 경우 무엇보다 자주재원의 확보가 필요하다. 자주재원은 지방세수입과 세외수입으로 이루어져 있으나 세외수입의 한계를 감안할 때 지방세수입에 기대할 수밖에 없다. 특히 우리나라는 선진국에 비해 조세수입 중에서 지방세가 차지하는 비중이 낮기 때문에 무엇보다 지방세의 확충을 위한 다양한 정책배합(policy mix)이 요구되고 있다. 국세의 지방 이양과 새로운 지방세의 도입이 이에 해당된다.

그러나 지방자치단체 간 지방세의 불균형이 심하다는 데 문제가 있다. 수평적이고 일률적인 지방세 확충정책은 지역 간 격차를 심화시킬 우려가 있다. 공공 부문은 기본적으로 효율성(efficiency)보다 형평성(equity)을 이념으로 하고 있다. 형평성을 전제로 하여 효율성을 추구해야 한다는 것이다.

따라서 지방세 확충정책은 배분적 정의에 입각하여 낙후지역에 정책적인 비중을 둠으로써 지역 간 균형 발전을 도모할 수 있어야 한다.

이와같이 지방세정이 지역 간 형평성을 확보할 수 있도록 하기 위해서는 먼저 지방자치단체 간 지방세 수입의 불균형 존재 여부와 그 정도에 대한 정확한 진단이 선행되어야 한다. 따라서 이 장은 각 지방세의 세목별·조세 체계별 지역 간 불균형의 정도를 먼저 측정하고 그 결정 요인을 분석함으로써 다양한 지방재정 확충정책에 필요한 기초정보를 개발하는 데 목적이 있다.

먼저 2005년 결산 기준 16개의 지방세를 분석 대상으로 하여 세목별 조세 체계별로 지역 간 불균형 정도를 측정한다. 지방세 조세 체계는 재원의 용도에 따라 보통세와 목적세, 세원의 성격에 따라 재산과세·소득과세·소비과세, 과세 주체에 따라 도세와 시군구세로 분류된다. 특히 이 연구는 지역 간 균형 있는 세원 확보에 관점을 두고 있기 때문에 다양한 조세 체계 중에서도 과세 주체별 지역 간 불균형도에 주로 관심을 갖는다. 과세 주체를 기준으로 하여 세목별 및 조세 체계별 지역 불균형도를 측정할 때 전국 234개 시군구를 대상으로 한다.

도세의 경우도 시군구세와 균형을 맞추기 위해 시군구별 징수액을 기준으로 하여 지역별 불균형도를 측정한다. 만약 도세를 16개 시도만을 대상으로 하는 경우 시군구세보다 지역 간 불균형도가 완화된 수준으로 측정된다. 시군구세는 전국 234개 기초자치단체를 대상으로 하기 때문에 16개 시도만을 대상으로 하는 시도세에 비해 지역 간 편차가 크게 나타날 수밖에 없기 때문이다.

시군구별 지방세의 지역 간 불균형도는 지니계수(Gini coefficient)를 기준으로 측정한다. 지역 간 불균형도를 측정한 후 그 불균형도의 구체적인 내용을 파악하기 위해 지방자치단체별 지방세 점유율을 측정한다. 지방세의 지역 간 불균형도는 기본적으로 지방자치단체별 점유율의 차이에서 발생하기 때문이다. 지방세의 지역별 점유율은 인구를 기준으로 한 입지상(location quotient)으로 파악한다. 그 다음 지방세의 세목별·조세 체계별로 지역적 불균형도와 점유율의 결정 요인을 지역경제력을 구성하고 있는 요소들 중에서 영향력 있는 변수를 선정하여 규명한다. 이를 위해 시도별 지방세의 점유율(입지상)을 종속변수로 하고 부문별 산업을 독립변수로 하여 부분 상관관계 분석을 실시한다.

제 2 절 지방세의 지역적 불균형도

1 분석 방법

지방세의 불균형 정도를 측정하는 데 다양한 분석 기법들이 이용될 수 있다.[1] 이 연구는 소득을 비롯한 경제 사회적인 요소의 불균형을 측정하는 데 자주 사용되는 지니계수를 이용한다. 지니계수는 로렌츠곡선과 함께 각

---

1) 조세의 지역적 분포에 대한 분석에는 다양한 기법들이 이용될 수 있다. 이들은 조세의 단순한 분포만을 나타내는 경우와 인구를 가중치로 적용하는 방법으로 나누어 볼 수 있다.

첫째, 단순한 분포만을 나타내는 데에는 산술평균(M)·표준편차(S)·변이계수(CV) 등이 적용된다.

$$M=\Sigma X/n,\ S=\sqrt{\Sigma\frac{(X-M)^2}{n}},\ CV=S/M\times 100 \quad \cdots\cdots (1)$$

특정 조세의 지역적 평균과 표준편차는 각 지역 조세의 평균과 평균을 중심으로 한 분포 상태, 변이계수는 각 조세들의 지역적 분산 상태를 각각 나타낸다. 이들 방법들은 단순히 각 조세의 분포 상태만을 나타내고 있으며 인구·면적·경제 기반 등의 변수를 고려하지 않고 있다. 그러나 인구를 감안하지 않은 조세의 절대액의 분포 상태만으로는 재정적 건전성과 수평적 형평성을 측정하는 데 한계가 있다.

둘째, 조세의 분포에 인구 규모를 가중치로 적용하여 측정하는 방법에는 가중변이계수 분석 방법이 있다. 윌리엄슨(J. C. Williamson)은 지역 간 소득 격차를 분석하기 위해 변이계수에 인구의 가중치를 적용했다(Williamson, 1965: 3-45). 이러한 가중변이계수법은 인구를 기준으로 한 지역 간 조세분포를 측정하는 방법으로도 이용된다. 실제로 오연천 교수가 1987년에 가중변이계수에 의해 세원의 지역적 불균형 분포를 측정한 예가 있다(오연천, 1987: 269-287). 가중변이계수의 값이 클수록 지역적 불균형 정도가 높고 작을수록 낮다.

$$\text{가중변이계수}=\sqrt{\frac{\Sigma(yi-y_t)^2\ p_i/p_t\ n}{y_t}}\times 100 \quad \cdots\cdots (2)$$

세수의 인구 가중에 의한 지역적 분포 상태를 나타내는 지표로 이용할 수 있다. 이러한 지니계수는 인구를 기준으로 한 지역간 세목별뿐만 아니라 조세 체계별 지방세 수입의 불균형에 관해서도 유용한 정보를 제공해 줄 것으로 기대한다. 먼저 특정 지방세수의 지역적 분포를 나타내는 지니계수 계산법은 식(3)과 같다.[2)]

여기서 y_i는 i지역의 1인당 평균 세수입, y_t는 전국의 1인당 평균세수입, n은 지역의 수, p_i는 i(특정)지역의 인구 수, p_t는 전국의 인구 수를 각각 나타냄.

2) 지니계수는 [그림 3-1]의 로렌츠곡선을 이용하여 횡좌표에는 인구 비율의 누적, 종좌표에 세원 비율의 누적을 대치시켜 지역적 분포성의 정도를 측정한다.

[그림 3-1]

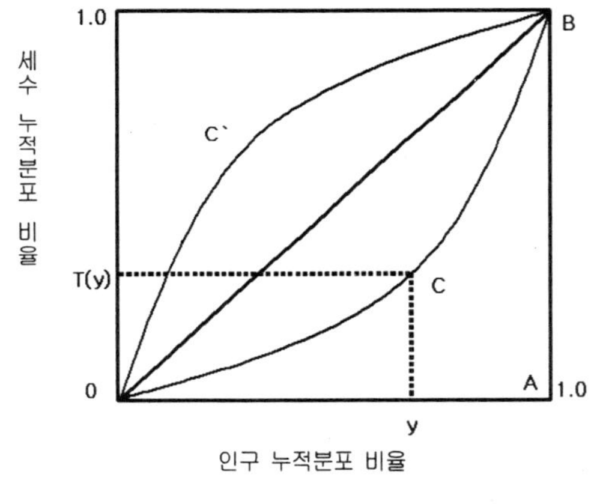

그림에서 보는 바와 같이 각 세원의 분포가 균등한 경우 각 지역은 특정 세원의 전체액에서 차지하는 지역세원의 비율과 전체 인구에서 차지하는 비율이 일치하게 되고 이때 로렌츠곡선은 대각선 OB가 된다. 인구에 비해 세원의 분포가 누진적인 경우 인구 비율이 낮은 지역일수록 낮은 비율이 적용되므로 전체 세원에서 차지하는 비율이 총인구에서 차지하는 비율보다 적게 되어 오목한 곡선의 형태를 취한다. 반대로 역진적인 경우 OC′B의 볼록한 형태를 갖게 된다. 이때 지니계수는 삼각형 OAB의 면적(K)과 OA, OB 및 곡선으로 이루어진 영역인 OABC의 면적(L)으로 표시된다. 지니계수G=(K−L)/K=1−(L/k)로 나타내며 G의 범위는 −1에서 +1의 값을 갖게 된다. 이때 인구와 세원분포가 비례적인 경우는 L=K이므로 지니계수는 0이 되며 누진적인 경우 K>L이 되므로 양의 값을 갖게 된다. 역진적인 경우 K<L이므로 지니계수는 음의 값을 갖는다. 세원의 로렌츠곡선의 종좌표는 전체 세원에서 차지하는 누적 비율을 나타내므로 곡선 아래 부분의 면적(L)은 다음과 같다.

$L_X = \int_0^{100} T_X(p)dp,\ T_X(p)$ =세원 X의 누적 비율 ………………………………………… (4)

따라서 $Gini\,T_X = 1-(L_X/K) = 1-(1/K)\int_0^{100} T_X(p)dp$로 표시된다. 이때 지니계수를 산출하되 지역별로 나눈 뒤 불연속 점들에 대한 주형도의 면적을 합산하여 구했다(Kravis, 1960: 408-410; Suits, 1977: 747-752). 따라서

지니계수($Gini\,T_X$) $= 1-1/0.5\Sigma(1/2)\{T_{r(i-1)}\}\{P_{r(i)}-P_r(i-1)\}$.

$$GT_X = 1 - 1/0.5\sum_{i=1}^{n}(1/2)\{T_{r(i)} + T_{r(i-1)}\}\{P_{r(i)} - P_{r(i-1)}\}$$

여기서 $A = T_{r(i)} + T_{r(i-1)}$, $B = P_{r(i)} - P_{r(i-1)}$일 때

$$GT_X = 1 - 1/0.5\sum_{i=1}^{n}(1/2)A * B \qquad (3)$$

(P=특정 지역의 인구 수, P_r=전국 대비 특정 지역의 인구 비율, $P_{r(i)}$=특정 지역까지의 인구 비율의 누적,[3] T=특정 지역의 세수, Tr=전국 대비 특정 지역의 세수 비율, Tr(i)=특정 지역까지의 세수 비율의 누적을 각각 나타냄).

이러한 방법에 의해 산출된 지니계수의 값은 −1≤Gini≤1의 값을 갖게 된다. 지니계수의 값이 0에 가까울수록 지역 간 인구에 비례하여 세수가 균형 있게 분포되어 있다는 것을 의미한다. 음(−)의 값은 인구가 적은 지역이 인구가 많은 지역보다 많은 세수를 점유한다는 세수 분포의 역진성을 나타내고 −1은 인구가 가장 적은 지역이 세수 전액을 차지하는 극단적인 경우이다. 반면 양(+)의 값은 인구가 많은 지역이 더 많은 세수를 점유한다는 세수 분포의 누진성을 나타내고 1은 인구가 가장 많은 지역이 세수 전액을 차지하는 경우이다. 지니계수의 값을 보다 세분하면 세수분포의 비례성・누진성・역진성 등을 평가할 수 있다. −1≤지니계수≤−0.5일 때에는 역진성, −0.5＜지니계수＜0.5 일 때에는 비례성, 0.5≤지니계수≤1 일 때에는 누진성을 각각 나타낸다고 볼 수 있다.

또한 두 개 이상의 세목을 하나의 지니계수로 나타낼 수 있다. 따라서 지방세의 전체와 조세 체계에 대한 불균형계수를 구할 수 있으며 그 산출식은 식 (5)와 같다.

$$GT = \sum^{n} t_i\, GT_i / \sum^{n} t_i,\ \ t_i = T_i / P_i \qquad (5)$$

(GT=조세 체제의 지니계수, GT_i=특정 세수의 지니계수, T_i=특정 세수의 총계, P_i=지역별 인구 수의 총계를 각각 나타냄).

---

3) 이때 i의 순서는 세수의 입지상이 작은 지역부터 나열한다.

[그림 3-2] 지방세 체계

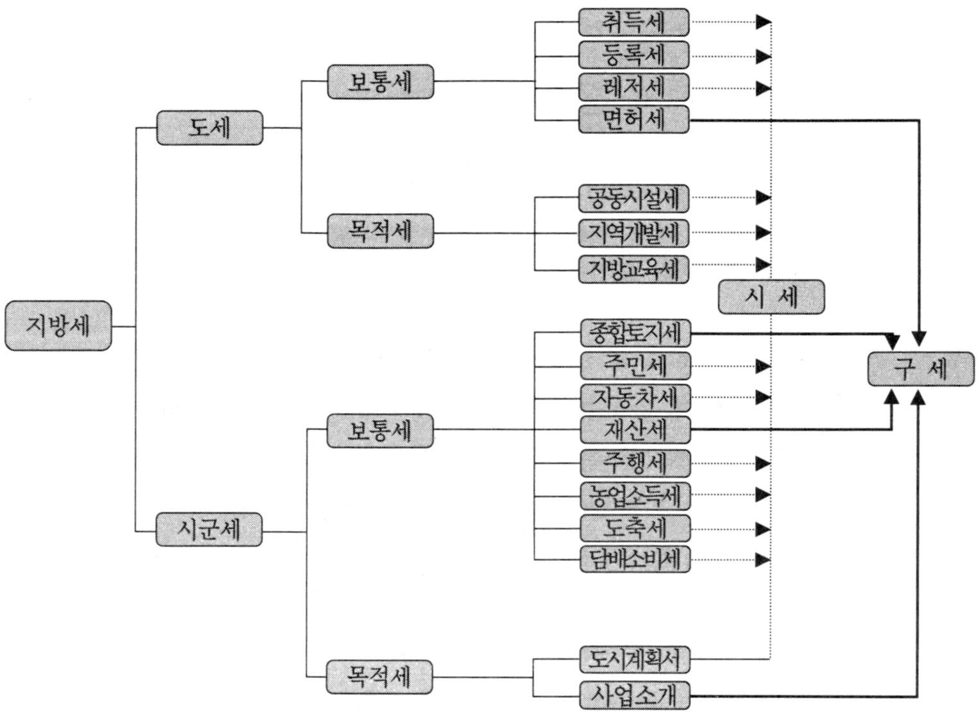

지방세의 세목별·조세 체계별 지역 간 불균형도를 측정한 후 각 지역의 점유 비율을 살펴봄으로써 지역 간 불균형의 지역적 귀착과 그 내용을 구체적으로 파악할 수 있다. 어느 지역이 인구 점유율에 비해 상대적으로 많게 혹은 적게 차지하고 있는가를 분석함으로써 전국적인 불균형을 파악할 수 있다는 것이다. 이를 위해 입지상을 이용한다. 입지상은 특정 지역의 전국 지방세수의 구성비를 그 지역의 전국 인구의 구성비로 나눈 값이다. 입지상이 1(unity)일 때에는 그 지역의 전국 지방세 대비 구성비는 전국 인구 대비 구성비와 동일하다는 점을 뜻한다. 반면에 1보다 작을 때에는 세수의 구성비가 인구의 구성비보다 적다는 것, 1보다 클 때에는 세수의 구성비가 인구의 구성비보다 크다는 것을 각각 나타낸다.

$$\text{입지상}(LQ) = \frac{{}_rR_i}{{}_rP_i},\ {}_rP_i = \frac{P_i}{\sum_{i=1}^{n} P_i},\ {}_rR_i = \frac{R_i}{\sum_{i=1}^{n} R_i} \quad \cdots\cdots (6)$$

(P=인구, R=세수, i=지역을 각각 나타냄).

2 불균형도의 측정

1) 세목별 · 체계별 조세 불균형 지수

지니계수를 기준으로 할 때 지방세 전체의 불균형(지니) 계수는 0.2909를 나타나고 있다. 이러한 지방세의 불균형계수는 지역총생산(0.1240)이나 가계소비(0.0576)에 비해 지역 간의 격차가 상대적으로 심하다는 점을 보여 준다. 지방세 전체의 지니계수를 기준으로 지방세의 각 조세 체계와 세목의 지역적 불균형을 평가해 볼 수 있다. 먼저 <표 3-1>에서 보는 바와 같이 조세 체계에서 보통세(.2862)보다 목적세(.3024), 재산과세(.2468)보다 소득과세(.3501) 및 소비과세(.2695)가 지역적으로 불균형의 정도가 크다는 점을 보여 준다. 특히 과세 주체를 기준으로 살펴볼 때 시도세(.3160)가 구세(.2557)나 시군세(.2895)가 불균형이 심하다는 점을 보여 주고 있다. 이는 과세권의 지역적 범위가 넓을수록 지역 간 불균형이 점증된다는 점을 나타내고 있다. 이러한 과세 주체별 세수 분포는 불균형이 '심할수록 상위 자치단체', '약할수록 하위 자치단체'에 배분되어야 한다는 세수의 보편성의 원칙에 부합된다.

그 다음 세목별로 살펴보면 비록 세수 비중은 낮지만 농업소득세(.9612), 지역개발세(.8486) 등은 가장 높은 불균형성을 보이고, 그 다음 레저세(.5151), 종합토지세(.4781) 등도 지방세 전체의 평균(.2909)을 상회하는 수준을 나타내고 있다. 이에 반해 취득세(.1405), 등록세(.1417), 재산세(.2177), 주민세(.2361), 담배소비세(.0379) 등은 낮은 불균형도를 나타내고 있다. 이들 세목들은 높은 세수 비중을 차지하고 있어 지역 간의 조세 배분에 바람직한 영향을 미치고 있다고 볼 수 있다.

〈표 3-1〉 지방세의 조세 체계별 지역 간 불균형지수(2005)

(단위: 백만 원, %)

세 목		징수액(비율)	지니계수
용 도	보 통 세	2,658,824(82.3)	0.2862
	목 적 세	572,744(17.7)	0.3024
세 원	재산과세	2,485,579(76.9)	0.2468
	소득과세	549,498(17.0)	0.3501
	소비과세	196,491(6.1)	0.2695
전 체		3,231,568(100)	0.2909

주) 1. 재산과세: 취득세 · 등록세 · 자동차세 · 종합토지세 · 도시계획세 · 공동시설세 · 면허세 · 지역개발세 · 지방교육세 · 재산세
2. 소비과세: 레저세 · 담배소비세 · 도축세 · 주행세
3. 소득과세: 주민세 · 농업소득세 · 사업세

〈표 3-2〉 과세 주체 및 세목별 불균형지수(2005)

(단위: 백만 원, %)

주 체	세 목	규모(비율)	지니계수
시도세 (6개)	취득세	6,649,149(20.53)	0.1405
	등록세	6,661,256(20.56)	0.1471
	레저세	691,875(2.14)	0.5351
	공동시설세	432,646(1.34)	0.0978
	지역개발세	31,771(0.10)	0.8486
	지방교육세	3,289,804(10.16)	0.1270
	소계	17,756,501(54.84)	0.3160
구세(자치구) (4개)	재산세	2,587,449(7.99)	0.2177
	사업소세	620,674(1.92)	0.2032
	종합토지세	20,857(0.06)	0.4781
	면허세	66,366(0.20)	0.1241
	소계	3,295,346(10.17)	0.2557
시군세 (7개)	주민세	5,500,839(16.98)	0.2361
	자동차세	1,902,126(5.87)	0.0513
	농업소득세	11(0.00)	0.9612
	도축세	52,516(0.16)	0.4363
	도시계획세	1,352,548(4.18)	0.2354
	담배소비세	1,327,172(4.10)	0.0379
	주행세	1,204,314(3.74)	0.0686
	소계	11,339,52(35.01)	0.2895
전 체		32,391,373(100.00)	0.2909

2) 지역적 점유 비율

지방세분포의 불균형도는 지역 간 점유율의 격차에 의해 발생한다. 따라서 구체적으로 어느 정도의 지역 간 격차에 의해 불균형이 야기되는가를 파악하기 위해서는 지방세의 지역점유율을 분석해야 한다. 지역적 점유율은 인구 수를 기준으로 한 상대적인 수준에서 측정할 수 있는 지표로서 입지상을 이용한다. 입지상은 식(5)가 제시하는 바와 특정 지역의 전국 인구 비중 대비 특정 지역의 전국 지방세수의 비중을 나타낸다.

〈표 3-3〉 과세 주체 및 세목별 입지상의 지역별 순위

구분	세목	1	2	3	4	5	6	7	8	9	10	11	12	13	14	15	16
도세	취득세	경기 1.266	서울 1.236	충남 1.088	제주 1.009	인천 0.986	경남 0.951	강원 0.895	대구 0.982	대전 0.848	울산 0.789	부산 0.788	광주 0.726	경북 0.715	충북 0.709	전북 0.522	전남 0.431
	등록세	서울 1.283	경기 1.267	충남 1.014	인천 0.968	대구 0.931	경남 0.911	울산 0.834	대전 0.834	강원 0.807	부산 0.793	제주 0.780	광주 0.760	충북 0.745	경북 0.655	전북 0.548	전남 0.416
	면허세	충북 2.368	제주 2.230	강원 2.006	전북 1.938	전남 1.888	경기 1.847	충남 1.751	경남 1.670	경북 1.643	울산 0.262	인천 0.070	대구 0.054	부산 0.029	대전 0.000	광주 0.000	서울 0.000
	레저세	제주 4.763	경기 2.459	서울 1.275	경남 0.877	대전 0.475	부산 0.399	광주 0.392	인천 0.307	충남 0.157	대구 0.010	울산 0.000	충북 0.000	경북 0.000	전남 0.000	전북 0.000	강원 0.000
	공동 시설세	서울 1.281	울산 1.192	경기 1.114	인천 1.014	경남 0.970	충남 0.969	광주 0.954	부산 0.947	대구 0.920	충북 0.869	경북 0.850	제주 0.784	강원 0.772	전북 0.692	전남 0.668	대전 0.018
	지역 개발세	부산 8.481	대전 7.730	강원 1.060	울산 0.888	충북 0.590	경북 0.156	경남 0.143	경기 0.137	전북 0.086	충남 0.077	전남 0.073	제주 0.070	광주 0.049	대구 0.476	서울 0.017	인천 0.009
	지방 교육세	제주 2.088	경기 1.876	충남 1.362	경남 1.357	강원 1.243	충북 1.160	경북 1.125	전북 0.931	전남 0.854	서울 0.481	부산 0.459	인천 0.447	광주 0.440	대전 0.438	대구 0.422	울산 0.419
시군구세	세목	1	2	3	4	5	6	7	-	227	228	229	230	231	232	233	234
	재산세	서울중구 7.143	강남구 6.156	화성시 4.444	서초구 4.175	광명시 4.109	종로구 4.081	인천중구 3.521	-	장수군 0.2486	청송군 0.2485	봉화군 0.231	고흥군 0.226	진도군 0.216	괴산군 0.201	신안군 0.199	영양군 0.198
	사업 소세	서울중구 19.288	화성시 8.694	종로구 6.266	울산북구 6.102	강서구 5.903	강남구 5.621	영등포구 4.391	-	연천군 0.075	울릉군 0.067	양구군 0.059	영양군 0.059	완도군 0.054	화천군 0.044	신안군 0.040	진도군 0.034
	종합 토지세	종로구 391.72	경주시 222.28	옹진군 152.03	인천남구 107.11	서울중구 68.584	영암군 29.547	양양군 17.336	-	과천시 -22.179	진천군 -22.574	서초구 -34.924	강서구 -43.703	강남구 -55.725	태백시 -55.879	광명시 -101.27	송파구 -193.35
시군세	세목	1	2	3	4	5	6	7	-	227	228	229	230	231	232	233	234
	주민세	서울중구 27.358	종로구 9.697	강남구 7.603	화성시 5.645	영등포구 4.552	광양시 4.349	서초구 3.892	-	연천군 0.208	남해군 0.2075	증평군 0.2072	신안군 0.192	고흥군 0.187	괴산군 0.185	포천시 0.121	나주시 0.059
	자동 차세	광명시 1.613	의정부시 1.454	화성시 1.000	고양시 0.902	강남구 0.881	용인시 0.868	음성군 0.854	-	양평군 0.191	양주시 0.187	연천군 0.179	신안군 0.178	평택시 0.163	증평군 0.155	괴산군 0.117	포천시 0.079
	담배 소비세	의정부시 4.442	광명시 3.996	음성군 3.602	화성시 3.064	시흥시 2.264	진천군 2.149	안산시 2.123	-	괴산군 0.571	증평군 0.545	평택시 0.469	의왕시 0.447	군포시 0.422	포천시 0.331	신안군 0.000	해남군 0.000
	도축세	고령군 27.188	해남군 26.554	신안군 22.518	군위군 17.737	음성군 15.507	나주시 8.510	창녕군 8.506	-	군포시 0.000	시흥시 0.000	광명시 0.000	의정부시 0.000	용인시 0.000	안산시 0.000	고양시 0.000	성남시 0.000
	주행세	화순군 4.680	연천군 3.693	의정부시 3.632	광명시 3.171	의령군 2.905	완주군 2.447	밀양시 2.328	-	봉화군 0.365	영양군 0.346	양평군 0.325	양주시 0.302	울릉군 0.284	금산군 0.273	괴산군 0.263	포천시 0.226
	도시 계획세	서울중구 6.668	광명시 5.338	강남구 5.097	의정부시 4.181	서초구 4.006	종로구 3.834	용인시 2.834	-	봉화군 0.098	임실군 0.0969	군위군 0.0962	진안군 0.085	포천시 0.073	괴산군 0.043	옹진군 0.000	신안군 0.000

이러한 기준에 의한 경우 <표 3-3>과 같이 도세는 경인지역과 대도시지역이 높은 반면에 전남과 전북은 상대적으로 낮은 비율을 보인다. 6개의 도세 중에서 지역별로 가장 높은 비율을 차지하는 지역을 살펴보면 서울은 2개(등록세, 공동시설세), 경기(취득세), 충북(면허세), 제주는 2개(레저세, 지방교육세), 부산(지역개발세)는 각 1개의 세목에서 높은 비중을 보이고 있다. 반면에 지역별로 최저의 점율 비율을 나타내는 세목 수를 살펴보면 전남은 2개(취득세, 등록세), 서울(면허세), 강원(레저세), 대전(공동시설세), 인천(지역개발세), 울산(지방교육세)은 각각 1개씩을 나타내고 있다.

제 3 절 지방세의 불균형도 결정 요인

1 분석 방법

지니계수와 입지상을 통해 지방세의 지역적 불균형도와 점유율을 측정한 다음 그 결정 요인을 파악한다. 지방세의 지역 간 불균형도를 완화하기 위한 정책을 수립하기 위해서는 그 영향력이 있는 변수를 찾아내야 한다. 선행 연구의 경험적인 분석 결과와 과세 원리에 입각한 경우 각 지역의 지방세수의 점유율은 잠재세원(revenue capacity)을 구성하고 있는 지역경제력에 의해 결정된다는 사실을 추론해 낼 수 있다.

우리나라의 경우 지역의 생산 기반에 의해 지방세수가 결정된다고 볼 수 있다. 따라서 지역생산력을 구성하고 있는 농림어업 · 제조업 · 건설업 · 도소매 및 음식숙박업 · 교육 및 사회 서비스의 5개 부문의 산업 규모를 독립변수로 한다. 종속변수로는 특정 지역의 인구 대비 상대적인 점유율을 나타내는 지방세의 세목별 입지상을 선정한다. 독립변수의 값도 각 산업의 취업자의 입지상을 이용한다. 관찰값(observations)은 시계열자료와 횡단자료를 결합한 집적시계열자료(pooled time-series analysis)에 의해 선정한다. 16개 시도

의 2004년과 2005년의 자료를 이용한다.[4)]

이와같이 종속변수와 다수의 독립변수의 관계를 분석하는 다변량분석에서 종속변수에 대한 독립변수의 효과계수는 일반적으로 다중회귀분석상의 회귀계수와 단순상관계수로 나타낸다. 그러나 이들은 각기 장단점을 내포하고 있기 때문에 사용하는 데 주의해야 한다. 회귀계수는 다른 독립변수의 영향을 배제하고 순수한 해당 독립변수의 영향만을 나타내 준다는 점에 장점이 있다. 그러나 회귀계수는 다른 독립변수의 값이나 독립변수의 수가 달라짐에 따라 그 값이 변하기 때문에 안정적인 관계를 나타내지 못하는 단점이 있다. 또한 분석모형의 적합도를 갖추기 위해서는 여러 가지 제약 조건들이 충족되어야 한다.[5)]

반면에 단순상관 계수는 다른 변수의 값이나 독립변수의 수에 상관없이 일정한 관계를 안정적으로 보여 주고 비교적 제약 조건이 완화되지만 다른 독립변수에 의한 영향까지를 중복하여 포함하고 있다는 단점이 있다. 이와 같은 양 분석의 단점을 보완하기 위해 이 연구는 여타 독립변수를 통제한

---

4) 시군(구)세의 결정 요인은 각 시군(구)별로 지역산업의 독립변수를 이용해야 하지만 이용 가능한 자료 수집의 한계로 말미암아 모든 세목의 세수와 독립변수(산업 부문)를 시도 단위로 통합하여 분석한다.

5) 다중회귀분석 결과 종속변수와 독립변수 간의 관련성은 F값을 통해 살펴보아야 하고, 제시된 회귀식이 전체 변량의 몇 퍼센트를 설명하는지를 파악하기 위해서는 결정계수(R^2)를 파악해야 한다. 또한 모형의 적합도(fitness)를 측정하기 위해 잔차분석(residual analysis)을 실시해야 하고, 잔차분석을 통해 잔차항의 자기상관(autocorrelation)과 계열상관(serialcorrelation)의 여부를 파악하고 이를 위해 DW(Durbin-Watson)값을 분석한다. DW값은 $0 \leq DW \leq 4$의 값을 나타내는데 2에 접근할수록 선형회귀식이 유효하지만 0이나 4에 근접하면 다른 회귀모형(2차함수 혹은 지수함수)을 설정해야 한다. 또한 다중회귀분석의 경우 각 독립변수들 간의 높은 상관관계로 말미암아 독립변수의 중복 요인이 종속변수에 추가적으로 영향을 미치는 다중공선성(multicollinearity)의 여부를 파악해야 한다. 다중공선성은 모수 추정치의 허용도(tolerance)와 분산 팽창 요인(variance inflation)값으로 측정한다. 허용도가 0.01 이상이거나 분산 팽창 요인이 10 이하이면 다중공선성이 존재하지 않는다고 평가할 수 있다. 만약에 다중공선성이 존재하는 것으로 평가된다면 유효한 독립변수만을 채택하는 변수 선택을 위한 통계 방법을 사용해야 한다. 이러한 적합한 회귀모형과 독립변수를 채택한 후 각 독립변수의 종속변수에 대한 영향력의 정도는 회귀계수인 모수 추정치(parameter estimates)를 이용한다. 이때 각 독립변수들의 단위와 표준편차의 차이에서 발생하는 오차를 줄이기 위해 표준화 회귀계수(standardized regression coefficient)를 추정해야 한다.

〈표 3-4〉 시도별 산업 부문별 취업자 수(2005년)

(단위: 명)

구 분	인구 수	농림어업	제조업	건설업	도소매 및 숙박음식업	교육 및 사회 서비스
서울시	10,167,344	846 (0.126)	473,643 (0.659)	375,854 (1.442)	1,141,046 (1.323)	786,391 (1.670)
부산시	3,638,293	3,252 (1.350)	200,895 (0.781)	83,030 (0.890)	339,376 (1.100)	156,128 (0.926)
대구시	2,511,306	306 (0.184)	155,484 (0.875)	51,784 (0.804)	212,234 (0.997)	99,559 (0.856)
인천시	2,600,495	384 (0.223)	225,663 (1.227)	46,832 (0.703)	180,390 (0.818)	86,048 (0.714)
광주시	1,401,745	298 (0.321)	69,606 (0.702)	47,463 (1.321)	123,124 (1.036)	65,939 (1.016)
대전시	1,454,638	2,018 (2.096)	47,326 (0.460)	34,410 (0.923)	120,707 (0.979)	80,588 (1.196)
울산시	1,087,648	129 (0.179)	140,668 (1.828)	29,211 (1.048)	80,790 (0.876)	51,487 (1.022)
경기도	10,697,215	3,364 (0.475)	995,534 (1.316)	233,064 (0.850)	738,608 (0.814)	391,905 (0.791)
강원도	1,513,110	1,787 (1.784)	42,120 (0.394)	43,562 (1.123)	147,863 (1.152)	58,275 (0.832)
충북도	1,488,803	1,346 (1.366)	122,416 (1.162)	37,447 (0.981)	113,147 (0.896)	58,390 (0.847)
충남도	1,962,646	3,164 (2.435)	184,533 (1.329)	43,125 (0.857)	147,482 (0.886)	69,702 (0.767)
전북도	1,885,335	2,128 (1.705)	82,279 (0.617)	36,326 (0.752)	137,218 (0.858)	66,767 (0.765)
전남도	1,967,205	4,074 (3.128)	89,118 (0.640)	41,254 (0.818)	142,367 (0.853)	62,065 (0.681)
경북도	2,688,491	3,098 (1.741)	265,013 (1.393)	58,264 (0.845)	202,192 (0.887)	95,734 (0.769)
경남도	3,160,431	2,623 (1.254)	348,015 (1.557)	75,962 (0.938)	246,982 (0.922)	109,192 (0.746)
제주도	57,569	5,277 (14.296)	8,580 (0.218)	12,936 (0.905)	63,308 (1.339)	21,300 (0.825)
계	48,782,274	32,294	3,450,893	1,250,524	4,136,834	2,259,470

주: ( )는 입지상.

상태 하의 특정 종속변수와 특정 독립변수들 간의 상관관계를 나타내는 부분상관 계수(partial relation coefficient)를 이용한다.

2 결정 요인의 분석

세목별로 유의미한 영향력을 미치는 산업 부문별 독립변수는 다양하게 제시되고 있다. 등록세는 교육 및 사회 서비스(0.5446), 면허세는 교육 및 사회 서비스(0.7897), 도소매 및 음식숙박업(0.6193), 농림어업(0.5493), 주민세는 교육 및 사회 서비스(0.8379), 도소매 및 음식숙박업(0.5702), 자동차세는 교육 및 사회 서비스(0.7553), 도축세는 교육 및 사회 서비스(0.5243), 레저세는 교육 및 사회 서비스(0.6208), 담배소비세는 교육 및 사회 서비스(0.6304), 도소매 및 음식숙박업(0.6204), 도시계획세는 도소매 및 음식숙박업(0.6495), 교육 및 사회 서비스(0.5949), 사업소세는 교육 및 사회 서비스(0.5898), 지역개발세는 교육 및 사회 서비스(0.5882), 사업소세는 제조업(0.7784)이 각각 주요하게 영향을 미치고 있다.

이를 종합해 볼 때 1,2차 산업(농림어업 · 제조업 · 건설업)보다는 3차 산업(도소매 및 음식숙박업, 교육 및 사회 서비스업)의 지방세 비중이 더 높다는 것을 발견할 수 있다. 1990년대에는 2차 산업과 3차 산업이 비교적 균형 있게 지방세수에 영향력을 행사했다(Kim, Jeong Wan, 1996: 177)는 점과 구별된다.

실제로 산업 부문별로 영향을 미치는 세목 수를 살펴보면 교육 및 사회 서비스는 10개 세목, 도소매 및 음식숙박업은 4개 세목인데 반해 농림어업과 제조업은 각각 1개 세목에 불과하다. 이는 2000년에 접어들면서 산업의 비중이 2차 산업에서 3차 산업으로 이동했으며 잠재세원 또한 3차 산업 위주로 형성되고 있다는 점을 발견할 수 있다.

〈표 3-5〉 세목과 산업 부문 간의 상관계수

구 분	농림어업	제조업	건설업	도소매 및 음식숙박업	교육 및 사회 서비스
취득세	0.3911 (0.1342)	-0.5344 (0.0330)	-0.1534 (0.5705)	0.0584 (0.8298)	-0.1441 (0.5945)
등록세	-0.0208 (0.9391)	0.2385 (0.3736)	0.1969 (0.4659)	0.2243 (0.4037)	0.5446 (0.0292)
면허세	0.5493 (0.0275)	-0.7266 (0.0014)	0.3616 (0.1688)	0.6193 (0.0105)	0.7897 (0.0003)
주민세	0.2988 (0.2610)	-0.7293 (0.0013)	0.2776 (0.2978)	0.5702 (0.0209)	0.8379 (0.0001)
재산세	-04994 (0.0489)	0.2580 (0.3346)	-0.2281 (0.3954)	-0.5366 (0.0321)	-0.4436 (0.0853)
자동차세	0.0032 (0.9905)	-0.4737 (0.0638)	0.0176 (0.7921)	0.3646 (0.1650)	0.7553 (0.0007)
도축세	0.1943 (0.4709)	0.2347 (0.3816)	0.1277 (0.6375)	-0.0288 (0.9158)	0.5243 (0.0371)
레저세	0.3394 (0.1984)	-0.2158 (0.4221)	0.1645 (0.5427)	0.3444 (0.1915)	0.6208 (0.0103)
담배소비세	0.3507 (0.1829)	-0.1435 (0.5961)	0.2986 (0.2613)	0.6240 (0.0098)	0.6304 (0.0088)
주행세	-0.2640 (0.3231)	0.1630 (0.5463)	-0.0183 (0.9463)	-0.1399 (0.6053)	-0.5797 (0.0186)
도시계획세	0.3415 (0.1954)	-0.1277 (0.6375)	0.2090 (0.4373)	0.6495 (0.0065)	0.5949 (0.0151)
사업소세	0.2072 (0.4413)	-0.3014 (0.2566)	-0.0701 (0.7966)	-0.0564 (0.8356)	0.5898 (0.0162)
공동시설세	-0.3640 (0.1658)	0.2646 (0.3220)	0.0434 (0.8732)	-0.5117 (0.0428)	0.1050 (0.988)
지역개발세	0.1297 (0.6335)	-0.1746 (0.5178)	-0.0467 (0.8636)	0.3118 (0.2397)	0.5882 (0.0166)
지방교육세	-0.2286 (0.3939)	0.1969 (0.4648)	-0.1470 (0.5871)	-0.2968 (0.2644)	-0.6080 (0.0125)
사업소세	0.0704 (0.7956)	0.7784 (0.0004)	-0.1980 (0.4622)	-0.3980 (0.1268)	-0.7284 (0.0014)

주: ( )는 유의 수준(p)임.

제 4 절 분석 결과에 의한 세원 조정(稅源調整) 방향

1 잠재세원의 확충

먼저 지방세수는 기본적으로 지역의 경제 수준과 밀접한 관련이 있기 때문에 지역별로 균형 있는 세수를 확보하기 위해서는 잠재적인 세원을 확충하는 것은 기본이다. 지방세의 지역적 분포의 결정 요인 분석 결과 서비스업이 잠재적인 세원으로서 가장 영향력 있는 변수로 선정되었다. 따라서 지방세원 확충과 지역 균형발전을 위해서는 서비스업을 비롯한 산업시설을 입지시키는 정책이 요구되고 있다. 서비스업은 민간 부문에 의해 운영되고 이윤 동기에 의해 입지와 규모를 결정한다. 따라서 IT 부문을 비롯하여 고부가가치를 생산하는 서비스업을 활성화시키기 위해서는 사회기반시설의 확충이 선행되어야 한다. 이를 위해 정부 부문이 지역개발에 관한 정책적 의지를 보여 주기 위해 공공 투자를 확대해야 할 것이다. 실제로 공공 부문의 투자는 민간기업이 안심하고 투자할 수 있는 촉매제 역할을 하게 되어 많은 유발 효과를 나타낸다.

또한 대도시에 소재한 사업체의 지방 이전을 촉진하기 위한 유인정책으로서 재산세·취득세·등록세 등의 지방세 감면정책을 광범위하게 활용해야 하고, 사회간접자본시설의 확충과 입지나 사업 운영상 편의 제공과 같은 보완적인 정책을 병행해야 한다.

2 과세 주체의 변경

중앙정부와 지방정부 혹은 광역자치단체와 기초자치단체 간의 세원 배분은 대개 역사성과 정책적 역학 관계에 의해 결정되었다. 이를 조정하기 위한 기준으로 응익성·안정성·경쟁성을 들고 있다. 공공 서비스와 부담을 일치시킬 수 있고(benefit principle), 세수 규모의 변화가 적을수록 하위정부, 조세에 대한 경쟁이 심할수록 상위정부가 담당하는 것이 유리하다는 것이다. 그러나 무엇보다도 지역적인 보편성과 형평성을 고려해야 한다. 지역적으로 균등한 세원은 하위정부, 불균등한 것은 상위정부가 각각 담당할 필요가 있다는 것이다. 이러한 관점에서 지방세의 세목별·조세 체계별 불균형도의 측정 결과에 바탕을 두고 상하 정부간 세원의 재배분에 관한 논의를 전개할 수 있다. 균등하게 분포되어 있는 세원은 하위정부로 이양하는 대신에 불균형이 심한 세원을 상위정부로 전환하여 균형을 유지하도록 해야 한다. 이때 주의할 점은 공공재원 배분은 단지 형평성의 관점에서 이루어질 수 없고 각 정부 단위의 역할과 기능이 손상되지 않는 측면에서 이루어져야 한다. 특히 우리나라는 지방화 분권화와 함께 국제경쟁력 강화라는 과제에 직면해 있다는 점을 고려하여 상하 정부 간의 합리적인 자원 배분이 이루어지도록 해야 할 것이다.

먼저 국가와 지방 간 세원 조정에 관해 살펴보기로 하자. 국제경쟁력 강화, 지역 균형 발전, 지방화 시대의 관점에서 중앙정부의 기능이 지방정부에 계속 이양될 것으로 예상됨에 따라 지방정부의 재정 수요가 확대될 전망이다. 이와같이 지방재정에 대한 수요에 대응하여 지방세 수입도 신축성을 보유할 것이 요구되고 있다. 따라서 중앙정부의 국세를 지방정부에 이양하여 재정 수요와 공급이 균형을 이루도록 해야 할 것이다. 그러나 국세는 지방세에 비해 불균형도가 높기 때문에 일률적으로 특정 세목을 지방에 이양하는 경우 지역 간 불균형을 심화시킬 우려가 있다. <표 3-6>에서 보는 바와 같이 국세의 경우 시도 단위를 기준으로 하여 분석한 경우에도 시군구 단위로 분석한 지방세에 비해 지니계수 값이 높게 나타나고 있다.

따라서 직접적인 이양보다 지방교부세나 국가균형발전 특별회계와 같은 재원으로 지원되어야 할 것이다. 또한 지방세는 재산과세가 주를 이루고 있기 때문에 소득·소비과세를 확충할 필요가 있고 이는 국세의 지방 이양에 의해 확보될 수 있다. 이때에도 세목별보다는 특정 세목 중에서도 지역적으로 보편성을 띠고 있는 세원의 일부를 이양할 필요가 있다. 예를 들어

〈표 3-6〉 국세의 세목별 규모와 지니계수(2005년)

(단위: 백만 원, %)

세 목	세수 규모	비 율	지니계수
소득세	24,650,520	20.83	0.3557
법인세	29,805,494	25.19	0.4540
상속세	701,964	0.59	0.5003
증여세	1,170,863	0.99	0.5008
부가가치세	36,118,641	30.53	0.5730
특별소비세	4,399,528	3.72	0.7723
주세	2,595,099	2.19	0.6275
증권거래세	2,370,525	2.00	0.7740
인지세	499,962	0.42	0.7397
교육세	3,526,591	2.98	0.5902
교통세	10,287,765	8.70	0.9185
농특세	1,748,764	1.48	0.5840
종합부동산세	441,328	0.37	0.5555
계	118,317,044	100.00	0.6112

주: 지니계수는 시도별 분포를 기준으로 하여 산정함.

부가가치세의 유흥음식세분, 과세 장소에 대한 특별소비세의 일부 등이 이양될 수 있다는 것이다.

반면 지방세의 경우도 지역 간 불균형이 심한 것은 국세나 시도세로 전환할 필요가 있다. 예를 들면 현재 광역자치단체의 도세인 지역개발세(지니계수: 0.8486)는 국세로 전환할 필요가 있다. 또한 지역 간 불균형이 심하면서 세수 규모가 작은 소득과세인 농업소득세(0.9612)와 소비과세인 레저세(0.5351)는 각각 국세의 소득세와 부가가치세로 통합할 필요가 있다.

그 다음 상하 자치단체 간의 세원의 재조정을 살펴볼 수 있다. 시군구세 중에서 지역 간 불균형도(지니계수)가 높은 조세를 시도세로 전환하여 시도에 의한 시군구 간의 형평화 재원으로 활용하는 방안을 강구할 필요가 있다. 우선 시군세 중에서 지니계수가 상대적으로 높은 종합토지세(0.4781)와 재산세(0.2177), 주민세(0.2361)에 대해서는 시군의 주요한 세원이지만 지역 간 불균형이 심하기 때문에 도세로 전환하는 대신에 이를 일반재정보전금과 같이 현재 도가 시군을 대상으로 운용하고 있는 같은 형평화 재원으로 활용할 필요가 있다. 또한 자동차세와 주행세는 광역행정 업무의 성격을 띠고 있는 교통시설이나 사회간접자본과 밀접한 관련이 있기 때문에 시군보다 광역자치단체인 도가 담당할 필요가 있다.

이에 반해 현재 도세인 취득세(0.1405)와 등록세(0.1475)는 세원의 규모가 크고 불균형도가 지방세 전체의 평균(0.2909)보다 낮은 불균형도를 나타내고 있기 때문에 시군세와 공동 세원화 방안을 모색할 필요가 있다. 특히 등록세는 재산권의 유통 과정에서 담세력을 포착하여 부과되기 때문에 기초자치단체인 시군세로의 전환이 요구된다.

제 4 장 지방정부의 자주세원

제1절 서 론

포천시의 경우 인구와 산업시설이 급격하게 확대되고 있다. 시 승격과 함께 증가되는 행정 수요를 효율적으로 처리하기 위해 막대한 재원이 필요하게 된 것이다. 그 결과 재원 확충이 당면 과제로 등장하고 있다. 지방재정의 확충 방안은 중앙정부의 이전재원과 지방자치단체의 자체재원으로 나누어 볼 수 있으나 지역 주민의 요구와 선호를 효과적이고 자율적으로 충족시키기 위해서는 자주재원의 확충이 절실하다. 자주재원 확충은 국세의 지방세 이양, 탄력세율 제도의 도입, 비과세·감면제도의 축소, 징세율의 제고 등 다양한 방법이 제시될 수 있으나 각 지역의 경제적 여건과 잠재세원의 분포를 고려하여 독자적인 세원을 발굴할 필요가 있다. 현재 각 자치단체들이 신세원으로 고려하고 있는 지방세는 환경보전세·관광세·광고세 등을 비롯하여 14개 세목에 이른다.

이 중에서 관광세(가칭)가 가장 주목받고 있는 세목이다. 관광세는 다른 세목에 비해 지방세로서 유리한 요건을 구비하고 있다. 관광세는 소득에 대한 탄력성이 높아 세수의 신장성을 제고하고, 현행 재산세 중심의 세수 구조에서 탈피하여 소비과세를 보완할 수 있고, 응익과세로 인해 편익과 부담을 일치시킴으로써 조세의 형평성을 제고할 수 있다.

이 장은 포천시를 중심으로 한 지방자치단체들의 관광세 도입에 대한 정책대안을 제시하고 실제로 관광세가 도입되었을 때의 재정적 효과를 분석하는 데 목적이 있다. 따라서 포천시의 관광세 도입에 대한 시론적인 연구로서 관광세 도입의 필요성, 도입 방안 그리고 재정적 효과를 중점적으로 살펴보고 관광세 도입에 따른 발전 과제 등을 제시하고자 한다. 이를 위해 먼저 포천시의 관광세 도입의 필요성을 지방재정의 현황, 지역경제의 여건, 관광자원의 분포를 중심으로 살펴보고, 그 다음 관광세 도입의 재정적 효과와 관광세의 법제화 방안을 각 대안별로 분석하고, 마지막으로 관광세 도입시 고려해야 할 문제점을 분석한다.

제 2 절 지방세의 신세원: 관광세

1 관광세의 성격

관광세(tourist tax)란 지방자치단체가 자주재원의 확충을 위해 관광객들에게 관할지역 내에 있는 관광자원이나 관광 관련 사업체 등의 입장 및 이용행위에 대해 그 대가와 손실의 보상 차원에서 부과하는 조세를 말한다. 관광행위를 통해 직접 편익을 향유하면서 해당 지역에 각종의 재정 수요 유발의 원인자인 관광객에게 그에 상응하는 비용을 부담하게 함으로써 그 비용이 지역 주민에게 전가되는 것을 방지하면서 지방세수를 확충하기 위한 조세이다(박경환, 1997: 27). 여기서 관광자원(tourism resource)이란 관광의 주체인 관광객으로 하여금 관광의 동기와 욕구를 일으키게 하는 유・무형의 대상으로서 관광객을 유인하고 관광수입을 올릴 수 있는 자원을 말한다. 관광자원은 크게 유・무형문화재 및 건축물・예술품・박물관・기념관・풍속・신앙 등의 인문관광자원, 산악・해안・삼림・하천・호수・

동식물 · 온천 등과 같은 자연관광자원으로 구분된다. 그리고 관광 관련 사업체란 호텔 및 그 부대시설 · 골프장 · 고급 음식점 · 기념품판매장 등의 고급 여가시설을 말한다.

관광세의 과세 대상이 되는 관광행위란 관광객이 관광자원에 입장하거나 관광숙박업 및 그 부대시설, 이용시설업 등의 관광 관련 사업체를 이용함으로써 요금을 지불하는 일체의 행위를 말한다.

이러한 관광세는 제7차 경제 · 사회개발계획 중에 지방세로 도입될 예정이었던 세목으로 각 지방자치단체가 다양한 명칭으로 그 도입을 추진하고 있다. 이러한 관광세는 다른 신세목에 비해 다음과 같은 장점을 내포한다.

첫째, 관광세는 세원 분포에서 보편성과 도입에 대한 합의가 성숙되어 있다. 각 지방자치단체의 신설 대상 세목 중에서 가장 많은 지방자치단체가 도입을 추진하고 있어 중앙정부와 지방자치단체 간에 어느 정도 공감대가 형성되어 있다. 또한 다른 세목에 비해 세원이 고르게 분포되어 있어 지방세의 요건인 보편성을 구비하고 있다. 특히 제주도 · 강원도 · 충청북도 등지에서 적극적으로 도입을 시도하고 있기 때문에 포천시도 다른 자치단체와 긴밀하게 협조하여 추진할 필요가 있다.

둘째, 수익자 부담 원리를 실현할 수 있다. 관광객들이 관광자원의 이용 시 해당 지방자치단체에 환경오염이나 혼잡비용을 비롯한 다양한 사회적인 비용을 유발하게 된다. 그런데 시장경제에는 이러한 외부불경제를 조정할 수 있는 메커니즘이 결여되어 있다. 실제로 수도권의 근린지역인 포천시는 관광 수요가 많고 관광자원 또한 풍부하다. 그러나 관광 이용에 따른 막대한 부수경비를 초래하고 있다. 따라서 관광객들을 대상으로 관광세를 부과함으로써 편익과 부담을 일치시킬 수 있다.

셋째, 관광세의 과세 대상인 관광행위는 소득 탄력적이기 때문에 지방세수의 안정성과 신장성에 기여한다.

넷째, 관광세는 조세 저항을 방지할 수 있다. 관광세의 대상인 관광행위는 개인들의 자발적인 행위이고 경제적으로 여유 있는 사람들을 대상으로 하기 때문에 다른 조세에 비해 반발이 적다.

관광세는 이러한 장점에도 불구하고 경기 변동에 민감하여 세수의 안정성이 우려되고, 조세 수출이 이루어지기 쉬운 조세이기 때문에 지방자치단체 간에 조세 수출의 경쟁이라는 문제를 발생시킬 수 있다.

2 관광세 도입의 필요성

1) 안정적인 자주재원의 확보

지방자치의 발전을 위해서는 과세자 주권에 의한 자체 재원 조달 방안을 마련할 필요가 있다. 지방자치가 진전됨에 따라 행정 수요가 다양화해짐으로써 자주재원의 확충이 무엇보다 시급한 과제이다. 이러한 상황 속에서 관광자원이나 관광사업체의 이용에 대한 관광세를 도입함으로써 자치단체의 재정 수요 증가에 대응하고 관광 관련 서비스의 질을 제고하고 관광자원을 보전하는 데 소요되는 지출을 충당할 수 있게 된다. 관광세는 포천시에 입지하고 있는 온천·공원·골프장 등과 같은 위락시설과 관광자원의 이용자에게 과세하는 일종의 수익자 부담 원리의 조세이다. 포천시에서 관광은 새롭게 부각되고 있는 지역경제 자원이라는 점을 고려할 때 관광세는 지방재정 확충에 많은 기여를 하게 될 것이다.

2) 관광자원 개발을 위한 재원 조달

종래의 관광자원은 보존과 관람의 대상에 그쳤으나 이제는 적극적으로 개발하여 부가가치를 제고해야 한다. 실제로 관광자원을 보유하고 있는 지방자치단체는 관광자원의 개발과 관광산업의 유치에 많은 비용을 부담하고 관광객들에게 고품질의 서비스를 제공하기 위한 막대한 재정 수요에 직면해 있다. 한정된 재정 여건 하에서 관광 개발을 위한 추가적인 비용 부담이 어려운 상황이기 때문에 관광재정 수요에 대응하여 새로이 관광세를 신설할 필요가 있다. 특히 관광자원의 이용에 따른 환경오염, 시설 훼손, 사회적 혼잡 등으로 말미암아 재정적 수요가 증대하고 있다. 따라서 관광자원의 이용행위에 대해 수익자인 관광객에게 그 비용의 일부를 부담시키는 것이 바람직하다.

3) 이용자 부담 원리의 실현

지방자치단체와 관광객의 관계는 공급자와 소비자의 관계이다. 지방자치단체는 관광객에게 관광자원이나 각종 편의시설을 제공하고 양질의 관광자원을 유지하기 위해 노력해야 한다. 반면에 관광객은 관광자원을 이용하는 소비자로서 이에 대한 비용을 부담해야 한다. 그러나 현실적으로 양자간의 관계는 이론적 측면과 차이가 있다. 실제로 관광수입은 특정 관광사업자에게 귀속되고 지방자치단체는 관광행위에 따른 사회적 비용만을 감수하게 된다. 따라서 지방자치단체가 응익과세의 원칙에 의해 관광 수입의 일부를 관광세로 흡수함으로써 비용과 편익을 일치시키고 안정적이고 지속적인 관광자원의 활용이 가능해진다.

4) 지역경제의 활성화

관광세의 재원은 관광 개발에 활용됨에 따라 지역 개발의 주요한 투자재원으로 이용될 수 있다. 관광 개발은 주로 관광자원에 대한 접근성을 개선하기 위한 SOC 확충사업이나 관광 부대시설의 확충이 주를 이룬다. 이와 같이 관광세 재원은 지역의 SOC사업 및 지역경제 기반 조성에 기여하게 된다. 특히 포천시는 풍부한 관광 수요, 관광자원, 산업지대를 보유하고 있으나 인구 급증에 따라 SOC가 부족한 형편이다. 따라서 관광세에 의한 관광 개발은 지역 개발에 대한 파급효과를 확대시켜 지역경제의 활성화에 도움을 주게 될 것이다.

3 외국의 관광세

1) 미 국

미국 대부분의 주나 지방자치단체들은 관광 개발과 관광 서비스 개선을 위한 재원을 조달하기 위해 각종 관광 관련 조세를 부과하고 있다. 현재 관광 관련세가 지방세수에서 차지하는 비중이 4.0%에 불과하지만 관광객의 규모가 커지고 관광 수요가 확대됨에 따라 급격히 증가될 것으로 예상된다.

관광세 중에서 가장 널리 채택되고 있는 세목이 호텔숙박세(hotel room taxes)이다. 세율은 각 지방자치단체별로 상이하지만 평균 10~11% 수준이다. 이와 같은 호텔숙박세는 다른 조세에 비해 몇 가지 장점을 내포하고 있다. 징수가 간편하여 경비를 절감할 수 있고, 지역 주민이 아닌 다른 지역의 관광객을 대상으로 하고, 자발적인 관광행위를 과세 대상으로 하기 때문에 조세 저항을 방지할 수 있다. 그 다음으로 식품 및 음료수세(food and beverage tax)가 널리 이용되고 있는 세목이다. 세율은 호텔숙박세에 비해 낮지만 관광객뿐만 아니라 지역 주민들에게 부과된다는 특징이 있다. 이 밖에도 33개 주정부가 극장·나이트클럽·스포츠센터·카바레 등 유흥업소의 출입에 대한 오락세(entertainment taxes)를 부과하고 있다.

2) 일 본

우리나라와 가장 유사한 지방세 체계를 갖고 있는 일본은 각종 관광 관련 조세를 운용하고 있다. 지방세로서 골프장이용세와 입탕세, 법정 외세로서 문화관광시설세와 요트보트세가 있다. 이 중에서 골프장이용세의 경우 도부현(道·府·縣)이 과세권자이고 납세자는 골프장 이용자이다. 골프장이용세는 도·부·현세이지만 세수의 70%는 골프장이 소재하는 시정촌(市·町·村)에 교부하고 30%는 도부현의 세수로 한다. 입탕세(入湯稅)는 시정촌이 과세권자이며 환경위생시설, 관광시설, 소방시설 및 소방활동에 필요한 재원을 조달하기 위한 목적세이다. 납세 의무자는 광천욕장의 입장객이며 과세 객체는 입탕행위이다.

3) 기타 국가

많은 국가들은 명칭이나 과세 방법에 차이가 있지만 관광 개발과 지역 개발을 위한 재원을 조달하기 위한 관광 관련세를 채택하고 있다. 대부분의 국가에서 관광세는 일반세 수입으로 징수되지만 일부 국가들은 관광자원이나 관광행위에 특별히 부과하는 목적세 형태를 취하는 경우도 있다.

〈표 4-1〉 각국의 관광 관련세 종류

국 가	관광 관련세의 세목
스위스, 프랑스	체제세(taxe de sejour)
이탈리아	특별요양세(contributio speciale ccicura)
독일, 스페인	관광인제세(poliz de turismo)
불가리아, 폴란드, 폴리네시아	관광계획세(tourism planuing levey)
페루	소비세
멕시코	천연자원개발세, 입장세
스웨덴, 캐나다	삼림세
호주, 홍콩, 인도	입장세
스리랑카, 말레이시아	입탕세(온천세)
콜롬비아	관광세

자료: 강원도연구단(1995: 50).

제 3 절 포천시의 재정 여건과 관광자원 현황

1 포천시의 재정 여건

2002년 현재 재정자립도를 기준으로 할 때 포천시는 42.2%로 전국 군 평균(19.1%)이나 경기도 군 평균(35.9%)에 비해 높지만 전국 전체(54.6%)나 경기도 전체(76.5%)에 비해 낮은 편이다. 특히 2003년 시 승격을 앞둔 상황에서 전국 시 평균(47.5%)과 경기도 시 평균(73.5%)에 비해서도 취약하다.

〈표 4-2〉 자치단체별 재정자립도(2002년)

(단위: %)

구 분	전 체	시	군
전 국	54.6	47.6	19.1
경기도	76.5	73.5	35.9

자료: http://211.62.108.38/index.jsp; 경기도, 「2002년도 예산개요」.

〈표 4-3〉 포천시의 지방세입 현황에 대한 비교

(단위: 백만 원, %)

구분		지방세	세외수입	교부금	양여금	보조금	지방채	계
전국	전체	23,474,744 (36.40)	17,243,684 (26.74)	8,460,392 (13.12)	4,113,313 (6.38)	8,849,937 (13.72)	2,347,086 (3.64)	64,489,156 (100.00)
	시	3,953,087 (27.20)	6,361,426 (43.77)	2,804,221 (19.29)	1,105,946 (7.61)	118,362 (0.81)	191,208 (1.32)	14,534,250 (100.00)
	군	964,298 (12.90)	1,727,136 (23.10)	3,450,590 (46.15)	1,134,622 (15.17)	103,224 (1.38)	97,635 (1.31)	7,477,505 (100.00)
경기도	전체	5,595,348 (36.36)	4,690,237 (30.48)	1,465,978 (9.53)	644,385 (4.19)	2,510,270 (16.31)	482,582 (3.14)	15,388,800 (100.00)
	시	2,063,051 (25.31)	3,383,743 (41.51)	1,201,890 (14.75)	197,756 (2.43)	1,192,043 (14.62)	112,317 (1.38)	8,150,800 (100.00)
	군	132,297 (14.13)	230,193 (24.59)	238,014 (25.42)	43,583 (4.66)	282,892 (30.22)	9,265 (0.99)	936,244 (100.00)
포천군		35,990 (19.35)	43,232 (23.25)	44,798 (24.09)	10,092 (5.43)	51,850 (27.88)	0 (0.00)	185,962 (100.00)

주: 1. 전국은 2002년 통계이고, 경기도・포천시는 2002년 통계임.
2. 교부금은 지방교부세와 도지원 교부금의 합, 보조금은 국고보조금과 도비보조금의 합.
자료: 행정자치부, 「예산개요」, 2001・2002. 경기도, 「2002년도 경기도 예산개요」.

지방세가 지방세입에서 차지하는 비중을 기준으로 할 때 포천시(19.35%)는 전국 전체(36.40%)나 경기도 전체(25.31%)에 비해 낮을 뿐만 아니라 전국 시(27.20%)와 경기도 시(25.31%)에 비해 낮다. 다만 전국 군(12.90%)과 경기도 군(14.13%)에 비해 높을 뿐이다. 당시 시 승격을 앞두고 있는 시점이라는 점을 고려할 때 지방세수의 취약성을 쉽게 파악할 수 있다.

10개의 시・군세를 기준으로 할 때 전체적으로 재산과세가 가장 높은 비중을 차지한다. 특히 포천시는 44.52%에 달해 전국 시(44.31%), 전국 군(39.72%), 경기도 시(42.97%), 경기도 군(43.28%)보다 재산과세가 차지하는 비중이 높게 나타나고 있다. 그 결과 신축적인 세수 확충에 걸림돌로 작용하고 있다. 실제로 재산과세는 소득과세와 소비과세에 비해 경제 성장과 소득 증가에 비탄력적이기 때문에 세수 증대에 기여하지 못하게 된다. 특

〈표 3-4〉 포천시의 세원별 지방세수 비교

(단위: 백만 원, %)

구분	세 목	전 국		경기도		포천시
		시	군	시	군	
재산과세	재산세	281,698 (6.92)	53,568 (5.81)	131,662 (6.81)	14,370 (6.50)	2,314 (7.37)
	자동차세	826,885 (20.30)	181,438 (19.69)	373,120 (19.30)	38,968 (17.61)	6,534 (20.80)
	종합토지세	414,852 (10.19)	105,312 (11.43)	196,303 (10.15)	38,166 (17.25)	4,365 (13.90)
	도시계획세	280,980 (6.90)	25,678 (2.79)	129,846 (6.71)	4,256 (1.92)	772 (2.46)
	소계	1,804,415 (44.31)	365,996 (39.72)	830,931 (42.97)	95,760 (43.28)	13,985 (44.52)
소비과세	담배소비세	882,805 (21.68)	287,977 (31.26)	362,264 (18.73)	55,356 (25.02)	10,602 (33.75)
	도축세	26,350 (0.65)	15,209 (1.65)	8,203 (0.42)	2,300 (1.04)	624 (1.99)
	주행세	102,944 (2.53)	21,963 (2.38)	196,303 (10.15)	4,731 (2.14)	831 (2.65)
	소계	1,012,099 (24.85)	325,149 (35.29)	566,770 (29.31)	62,387 (28.20)	12,057 (38.39)
소득과세	주민세	1,100,096 (27.01)	197,843 (21.47)	474,790 (24.55)	54,319 (24.55)	4,664 (14.85)
	농지세	835 (0.02)	2,228 (0.24)	219 (0.01)	46 (0.02)	18 (0.06)
	사업소세	154,972 (3.81)	30,139 (3.27)	60,988 (3.15)	8,725 (3.94)	686 (2.18)
	소계	1,255,903 (30.84)	230,210 (24.99)	535,997 (27.72)	63,090 (28.52)	5,368 (17.09)
총 계		4,072,417 (100.00)	921,355 (100.00)	1,933,698 (100.00)	221,237 (100.00)	31,410 (100.00)

주: 2000년 결산 기준.
자료: 행정자치부, 『지방세정연감』, 2001.

히 포천시는 소득과세의 비중(17.09%)이 전국 시(30.84%)·군(24.99%)이나 경기도 시(27.72%)·군(28.52%)에 비해 낮다. 다만 포천시는 소비과세 비중(38.39%)만이 전국 시(24.85%)·군(35.29%)이나 경기도 시(29.31%)·군(28.30%)에 비해 높을 뿐이다. 소비과세 중에서도 담배소비세(33.75%)가 차지하는 비중이 높게 나타나고 있다. 따라서 포천군은 향후 자주세원을 강화하기 위해 재산과세 위주에서 다양한 소비과세의 개발과 소득과세의 확충이 요구된다.

2 포천시의 관광 여건 및 관광자원

포천시가 속해 있는 경기도[6]는 서울과 함께 수도권을 형성하고 있으며 정치·경제·사회·문화 등 모든 영역에서 중심적인 위치를 점하고 있다. 실제로 서울을 포함한 경기도는 전국의 인구 40.9%, 사업체 종사자 수 43.3%, 지역총생산 41.7%를 각각 점유하고 있다. 이와같이 인구를 비롯한 경제 규모가 서울과 경기도에 집중됨에 따라 경기도의 관광 수요는 매우 높은 편이다.

또한 경기도의 북부지역에 자리잡고 있는 포천시는 향후 남북 교류와 통일 시대를 대비한 지역개발사업이 본격적으로 추진되는 경우 인구 증가와 함께 관광 수요가 확대되고 관광자원의 개발이 확대될 것으로 예상된다. 특히 이러한 전망 포천시의 시 승격과 서울지하철의 연장 운행계획으로 분

6)

〈표 3-5〉 경기도의 관광 여건

구 분	인구(명)	사업체 종사자 수(명)	지역 총생산(10억)
전 국	47,976,730 (100)	12,920,289 (100)	424,264,877 (100)
서 울	10,373,234 (21.6)	3,367,652 (26.1)	94.410,289 (22.2)
경 기	9,280,013 (19.3)	2,217,212 (17.2)	82,731,651 (19.5)

주: 인구 2000년, 사업체 종사자 수 1999년, 지역 총생산 1998년 기준임.
자료: 경기도(2000), 「경기통계연보」; 통계청(2000), 「지역총생산」.

〈표 4-6〉 포천군의 주요 관광권역

관광지	위 치	주 요 특 색
산정호수 관광권	영북면	- 명성산을 비롯한 수려한 산봉우리와 호수 주변의 산책로・자인사・등룡폭포・비선폭포 등의 경관이 뛰어나고 주변에 보트장・방갈로・놀이터 등의 시설이 구비되어 있음. - 산정호수는 1977년 3월 국민관광지로 지정되어 연간 70만 명의 관광객이 찾고 있으며, 1996년 8월 수영장, 볼링장, 온천, 사우나 시설을 갖춘 콘도시설이 건설됨. - 매년 가을에 명성산 억새꽃축제, 먹거리시장, 이동갈비 시식 및 판매 등의 행사가 거행됨.
일동온천 관광권	일동면	- 유황온천지구로 1개의 온천과 3개의 대형욕장이 입지함. - 시설마다 약간씩 다르지만 황토・맥반석・옥 등 한국 특유의 재료를 사용하여 만든 사우나・한증막・수영장 등을 갖추고 있음.
신북온천 관광권	신북면	- 1992년 12월 온천지구로 지정되어 1994년 4월에 개장했음. - 지하 600m에 용출되는 국내 최고의 중탄산나트륨천으로 수질로 평가됨. - 주변 초성리에 산세가 수려한 열두 개울 계곡이 있고, 삼정리에는 약수터가 있어 휴양에 적합한 곳임.
운악산 관광권	화현면	- 해발 936m의 주봉 만경대를 중심으로 웅장한 암봉들이 솟아 있음. - 4계절 각기 독특한 절경으로 경기도의 소금강이라 불릴 만큼 비경을 자랑함. - 겨울철 빙벽 등반 동호인들이 자주 찾는 무지개폭포와 궁예왕의 성터, 등산코스가 유명함. - 등산 코스: 운주사→무지개폭포→933.5봉→운악산 정상→절고개→길원목장
국립 수목원	소흘읍	- 목본류 1,660종과 초본류 1,184종을 포함해서 총 2,844종의 식물과 세계적 희귀조인 크낙새와 하늘다람쥐・장수하늘소 등 천연기념물 20종이 서식하고 있음. - 150만 평에 15개의 전문 수목원으로 이루어진 인조림으로 8㎞에 이르는 삼림욕장, 백두산 호랑이 등 15종의 희귀동물을 보유한 야생동물원을 보유하고 있음. - 자연의 비경과 울창한 원시림, 광릉은 세조와 정희 유씨의 능으로 오르는 길 옆에 자리한 울창한 자연수림은 사계절이 뚜렷한 명승지로서 5월의 신록과 겨울 설경, 가을 단풍이 유명함.
교동민박 마을	관인면	- 한탄강・지장산 등 수려한 자연경관과 조화를 이루는 전형적인 농촌 마을로서 주민들은 자연을 보존하고 농업에 종사하는 곳으로서 도시민과 외국인이 많이 찾고 있음. - 계절별로 특색 있는 관광 프로그램과 체험형 행사를 개최하고 있음. - 지장산 등산, 제2땅굴 견학, 한탄강 래프팅, 고석정, 궁예성터 등 인근 명소와 연계되는 관광 프로그램 연중 운영하고 있음. - 버섯・사과・감자・옥수수 등 지역 특산물과 지장산 칡냉면, 느타리버섯, 표고버섯 등 먹거리가 유명함.

명해진다.

실제로 포천시는 산악형・수변형・생활형 등으로 이루어진 6개의 관광권역이 결합한 복합 관광자원을 보유하고 있으며(표 4-6), 이러한 풍부한 관광자원과 더불어 대도시와의 인접한 관계로 관광 개발에 관한 수요가 크다. 특히 향후 도로망과 철도시설이 확충됨에 따라 관광 발전의 잠재력이 크게 향상될 것으로 예상된다.

제 4 절 관광세의 도입 방안과 과세 요건

1 관광세의 도입 방안: 지역개발세의 과세 대상

관광세를 지방세로 신설하는 방법에는 세 가지가 있다. 지역개발세의 과세 대상, 조례에 의한 법정외 보통세, 법정의 독립된 지방특별소비세가 이에 해당된다.

첫째, 현행 지역개발세에 관광·행위를 과세 대상으로 포함시킬 수 있다. 현행 지역개발세는 과세 대상이 매우 포괄적이기 때문에 지역적 특수성과 개발 수요를 충당하기 위한 재원으로서 적합하다. 이때 세목의 공식적인 명칭은 지역개발세이지만 과세 대상에 따라 별도의 명칭을 붙일 수 있기 때문에 관광세로 명명할 수 있다.

둘째, 일본과 같이 지방자치단체의 조례에 의해 법정외 세목으로 설치할 수 있다. 법정외 세목은 지방자치단체의 자율성과 특수성을 보장한다는 점에서 바람직한 제도이지만 우리나라는 조세법률주의를 채택하고 있기 때문에 현실적인 제약 요건이 내재해 있다. 따라서 법정외 세목으로 설치되기 위해서는 기본적으로 조세법률주의의 원칙과 '국세와 지방세의 조정 등에 관한 법률'의 개정이 전제되어야 한다.

셋째, 지방세의 독립세목으로 신설하는 방안을 고려할 수 있다. 그러나 관광세는 소비행위에 대한 과세이기 때문에 국세인 부가가치세나 특별소비

〈표 4-8〉 관광세 도입 방안의 비교

제1안	제2안	제3안
지역개발세의 과세 대상에 관광행위를 포함시켜 관광세를 신설하는 방안	조례에 의해 법정외 보통세로 관광세를 신설하는 방안	지방특별소비세의 형태로 법정의 독립세목으로 관광세를 신설하는 방안

세와 중복될 수 있다. 따라서 부가가치세와 특별소비세의 과세 대상 중에서 관광행위에 관한 부분만을 선택하여 지방특별소비세의 형태로 관광세를 도입할 수 있다. 이 경우에도 '지방세법'과 '국세와 지방세의 조정 등에 관한 법률'이 개정되어야 한다.

따라서 가장 현실적인 대안은 지역개발세의 과세 대상으로 관광세를 신설하는 방안이다. 지역개발세의 과세 대상에 관광자원을 포함시키자는 논의는 지역개발세의 신설 당시부터 제기되어 왔으며 지역개발세의 기본 방향에도 부합된다. 기본적으로 지역개발세는 해당 지역의 특수한 부존자원을 지방세원으로 징수하여 지역 개발에 필요한 재원을 충당함으로써 지역균형개발을 도모하는 데 목적이 있다.

지역개발세는 과세 대상과 세율 등이 지방세법에 규정된 법정세이지만 지방세법은 과세 대상, 과세 지역의 선정, 부과 징수 방법의 결정 등 과세 요건을 지방자치단체의 자주적인 결정에 위임하고 있다. 따라서 경기도에서 지역개발세 내에 관광세를 신설하는 경우 과세 요건을 지역의 실정에 맞게 탄력적으로 적용이 가능해진다.

그런데 지역개발세는 도세이기 때문에 징수주의 원칙에 따라 포천시에서 징수된 세수는 포천시에 교부하는 방식을 취해야 할 것이다. 현행 조세행정에서 모든 도세의 경우 징수 업무는 기초자치단체가 담당하고 있기 때문에 포천시가 자치구역 내에서 징수한 관광세가 자체 세수입으로 연결될 수 있도록 경기도와 협의가 전제되어야 한다.

이렇게 징수된 관광세는 지역개발세의 본래 취지에 부합되도록 운용해야 한다. 따라서 포천시의 관광자원을 대상으로 해야 하고, 지역개발세가 목적세이기 때문에 관광세도 목적세로서 관광 개발과 관련된 사업에 사용될 수 있도록 해야 한다.

〈표 4-9〉 지역개발세의 기본 방향과 과세 대상

구 분	내 용
기본 방향	- 공평과세 원칙과의 적합성 판단 - 합리적 존중과 자의성 배제 - 세원의 보편성, 정착성, 응익성 등의 관점에서 판단
과세 대상	- 관광자원, 수자원, 지하자원, 핵연료, 상각자산(기계장치), 수산자원, 컨테이너

2 관광세의 과세 요건

1) 과세권자

포천시의 관광세는 지역개발세의 과세 대상이기 때문에 경기도가 도세로 징수하여 세수의 분포에 따라 일정 비율을 포천시에 이양해야 한다. 이와같이 포천시의 관광세를 도세인 지역개발세로 운용하는 데는 몇 가지 이유가 있다. 관광행위는 관광자원의 소재지에서 이루어지나 관광비용의 대부분은 관광업체를 비롯한 편의시설이 밀집되어 있는 도시지역에서 지불된다는 점과 관광자원이 2개 이상의 시군에 걸쳐 소재하는 경우에 관광자원의 분포와 행정구역의 불일치에 의해 발생할 수 있는 지역 간 조세 분쟁, 세원의 지역 편중성 등의 현실적인 문제점을 감안하여 광역자치단체가 과세권자가 되는 도세가 타당하다.

실제로 여타의 도세의 경우에도 징수권자는 시군이 담당하고 조례의 규정에 따라 도세징수교부금을 교부한다. 관광세의 경우도 관광세를 부과할 권리를 갖는 주체는 관광행위가 이루어지는 관광자원의 소재지인 시군이 되어야 한다. 그리고 관광자원이 2개 이상의 시군에 걸쳐 소재한 경우에도 해당 시군이 과세할 수 있도록 해야 한다.

2) 납세 의무자

납세자는 납세 의무자와 징수 의무자로 구분된다. 납세 의무자는 조세채권·채무 관계에서 조세의 납세 의무를 지는 사람을 말하며, 징수 의무자는 납세 의무자로부터 조세를 징수하여 과세 관청에 납부할 의무를 지는 사람을 말한다. 관광세는 소비세로서 관광자원이나 관광사업체를 이용하는 관광행위에 의해 편익을 향유하는 자가 이에 대한 대가와 관광 과정 중에 발생하는 외부불경제에 대한 보상적인 과세이다. 따라서 관광세의 납세 의무자는 관광자원 및 관광사업체를 직접 이용하는 관광객이다. 그러나 과세권자가 납세 의무자인 관광객을 직접 대상으로 관광세를 징수하는 데는 어려움이 많다. 따라서 세무행정의 편의상 관광자원을 관리하는 자와 관광사업체를 운용하는 자가 징수 의무자가 되고 관광객은 담세자가 된다.

그리고 징수 의무자는 매월 세액을 징수하여 익월 10일까지 포천시장에게 과세표준과 세액을 신고 납부하도록 하고 포천시장은 이미 관계 법령에 따라 도세 징수 부과권이 위임되어 있기 때문에 현행 규정에 따라 징수 결정하는 등의 조치를 취한다면 별다른 문제가 없을 것으로 보인다(김정욱, 1994: 1359-1360).

3) 과세 객체

관광세의 과세 객체가 되는 관광행위란 관광객이 관광자원이나 관광 관련 시설 그리고 관광사업체를 이용하거나 입장함으로써 요금을 지불하는 일체의 행위라고 정의할 수 있다. 따라서 포천시의 인문·자연관광자원의 입장 및 이용행위, 골프장·스키장·관광유람선 등 관광 관련 시설의 이용행위, 호텔·콘도·여관 등 관광숙박시설과 그 부대시설의 이용행위, 기타 관광음식점 및 관광기념품 등이 관광세의 과세 객체가 된다.

4) 과세표준

과세표준은 과세물건에 대한 조세 부과의 표준이 되는 것을 말하며 금액으로 표시하는 종가세와 수량으로 표시하는 종량세가 있다. 관광세의 과세 객체는 관광자원의 입장행위 및 이용행위, 관광 관련 시설의 이용 및 사용행위이므로 과세표준을 산정하는 데 어려움이 많다. 따라서 관광자원의 이용과 관련하여 지불하는 요금·입장료·사용료 등의 외형적인 금액을 관광행위의 가액으로 보고 이를 관광세의 과세표준으로 하는 방법이 더 현실적이다.

5) 세 율

관광세의 세율 결정은 중요한 문제이다. 지나치게 높은 세율을 적용하면 조세 저항과 관광행위를 위축시켜 지역경제를 침체시킬 우려가 있다. 따라서 세율의 결정은 관광객, 과세 주체, 지역 주민의 입장과 관광자원이 지역경제에서 차지하는 비중 등을 종합적으로 검토하여 결정해야 한다. 세율 결정과 관련하여 어떠한 세율구조를 적용할 것인가 하는 문제이다. 다시 말하면 균등세율을 적용할 것인가 차등세율을 적용할 것인가가 문제이다. 실제로 관광세의 경우 일정의 균등세율을 적용할 수도 있고, 일반 관광자원을 이용하는 행위와 고급의 관광 관련 사업체를 이용하는 행위를 구분하여 당해 시설의 수준에 따라 차등세율을 적용할 수도 있다.

선행 연구들을 종합하면 관광세의 세율과 세율구조는 5% 균등세율, 10%의 균등세율, 일반시설과 고급시설을 구분하여 일반시설에는 5%, 고급시설에는 10%의 차등세율을 부과하는 방안이 있다.[7] 그러나 이 연구는 일반시설과 고급시설 간의 구분에 객관적인 기준이 없고 지방세로서 관광세가 특별소비세라기보다는 일반소비세의 성격을 띠고 있기 때문에 차등세율보다는 단일 세율 체계를 취한다. 그리고 단일세율 하에서 5%안과 10%안의 재정 효과를 동시에 분석한다.

---

7) 관광세의 세율 결정에 대한 선행 연구들은 대부분 관광요금의 10%를 상정하고 있다(한국지방행정연구원, 1998; 양영철, 1990; 이남철, 1990; 김정욱, 1994; 이복수, 1994).

제5절 포천시 관광세의 재정 효과 추계

1 관광객 수와 관광수입 추계

포천시는 1998~2000 기간 동안(3년) 연평균 1,365천 명씩의 관광객이 방문하여 1인당 12,310원씩을 경비로 지출했다. 그 결과 포천시의 연평균 관광수입은 16,874백만 원에 달한다. 이와 함께 매년 관광객 수와 1인당 관광수입이 매년 증가 추세를 보이고 있다. 관광객 수 3.05%, 1인당 경비 23.54%, 관광수입 27.30%의 연평균 증가율을 보이고 있다.

이와 같은 추세로 증가된다면 2002년에는 관광객 수 1,486천 명, 1인당

〈표 4-10〉 포천시 관광객 수와 관광수입 추이

연도	관광객 수(명)	관광수입(백만 원)	1인당 경비(원)
1998	1,317,788	12,942	9,821
1999	1,378,322	16,706	12,121
2000	1,399,332	20,974	14,989
연평균	1,365,147	16,874	12,310
증가율(%)	3.05	27.30	23.54

자료: 포천군, 『통계연보』, 각 연도.

〈표 4-11〉 관광객 수와 관광수입 추계

연도	관광객 수(천 명)	1인당 경비(원)	관광수입(백만 원)
2002	1,486	22,876	33,993
2004	1,578	34,913	55,094
2006	1,676	53,285	89,292
2008	1,780	81,324	144,719
2010	1,890	124,118	234,551

주: 각 지표의 추계는 1998~2000 기간 동안의 연평균 증가율을 기준으로 함.

경비 22,876원, 관광수입 33,993백만 원에 달하고, 2004년에는 관광객 수 1,578천 명, 1인당 경비 34,913원, 관광수입 55,094백만 원에 이르고, 2010년에는 관광객 수 1,870천 명, 1인당 경비 124,118원, 관광수입 234,551백 만 원에 육박할 것으로 추산된다.

2 관광세수 추계

관광세는 관광수입을 과세 대상으로 하고, 관광수입은 관광객 수와 1인당 경비에 따라 결정된다. 1인당 경비는 소득과 경제 수준에 따라 일정한 패턴을 유지하기 때문에 관광수입은 관광객 수에 의해 결정된다고 볼 수 있다.

그러나 관광객 수는 관광세의 도입 여부와 관광세율에 따라 영향을 받게 된다. 향후 관광세가 도입되는 경우 경비가 증가되기 때문에 일정 비율 관광객 수가 감소하게 된다. 감소 비율은 관광세의 세율이 높을수록 크게 나타난다. 통상 10% 세율의 관광세가 도입되면 관광객 수는 8% 감소하고 5%인 경우에는 4%가 줄어드는 것으로 예측된다(박경환, 1997: 79).

이와 같은 가정에 의하면 2002년에는 5% 세율의 관광세는 1,632백만 원, 10%는 3,127백만 원의 세수를 추가적으로 확보할 수 있게 된다. 그리고 2004년에는 5%는 2,645백만 원, 10%는 5,069백만 원, 2010년에는 5%는 11,258백만 원, 10%는 21,579백만 원의 새로운 세수 확보가 가능해진다.

〈표 4-12〉 포천시의 관광세수 추계

연도	관광객 수(천 명)		관광수입(백만 원)		지방세수(백만 원)	
	5% 세율	10% 세율	5% 세율	10% 세율	5% 세율	10% 세율
2002	1,427	1,367	32,634	31,274	1,632	3,127
2004	1,515	1,452	52,890	50,686	2,645	5,069
2006	1,609	1,542	85,721	82,149	4,286	8,215
2008	1,708	1,637	138,930	133,142	6,947	13,314
2010	1,814	1,739	225,169	215,787	11,258	21,579

3 관광세의 재정기여도

관광세 수입은 자체수입을 증대시켜 재정자립도 제고에 많은 기여를 하게 된다. 2002년을 기준으로 할 때 포천시 일반회계 총계 162,737백만 원 중에서 지방세 35,990백만 원, 세외수입 23,500백만 원으로 재정자립도는 36.56%이다. 2002년을 기준으로 할 때 5% 세율의 관광세가 도입될 경우 1,632백만 원의 세수가 추가로 증가되어 지방세수는 37,622백만 원, 자체수입은 61,122백만 원, 일반회계 총계는 164,369백만 원이 되어 재정자립도는 37.19%에 달해 0.63% 재정자립도 제고에 기여하게 된다.

10%의 관광세가 도입되는 경우 3,127백만 원의 세수가 증대되어 지방세는 39,117백만 원, 자체수입 62,617백만 원, 일반회계 총계 165,864백만 원에 이르게 되어 재정자립도는 37.75%에 달하여 1.19%의 재정적 기여를 하게 된다.

〈표 4-13〉 관광세의 재정기여도(2002년)

(단위: 백만 원, %)

예 산			5% 관광세			10% 관광세		
지방세	자체수입	재정자립도	지방세	자체수입	재정자립도	지방세	자체수입	재정자립도
35,990	23,500	36.56	37,622	61,122	37.19	39,117	62,617	37.75

제6절 결 론

지방자치가 정착되어 행정 수요가 확대됨에 따라 자주적인 재원 조달의 필요성이 가중되고 있다. 따라서 지역의 부존자원을 특화시켜 지역경제를 활성화하고자 하는 노력들이 경주되고 있다. 그동안 관광자원은 보존 차원에서 관리되어 왔으나 향후에는 지역 소득과 연계시키고 지역 발전을 촉진하는 선도 부문으로 작용할 수 있다. 따라서 자주적인 지방재정 확충과 적극적인 관광 개발을 위한 막대한 재원을 조달하기 위해 관광세를 도입할 필요가 있다.

현재 지방자치단체들은 신세원 발굴의 필요성을 인정하면서도 구체적인 재원 조달 방안을 모색하지 못하고 있는 실정이다. 무엇보다 관계 법령과 제도상의 한계로 말미암아 단지 문제 제기나 가능성에 대한 언급에 그치고 있다. 사실 많은 지방자치단체가 관광세 도입의 필요성을 인정하고 이에 대한 대안을 마련하기 위해 힘쓰고 있으나 조세법률주의와 기존 국세 관련 세법 규정 때문에 한계에 직면해 있다. 따라서 각 지방자치단체가 상호 연계성을 강화하여 관계 법령의 개정을 추진해야 한다. 지방자치와 지방화 시대에 걸맞은 세원의 배분과 제도 개선이 이루어져야 하기 때문이다.

포천시는 지정학적 위치와 자연환경으로 말미암아 다른 지역에 비해 비교 우위에 있는 관광자원을 많이 보유하고 있다. 특히 경기 북부권의 개발을 위한 사회간접자본시설이 확충됨에 따라 관광자원에 대한 접근성이 개선되고 관광자원의 부가가치가 제고되고 있다. 따라서 본격적인 관광자원의 개발과 이에 따른 부가가치의 지역귀착을 위해 관광세 도입이 절실히 요구된다.

이 연구는 그동안 학계에서 다양하게 논의되고 있는 관광세를 포천시의 관점에서 도입의 필요성과 도입 방안에 대한 시론적인 연구에 불과하기 때문에 향후 관광세의 도입과 관련하여 관광세의 과세 요건이나 지방재정과 지역 개발에 미치는 효과를 면밀히 검토해야 할 것이다.

또한 관광세가 도입되었을 때 발생할 수 있는 문제점에 대해서도 고려해야 할 것이다. 부가가치세나 특별소비세와 같은 기존 국세와의 중복, 조세수출, 지역 간 세수의 불균형 등이 이에 해당된다.

제3부 지방재정조정제도

제 5 장 지방교부세의 새로운 행정 수요

제1절 서 론

지방교부세는 지방자치단체 행정 운영에 필요한 기본 경비의 부족분을 국세 일부를 재원으로 하여 보전해 주는 지방재정조정제도이다. 지방교부세는 1951년 임시 지방분여세제도에서 출발하여 지속적으로 확대 과정을 거치면서 현재에 이르렀다. 2007년 예산 기준 내국세의 19.24%인 24.5조원으로 지방재정(일반회계)의 25%를 차지하고 있는 주요 재원으로 자리잡고 있다. 무엇보다도 지방교부세는 지역 간 형평성의 관점에서 지원되는 중앙정부의 재원이면서 일반재원 형태로 운용된다는 점에서 지방자치단체에게는 매력적인 재원으로 받아들여지고 있다. 특히 시(50.2%)와 군(48.7%)은 열악한 재정자립도 상황에서 지방교부세에 의존하는 바가 크고 지방교부세가 지원받음으로써 재정자주도를 높이는 데 기여하고 있다.

〈표 5-1〉 지방교부세의 재원(내국세 비율)

1968년 이전	1969~72	1973~82	1983~99	2000~04	2005	2006~
특정 세목 일정률	17.6%	법정률유보, 예산상 결정	13.27%	15%	19.13	19.24%

〈표 5-2〉 재정자주도와 지방교부세 비중

구 분	특별시	광역시	도	특별자치도	시	군	자치구
재정자립도	88.7	62.2	35.5	26.3	39.5	16.6	37.5
교부세 비중	4.5	12.9	14.6	37.2	50.2	48.7	30.1
재정자주도	93.2	75.1	50.1	63.5	89.7	65.3	67.6

자료: 행정자치부, 「지방자치단체 예산개요」, 2007.

그러나 지방교부세는 지방자치단체별로 부족 재원을 기준으로 배분하는 특성상 지방자치단체는 자구 노력을 등한시하고 지역별 특수한 행정 수요를 간과할 우려가 있다. 향후 지방교부세는 공공재원으로서 지역 간 형평성과 함께 재원 배분의 효율성에도 부합되도록 운영되어야 한다. 2005년 지방분권 및 지방재정 개혁 과정 중 여타의 지방재정 조정재원이 지방교부세로 통합됨에 따라 전반적인 지방재정 조정재원이 형평성 위주로 치우친 경향이 있다. 그 결과 비록 재정자립도는 상대적으로 높지만 다양한 행정 수요에 직면하는 지방자치단체들은 새로운 재정적인 압박에 직면해 있다. 특히 지방양여금이 폐지되고 국고보조사업이 축소되어 기존 사업들이 지방교부세로 통합 운영됨에 따라 지방재정 조정재원의 배분에서 불이익을 감수하는 자치단체가 나타나고 있다. 대표적으로 경기도는 지방교부세의 확대 개편에 의해 상대적으로 불이익을 받을 뿐만 아니라 서울시의 배후도시로서 지역경제 종속성을 면치 못하고, 수도권에 속한다는 점에서 가중한 토지이용 규제를 받고 있으며, 접경지역 및 안보 관련 지역으로서 지역 개발에도 제약을 받고 있다.

이와같이 경기도는 개편된 지방재정 조정제도에 의해 재정적 취약성이 가중되고 있을 뿐만 아니라 지정학적 위치에서 야기되는 사회경제적 제약이라는 이중적인 부담을 감내하고 있다. 이러한 지역적 불이익은 중앙정부의 지방재정 조정재원에 의해 보전되어야 하고 지방재정 조정재원 중에서도 수행하는 기능과 재원 규모를 고려할 때 지방교부세의 역할이 강조되어야 한다.

따라서 이 장은 경기도에서 제기된 행정 수요 중에서 지방교부세 지원 대상으로서의 타당성과 전국적인 보편성을 띠고 있는 행정 수요를 반영할 수 있는 지방교부세의 개편 방안을 제시하고자 한다. 특정 지역만을 대상으로 하는 경우 보조금화의 우려가 있기 때문에 경기도를 중심으로 제기된 행정 수요 중에서 전국적인 보편성과 타당성을 검토한다. 이를 위해 경기도의 특수성과 함께 전국적인 필요성을 제시한다. 이는 경기도를 중심으로 한 지방교부세의 개편 방안은 지역이기주의의 발로라기보다는 새롭게 제기된 행정 수요일지라도 타당성을 내포하고 있거나 전국적으로 보편적인 경우에는 고려되어야 한다는 점을 의미한다. 이와같이 지방교부세의 배분에서 형평성과 함께 행정 수요에 대한 대응 능력을 제고함으로써 지방교부세의 역할과 위상을 재정립하고자 한다.

제 2 절 지방교부세의 이론적 배경

1 지방교부세의 종류

지방교부세는 지향하는 정책 목표에 따라 크게는 두 가지, 작게는 다섯 가지로 분류된다. 이 중에서 보통교부세(20조6,921억 원)가 가장 큰 비중을 차지하고, 다음에는 부동산교부세 · 분권교부세 · 특별교부세 · 도로분교부세 순으로 이루어져 있다.

1) 보통교부세

보통교부세는 교부세 총액(내국세의 19.24%)에서 분권교부세(내국세의 0.94%)와 도로분교부세(8,500억 원)를 제외한 금액의 96%를 재원으로 하여 기준재정수입액이 기준재정수요액에 비해 부족한 자치단체에 대해 그 부족액을 기준으로 교부된다. 그러나 전국 부족액의 합계가 보통교부세의 재원을 초과하기 때문에 각 지방자치단체의 부족액에 조정률을 적용하여 배정한다. 2007년의 경우 조정률은 0.884로 각 지방자치단체별로 부족액의

〈표 5-3〉 조정률 산출식

$$\text{조정률}(207) = \frac{\text{보통교부세 총액(제주특별자치도 3\% 제외) 192,469억}}{\text{전국 재정 부족액 총액 217,721억 원}} = 0.884$$

88.4%를 지방교부세로 보전해 준다는 것을 의미한다.

2) 특별교부세

특별교부세는 교부세 총액(내국세의 19.24%)에서 분권교부세(내국세의 0.94%)와 도로분교부세(8,500억 원)을 제외한 금액의 4%를 재원으로 하여 지역 현안 수요, 재해대책 수요, 우수단체 재정 지원에 배분된다. 지역 현안 사업 지원은 특별교부세의 50%를 재원으로 하여 국가적 행사의 개최와 지방공공시설의 설치 등의 특별한 재정 수요를 보전하고, 재해대책사업 지원은 특별교부세의 50%를 재원으로 하여 각종 재해 등으로 인해 소요되는 지방비 부담분을 보전한다. 우수단체 재정 지원은 재해대책 수요에 충당하고 남는 재원을 행정 운용과 재정 운용이 우수한 단체를 대상으로 이루어진다.

3) 분권교부세

분권교부세는 국가사무의 지방이양과 이를 뒷받침하기 위한 재정분권의 일환으로서 2005년에 도입되었다. 국가보조금 사업 중에서 매년 일상적으로 수행되는 사업을 지방에 이양하고 이를 처리하기 위한 재원으로서 분권교부세를 지원하고 있다. 분권교부세는 영구적으로 지방화된 사업을 추진하기 위한 일반재원이라는 점에서 보통교부세와 역할이 중복되기 때문에 2005~2009 기간 동안만 한시적으로 운용되고 2010년부터는 보통교부세로 통합될 예정이다.

이러한 분권교부세는 매년 지방재정 조정재원의 20% 이상을 차지하던 국고보조금의 문제점을 개선하기 위해 도입되었다. 그 동안 국고보조금 제도의 문제점은 '집합적 행위의 딜레마(collective action dilemma)'로 표현할 수 있다. 국고보조금은 중앙부처와 개별 지방자치단체들 간의 다자간

관계를 내포하고 있기 때문에 비록 보조금 운용시에 문제가 제기된 경우에도 특정 부처가 일괄적으로 개선하기 어렵고, 지방자치단체 또한 중앙부처의 눈치를 보아야 하기 때문에 이에 대한 시정을 요구하지 못했다는 점이 특징이다.

또한 국고보조금이 매년 중앙부처의 예산으로 결정되고, 객관적 판단보다는 정치적인 역학 관계에 의존되는 경우가 많았다. 이 밖에도 국고보조금이 중앙부처의 입장에서 운영되기 때문에 보조 비율의 획일적인 적용, 소액 분산 투자, 영세한 규모의 지원, 과중한 지방비 부담이 지방재정의 자율성을 저해하는 요인으로 작용했다. 이러한 문제점을 보완하기 위해 국고보조금의 일부를 포괄보조금 형태로 전환한 것이 분권교부세이다.

분권교부세는 국가 기능의 지방 이양 성격에 따라 크게 경상적 수요와 비경상적 수요로 구분하여 산정한다. 따라서 경상적 수요와 비경상적 수요는 비율로 정해진 것이 아니라 매년 국가이전사업을 중심으로 결정되기 때문에 가변적이며, 수요의 성격에 따라 배분 방식도 달라진다.

경상적 수요는 사업 성격상 일정 수준의 계속적인 재정 수요를 필요로 하는 사업으로서, 예산과 이양사업 관련 통계 등을 감안하여 객관적인 산식화가 가능한 사업을 대상으로 한다. 2007년의 경우 80개 사업에 5,120억 원(46%)이 배정되었다. 이에 반해 비경상적 수요는 일정한 산정 공식을 적용하기 어려운 사업으로 69개 사업에 5,933억 원(54%)이 배정되었다.

4) 도로분교부세

지방양여금은 그동안 지방도로를 비롯한 지방SOC 사업과 지역 개발사업의 재원으로 지원되었다. 지방양여금이 2005년에 폐지되면서 지역 개발사업에 관한 지원은 국가균형발전 특별회계(기획재정부 소관)로 이관되고 지방도로를 비롯한 지방SOC 사업은 지방자치단체 일반회계에서 부담하도록 되었다. 그러나 지방양여금 지원에 의해 2004년 이전에 착수되었으나 완공되지 않은 지방도로사업에 대해 보전재원을 마련할 필요가 있었다. 이를 위해 2005~2008 기간 동안 매년 8,500억 원을 도로분교부세로 배정하여 지원하고 있다.

5) 부동산교부세

부동산교부세는 종합부동산세를 재원으로 하여 자치단체별 거래세(취득세 및 등록세)와 재산세의 감소분을 우선 보전하고 남은 재원을 균형재원으로 배분하고 있다. 정부는 재산과세 중에서 보유세의 비중을 높이는 대신에 거래세를 완화한다는 차원에서 종합부동산세를 도입했다. 납세자의 부담을 완화해 주기 위해 종합부동산세를 도입하는 대신에 거래세를 인하했다. 그런데 새로 도입된 종합부동산세는 국세인 반면에 인하된 거래세는 지방세(시도세)이기 때문에 전체적인 지방자치단체의 세수입이 줄어들게 되었다. 따라서 국세인 종합부동산세는 일차적으로 자치단체별로 거래세 및 재산세의 감소 부분을 보전해 주는 데 활용되고, 나머지 재원은 지역 간 형평화 재원으로 운용된다. 형평화 재원의 배분 기준은 재정 여건(50%), 사회복지(25%), 교육(20%), 부동산보유세(5%)로 이루어져 있다.

〈표 5-4〉 지방교부세의 종류와 규모(2007년)

구분		용도	재원	규모	비중
지방교부세	보통	재정 부족 단체 기본적 소요 경비 보전	교부세 재원 총액(내국세 19.24%) 중에서 분권교부세와 도로분교부세를 제외한 금액의 96%	20조 6,921억 원	81.58%
	특별	재해대책·지역 현안 수요 보전 및 재정인센티브 지원	교부세 재원 총액(내국세 19.24%) 중에서 분권교부세와 도로분교부세를 제외한 금액의 4%	8,268억 원	3.26%
	분권	국고보조사업의 지방 이양에 따른 재원 보전	내국세 총액의 0.94%	1조 1,053억 원	4.36%
	도로분	2005년 이전에 시작된 사업 중 완료되지 않은 지방양여금의 도로 부문 사업 지원	연간 일정액	8,500억 원	3.35%
부동산교부세		부동산세제 개편에 따른 자치단체 세수 감소분 보전 및 균형재원 배분	종합부동산세 전액	1조 8,892억 원	7.45%
계		-	-	25조 3,634억 원	100.%

2 선행 연구 검토

지방교부세는 지방정부의 부족 재원 보전과 지역 간 균형 있는 재원 배분을 목표로 하는 대표적인 지방재정조정제도이다. 그동안의 지방교부세 연구는 크게 지방교부세의 운용적 측면과 지향성 측면으로 나누어 볼 수 있다. 운용적 측면은 지방교부세의 합리적 운용을 위한 제도 개선에 중점을 두는 반면에 지향성의 측면은 지방교부세가 추구하는 목표(이념)로서 재원 배분의 효율성・형평성・자구성・수요성을 내용으로 한다. 이러한 지방교부세의 연구와 관련된 선행 연구를 검토한 후에 이 연구의 범위를 확정하고자 한다.

먼저 운용적인 측면에 관한 연구는 현행 지방교부세의 제도와 운용에 대한 평가와 개선 방안을 제시한다. 이와 관련하여 김성태(2005)는 기준재정수요액의 산정을 위한 측정 항목의 축소 방안을 제시했다. 또한 손희준(2008)은 향후 지방교부세는 제도의 간결성과 단순화, 재원에 대한 예측가능성 제고, 본래 기능의 내실화를 강화해야 한다고 주장하면서 지방교부세 재원의 확대, 특별교부세의 포괄 지원, (가칭) 성과교부금과 (가칭) 지역발전교부세 신설 등을 제안한 바 있다.

그 다음 지방교부세의 지향성에 관한 연구들로서 지방교부세 지도 원리의 우선순위에 대한 논의에 집중하고 있다.

첫째, 지방교부세의 효율성에 관한 연구들로서 과연 지방교부세에 의한 재원 운용 방법이 국고보조금을 비롯한 여타 방법에 비해 사회 전체의 후생 극대화를 보장할 수 있느냐에 대한 것이다. 일반재원 형태인 지방교부세가 특정재원 형태인 국고보조금에 비해 내포하고 있는 장단점에 관한 연구들이 이에 속한다. 문형표(2003)는 국고보조금과 당시의 지방양여금의 일부 재원을 지방교부세로 전환할 경우 지방재정 운용의 자율성을 제고함과 동시에 지역간 형평성을 제고할 수 있다고 주장했다.

둘째, 지방교부세 배분시 지역 간 형평성에 관한 연구들로서 형평화 기여도에 대한 평가와 향후 형평성을 제고하기 위한 대안들이 이에 속한다. 지방교부세에 대한 대부분의 연구들이 형평성에 대한 평가 연구들이다. 김정훈(2001)은 선행 연구들을 형평화에 대한 긍정적인 평가와 부정적인 평가로 나누어 정리한 바 있다. 이와 함께 주만수(2003)는 지방교부세가 낙후지역의 균형 발전을 지속적으로 지원할 수 있도록 지역 균형 수요 산정 방법의 변화와 측정지표의 보완 방안을 제시했다.

셋째, 형평성 위주의 재원 배분 결과 파생되는 지방자치단체의 도덕적 해이 현상을 해소하고 자구 노력을 강화하기 위한 인센티브제도에 대한 연구가 있다. 우리나라는 1997년부터 지방교부세 배분시에 인센티브제도를 운용하고 있는데 그 효과에 대한 평가와 개선 방안에 대한 연구가 진행되고 있다. 윤석완(2006)은 인센티브 재원 배분 결과 지방자치단체 간 역진성의 문제가 발생함에 따라 형평화 재원으로서의 지방교부세의 역할이 훼손되고 있다는 점을 지적했다. 이에 대해 김정완(1998, 2006b)은 현행 인센티브제도에 대한 전반적인 평가와 함께 형평성을 유지하면서 자치단체의 자구 노력을 증진할 수 있는 대안적 모델을 제시한 바 있다.

넷째, 지방교부세가 지방자치단체의 기본적인 행정 수요 충족에 필요한 재원을 지원하고 있는지 여부와 이에 대한 향후 개선 방안에 대한 연구가 있다. 김용성(2003)은 지방교부세가 지역 간 형평성과 함께 행정 수요 충족에 목표를 두어야 한다는 전제 하에 현행 제도의 문제점을 지적하고 향후 개선책을 제시하고 있다. 먼저 지방교부세의 수요 측정 항목이 지나치게 세분화되어 있고, 수요 측정 항목별로 적용되는 지표가 시계열 통계를 사용할 때도 연도별로 불균형이 심하고, 지방공무원 수나 읍면동 행정 단위 수와 같이 해당 지자체가 통제할 수 있는 지표를 적용함으로써 지자체의 도덕적 해이가 심하다는 점을 지적한다. 따라서 수요 측정 항목 수를 축소하고, 시계열 통계와 함께 패널 데이터를 동시에 사용해야 하고, 지자체가 통제 가능한 지표 대신에 인구·면적·부양가족 비율·광역도시와의 거리 등을 이용할 것을 제안하고 있다.

3 지방교부세의 과제: 행정 수요 반영도의 제고

지방교부세에 대한 선행 연구들 중에서 지자체의 행정 수요 반영에 관한 연구는 상대적으로 적은 편이다. 왜냐하면 지방교부세는 중앙정부와 지방정부 간, 지방정부 상호간의 재정적 형평성에 일차적인 목표를 두고 있다고 생각하기 때문이다. 이는 수요성에 입각한 경우 인구 규모와 도시화 정도에서 경쟁력이 있는 자치단체가 유리하여 지방교부세 배분시에 역진성을 야기할 수 있다는 우려에 기초하고 있다.

그러나 지방교부세의 형평성은 지방교부세의 배분 결과에 의해 사후적으로 나타나는 현상이고 일차적으로는 지방자치단체의 행정 수요를 바탕으로 분배되고 있다. 실제로 지방교부세는 기준재정수요액에 기초를 두고 있는데, 재정력이 낮은 자치단체도 행정 수요(기준재정수요액)가 적으면 지방교부세를 지원받지 못하고 반대로 재정력이 높은 자치단체라도 행정 수요가 많으면 더 지원을 받을 수 있다. 이러한 관점에서 지방교부세법(1조)도 “지방자치단체의 행정 운영에 필요한 재원을 교부하여 그 재정을 조정함으로써 지방행정의 건전한 발전을 기함”을 목적으로 하고 있다. 그 결과 행정 수요에 입각한 지방교부세의 배분은 자치단체의 권리에 속하는 반면에 지역 간 형평성은 부수적으로 따라오는 반사 이익에 불과하다고 볼 수 있다.

따라서 향후 지방교부세는 일차적으로 지방자치단체의 행정 수요 관점에서 접근해야 한다. 이 연구도 지방교부세가 새롭게 발생하고 있는 행정 수요를 반영할 수 있도록 정책적 제언을 하고자 한다. 김용성(2003)의 선행 연구는 현행 행정 수요를 좀더 효율적으로 반영하기 위한 지방교부세 운용 방안의 개선점을 제시한 바 있다. 그러나 이 연구는 사회경제적인 환경 변화에 따라 새롭게 발생하고 있는 행정 수요를 반영하기 위한 시도이다. 비록 경기도에 중점을 두고 있으나 정책대안으로 실현가능성을 높이기 위해 전국적으로 보편성을 띠고 있는 행정 수요를 제시한다. 새로운 행정 수요 중에서 지방교부세의 대상으로서 타당성을 내포하고 있거나 전국적으로 보편성을 구비하고 있는 경우에는 지방교부세에 반영해야 한다는 것이다.

만약 현재와 같이 형평성 위주로만 지방교부세를 배분하는 경우 국방을 비롯한 다양한 국가정책적 목표에 의해 외부불경제로서 새롭게 발생한 행정 수요를 반영하지 못한 경우에는 지역 간 자원 최적 배분의 왜곡 현상과 함께 해당 지역의 반발로 국가정책사업이 난항을 겪게 될 수 있다. 또한 지방자치단체가 국가 및 지역사회에 필요한 새로운 사업을 추진하고자 하는 경우에도 수반되는 행정 수요를 반영하지 않은 경우 지방자치단체의 적극성이 제약받게 된다. 이 밖에도 현재의 행정 수요에 기초한 기존의 지방교부세의 배분 방식을 고수하는 경우 지방자치단체의 무사안일과 도덕적 해이를 조장할 우려가 있다. 따라서 국가정책이든지 지방자치단체의 개발사업이든지 간에 새롭게 발생하는 행정 수요는 그 타당성을 검토한 후에 적극 반영할 필요가 있다.

현대와 같은 다원화 시대에는 다양한 지역적 수요가 발생하기 때문에 이를 조정하기 위한 지방교부세의 역할이 강화되어야 한다. 그 결과 지방교부세의 배분 기준의 다양화와 세분화는 필연적이고 당연한 귀결이다. 지방자치의 역사가 길수록 지방교부세의 분화 정도는 심화된다. 이러한 관점에서 지방교부세의 배분 기준의 정치성(sophistication)의 정도는 지방자치의 발전 정도를 가름하는 척도로 평가된다. 그러나 배분 기준의 지나친 다양화와 복잡화는 지방교부세제도 운용의 난맥상을 초래할 수 있고, 특정 기준의 조작에 의해 중앙정부의 편향된 의도가 숨어 들어갈 수 있다는 점을 경계해야 한다. 그럼에도 불구하고 현재보다는 지방교부세 배분 기준의 다양화가 요구되고 있다. 실제로 다양한 지역 수요를 반영할 수 있도록 재원 배분 기준의 세분화와 함께 지방자치단체의 재정 운용 자율성을 보장하는 포괄 지원이라는 중앙정부 재원 배분의 원칙에 의하면 현행 일반재원 형태로 지원되는 지방교부세의 배분 기준의 다양화는 필연적이다.

그러나 지방자치단체별로 다양하게 발생하는 행정 수요를 무분별하게 반영하는 경우 지방교부세의 또 다른 목표인 형평성을 훼손할 우려가 있다. 따라서 지방교부세의 새로운 대상 사업을 결정할 때는 분명한 기준이 선행되어야 할 것이다. 첫째, 국가정책사업에 의해 야기된 지역적 행정 수요, 둘째, 전국적으로 균등하게 분포된 행정 수요, 셋째, 특정 지역에 국한된 행정 수요일지라도 국토 균형개발에 필요하거나 해당 자치단체의 재정적 부담 능력이 현저하게 취약한 경우가 이에 해당될 수 있다.

이 연구는 2005년 재정분권화의 조치에 의해 발생하고 있는 부작용의 해소와 특수한 지역의 수요 반영의 필요성을 경기도의 관점에서 제시한다. 비록 경기도라는 지역적 관점에서 논의를 전개하지만 지방교부세 개편 효과가 전적으로 영향을 미친다는 점에서 전국적인 여건을 동시에 고려하면서 대안을 제시하고자 한다.

제 3 절 경기도의 지방교부세 현황과 당면 과제

1 경기도의 지방교부세 현황

2005년 지방재정분권 관련법이 개정되면서 지방재정조정제도에 대한 일대 변혁이 이루어졌다. 지방자치단체의 재정적 자율성과 책무성을 제고한다는 차원에서 다양한 지방재정 조정재원이 지방교부세로 통합되었다. 지방양여금을 폐지하여 국가균형발전 특별회계와 도로분교부세로 편입시키고, 일상적인 국고보조사업을 분권교부세로 전환하고,[1] 과세표준의 규모가

1) 2005년 당시 총 533개(12조7천억)에 달하는 국고보조사업 중에서 147개(1조)는 분권교부세에 의해 지방자치단체에 이양되고 126개(3조6천억)는 균특사업으로 기획예산처로 이관되고, 16개(1천억)는 교육부로 전환되어 현재 233개(7조 9천억) 만이 국고보조사업으로 유지되고 있다.

국고보조금의 정비 결과

국고보조사업		지방이양사업		균특사업		보조사업유지
533개, 12.7조 원	⇨	행자부 소관(149개, 1조 원) (분권교부세) 교육부 소관(16개, 0.1조 원)	+	(기획예산처 소관) 126개, 3.6조 원	+	233개, 7.9조 원

자료: 행정자치부, 2005.

큰 재산세를 종합부동산세로 전환하여 부동산교부세로 운영하기에 이르렀다. 이와같이 지방교부세의 종류와 규모가 증가됨에 따라 전국적으로 재정적 형평화에는 기여했으나 상대적으로 재정자립도가 높은 경기도는 재정적 압박에 직면해 있다. 특히 향후 분권교부세와 도로분교부세가 각각 2010년과 2009년에는 보통교부세로 편입됨에 따라 교부세 불교부단체에 속하는

〈표 5-5〉 경기도의 지방교부세 전국 대비 비중(2007년)

(단위: 억 원)

구 분	보통교부세	분권교부세	부동산교부세
전 국	198.421	11,053	25,505
경기도 (전국 점유율)	13,206 (6.6%)	1,560 (14.1%)	1,305 (5.1%)
입지상	0.30	0.63	0.23

〈표 5-6〉 종합부동산 징수액과 부동산교부세 배분액

(단위: 억 원)

구 분	종부세 징수액(A)	부동산교부세 배정액			부동산교부세 득실액(B-A)
		세제 개편의 감소분 보전	균형재원	계(B)	
서울	10,681	2,354	470	2,825	-7,856
부산	538	797	344	1,141	603
대구	168	617	196	814	646
인천	411	463	232	695	284
대전	272	294	119	413	141
광주·전남	188	424	668	1,092	904
울산	95	202	96	298	203
경기	3,679	1,792	401	2,194	-1,485
경북	275	228	553	781	506
강원	155	172	429	601	446
충남	287	180	359	539	252
충북	102	110	278	389	287
전북	80	169	343	512	432
경남	133	554	438	992	859
제주	115	78	174	251	136

자료: 청와대 정부혁신비서관실(2006. 11. 5).

경기도는 막대한 재정적 손실에 직면할 수 있다.

<표 5-5>에서 보는 바와 같이 실제로 2007년 기준 경기도의 보통교부세는 1조3,206억 원으로 전국의 6.6%, 분권교부세는 1,560억 원으로 전국의 14.1%, 부동산교부세는 1,305천 원으로 전국의 5.1%를 각각 차지한다. 그러나 이러한 경기도의 지방교부세 규모와 전국 점유율은 전국 인구점유율(22.5%)에 비해 극히 낮은 수준이다. 실제로 보통교부세・분권교부세・부동산교부세의 입지상[2]이 각각 0.30・0.63・0.23으로 평균적으로 전국 인구점유율의 38.7%에 지나지 않은 지방교부세의 전국 점유율을 나타내고 있다.

보통교부세의 경우 경기도 본청과 7개의 기초자단체가 불교부단체이기 때문에 그동안 지속되었던 불가피한 현상으로 감수할 수 있다. 그러나 기존의 국고보조금에서 새로이 이양된 분권교부세와 기존의 재산세 재원이었던 부동산교부세까지 전국적인 형평화 기준에 의해 배분되기 때문에 예전(2004년 이전)에 비해 불리한 상황에 직면해 있다. 특히 2006년 부동산교부세의 경우 경기도에서 징수되는 종합부동산세는 3,679억 원임에도 불구하고 경기도에 배분에는 부동산교부세는 2,194억에 지나지 않아 서울시(7,856억) 다음으로 많은 액수인 1,485억 원에 이르는 손실을 감수하고 있다.

2 경기도 지방교부세의 당면 과제

1) 지역생산의 역외유출

지역내 총생산(Gross Regional Domestic Product)은 각 지역에서 생산되는 부가가치(value added)의 합계로서 현재 우리나라에서 지역경제 수준을 나타내는 대표적인 지표로 활용된다. 그러나 지역내 총생산은 단지 생

2) 입지상(LP)=(경기도 지방교부세/전국 지방교부세)/(경기도 인구 수/전국 인구 수). 입지상 1(unit)일 때는 전국 인구점유율과 같은 지방교부세의 점유율을 나타내고, 1 미만인 경우는 전국 인구점유율보다 낮은 수준을 의미하는 반면에 1 초과시에는 전국 인구점유율보다 높은 지방교부세의 점유율을 의미한다.

산 측면만을 나타내고 귀착(분배) 측면을 고려하지 않기 때문에 별도로 지역 소득을 추계하여 양자를 비교함으로써 지역생산의 역외 유출입 유무를 살펴보아야 한다. 특히 우리나라는 교육·문화·의료시설 등이 대도시에 편중되어 대도시 인구 집중과 직주분리(職住分離) 현상이 심하기 때문에 지역생산의 역외 유출입 가능성이 높다.

만약 지역생산과 지역귀착의 불일치가 발생한 경우 지역생산의 유출지역(산업지역)은 성장에 따른 과실을 향유하지 못하면서 생산활동에 따른 외부불경제(external diseconomy)만을 떠맡게 된다. 반면에 유입지역(도시지역)은 비용을 지불하지 않으면서 지역 소득·지역 소비·지방 세수 등 혜택만을 보게 된다. 이러한 지역생산과 지역귀착의 불일치는 효용을 극대화하고자 하는 개인들의 입장에서는 효율적인 선택일 수 있으나 지방자치단체 간의 관계에서는 자원 배분의 효율성이 저해된다. 따라서 중앙정부는 조정자의 관점에서 지역 간 최적 자원 배분의 왜곡을 보전하기 위한 조치를 취해야 한다.

우리나라는 1990년대 접어들면서 불균형 국토개발정책에서 균형개발정책으로 전환하게 되었다. 지역 간 균형 있는 SOC 확충, 토지 개발, 산업시설 입지 등의 정책으로 말미암아 지역내 총생산을 기준으로 한 생산 측면에서는 지역 간 균형이 확보된 것으로 평가되고 있다. 그렇다면 과연 지역생산의 과실이 해당 지역 소득으로 귀착되는지 여부와 만약 유출되는 경우 그 정도를 측정해 대응할 필요가 있다. 이는 지역별 지역내 총생산과 지역소득을 비교하면 쉽게 파악할 수 있으나 지역 소득에 관한 신뢰할 수 있는 공식적인 지표가 없는 실정이다. 따라서 지역 소득의 후보 지표 중에서 예금액을 기준으로 하여 지역 소득을 추계할 수 있다(김정완, 2006).

직주분리 현상이 심한 우리나라 상황에서 경기도는 서울시와 접해 있는 관계로 지역 생산의 역외 유출이 심하여 생산에 따른 외부불경제를 떠맡으면서 이에 상응하는 과실을 향후하지 못하고 있다. 연간 지역생산의 30%에 해당되는 부가가치가 서울을 비롯한 여타 지역으로 유출되고 있다. 이러한 지역 간 자원 최적 배분의 왜곡 현상은 전국적으로 나타나고 있기 때문에 중앙정부가 지방재정 조정재원인 지방교부세를 통해 보전해 주어야 한다.

2) 낙후지역 개발정책의 비현실성

'접경지역지원법' 상[3] 낙후지역형 접경지역은 민통선 이남으로부터 20㎞ 이내에 소재한 시군에 속하는 읍·면·동 중에서 다섯 가지 사회경제 지표(최근 5년간 인구증감률·도로포장률·상수도보급률·제조업 종사자 비율·군사시설보호구역 점유율) 중에서 세 개 이상의 지표가 전국 평균보다 저조한 지역을 대상으로 한다.

경기도 북부지역 7개 시군(54개 읍면동)은 낙후지역형 접경지역으로 지정되어 종합개발계획이 수립되었으나 재정적 지원이 이루어지지 않아 실효를 거두지 못하고 있다. 정부는 2000년에 경기 북부 낙후지역의 개발과 남북 교류의 활성화 차원에서 접경지역지원법을 제정하고 이에 근거하여 2003년에 종합개발계획을 수립했으나 재정적 지원이 뒷받침되지 않아 실효를 거두지 못하고 있다. 따라서 소요 재원이 제도적으로 보장받도록

〈표 5-7〉 경기도 낙후지역형 접경지역

구 분	시·군	행정구역(읍·면·동)
전국	15개 시·군	98개 읍·면·동(인천 17, 강원 35)
경기도 (낙후형) (7개 시군) (46개 읍면동)	고양시(3개 동)	송산동·고봉동·송포동
	김포시(5개 면)	월곶면·통진면·하성면·대곶면·양촌면
	파주시 (3개 읍·10개 면)	문산읍·파주읍·법원읍·교하면·적성면·탄현면·광탄면·파평면·월롱면·군내면·장단면·진동면·진서면
	양주시(5개 면)	남면·은현면·광적면·백석면·장흥면
	포천시(6개 면)	관인면·창수면·영북면·영중면·신북면·이동면
	동두천시(4개 동)	불현동·소요동·보산동·상패동
	연천군 (2개 읍·8개 면)	연천읍·전곡읍·군남면·미산면·청산면·중면·장남면·신서면·백학면·왕징면

3) '접경지역지원법' 상 접경지역은 인천시·경기도·강원도 지역을 중심으로 낙후지역형·민통선 이북형·도서형으로 구분된다. 민통선 이북형은 군사분계선 남방 2㎞ 지점을 잇는 선으로부터 민통선 사이의 지역으로 농업생산지역·집단취락지역·남북한 교류협력사업 추진지역으로 지정된 지역이고, 도서형은 해상의 북방한계선 이남지역으로 백령도·대청도·소청도·대연평도·소연평도와 그 주변 도서이다.

지방교부세의 지원 대상으로 개편할 필요가 있다.

3) 토지이용 규제의 중첩성

그동안 우리나라는 불균형 성장전략으로 말미암아 수도권이 과도하게 팽창함에 따라 환경 보존과 수도권 과밀 억제를 위한 정책이 입안되었다. 그 대상으로 성장지역인 경기 서부 및 남동부뿐만 아니라 개발에서 소외되었던 경기 북부지역까지를 포함시켰다. 정부는 1982년 제2차 국토종합개발계획을 통해 수도권 억제와 국토 균형 개발을 주요한 목표로 추진하기 시작했으며 그 핵심적인 내용은 바로 수도권에 대한 규제였다. 정부는 '수도권의 인구 수용 능력의 확충과 인구 분산', '수도권 인구 및 산업 분산', '수도권 시설 분산', '수도권 입지 규제' 등의 수도권 정책을 입안하고 시간이 흐르면서 이러한 규제는 그 강도가 더욱 높아졌다.

경기도 전체를 대상으로 한 각종 규제는 수도권 정비계획, 개발제한 구역, 상수원 보호구역 등이다. 경기 북부지역은 그동안 개발에서 소외되었음에도 불구하고 다른 수도권 지역과 동일한 규제를 받고 있는데다가 군사시설보호구역으로 규제를 추가적으로 받게 됨에 따라 자주적이고 자생적인 지역 개발이 불가능한 상태이다.

첫째, 경기도의 군사시설보호구역의 면적은 2000년 현재 25개 시 · 군에 걸쳐 2,437.77㎢(통제보호구역 415.49㎢, 제한보호구역 2,022.28㎢)로 경기도 전체 면적의 23.92%에 이른다. 이 중에서 경기도 내 보호구역 면적의 86.6%에 이르는 2,112.21㎢가 경기 북부지역에 집중적으로 설정되어 있다. 특히 경기 북부지역은 전체 면적의 약 50%가 군사시설보호구역으로 각종 개발이 제한되고 있다. 군사시설보호구역으로 지정된 지역은 개발이 억제될 뿐 아니라 도로 등 지역 전체 발전에 영향을 미치는 사회간접시설의 설치에도 영향을 미치며, 광범위한 지역이 군사시설보호구역으로 제한되기 때문에 각종 투자를 유치하기 어렵다. 또한 북한과 대치하고 있는 상황도 심리적으로 투자를 기피하게 하여 경기 남북 간의 지역 불균형을 유발하고 있다.

둘째, 수도권 정비계획을 규정하고 있는 수도권정비계획법과 시행령은

〈표 5-8〉 경기도의 토지개발 규제 현황

(단위: ㎢, %)

구 분		경기도		남 부		북 부	
		면적	비율	면적	비율	면적	비율
행정구역		10,189.24	-	5,893.14	57.84	4,296.09	42.16
군사시설보호구역		2,437.77	23.92	325.56	13.35	2,112.21	86.65
수도권 권역 규제	과밀억제권역	1,192.60	11.70	750.27	62.91	442.33	37.09
	성장관리권역	5,206.30	51.10	2,101.56	40.37	3,104.74	59.63
	자연보전권역	3,791.38	37.21	2,763.83	72.90	1,027.55	27.10
개발제한구역		1,302.83	12.79	760.24	58.35	542.29	41.62
상수원보호구역		265.08	2.60	58.18	21.95	206.90	78.05
팔당 상수원 특별대책지역		2,101.89	20.63	1,737.79	82.68	364.10	17.32

참고: 1) 행정구역 면적과 개발제한구역은 1999년 기준임(경기통계연감).
2) 군사시설보호구역은 2000. 12. 30 기준임(시·군 내부자료).
3) 그 외는 이상대(2001 : 51)의 자료를 이용 재구성함.
자료: 박희봉(2004).

경기도 전역을 수도권 권역규제 대상지역으로 지정하고 있다. 이 수도권정비계획은 이미 개발된 경기 남부지역과 북부지역을 동일하게 규제함으로써 경기 북부에 개발 여지를 주지 않고 있다. 대학 신설의 금지, 공장총량제에 의한 산업단지 신설 금지, 대규모 관광단지 조성의 불가 등이 경기 북부의 개발을 가로막고 있는 핵심적인 요소들이다.

셋째, 개발제한구역은 급속한 도시화와 산업화에 따른 무질서한 도시의 평면적 확산을 방지하기 위해 1971년 도시계획법 제정을 통해 그 설정 근거가 마련되었다. 경기도는 전체 면적의 12.8%(개발제한구역 1,302.83㎢ 중 58.35%가 남부, 41.62%는 북부)가 개발제한구역으로 지정되어 있다. 이러한 개발제한구역 내에서는 건축물의 신축 및 증·개축 등 각종 사업이 제한을 받도록 되어 있다(김정완, 2004: 214-215).

이와같이 경기도는 수도권정비법과 군사시설보호법을 비롯하여 다양한 법령에 의해 규제를 받고 있다. 특히 경기 북부지역은 낙후된 지역임에도 불구하고 수도권이라는 이유로 개발에 제약을 받고 있는데다 안보상의 이유로 군사시설보호구역으로 묶여 있다. 따라서 토지 이용 규제에 따른 경기도의 지역적 불이익을 보전하기 위해서는 지방교부세를 배분할 때 이를 반영해야 한다.

제 4 절 지방교부세의 새로운 행정 수요 반영

1 지역생산의 역외 유출입 보전

1) 지역생산의 역외 유출입 현황

분석 결과에 의하면 지역생산(부가가치의 총계)이 전국적으로는 지방에서 수도권으로, 지방에서는 인접 도에서 광역시로, 수도권에서는 인접 시도에서 특별시로 유입되고 있다. 실제로 특별시와 광역시는 부가가치의 유입이 발생한 반면에 도(道)는 유출을 보이고 있다.

특히 서울시는 지역내 총생산의 122.05%에 달하는 222.181조 원의 부가가치가 추가 유입되고, 6개의 광역시 중에서 인천시(-9.672조), 울산시(-28.513조), 광주시(0.898조)가 유출을 보이고 있다. 인천시는 서울시와 근접해 있어 근로자들이 서울에 거주지를 두고 있기 때문이고, 울산시는 생산시설에 비해 거주환경이 열악하기 때문에 직주분리 현상이 심해 부가가치의 73.86%가 유출되고 있으며, 이는 전국에서 가장 높은 유출률을 기록하고 있다. 9개의 전국 모든 도는 부가가치의 역외 유출을 경험하고 있다. 특히 서울시와의 접근도가 높고 광역시와 인접한 도일수록 유출이 심하다. 유출액을 기준으로 할 때 경기도가 가장 심하며 2004년 기준 연간 지역내 총생산액의 30%에 달하는 46조 원이 유출되고 있다.

2) 지방교부세에 의한 보전 필요성

지역생산의 역외 유출입 현황을 분석한 결과에 의하면 재정자립도를 기준으로 할 때 잘사는 지역은 유입, 못사는 지역은 유출이라는 분배의 역진성을 보이고 있다. 실제로 지역별 재정자립도와 순유출입률 간, 재정자립도와 순유출입액 간의 상관관계 분석 결과 상관계수의 값이 0.7214(p=0.0016)와 0.5031(p=0.0470)을 나타냄으로써 재정자립도가 높은 지역은 유입, 낮은 지역은 유출이라는 역진적인 현상을 통계적으로 검증할 수 있다.

실증 분석 결과에 의하면 무엇보다도 지역생산과 지역귀착의 일치라는

〈표 5-9〉 지역별 지역내 총생산의 역외 유출입 현황(2004년)

(단위: 10억, %)

구분	재정자립도	지역내 총생산	지역 예금액	지역 소득액	순유출입액	순유출입률
서울	95.5	182,046	247,662	404,228	222,181	122.05
부산	75.6	45,685	30,389	49,600	3,914	8.57
대구	73.2	25,394	19,849	32,397	7,002	27.57
인천	75.9	36,898	16,681	27,226	-9,672	-26.21
광주	59.8	16,819	9,755	15,921	-898	-5.34
대전	74.4	18,611	12,869	21,005	2,394	12.86
울산	69.6	38,602	6,181	10,089	-28,513	-73.86
경기	78.8	156,931	68,049	111,068	-45,863	-29.23
강원	28.9	21,627	6,763	11,038	-10,589	-48.96
충북	31.3	24,310	6,210	10,135	-14,175	-58.31
충남	30.5	42,742	8,427	13,755	-28,987	-67.82
전북	25.9	24,162	8,995	14,681	-9,481	-39.24
전남	21.1	37,941	6,810	11,115	-26,826	-70.70
경북	29.4	56,610	12,070	19,701	-36,909	-65.20
경남	38.3	52,367	18,583	30,331	-22,036	-42.08
제주	34.7	7,050	3,374	5,507	-1,543	-21.89
합계	57.2	787,796	482,667	787,796	0	0

주: 1. 순유출입액=지역소득액-지역내 총생산.
2. 순유출입률=(지역소득액-지역내 총생산)/지역내 총생산*100.

자료: 1 .지역내 총생산: 통계청 홈페이지, 『지역내 총생산 및 지출』(2004).
2. 지역예금액: 한국은행, 경제통계국, 통화금융통계팀.
3. 김정완(2006).

효율성과 지역 간 균형 개발이라는 형평성의 차원에서 지역생산의 지역 간 유출입을 조정할 수 있는 정부정책이 요구된다. 비록 개인적으로는 각자가 자신의 효용을 극대화하는 과정에서 직주분리 현상이 나타내고 그 결과로서 부가가치의 역외 유출입이 발생하는 자연스러운 사적 선택 과정일지라도 지방자치단체 수준에서는 생산활동에 따른 사회적 비용과 편익의 불일치를 초래하고 있다.

무엇보다도 정부의 단기적이고 재량적인 재정정책을 통해 지역생산과 지역귀착 간의 불균형을 보완하기 위한 수단을 운용해야 하며 지역생산의 역외 유출입을 지방교부세 배분에 적용할 필요가 있다. 현행 지방교부세제도 하에서는 역교부세를 도입하는 데 한계가 있기 때문에 역외 유입된 지역에 대해서는 논외로 하고 유출지역에 대해서만 추가적인 재원 배분이 요구된다. 지역생산의 역외 유출 규모를 보통교부세의 기준재정수요액의 측정 항목으로 신설하거나 각종 측정 항목에 대한 보정수요로 활용할 필요가 있다. 이때 측정 단위는 역외유출액(지역내 총생산-지역소득액)으로 한다.

이러한 지방교부세의 배분 방안은 국가 재정 운용의 양대 원리인 효율성과 형평성을 동시에 충족시킬 수 있다. 실제로 재정자립도가 낮은 지역일수록 지역생산의 유출이 심하기 때문에 이들 지역을 대상으로 지방교부세를 재분배하는 경우 생산과 분배의 일치라는 효율성과 지역 간 균형재정이라는 형평성을 동시에 제고할 수 있다.

2 접경지역 종합계획의 반영

1) 접경지역 지원사업의 현황

2000년도에 제정된 접경지역지원법에 의해 2003년에 접경지역 종합계획(2003~2012)이 수립되었다. 경기도의 예를 들면 동 사업 기간 동안 행정자치부 4개, 문화관광부 5개, 농림부 4개, 건설교통부 8개 등 총 35개 사업, 2조4,400억 원의 사업비가 투자되도록 계획되었다. 그러나 2004년부터 20억 원을 투입하여 2007년에 완공해야 할 '경기도DMZ 자연탐방로사업'이 전혀 진척되지 않는 등 대부분의 사업이 실효성을 거두지 못하고 있다.

2) 접경지역의 활성화 방안

행정자치부는 TF를 구성하여 2007년 말까지 지원사업에 대한 전면 재검토를 계획한 바 있다. 이와 관련하여 접경지역 개발사업을 지방교부세의 적극적인 지원 대상 사업에 포함시킬 필요가 있다. 이러한 조치는 접경지역을 보통교부세의 기준재정수요액 산정에 있어 지역 균형수요로서 보정하거나 접경지역 지원사업을 특별교부세의 지원 대상으로 삼을 필요가 있다. 이를 위해 지방교부세법 시행규칙의 개정이 요구된다.

접경지역은 기준재정수요액을 산정할 때 지역 균형 수요에 반영하여 해당 지자체에 대해 보통교부세가 추가 배분될 수 있도록 할 필요가 있다(시행규칙 제5조 제2항 제6호 관련, 별표 2의2). 현재 도서·오지지역, 댐연접지역, 해안지역, 저수지지역, 자연환경보전지역, 개발제한지역, 군사시설보호구역, 폐광지역, 개촉지역 등이 지자체별 기준재정수요액 산정시에 지역 균형 수요로 보정하고 있다.

〈표 5-10〉 투자 실적이 전무한 접경지역 지원사업(경기도)

(단위: 억 원)

사 업 명	사업 기간	사업비	소관 부처
연천 북삼리 통일·생태 체험마을 조성	2007~08	50	행자부
연천 대광리 휴양촌 조성	2007~08	55	행자부
포천 연곡리 휴양촌 조성	2006~07	50	행자부
동두천 청소년 및 레포츠센터 건립	2007~09	100	문광부
연천 조사료생산단지 조성	2007~09	20	농림부
연천 인삼가공단지 조성	2003~04	35	농림부
농업정보화를 통한 전자 직거래 활성화	2004~12	44	농림부
경기 DMZ 자연탐방로 조성	2004~07	20	환경부
경기 북부 DMZ 생태문화 관광자원 합동조사 및 DB 구축	2004~07	50	환경부

또한 현행 특별교부세는 지역 현안 수요, 재해대책 수요, 우수단체 재정 지원에 활용되고 있다(지방교부세법 시행령 제9조의2 제1항). 여기서 접경 지역개발사업은 지역 현안 수요 중에서 지방비 부담 수요에 해당될 수 있다. 현재 접경지역과 같이 특수지역의 성격을 띠고 있는 사업으로서 지방비 부담 수요의 지원 대상사업에는 민통선 북방지역 개발, 폐광지역 경제 진흥, 원자력 발전 등 관련, 미군기지 이전 관련, 지역경제 활성화 대책사업이 포함된다(시행규칙 제6조의2 관련 별표 4).

특히 접경지역 중에서 민통선 이북형이 특별교부세의 지원 대상으로 되어 있기 때문에 낙후지역형 및 도서형까지를 포함시켜 접경지역에 대한 균형 개발 및 남북 교류의 거점 개발이라는 소기의 정책 목표를 달성할 수 있도록 해야 한다. 이러한 사항은 시행규칙의 변경으로 가능하기 때문에 행

〈표 5-11〉 접경지역과 유사한 특수지역에 대한 특별교부세 지원 현황

지방재정 부담 수요	교부 기준	교부 방법
민통선 북방지역 개발	민간인 통제선 북방지역 개발과 관련한 중·장기 사업계획이 있는 자치단체가 관련 사업의 지원을 요구하는 경우 이를 심사한 후 지방비 소요액의 일부를 지원할 수 있음.	북방지역개발비×행정안전부 장관이 정하는 지원율
폐광지역 경제 진흥	폐광지역으로 지역경제 침체가 우려되어 지역경제 진흥사업과 관련된 지원을 요청하는 경우 이를 심사하고 지방비 소요액의 일부를 지원할 수 있음.	폐광지역 경제 진흥비×행정안전부 장관이 정하는 지원율
원자력 발전 등 관련	원자력 발전 등으로 인해 지역현안 처리를 위한 사업 추진시에 당해 자치단체가 재정 지원을 요청한 경우 이를 심사하고 지방비 소요액의 일부를 지원할 수 있음.	원자력 발전 등에 따른 지역 현안 처리비×행정안전부 장관이 정하는 지원율
미군기지 이전 관련	미군기지 이전과 관련하여 지역현안 처리를 위한 사업 추진시에 당해 자치단체가 재정 지원을 요청한 경우 이를 심사하고 지방비 소요액의 일부를 지원할 수 있음.	미군기지 이전에 따른 지역 현안 처리비×행정안전부 장관이 정하는 지원율
지역경제 활성화 대책사업	자치단체가 당해 연도 지역경제활성화 대책사업과 관련한 지원을 요구하는 경우 이를 심사하고 지방비 소요액의 일부를 지원할 수 있음.	사업비소요액×행정안전부 장관이 정하는 지원율

정안전부의 현행 접경지역에 대한 문제 의식과 보완 의지가 관건이다(김정완 외, 2007a: 146).

제 5 절 기존 지방교부세 운용 방안 개편

1 도로분 지방교부세

1) 지방양여금 폐지 대책

지방양여금제도가 폐지되면서 지방도로양여사업에 지원되던 재원은 2008년까지만 한시적으로 매년 8,500억 원의 지방교부세 재원을 활용한다. 이를 통해 2005년 1월 1일 이전에 착수되어 시행 중인 사업을 대상으로 2008년 12월 31일까지 한시적으로 지원했다. 2009년부터 신도시 개발 등으로 인해 도로사업 수요가 많은 지방자치단체는 기존에 지방양여금재원으로 확보했던 신규 도로사업비를 전적으로 자체 재원으로 충당해야 하는 재정압박을 받게 될 상황이다. 특히 경기도는 지방교부세 불교부단체이기 때문에 지방도로사업에 배분되던 재원이 2009년부터 보통교부세로 통합될 경우, 향후 중앙정부로부터 도로 관련 사업비를 지방교부세로 지원받을 수 있는 길이 원천적으로 차단된다. 2005년 이전에 착공되어 2008년까지 미완공된 양여금 지원 도로정비사업에 대한 재원 확보가 향후 불가능해진다. 또한 지방양여금 대상사업 중 국가균형발전 특별회계로 이관된 사업의 경우에도 재정력에 따라 차등있게 배분되기 때문에 상대적으로 재원 배분에서 불리한 입장에 처하게 되는 자치단체가 속출하게 된다.

2) 도로분 지방교부제도의 개편 필요성

도로분 지방교부세제도가 2008년에 폐지되어 보통교부세로 통합될 경우, 지방교부세 불교부단체인 경기도는 지방교부세를 통한 재원 확보가 불가능해진다. 이에 반해 경기도는 도내 도로의 지·정체 구간이 증가하고 있지만 도로 등 SOC 재원은 부족한 실정이다. 최근 5년간(2002~2006) 연평균 차량 증가율 5.6%, 도로증가율 3.3%를 기록하고 있고, 지방도의 도로포장률도 79.2%로 서울·대구·울산 100%, 충북 90.3% 등에 비해 낮은 수준이다. 따라서 지방교부세법 부칙을 개정하여 2005년 이전에 착공된 지방양여금 지원 도로정비사업이 완료되는 시점까지 도로분 지방교부세를 지속적으로 유지하는 것이 필요하다. 현재의 도로분 지방교부세의 재정 지원 규모(매년 8,500억 원)가 유지될 경우, 2008년 이후에도 향후 약 7년 가량 도로분 지방교부세를 존속시킬 필요가 있다(오연천 외, 2007).

2 분권교부세

1) 분권교부세 도입 영향

분권교부세는 기존 국고보조사업을 시행할 때보다 예산의 편성과 운영에 관련하여 자치단체의 자율성을 확대하기 위한 재원이다. 분권교부세는 국고보조사업의 지방 이양에 따른 경비 지원을 목적으로 2005~2009 기간 동안 한시적으로 운용하고, 재원은 내국세의 0.94%(2006년 기준, 1조 24억)이다. 경상 수요와 특정 수요를 합하여 총 149개 사업이고 이 중에서 복지분야가 67개(45%)로 대부분을 차지한다. 이러한 분권교부세는 그동안 운영상 몇 가지 문제점을 나타내고 있다.

첫째, 지방이양 대상사업 선정시 자치단체의 의견 수렴이 미흡했다. 그 결과 분권교부세가 주로 중앙정부의 필요에 의해 운용되고 있으며 지방자치단체의 긴요성이 반영되지 못하고 있다.

둘째, 지원 경비가 미흡하고 자치단체에 대해 많은 부담을 전가하고 있다. 자치단체의 재정 현실과 복지 수요를 고려하지 않고 부족 재원 및 추가 소요 사업비를 지방자치단체에 부담시키고 있다.[4)]

---

4) 2005년의 경우 지난 3년간 국고보조금의 평균액을 산정하여 소요액의 80%만 분권교부

셋째, 사업(보건복지부)과 재정(행안부)의 이원화에 따라 효율적인 사업 집행에 어려움을 겪고 있다. 예를 들어 사회복지 전담공무원 인건비의 경우 기존 배치 공무원 인건비의 80%는 분권교부세 지원하고, 새로 추가되는 공무원의 인건비는 전액 지자체가 부담하고 있어 사실상 인원 충원이 불가능한 상태이다.

넷째, 신규시설 사업비 반영 및 추가 소요재원 확보가 곤란하다. 분권교부세가 전년도 예산 확보액을 기준으로 하여 배정되고, 통합보조금 형식으로 포괄 교부되고 있어 신규 복지시설 인프라 확충에 차질을 겪고 있다. 예를 들어 사회복지관 건립에 재원을 사용하는 경우 여타 사업의 시행이 불가능하고, 시설이 건립된 경우에도 운영비가 지원되지 않기 때문에 자치단체의 자체 부담으로 처리하고 있다.

다섯째, 분권교부세 수입은 내국세 수입의 증감률에 연동되어 있다. 그런데 지난 5년간 내국세 평균 증가율은 8.6%에 불과한 반면, 같은 기간 동안 지방이양사업의 세출 증가율은 17.2%를 기록했다. 특히 지방이양 국고보조사업의 대부분을 차지하는 67개 사회복지사업 예산의 5년 평균 증가율은 20.5%를 기록하고 있다. 이러한 추세가 앞으로도 지속될 경우 시간이 흐를

〈표 5-12〉 내국세 및 지방이양사업비 증가율 추이

(단위: %)

구 분	2001	2002	2003	2004	2005	평균
내국세 증가율	3.6	13.3	12.5	5.1	8.3	8.6
총이양사업비 증가율	18	24	17	11	16	17.2
사회복지(67개 사업)	26	22	17	18	19	20.5

세로 지원하고 나머지 20%와 추가 소요분은 담배값 인상분(500원/갑)을 활용할 것을 요구한 있다(행안부→지자체). 그 결과 지방재정 운영의 자율성을 저해하는 결과를 초래했다. 재정력이 취약한 전남의 경우(2006년 기준) 복지사업의 지방비 의무부담액(2,243억 원)은 도세수입(3,232억 원)의 69.4%를 차지해 여타 자체사업을 포기해야 할 실정이다. 특히 금연운동의 여파로 담배 소비의 감소에 따른 재정 악화로 말미암아 지방자치단체의 부담은 급격하게 가중되었다. 다행히 2005년의 경우 행정안전부는 지방자치단체의 반발에 따라 별도로 363억 특별교부세를 지원하고, 2006년부터 교부율을 내국세 0.83%에서 0.94%로 상향 조정했다.

수록 지방이양사업에 대한 재정지출 수요와 분권교부세 수입 간의 격차가 확대되어 지방자치단체의 추가적인 재정 부담이 가중될 수밖에 없다.

여섯째, 지방자치단체 간 사회복지 수요의 차이를 반영하지 못하고 있다. 경기도와 전라남도를 비롯한 일부 자치단체는 노인 인구 증가 속도나 장애인 증가 속도, 가족 기능의 변화 속도 등 사회복지 수요가 급증하고 전국

〈표 5-13〉 전국 복지 수요(2005년 말 기준)

(단위: 천 명, 개소)

구분	노 인 인구 수	기초생활 수급자 수	장 애 인 등록자 수	소년소녀 가정아동	공공보건 기관 수	의료급여 수급자 수
계	4,326	1,513	1,794	4,332	3,440	1,761
서울	731	192	297	227	38	220
부산	303	128	126	194	29	142
대구	195	91	85	149	25	102
인천	179	65	94	124	56	75
광주	99	59	49	175	16	73
대전	100	44	51	80	20	53
울산	58	19	51	58	28	21
경기	756 (17.5%)	204 (13.5%)	342 (19.1%)	455 (10.5%)	325 (9.4%)	241 (13.7%)
강원	183	63	73	124	242	72
충북	169	58	67	497	268	66
충남	262	81	93	166	409	94
전북	245	119	101	676	403	143
전남	306 (7.1%)	133 (8.8%)	108 (6.0%)	527 (14.8%)	563 (16.4%)	164 (9.3%)
경북	360	128	120	450	554	145
경남	324	107	127	227	402	124
제주	56	22	10	203	62	26

주: ( )는 전국 점유율.

평균에 비해 많은 요보호자를 보유하고 있기 때문에 향후 내국세 증가율을 초과하는 재정 수요가 발생할 것으로 예측된다. 현재와 같은 복지재정 분권화가 그대로 지속된다면 이는 지역 간 복지 격차를 악화시킬 뿐만 아니라 늘어나는 복지 욕구에 대한 사회적 대응력마저 심각하게 저해할 것으로 예상된다.

특히 경기도의 입장에서는 분권교부세 배분 과정에서 자치단체 간 재정 불균형 조정 기능을 가미하여 재원을 배분하고 있기 때문에 분권교부세 수입 확보에 상대적으로 불리한 입장에 놓여 있다. 실제로 경기도는 지방재정수요액과 재정력에 따라 배분되는 분권교부세 도입 이후 지방에 이양된 사회복지 서비스 관련 재원 규모가 감소했다. 이로 인해 복지 분야 국고보조사업의 도비 부담이 계속 증가되고 있다. 2005년에 1,763억 원이었던 도비 부담금이 2006년에는 2,509억 원, 2007년에는 3,028억 원으로 증가했다(경기도, 2007b).

더 나아가 2010년부터 보통교부세로 통합될 경우에는 불교부단체[5]인 경기도 본청과 경기도 산하 8개 시 자치단체는 중앙정부에서 이양된 사회복지사업 수행에 필요한 재정 소요를 지방교부세를 통해 전혀 보장받지 못하게 된다. 이것은 국가사무의 지방 이양 과정에서 기본적으로 준수되어야 하는 '동등 보상의 원칙'에 위배되는 매우 중대한 문제라고 할 수 있다.

2) 개편 방안

첫째, 국고보조사업으로 환원할 필요가 있다. 현행 분권교부세를 유지하면서 단지 교부세율만을 상향 조정하거나 광역자치단체의 조정 기능을 강화하는 조치만으로는 현재 사회복지 재정의 분권화 과정에서 초래되는 문제점들을 근본적으로 개선하는 데 한계가 있다. 따라서 대상 사업은 재검토하여 일정 부분을 국고보조금 사업으로 환원해 해당 중앙부처가 사업별로 지방자치단체에 지원하는 방안을 강구할 필요가 있다.

---

5) 2007년 현재 보통교부세 불교부단체 현황: 서울, 인천, 경기도, 수원시, 안양시, 안산시, 성남시, 과천시, 용인시, 고양시, 화성시 등 11개 자치단체.

〈표 5-14〉 재정자립도 기준 4단계 차등 지원(안)

재정자립도 (2006년)	시도	국고보조율 조정안		해당 시도
		현행	조정	
20% 미만	3개 시도	80%	90%	전북(18.0%), 전남(13.6%), 경북(19.6%)
20~30% 미만	4개 시도	80%	86.7%	강원(21.8%), 충북(25.6%), 충남(29.4%), 제주(29.9%)
30~60% 미만	2개 시도	80%	83.3%	광주(54.1%), 경남(31.4%)
60% 이상	5개 시도	80%	80%	부산(68.7%), 대구(70.6%), 인천(68.3%), 대전(71.0%), 울산(60.0%), 경기(68.8%)

둘째, 분권교부세의 재원을 확충해야 한다. 복지사업에 대한 평가를 통해 지방정부가 담당해야 할 사업이 확정된 경우에는 사업의 원활한 수행을 위해 중앙정부의 재정적 지원이 뒷받침되어야 한다. 이를 위해 현행 교부비율(내국세의 0.94%)을 인상(1.2%)하여 지역별 사업 소요에 충당해 주어야 한다.

더 나아가 특별교부세의 지원 대상으로 전환하는 방안을 고려할 필요가 있다. 특히 2010년부터 분권교부세가 보통교부세와 통합됨에 따라 경기도의 교부세 불교부단체가 재정적 지원을 받지 못하는 현상이 발생하기 때문에 지역 간 균형을 유지하기 위해 지방정부가 담당해야 할 사회복지사업을 특별교부세의 지원 대상으로 변경할 필요가 있다. 이때에는 사회복지관과 같은 복지 인프라 확충 소요 재원까지 특별교부세의 지원 대상에 포함시켜야 할 것이다.

셋째, 분권교부세는 자치단체별로 재정력을 감안하여 차등 지원해야 한다. 차등 지원 기준으로는 자치단체별 재정자립도나 노인 인구 비율을 비롯한 복지 수요를 채택할 수 있고 현행 국민기초생활보장법의 차등보조율(3~4단계)을 원용할 필요가 있다. 이와 아울러 지방비 부담 정도(규모가 아닌 비율)를 고려하여 별도의 재정 인센티브제도 도입을 고려할 수 있다(박혜자, 2006: 295-298).

3 부동산교부세

1) 부동산교부세의 영향

부동산교부세는 국세인 종합부동산세를 재원으로 하여 2005년의 부동산 관련 세제 개편 과정에서 주택 거래세율 인하 및 감면으로 인한 지방자치단체의 세수 결손을 보전해 주는 데 일차적인 목표가 있다. 그러나 부동산교부세의 재원 배분 기준이 2005년 당시의 취득세·등록세 수입의 결손 규모로 설정되어 있기 때문에 세율 인하에 따른 취득세와 등록세 수입의 감소를 상쇄시킬 수 있는 재원 보전 효과를 기대할 수 없는 상황이다.

또한 부동산교부세는 지방지치단체의 세수 감소분을 보전하고 남은 재원을 자치단체별 재정 여건과 지방세 운영 상황을 평가하여 분배되고 있다. 무엇보다 재정불균형을 완화한다는 차원에서 재정력을 감안하고 있기 때문에 경기도를 비롯한 일부 자치단체는 상대적으로 불리한 입장에 놓여 있다.

이와같이 부동산교부세를 도입하여 거래세율 인하 및 감면으로 인한 세수감소분을 보전하고 있지만 도세의 기간 세목인 취득세와 등록세의 세수입 결손을 제대로 보전해 주지 못하고 있다. 특히 경기도를 비롯한 일부 자치단체는 부동산교부세 도입 이전에 비해 실질적인 도세 수입 증가율(도세 징수 실적+부동산교부세 배분액)이 상대적으로 떨어지는 결과를 초래하고 있다.

2) 개편 방안

2007년 행정안전부는 사회복지 투자 확대에 따른 지방자치단체의 재정 부담을 완화하는 종합대책을 마련하면서 새로운 종합부동산세 배분 기준을 마련했다. 2005년 부동산교부세의 도입 당시에는 종합부동산세 수입 전액을 대상으로 우선 세수결손분을 보전하고, 남은 금액은 재정 여건(80%), 지방세 운영 상황(15%), 보유세 규모(5%) 등을 기준으로 자치단체 간에 안분했다.

그러나 2007년부터는 사회복지 확대에 따른 지방비 부담 완화 방침에 의해 세수 결손 보전 후 남은 금액의 배분 기준을 재정 여건(50%), 사회복지(25%), 교육(20%), 보유세 규모(5%)로 변경했다. 그 결과 기존에 일반행정 분야 업무 수행을 위한 재원으로 배분되던 종합부동산세 수입을 사회복지 재원과 교육 재원으로 전용하는 결과를 가져와 재정 운용의 경직성을 초래하고 있다. 따라서 부동산교부세를 추가 배분할 때는 지방자치단체의 재정 운용 자율성과 탄력성을 보장하는 차원에서 포괄적 교부금제도를 활용하는 방안이 필요하다.

4 보통교부세 특수 수요 반영

1) 개선의 필요성

보통교부세 기준재정수요 측정 항목은 인건비·일반관리비·문화관광비·환경보호비·기초생활보장비·일반사회복지비·지역개발비 등 19개 항목으로 운용하고 있다. 그러나 환경시설·장사(葬事)시설·군사시설(군사시설보호구역, 군훈련 지역, 사격장, 미군 공여지 등) 등은 주민의 기피시설이면서 교통과 환경을 비롯한 특별한 행정 수요를 유발하고 있다.

그럼에도 불구하고 국·공유지 등 비과세지역에 대해서는 재산세를 비과세하고 있어 세수가 감소하고 있다. 또한 군사시설보호구역은 일반 지역보다 상대적으로 낮은 공시지가와 과세표준으로 말미암아 해당 시·군 세무에 도움을 주지 못하고 있다. 따라서 이러한 시설들이 다수 입지하고 있는 지방자치단체에 대해 시설의 설치 및 운용 과정에서 발생하는 '해로운 외부성'을 보전하고, 행정 수요 유발에 상응한 비용 분담 등을 유도하기 위해서는 장기적으로 별도의 재정적 보상 방안을 검토할 필요가 있고, 단기적으로는 지방교부세의 기준재정수요 산정 기준을 개선함으로써 어느 정도 보완해야 할 것이다.

2) 개선 방안

군사시설보호구역 · 군훈련지역 · 군사격장 · 비행안전구역 · 미군공여지 등에 대해 현재 지역개발비의 지역균형 보정수요로 반영하고 있는 재산세의 20%를 50%로 확대할 필요가 있다. 또한 환경시설 · 장사시설 · 복지시설 등 '국 · 공유지 등에 대한 비과세지역'에 대해서는 현재 지역개발비의 지역균형 보정수요로 반영하고 있는 재산세의 20%를 30%로 확대하여 지역개발비 수요에 반영할 것이 요구되고 있다.6)

제6절 결 론

우리나라 국세와 지방세의 세수 비율은 7 대 3이다. 국세는 소득 및 소비과세로 이루어진 반면에 지방세는 재산과세 위주로 구성되어 있다. 이와 같은 국세와 지방세 간의 불균등한 세원 배분에 의해 국세는 경제 성장에 따라 탄력적으로 증대되는 반면 지방세는 경직성을 면치 못하고 있다. 따라서 경제가 성장할수록 중앙정부는 번창하는데 반해 지방정부는 상대적으로 취약해진다(Heller, 1966). 이러한 문제점을 시정하기 위해서는 지방재정에 대한 중앙정부의 역할이 강조된다. 현대에는 지방자치단체의 세수 증대 노력에도 불구하고 중앙정부의 지원 없이는 급증하는 행정 수요에 대응할 수 없다(Peckman, 1968).

우리나라의 경우도 중앙정부의 적극적인 지방재정조정제도의 운용으로 말미암아 극심한 국세와 지방세 간의 격차에도 불구하고 중앙정부와 지방정부 간 재정 규모의 비율은 6 대 4로 완화되었다.

이와같이 지방재정에서 지방재정조정제도의 역할이 점증되고, 지방재정조정제도 중에서도 지방교부세의 역할기대가 커지고 있다. 2007년 예산 기준 지방재정조정재원(지방교부세+국고보조금)이 전체 지방재정(111조 9,864

---

6) 상수원 보호구역, 수변구역은 현재 재산세 30%를 반영하고 있다.

억 원)의 38%를 차지하고, 또한 지방교부세(21조 4,083억 원)는 지방재정 조정재원(42조 5,673억 원)의 50%를 차지하고 있다.

향후 지방재정 조정재원의 역할이 확대됨에 따라 지방교부세의 범위와 규모가 증대될 것이다. 지방교부세가 지향하는 정책 목표를 달성하기 위해서는 주요한 지방재정 조정재원으로서 위상과 지도 원리가 재정립되어야 한다. 지방교부세가 현재 주로 형평성의 관점에서 운용되어 지역 간 재정적 균형을 확보하는 데 기여하지만 이에 따른 부작용도 동반하고 있다. 무엇보다 지방교부세가 부족 재원을 기준으로 배분되기 때문에 지방자치단체의 자구 노력이 미흡하고, 행정 수요를 적절히 반영하지 못하기 때문에 효율적인 자원 배분을 왜곡시키고 있다.

그러나 지방교부세는 한정된 국가 재원이라는 측면에서 행정 수요를 효율적으로 반영하는 데 기여해야 한다. 따라서 지방교부세의 배분시에 행정 수요 반영과 함께 형평성이 강화되어야 한다. 최근에는 지방재정 조정재원을 운용할 때 지방자치단체의 자율성과 책무성을 강화한다는 측면에서 여타의 지방재정 조정재원들을 지방교부세와 통합하여 운용하는 경향이다. 따라서 기존의 형평성 위주의 지방교부세 지도 원리는 보완되어야 하며 이는 행정 수요에 대한 대응 능력 강화로 귀결된다. 지방교부세법(1조)이 제시하고 있는 바와 같이 지방교부세는 지방 행정 수요 대응에 필요한 재원을 지원하는 데 일차적인 목표를 두고 있다. 이 연구에서 제시된 새로운 행정 수요는 비록 경기도를 중심으로 제기되었지만 전국적인 보편성을 갖고 있으면서 재정력이 취약한 자치단체와 관련이 있다. 실제로 제시된 새로운 행정 수요 중에서 지역 생산의 역외 유출, 분권교부세, 인센티브제도, 지방재정 건전성 등은 재정력이 취약한 자치단체에 유리한 지표들이다. 따라서 새로 제시된 지방교부세의 배분 방안은 재정적 형평성을 저해하지 않으면서 행정 수요에 대한 대응 능력을 강화할 수 있다.

이와 더불어 지방교부세의 역할에 따라 배분 기준을 다양화할 필요가 있다. 지방교부세의 배분 기준의 세분화는 불가피한 현상으로 받아들여야 한다. 반대로 배분 기준의 단순화는 주요한 정책적 목표를 간과할 우려가 있다. 실제로 사회경제적 규모가 커짐에 따라 지방교부세의 역할이 증대되고 배분 기준 또한 복잡해진다. 따라서 각국 지방교부세의 세분화는 그 나라의 지방자치 수준을 나타낸다는 말이 있다. 따라서 우리나라 지방교부세도 사회경제의 규모, 지방자치의 역사, 지방재정조정제도의 역할 등에 걸맞게 분화 발전되어야 할 것이다.

제 6 장 보통교부세의 인센티브제도

제1절 서 론

지방교부세는 지역 간 재정 격차를 해소함으로써 지역 균형 발전과 균등한 생활 수준을 확보하는 데 목적이 있다. 지방교부세는 지방재정의 형평화 관점에서는 바람직하지만 각 자치단체의 자발적인 재원 확충과 경비 절감을 위한 적극적인 노력을 저해하고 중앙정부에 대한 의존도를 부추길 우려가 있다. 현재와 같이 지방자치단체가 개방화와 세계화 파고 속에서 무한경쟁 시대에 직면함에 따라 자치권에 의해 자주재원을 확보하려는 자구(自救) 노력(self-effort)이 선행되어야 한다. 따라서 지방교부세를 분배할 때 자구 노력에 대한 인센티브를 부여하는 방안을 적극적으로 활용할 필요가 있다.

그동안 자구 노력에 대한 인센티브제도의 연구는 간헐적으로 진행되었으며 실무 분야에서도 그 필요성이 점증되었다. 이러한 노력은 1997년부터 보통교부세와 특별교부세의 배분시 부분적인 인센티브제도 도입이라는 결실을 맺었다. 그동안 인센티브제도는 대상 재원, 자구 노력 지표, 인센티브 배분 방법, 대상 자치단체 등에서 발전적 과제를 내포하고 있는 것으로 평가되어 왔다. 인센티브제도가 도입되지 10년이 지난 현시점에서 지금까지의 운용 실적을 평가하고 문제점을 파악할 필요가 있다.

따라서 이 장에서는 현행 인센티브제도를 평가하고 새로운 발전 방안을 제시하고자 한다. 지방교부세의 근본 목적인 지역 간 형평성의 원리에 위배되지 않는 범위에서 지방재정의 건전한 운용과 지방자치단체의 자주적인 노력을 유도할 수 있는 인센티브제도에 관한 정책대안을 제시하는 데 목적이 있다.

이러한 연구를 진행하면서 그동안 다양하게 전개된 인센티브제도에 관한 선행 연구들을 분석하고, 현행 인센티브제도의 문제점과 발전 과제를 탐색한다. 먼저 지방재정조정재원 중에서 지방교부세가 인센티브 재원으로서 타당한 여부를 검토한 후 그 재원 규모를 결정한다. 이와같이 대상이 결정된 후에는 조작적인 정의(operational definition)를 통해 자구 노력을 측정할 수 있는 지표를 개발한다. 지표의 개발과 관련하여 제도 운용의 객관성을 확보하기 위해 현재 법제화되어 있는 지방재정진단제도(地方財政診斷制度: 지방재정법 제117조 이하)와의 연계성을 강조한다.

이러한 과정을 통해 자구 노력에 대한 인센티브 부여를 위한 전제 조건을 마련하고 이에 대한 시뮬레이션을 통해 정책적인 효과를 평가하고, 마지막으로 제도 정착을 위한 정책적인 제언을 제시한다.

현행 인센티브제도에 관한 대안적인 모델을 제시하되 객관성과 타당성을 확보하기 위해 계량적인 분석과 설문조사를 병행한다. 인센티브제도의 현실 적용성과 객관성을 높이기 위해 지방재정의 전문가와 행정실무자들에 대한 설문조사의 결과를 이용하고자 한다. 특히 정책적 판단이 요구되는 인센티브 부여의 가능성, 대상 재원의 규모 등에 대해 의견을 구한다. 이를 위해 총 400명에 대한 설문조사를 실시하여 학자 98명, 행정실무자 112명 등 총 210명의 의견을 수렴했다.[7]

---

7) 설문조사는 2차에 걸쳐 실시한 바 있다. 첫 번째는 인센티브제도가 도입되기 직전에(1996. 8. 5~9. 10) 실시한 것으로(김정완, 1996)에서 학자와 행정실무자 각각 100명씩 대상으로 조사한 결과 학자 34명, 행정실무자 51명이 응답했다. 두 번째는 인센티브제도가 도입된 직후에(1998. 3. 10~4. 20) 실시한 것으로 학자와 행정가 각각 100명씩을 조사한 결과 학자 64명, 행정실무자 61명이 응답했다.

제 2 절 선행 연구 및 현행 제도의 검토

1 선행 연구

인센티브제도에 대한 연구는 1980년대 후반부터 나타나기 시작했다. 지방교부세를 대상 재원으로 했다는 점에 공통점이 있다. 초기의 연구들(박태보, 1985; 박완규, 1990; 오연천, 1996)은 대부분 자구 노력을 세입에 국한한 징세 노력(tax effort)으로 측정하고 있다. 그 후 자구 노력을 세수입과 세외수입 모두를 포함한 자체수입으로 광의로 해석하는 연구(최영환, 1992; 김준한, 1993)가 이루어졌다. 시간이 지나면서 세입뿐만 아니라 세출 측면까지 고려한 연구(허재완, 1994; 김준한; 1996)가 대두했다. 세출 부문의 자구 노력에서는 투자경비는 긍정적인 인센티브를 제공하는 반면에 경직성 경비에 대해서는 부정적으로 평가하고 있다. 이와같이 자구 노력에 대한 범위가 점점 확대되고 지방자치가 제도적으로 정착됨에 따라 인센티브제도 도입에 대한 공감대가 형성되기 시작했다. 이러한 추세에 부응하여 1997년부터 보통교부세와 특별교부세를 대상으로 인센티브제도가 도입되었다.

인센티브제도 도입 직후의 연구(이창균, 1997)는 당시의 제도를 전체적인 관점에서 개관하고 몇 가지 정책적인 방향을 제시했다. 이와 동일한 맥락의 연구들로서 2004년의 연구(이상용, 2004)는 보통교부세 인센티브 재원 규모의 적정성, 인센티브 항목의 조정 필요성, 보통교부세 불교부단체에 대한 대책 강구, 인센티브 재원의 별도 재원화 등을 제시한 바 있다. 가장 최근의 연구(윤석완, 2006)는 인센티브제도가 지방교부세의 본래 기능인 지역별 부족 재원의 보전과 지역 간 재정 형평화를 교란할 수 있다는 전제하에 그 영향을 분석한 바 있다. 분석결과 인센티브제도는 보전 및 형평화에 미치는 영향은 미미한 반면에 지방교부세의 취지를 교란하는 요인으로 작용할 수 있기 때문에 제도적 재검토가 필요하다는 점을 지적한다. 이와 관련하여 인센티브 재원의 보통교부세로부터 독립, 기준재정수입 인센티브의 강화, 인센티브제도와 지방재정분석·진단 간의 연계성 강화 등을 제시하고 있다.

이상의 선행 연구들은 아직 외국에서도 본격적으로 도입되지 않고 있는 인센티브제도의 우리나라 도입에 선구적인 역할을 수행하고 향후 개선의 필요성을 제기했다고 평가할 수 있다. 이들 선행 연구들을 인센티브제도가 도입된 해인 1997년을 기준으로 하여 구분해 볼 수 있다. 1997년 이전 선행 연구들은 인센티브제도의 필요성과 함께 대안을 제시했다. 제시된 대안들은 대부분 세입 측면의 징세 노력만을 인센티브 항목으로 제안했다. 1997년 이후의 선행 연구들은 인센티브제도에 대한 평가와 개선 방안을 제시하고 있다. 그러나 인센티브제도의 대상 재원, 재원 규모, 자구 노력의 지표, 대상 자치단체 수준 등 전제 조건에 대한 논의가 결여된 상태에서 제도 개선 방안만을 제시했을 뿐이다(윤석완, 2006).

따라서 이 연구는 현행 인센티브제도에 대한 평가와 함께 대안적 모형을 제시하고 시뮬레이션을 통해 그 정책적 효과를 추정함으로써 향후 인센티브제도의 개편에 대한 정책적 함의를 제공하고자 한다.

2 인센티브제도의 주요 내용

1) 인센티브제도의 변천 과정

지방교부세법은 1997년부터 보통교부세와 특별교부세의 산정시 지방자치단체의 자구 노력을 반영하고 했다. 보통교부세(5개 지표)는 경상적 경비 절감단체, 지방세 징수 노력단체, 일용인부 사용이 적은 단체, 지방세 징수율이 높은 단체, 공무원 표준정원 기준 유지 단체 등에 대해 인센티브(incentive)를 부여하는 반면에 불량한 자치단체에 대해서는 재정벌칙(penality)을 동시 부여했다. 특별교부세(3개 지표)는 학교 폭력 근절, 재난관리, 물가관리에 우수한 자치단체에 인센티브를 부여했다. 1997년 인센티브 규모를 보면 보통교부세는 834억 원, 특별교부세는 105억 원이 각각 지원되었다. 2001년 이후의 인센티브제도 변천 과정을 살펴보면 1997년 도입 당시에 비해 많은 변화를 겪었다. 우선 2001년부터는 특별교부세의 인센티브제도를 폐지하고 보통교부세만을 대상으로 하고 있다. 1997년도에는 기

〈표 6-1〉 도입 당시의 인센티브 평가지표 및 평가 방법(1997년)

적용 재원	평가 항목 및 지표	평가 방법	인센티브 내용	효과
보통교부세	경상적 경비 절감	일반경비, 관서당경비 등 경비의 증가율이 동종 단체 평균 증가율 대비 낮은 정도	경상적 경비 절감액 30%를 기준재정수요액 일반관리비 수요액에 증액함.	예산 절감과 투자적 경비 확충 유도
	지방세 징수 노력	지방세 정산액 기준으로 동종단체 평균 증가율 대비 높은 정도	정산 결과 증가분의 40%만 기준재정수입액으로 반영하고 60%는 자치단체의 자주재원으로 활용	세원 발굴 및 징세의욕 고취, 자주재원 확보
	일용인부 사용 억제	인구 수, 행정동 수를 기준으로 동종 단체 표준정원 대비 일용인부 평균 사용 인원이 많고 적은 정도	평균을 기준으로 기준재정수요액 일반관리비 수요를 증액하거나 감액함.	예산 절감 및 생산성 제고
	지방세 징수율	결산액이 동종 단체 평균 징수율 대비 높거나 낮은 정도	평균을 기준으로 기준재정수요액 징세비 수요액을 증액하거나 감액함.	징세 의욕 고취 및 자주재원 확보
	공무원 표준정원	표준정원 산정 공식에 의한 자치단체별 표준정원 수	표준정원 기준으로 기준재정수요액 인건비 수요를 증액하거나 감액함.	인력 감축을 통한 적정 인력을 유지하고 생산성 제고
특별교부세	학교 폭력 근절	학교 폭력 근절을 위한 조직 운용 실태, 청소년 선도, 유해환경정비 등의 추진 정도	우수단체에 시책사업 수요 중 시도별 1억~7억 차등 지원	건전한 청소년의 육성과 청소년의 면학분위기 조성
	재난관리	산불 대책, 재난예방 및 관리의 추진 정도	우수단체에 시책사업 수요중 시도, 시군구별 1억~11억 차등 지원	재난관리를 통한 국민생활 안정
	물가안정 관리	물가관리 체계 확립, 현장 지도 등을 통한 물가관리 추진 정도	우수단체에 시책사업 수요 중 시도, 시군구별 1억~3억 차등 지원	물가관리를 통한 국민생활 안정

자료: 지방교부세법 시행규칙 부칙 별표(1997).

〈표 6-2〉 인센티브제도의 변천 과정(2001-2008년)

구분	2001	2002	2004	2007	2008
기준재정수요액	지방공무원 정원 감축	지방공무원 정원 감축	지방공무원 정원 감축	-	-
	사무보조 일용인부 절감	비정규직 공무원 감축	비정규직 공무원 감축	-	-
	경상경비 절감	경상경비 절감	경상경비 절감	경상경비 절감 운영	경상경비 절감 운영
	읍면동 통합 유도	읍면동 통합 유도	읍면동 통합 유도	읍면동 통합 운영	읍면동 통합 운영
	지방청사 관리 적정화	지방청사 관리 적정화	지방청사 관리 적정화	지방청사(면적) 관리 운용	지방청사(면적) 관리 운용
	-	-	지방상수도 요금 현실화	지방상수도 요금 현실화	지방상수도 요금 현실화
	-	-	-	-	사회문화·복지 분야 예산 운영
기준재정수입액	지방세 징수율	지방세 징수율	지방세 징수율	지방세 징수율	지방세 징수율
	주민세 개인 균등할 인상	주민세 개인 균등할 인상	주민세 개인 균등할 인상	주민세 개인 균등할 인상	주민세 개인 균등할 인상
	종합토지세 과표 현실화	과표 현실화	과표 현실화	-	-
	지역개발세 탄력세율	탄력세율 적용	탄력세율 적용	탄력세율 적용	탄력세율 적용
	사용료·수수료 현실화	수수료 현실화	경상 세외수입 확충	경상 세외수입 확충	경상 세외수입 확충
	-	지방세 체납율 축소	지방세 체납액 축소	지방세 체납액 축소	지방세 체납액 축소
	-	지방세 세원 발굴	지방세 세원 발굴	지방세 세원 발굴	지방세 세원 발굴

자료: 지방교부세법 시행규칙 부칙 별표(각 연도).

준재정수요액에는 3개 지표(경상적 경비 절감, 일용인부 사용 억제, 공무원 표준정원), 기준재정수입액에는 2개 지표(지방세 징수 노력, 지방세 징수율)가 각각 적용되었으나 2001년에는 기준재정수요액에는 4개 지표(지방공무원 정원 감축, 사무보조 일용인부 절감, 경상경비 절감, 읍면동 통합유도), 기준재정수입액에는 5개 지표(지방세 징수율, 주민세 개인 균등할 인상, 종합토지세 과표 현실화, 지역개발세 탄력세율, 사용료·수수료 현실화)가 적용되기 시작했다.

2002년도에는 기준재정수입액에 지방세 체납 축소와 지방세 세원 발굴, 2004년도에는 기준재정수입액에 지방 상수도 요금 현실화가 각각 추가되었다. 2007년에는 기준재정수요액에서 지방공무원 정원 감축과 비정규직 공무원 감축, 기준재정수입액에서는 과표 현실화가 각각 제외되었다. 2008년에는 기준재정수요액에 사회문화·복지 분야 예산 운영이 추가되었다.

이러한 인센티브 지표의 변천은 지방재정 운용 방향과 세제 개편에 따른 변화를 반영한 것이었다. 예를 들어 지방세수에 대한 자구 노력을 강화하기 위해 2002년부터 지방세 체납률 축소와 지방세원 발굴을 추가하고, 2004년부터는 지방상수도 특별회계의 재무건전성을 유도하기 위해 지방상수도요금 현실화를 반영하기 시작했다. 2007년부터는 비정규직보호법이 발효됨에 따라 지방공무원 정원 감축과 비정규직 공무원 감축을 제외하고 종합토지세(2005)가 폐지됨에 따라 과표 현실화를 배제했다. 2008년부터는 복지 업무의 지방 이양에 따른 지방자치단체의 책무성을 강화하기 위해 사회문화·복지 분야 예산 운용을 반영하기에 이르렀다.

2) 현행 제도의 발전 과제

현행 우리나라 지방재정 인센티브제도는 외국에서 찾아볼 수 없을 정도로 정교하다. 다만 일본만이 우리나라와 유사한 제도를 취하고 있을 뿐이다. 프랑스는 지방교부세 배분 기준으로 단지 징세 노력만을 반영하고, 영국은 재정지출 상한액을 초과한 경우 지방세·지방교부세·지방채 등에서 단순히 재정 벌칙을 규정하고 있을 뿐이다. 우리나라는 보통교부세의 기준재정수요액과 기준재정수입액을 대상으로 하고, 광역자치단체뿐만 아니라 기초자치단체까지를 대상단체로 하고, 자구 노력에 대한 인센티브뿐만 아니라 재정벌칙(penalty)까지 적용하고 있어 대단히 세밀하고 광범위하다고 평가할 수 있다. 그러나 인센티브제도의 발전적인 모형을 정립하기 위해서는 대상 자치단체, 대상 재원, 자구 노력 측정지표, 인센티브 부여 방법 등을 재검토할 필요가 있다.

(1) 대상 자치단체

현행 제도는 2007년 현재 광역자치단체(16개)와 기초자치단체(234개)를 망라한 모든 자치단체를 대상으로 하고 있다. 그러나 2007년 예산 기준 전국 총 250개의 지방자치단체 중에서 자체수입(지방세와 세외수입)으로 인건비를 해결하지 못하는 자치단체는 38개(15%), 지방세 수입으로 인건비를 조달하지 못한 자치단체는 140개(57%)에 이르고, 지역 간 재정 격차 또한 극심하다. 현실적으로 우리나라 지방재정의 우선 과제는 이러한 지역불균형 해소와 자립 기반 조성에 있다. 따라서 모든 지방자치단체를 대상으로 하기에는 현실 여건이 성숙되어 있지 않기 때문에 자구 노력에 대한 인센티브제도의 취지를 충분히 살리지 못하고 있다. 이는 인센티브제도를 실시하기 위해 자치단체 상호간에 동등한 경쟁력을 보유하고 있어야 하기 때문이다. 자치단체 간 재정력이 격차가 심한 상태에서 인센티브제도를 광범위하게 채택하는 경우 지역 간 격차를 심화시킨다.

또한 일부 광역자치단체는 그동안 관할 기초자치단체에 획일적으로 지원하던 자치구 교부금이나 시군 보조금 배분시에 인센티브를 활용하고 있다(이창균, 1997: 37-38). 따라서 현행 제도와 같이 광역자치단체뿐만 아니라 기초자치단체를 포함한 경우 기초자치단체는 이중적인 평가를 받게 된다. 따라서 일차적으로 동종 자치단체 간 비슷한 재정력을 갖추고 있는 광역자치단체를 대상으로 하여 점진적으로 확대할 필요가 있다. 전국 16개 시도 본청은 다소나마 재정 격차가 완화되고 자립 기반을 유지하고 있다는 점에서 일차적으로 고려 대상이 될 수 있다.

(2) 재원 규모

현행 제도는 인센티브의 재원 규모에 대한 객관적이고 타당한 기준이 설정되어 있지 않다. 그 결과 자치단체의 자구 노력을 가시화할 수 없을 뿐만 아니라 지방자치단체의 인센티브 재원에 대한 예측 가능성과 안정성이 훼손되고 있다. 인센티브제도는 지방재정조정제도로서 지방교부세의 근본 목적을 훼손하지 않는 범위에서 운용되어야 한다. 자구 노력에 대한 인센티브제도는 지방자치단체의 자체 세원 확보와 경비 절감을 위한 노력을 유도하는 데 그쳐야 하고 지역간 불균형을 심화시켜서는 안 된다.

적용 가능한 재원의 규모는 지방재정 조정재원으로서 지방교부세의 역할, 인센티브의 자구 노력 유발 효과, 중앙정부와 지방자치단체 간의 합의, 제도 운용의 객관성과 적정성 등 다양한 정책적 요인을 고려해야 한다.

이러한 사실을 고려할 때 보통교부세의 전액보다는 일부를 적용 대상으로 하는 것이 바람직하다. 현재 지역간 재정적인 격차를 감안할 때 자구 노력을 유도할 수 있는 한도 내에서 가능한 적은 규모를 대상으로 해야 할 것이다.

따라서 먼저 대상 재원의 규모에 대한 다양한 대안 중에서 최소인 10%를 고려할 필요가 있다. 시도 본청 보통교부세 10%는 2007년 예산액 기준 총 4,734백만 원이고, 시도당 약 364백만 원[8]에 달하는 액수로서 자구 노력을 진작시키는 데 충분한 규모라고 생각된다. 또한 제도 시행 초창기에는 시범적으로 10%[9]를 대상으로 하고, 향후 인센티브제도가 정착되고 지역 간 재정적 격차가 완화되면 대상 규모를 점진적으로 확대하는 것이 바람직하다.

(3) 측정지표

2008년 현재 보통교부세 자구 노력의 측정지표에는 기준재정수요액 5개, 기준재정수입액 6개가 있다. 그러나 보통교부세의 측정지표 간에는 상호 중복이 심하기 때문에 통합할 필요성이 있다. 예를 들어 기준재정수요액의 경상경비 절감 운용, 읍면동 통합 운영, 지방청사 관리 운용은 동일한 성격을 내포하고 있기 때문에 인건비를 비롯한 경상경비 절감이라는 지표[經濟性]로 통합할 수 있다. 또한 기준재정수입액의 지방세 징수율과 지방세 체

---

8) 2007년 기준 16개 시도 본청 중에서 보통교부세 불교부단체 서울, 인천, 경기를 제외한 13개 자치단체를 기준으로 했다.

9) 인세티브 부여와 관련하여 적정한 재원의 규모에 대한 설문에 의하면 보통교부세의 10%에 대한 응답의 비율이 가장 높게(24.76%: 학자 23.47%, 관료 25.89%) 나타나고 다음은 전액(20.48%: 학자 18.37%, 관료 22.32%), 50%(21.90%: 학자 20.41%, 관료 23.31%), 30%(14.76%: 학자 19.39%, 관료 10.71%), 20%(18.10%: 학자 18.37%, 관료 17.86%)의 순이다.

납액 축소, 주민세 개인 균등할 인상과 탄력세율 적용은 세수 확보(tax-effort)라는 측면에서 단일한 지표[自收性]로 운용할 수 있다.

이 밖에도 지방재정 운용에서 이와 같은 세입과 세출 부문뿐만 아니라 건전재정의 중요성이 부각되고 있다.[10] 따라서 지방재정진단제도의 내실화와 함께 건전재정 운용에 관한 지표를 개발하여 인센티브제도를 적용할 필요가 있다. 이와같이 건전재정 원칙도 자구 노력의 중요한 지표[健全性]가 되어야 함에도 불구하고 현행 인센티브제도는 이를 반영하지 않고 있다.

또한 현행 지표들은 자구 노력을 객관적으로 측정하는 데 문제점을 내포하고 있다. 예를 들어 지방세 징수 노력의 경우 동종 자치단체일지라도 지역경제가 활성화되고 인구가 증가하는 지역은 잠재 세원의 자연 증가로 인해 높게 평가되는 반면에 취약지역은 반대로 낮게 평가될 수 있다. 세출 측면에서도 이러한 문제점을 발견할 수 있다. 지방자치단체는 기본적으로 노동집약적인 조직이기 때문에 취약지역일수록 인구 대비 공무원 수가 많게 되어 자구 노력의 평가에 상대적으로 불리하다.

따라서 인센티브제도의 핵심적인 요소인 자구 노력 지표 선정 시에 객관성을 확보하는 것이 급선무이다.[11] 외국에서 인센티브제도가 광범위하게 도입되지 못하는 이유도 객관성 확보의 어려움 때문이다. 따라서 자구 노력 지표 선정 시에 현재 법제화되어 있는 지방재정진단제도와 연계성을 강화해야 한다.

(4) 인센티브 배분 방법

첫째, 현행 제도는 가시적인 인센티브 제공이라기보다는 보통교부세 산

---

10) 미국을 비롯한 각국의 지방자치단체들이 과도한 채무로 말미암아 재정 파탄에 직면하게 됨에 따라 외부의 신용평가기관(Standard & Poor's나 Moody's사)의 신용평가를 받게 하고 지방재정진단제도를 비롯한 각종 재정동향 분석 체계를 운용하고 있다 (Kaufman, 1981: 314; Groves & Godsey, 1986: 278-279). 우리나라도 지방재정진단제도를 비롯하여 지방재정 건전화에 만전을 기하고 있다.

11) 설문조사에 의하면 전체 응답자의 73.81%(학자 88.78%, 관료 60.71%)가 인센티브제도 도입의 필요성을 인정하고 있다. 반대의 이유를 묻는 설문에서는 객관성과 정확성의 결여가 65.72%(재정적 격차 심화 26.00%, 조정제도의 목적 위배 8.28%)로 나타나 무엇보다도 객관적인 지표를 선정이 요구된다.

정 방법의 탄력적인 운용이라고 할 수 있다. 자구 노력이 우수한 자치단체에 대해 인센티브를 부여할 때 세입 측면에서는 기준재정수입액을 감액시켜 주는 반면 세출 측면에서는 기준재정수요액를 증액시켜 주고 있다. 예를 들어 지방세 징수 노력에 대한 평가에서 동종 자치단체의 평균 증가율을 상회하는 자치단체에 대해서는 증가분의 일정 비율(예: 30%)만을 기준재정수입액에 반영하고 나머지(예: 70%)는 자치단체의 자주재원으로 활용하고 있다. 또한 경상경비 절감에 대한 자구 노력 평가에서 동종 자치단체의 평균보다 낮은 증가율을 보인 자치단체에 대해서는 경상경비 절감액 일정 비율(예: 30%)을 기준재정수요액의 일반관리비 수요액에 증액하고 있다.

이와 같은 반영률의 차등화(인상 및 인하)는 계획적이고 통합적인 재정 운용을 저해한다. 세입 측면에서 공공 부문의 가용 재원이 모두 예산에 계상되어 국가적인 관점에서 분배되어야 함(예산의 통합성 원칙)에도 불구하고 반영률을 조정한다는 것은 지방자치단체의 방임적 재정 운용을 촉진하는 결과가 된다. 세출 측면에서도 경비가 절감된 경우 기준재정수요액을 증액하는 것은 타당성이 결여된다. 따라서 축소된 경비는 기준재정수요액의 산정시 그대로 반영하고 별도로 인센티브를 제공해야 할 것이다.

이와같이 인센티브를 기준재정수입과 기준재정수요에 동시에 반영하는 경우 그 효과가 중화되어 자구 노력에 대한 효과를 가시화할 수 없다. 특히 보통교부세 배분에서 기준재정수입과 기준재정수요는 상호 반대 방향으로 작용하기 때문에 인센티브를 기준재정수입과 기준재정수요에 동시에 반영하는 경우 최종적으로 인센티브를 배분받을 때 어떠한 지표에 의해 영향을 받았는지를 알 수 없게 되어 자치단체의 자구 노력을 기대할 수 없게 된다.

또한 교부세 산정시에 반영률의 차등화는 자구 노력의 진작이라는 가시적인 효과를 거둘 수 없다. 보통교부세에 인센티브를 부여하는 목적은 차등 지원 그 자체에 있는 것이 아니라 이를 통해 자구 노력을 유발하기 위한 것이다. 따라서 지방자치단체의 자구 노력에 대한 유인책을 가시화할 필요가 있다. 이를 위해 내부적인 반영율 조정보다는 보통교부세의 일정 비율(예: 10%)을 인센티브 대상 재원으로 명시함으로써 지방자치단체의 자구 노력을 촉진할 수 있을 것이다.[12),13)]

둘째, 현행 제도는 인센티브와 함께 재정 벌칙을 동시에 적용하고 있어 인센티브제도의 근본 목적에 위배될 뿐만 아니라 재정적 격차를 심화시킬 우려가 있다. 보통교부세 배분시 각 지표별로 우수한 자치단체에는 기준재정수요액의 산정시에 증액하는 반면에 평균 이하인 자치단체에 대해서는 감액하고 있다. 반대로 기준재정수입액에서는 우수한 자치단체는 감액하는 반면에 평균 이하인 자치단체에 대해서는 증액하고 있다. 인센티브는 원래 우수한 자치단체를 우대하는 제도이지 특정한 자치단체에 대해 불이익을 주는 것은 아니다.[14] 따라서 재정 벌칙은 인센티브제도와 양립할 수 없는 모순적인 정책 조합이다. 특히 현행 제도에 의하면 재정 벌칙은 통상 재정력이 취약한 기초자치단체에 적용되기 때문에 인센티브제도의 부정적인 측면인 지역 간 재정적 격차를 심화시킬 우려가 있다는 것이다.

(5) 보통교부세와 특별교부세의 이중성

지방재정법(제54~57조)과 동법 시행령(제64조)은 지방자치단체의 재정운용 보고와 행정안전부의 보고서 분석 결과를 토대로 한 재정진단제도를 규정하고 있다. 동법 제57조는 재정분석 결과 건전성과 효율성 등이 우수한 자치단체에 대해서는 지방교부세법(제9조)에 의해 특별교부세를 별도로 교부할 수 있다는 규정을 두고 있다.

---

12) 1997년부터 지방교부세 배분에서 인센티브제도가 운용되고 있으나 각 지방자치단체는 해당 자치단체의 인센티브액에 대한 정보를 갖고 있지 않다. 이는 행정안전부가 인센티브제도를 내부적으로 운용하고 이에 대한 자료를 공개하지 않기 때문이다. 그 결과 지방자치단체의 자구노력 진작이라는 효과를 발휘하지 못하고 있다고 평가할 수 있다. 따라서 무엇보다도 인센티브제도 운용에서 가시적인 지표를 이용하고 관련 자료를 공개하여 지방자치단체의 자구 노력을 유발해야 할 것이다.

13) 이와 관련하여 선행 연구(윤석완, 2006: 195)는 인센티브제도를 보통교부세에서 분리시켜 수요 인센티브는 국고보조금의 기준보조율에 반영하고 수입 인센티브는 종합부동산세 교부금의 배분에 적용하는 방안을 제시하고 있다. 그러나 이는 보통교부세의 인센티브제도의 취지 자체를 제약하고 있다.

14) 2006년의 인센티브 반영 실적을 살펴보면 총 2조 4,548억 원으로 이 중 인센티브는 6,398억, 역(-)인센티브는 18,150억으로 순인센티브는 -11,752억이었다. 이를 기준재정수요액과 기준재정수입으로 나누어 살펴보면 기준재정수요액 가감 반영은 총 13,752억으로 인센티브는 4,218억이고, 역인센티브는 9,534억이다. 반면에 기준재정수입액 가감 반영은 총 10,796억 원으로 인센티브 2,180억 원이고, 역인센티브는 8,616억 원이다.

그러나 각 지방자치단체가 행정안전부에 제출하는 재정보고서는 예산보고서를 비롯한 12개 항목(시행령 64조)에 걸친 전반적인 지방재정 운용에 관한 사항을 내포하고 있다. 따라서 보통교부세의 배정에 적용되었던 인센티브제도와 중복되는 측면이 있다. 특히 인센티브로 배정되는 특별교부세는 전체 특별교부세의 2분의 1에 해당되는 금액 중에서 "보통교부세 산정기일 후에 발생한 재해로 인해 특별한 재정 수요가 있거나 재정수입이 감소되었을 때 교부하는 금액"을 제외한 금액으로 상당한 규모에 달한다.

비록 세부적인 평가 지표는 상이할지라도 실질적인 내용면에서 보통교부세와 특별교부세의 인센티브제도는 동일한 성격을 내포하고 있다고 볼 수 있다. 따라서 특별교부세의 인센티브제도를 보통교부세로 흡수하여 통합 운용할 필요가 있다.

제 3 절 대안적 모형의 자구 노력 측정지표의 개발

1 자구 노력 지표의 선정

우리나라 지방재정법 55조와 동법 시행령 65조에 규정된 지방재정진단제도는 지방자치단체의 재정 운용 평가에 관한 종합적인 지표를 제시하고 있다. 따라서 지방자치단체의 발전적 재정 운영을 위한 인센티브로 유용하게 활용될 수 있을 것이다. 지방재정진단제도는 그 운용에 관한 구체적인 내용과 절차가 법제화되어 있을 뿐만 아니라 종합적이고 정밀한 재정분석을 전제로 하기 때문에 인센티브제도로 활용할 수 있다.

지방재정진단제도는 재정분석을 위한 다양한 자료와 항목을 포함하고 있기 때문에 이를 기초로 하여 자구 노력을 측정할 수 있는 대표적인 지표를 선정하기 위한 작업이 선행되어야 한다. 다양한 후보 지표 가운데 타당성(relevance), 객관성(objectivity), 측정가능성(measurability)의 요건을 갖추고 있는 지표를 선정해야 한다. 여기서 타당성은 자구 노력의 반영도, 객관성은 공평하고 중립적인 성격, 측정 가능성은 계량적인 조작 가능성을 의미한다.

또한 지표 선정과 관련하여 지표 수도 적정한 수준을 유지해야 한다. 자구 노력의 정확한 측정을 위해서는 가능한 많은 수가 바람직하지만 지나친 경우 자치단체별 탄력적인 재정 운용을 저해하여 지방재정의 획일성을 강요할 우려가 있다. 따라서 지표로서의 요건을 구비하고 있는 것들 중에서 자치단체의 자구 노력을 종합적으로 측정할 수 있도록 적정한 지표 수를 유지해야 할 것이다.

지방재정진단제도의 재정분석 항목을 기준으로 판단한다면 자구 노력은 "지방 재정력의 개선 노력"으로 정의할 수 있고, 이를 구체적으로는 예산 운용과 재정 현황으로 양분할 수 있다. 또한 예산 운용은 세입과 세출, 재정 현황은 재정수지로 각각 나눌 수 있다. 세입 측면에서는 징세 노력[自收性], 세출 측면에서는 경직성 경비 절감[經濟性], 재정 현황 측면에서는 건전재정[健全性]으로 정의할 수 있다. 지방재정법 시행령 제65조 2항도 재정분석의 결과로서 재정진단 대상단체를 결정하는 데도 유사한 지표를 제시하고 있다.15)

제1호, 세입예산 중 채무 비율이 세입예산의 일정 비율을 초과하거나 채무 잔액이 과다한 지방자치단체

제2호, 결산상 세입실적이 예산액보다 현저히 감소했거나 다음 연도 수입을 앞당기어 충당하여 사용한(조상충용) 한 지방자치단체

제3호, 인건비 등 경상비 성격의 예산 비율이 높아 재정 운영의 건전성이 현저히 떨어지는 지방자치단체

제4호, 행정안전부 장관이 재정보고서의 분석 결과 건전성과 효율성이 현저

15) 인센티브제도의 운용에서 객관성을 확보하려면 지표 선정에 대한 근거가 선명해야 한다. 현행 지방재정 관계 법령 중 지방재정 운용 현황에 대한 대표적인 평가 제도가 지방재정진단제도이다. 따라서 지방재정진단제도가 제시하는 지표를 활용하고자 한다. 이와 같은 관점에서 선행 연구(윤석완, 2006: 196)도 자구 노력 측정지표에 지방재정 분석 및 진단제도의 비중을 높일 필요가 있다는 점을 제시한다.

하게 저하되어 재정진단이 필요하다고 인정하는 지방자치단체

이상 네 가지 조건 중에서 ①항은 건전재정 혹은 수지균형[건전성], ②항은 자체세입 확충[자수성], ③항은 인건비를 비롯한 경상비 절감을 각각 의미한다[경제성]. ④항은 정책적인 판단[계획성]에 의해 결정하는 것으로 지표 선정 요건 중에서 객관성과 측정 가능성의 원칙에 부합되지 않기 때문에 제외할 수 있다.

2 지표의 조작적 정의

1) 자수성

자수성(自收性)은 지방자치단체가 자체수입을 확보하기 위한 자구 노력으로 정의하고 그 대상을 세외수입과 지방세수입으로 한다. 자구 노력에 대한 인센티브를 부여하기 위한 기존 연구는 대부분 지방세수입만을 대상으로 하고, 간혹 세외수입만을 대상으로 하는 경우가 있다. 세외수입만을 대상으로 하는 견해에 의하면 그동안 우리나라는 조세법률주의에 의해 모든 조세의 세목과 세율 및 징세절차가 법률로 규정되어 지방자치단체의 자율적인 증세 노력을 질식시켰기 때문에 자구 노력에 대한 인센티브제도를 고려할 수 없었다는 것이다.

최근에 접어들면서 지역개발세와 같은 선택과세가 도입되고 대부분의 조세에 대해 탄력세율의 적용이 가능해졌다. 또한 가뜩이나 자주재원이 취약한 상황에서 지방세 체납률이 10%에 육박하고 있다는 점도 고려해야 할 것이다. 따라서 이 연구는 자수성을 평가하는 데 지방세수입과 조례에 의한 자율적인 결정이 가능한 세외수입을 종합한 자체수입을 대상으로 한다.

그동안 우리나라에서 조세수입을 중심으로 한 자구 노력에 관한 연구들은 지표를 다양하게 조작적으로 정의하고 있다. 이들 연구 방법은 평균세율 방법과 잠재세입 비교 방법 두 가지로 종합할 수 있다.

평균세율 방법은 정확한 주민소득이나 지역소득에 관한 지표가 선행되

〈표 6-3〉 기존 징세 노력의 측정 방법

측정 방법	내 용	연구자
평균세율 방법	-지역의 지역총생산(GRP) 대비 지방세수의 비율로 징세 노력을 측정 -징세 노력 = 지방세수입/지역소득	김태보, 1985 이계식, 1987 오연천, 1987 최영한, 1992
잠재세입 비교 방법	-잠재세입 대비 실제 세수입의 비율 측정, 잠재세입을 외삽법에 의해 추세치로 보는 경우 -회귀분석에 지방세수입에 영향을 미치는 독립변수들을 먼저 선정한 후 독립변수 값을 대입하여 추정하는 경우 -징세 노력=(실제세입-잠재세입)/잠재세입	박완규, 1990 허재완, 1994 오연천, 1995 Inman, 1979

어야 한다. 그러나 우리나라 GRDP는 지역의 총생산만을 나타내기 때문에 지역에 귀착되는 소득 수준을 측정하는 데 한계가 있고 자료 공개 또한 시도 수준에 그치고 있어 시군구의 기초자치단체에 대한 분석이 불가능하다. 간혹 부가가치나 저축액을 GRDP의 대리변수(proxy variable)로 사용하는 경우가 있으나 이 또한 완전한 대안이 되지 못한다.

이와같이 평균 세율 방법의 한계로 말미암아 잠재세입 방법을 채택하는 예가 많다. 적절한 독립변수를 선정하여 잠재세입을 추계하는 방법은 과학적일 수 있으나 타당한 변수 선정과 분석모형의 적합도를 유지하는 데 어려움이 있다. 이에 대한 대안으로서 단순회귀분석이나 증감률을 통해 추세를 분석하여 이를 잠재세입으로 결정하고, 이를 다시 실제세입과 비교함으로써 징세 노력을 측정한다. 그러나 단순 추세치에는 인구 증감을 비롯한 사회경제적인 요인이 내재해 있기 때문에 순수한 징세 노력을 측정하는 데 한계가 있다.

따라서 이 연구는 시도 본청의 일반회계의 세수입과 세외수입을 대상으로 잠재세입을 추계할 때 인구 증감에 따른 자연 증감분의 변화를 중화시키기 위해 1인당 자체수입의 증감률에 의한 추세치를 잠재세입으로 규정하고 이를 실제 수입과 비교하여 징세 노력을 측정한다.

2) 경제성

경제성(經濟性)은 지방 세출의 경제적 효과를 증대시키기 위한 것으로서 경직성 경비를 줄이고 투자비의 지출 규모를 확대하기 위한 것이다. 2007년 예산을 기준으로 할 때 인건비(134,832억 원)는 일반회계 총예산(818,868억 원)의 16.5%, 자체수입의 28%, 지방세수입의 35.4%로 지방세수입에 의한 인건비 조달이 불가능한 자치단체는 140개(57%) 단체에 달하고 있다.

이와같이 인건비가 경직성 경비 중에서 가장 핵심적인 요소이기 때문에 인건비의 절감이 지출의 효율성 제고의 관건이다. 인건비를 비롯한 경직성 경비는 투자비와 제로섬 관계이기 때문에 인건비의 감소는 투자비의 증대로 이어져 경제적 효율성을 제고할 수 있다.

따라서 지방자치단체의 세출 측면의 자구 노력을 측정할 때 투자비를 기준으로 하는 경우가 있으나(하재완, 1994) 이 연구는 직접 인건비를 분석함으로써 경제성을 평가하고자 한다. 2002~2006년 기간 동안 시도 본청 일반회계의 주민 1인당 인건비 증감률로 평가한다. 총액이 아닌 1인당 인건비를 산출하는 이유는 인구 증감에 따른 외생변수의 영향을 방지하기 위한 것이다.

3) 건전성

건전성(健全性)은 공공 부문에서 세입 내의 세출에 의한 수지 균형으로 정의한다. 지방자치가 진전될수록 세입과 세출에 대한 자치단체의 법적 권한과 재량이 확대된다. 그러나 자치단체의 장과 의원들은 유권자의 지지 여하에 따라 진퇴가 결정되는 정치인으로서 주민에게 부담이 되는 세입을 줄이는 반면에 선호되는 세출을 확대하고, 재원을 조달의 경우 조세보다 공채에 의존하는 경향이 있다. 또한 채산성과 자치단체의 재정 현황에 대한 객관적이고 정확한 분석이 결여된 상태에서 대규모 투자 사업을 전개하여(moral hazard) 재정적 곤란을 겪고 있는 사례가 있다. 그 결과 재정구조

〈표 6-4〉 자구 노력 측정지표의 조작적 정의

지 표	자수성	경제성	건전성
내 용	자체수입 증대 노력	인건비 등 경비 절감	수지균형 및 건전재정
조작적 정의	(실제수입-잠재수입)/잠재수입 -실제수입: 2006년 1인당 예산액 (일반회계+특별회계) -잠재수입: 최근 5년 간(2001~05) 1인당 연평균 증감률에 의한 2006년 추계액	-2002-2006 기간 동안 주민 1인당 인건비 증감률	-2007년 총예산(일반회계+특별회계) 대비 2006년 말 지방채 총잔액

가 취약해지고 결국에 파산지경에 이르게 되는 경우가 있다.

우리나라도 지방자치가 진전됨에 따라 재정적 악화의 가능성을 내포하고 있어 이에 대한 대처 방안으로서 지방재정진단제도가 법제화되고, 파산선고제에 대한 논의가 전개되고 있다. 실제로 2006년 12월 말 현재 우리나라 지방자치단체의 채무 잔고는 총 17조 4,351억 원으로 2007년 전체 예산의 15.6%, 일반회계의 21.3%에 달하고 있어 이에 대한 대책이 강구되어야 할 시점이다. 따라서 지출 측면에서는 지방자치단체가 객관적인 기준을 초과하여 세출을 집행한 경우 그 초과분에 대해 누진적으로 교부금을 하향 조정하는 교부금체감제도(交付金遞減制度, tapering system)의 도입까지도 검토할 필요성이 제기되고 있다.

이 연구의 건전성 지표는 2007년 시도별 총 예산 규모 대비 2006년 말 지방채 잔액[16]으로 나타낸다. 지방예산 구조에서 일반회계는 일상적인 경비의 성격을 띠는 반면에 특별회계는 사업성을 띠고 지방채의 대부분을 차지하고 있기 때문에 특별회계의 채무 규모까지 포함한다.

16) 원칙적으로는 시도 본청의 지방채 잔고를 기준으로 해야 하지만 자료 접근상의 한계로 말미암아 시군구를 포함한 전체 지방채 규모를 대상으로 한다. 이와 통계적 균형을 맞추기 위해 시도별 총예산 규모도 본청과 시군구를 포함하는 자료를 이용한다.

제 4 절 인센티브제도의 대안적 모형에 대한 실증분석

1 분석의 전제와 자구 노력의 측정

지금까지 논의된 인센티브제도의 전제 조건을 종합하면 대상 세목은 보통교부세, 대상 재원의 규모는 보통교부세의 10%, 대상 범위는 시도 본청으로 결정되고, 자구 노력의 지표는 자주성·경제성·건전성을 조작적으로 정의한 수치로 정한다.

2007년 예산 기준 시도 본청의 보통교부세는 4조7,341억 원으로 인센티브 대상 재원은 4,734억 원이다. 또한 16개 시도 본청 중에서 서울특별시·인천광역시·경기도는 보통교부세 불교부단체이기 때문에 13개 시도가 분석 대상이 된다.

보통교부세의 10%를 인센티브 적용 규모를 결정했기 때문에 이미 각 시도별로 배분된 보통교부세 중에서 10%씩을 인센티브 재원으로 환원하고 그 금액의 합계는 4,734억 원에 달한다. 이 재원을 자구 노력의 정도에 따라 자치단체별로 재분배하게 된다. 자구 노력은 자수성·경제성·건전성이라는 세 개 지표로 이루어져 있기 때문에 인센티브 배분에 관해 각 지표 간의 가중치를 먼저 결정해야 한다. 지표간의 중요도에 따라 상이한 가중치가 적용될 수 있으나 객관성을 유지하기 위해 여기에서는 동일한 수준으로 간주하여 각 지표 간의 인센티브 배분율을 33%로 한다. 다만 100%를 맞추기 위해 자수성에 33.4%(1,581억 원)를 배정하고, 경제성과 건전성에는 각각 33.3%(1,576억 원)를 배정한다.

시도별 자구 노력을 세 가지 지표별로 측정한 결과에 의하면 자수성은 평균 -13.35%이다. 이는 각 지방자치단체의 자구 노력이 부족하여 2006년의 실제 세수입은 잠재수입에 비해 13.35%가 부족하다는 점을 나타내고 있다. 자수성에서 전남(3.91%)이 제일 양호한 반면에 충북(-38.89%)이 최

〈표 6-5〉 시도별 자구 노력의 측정치 (단위: %)

순위	자수성	경제성	건전성
1	전남 (3.91)	충남 (12.45)	충북 (15.72)
2	충남 (-0.60)	광주 (12.92)	전남 (16.53)
3	경남 (-2.64)	충북 (13.53)	충남 (17.36)
4	광주 (-5.17)	강원 (14.61)	전북 (23.79)
5	경북 (-5.79)	대전 (14.73)	대전 (25.90)
6	강원 (-6.53)	대구 (15.03)	경북 (27.22)
7	제주 (-9.69)	경남 (15.28)	경남 (27.71)
8	울산 (-12.90)	전남 (15.56)	제주 (27.96)
9	대구 (-14.91)	전북 (16.00)	부산 (33.60)
10	부산 (-18.80)	부산 (17.12)	강원 (36.74)
11	대전 (-29.08)	제주 (17.23)	울산 (37.41)
12	전북 (-32.48)	울산 (17.45)	광주 (39.22)
13	충북 (-38.89)	경북 (17.46)	대구(44.84)
평균	-13.35	15.34	28.77

하위 단체이다.

경제성은 주민 1인당 인건비의 증감률 나타내는 개념으로 연평균 15.34%씩 증가하고 있다는 점을 보여 준다. 경제성에서 충남(12.45%)이 제일 양호한 반면에 경북(17.46%)이 최하위 단체이다.

건전성은 2007년 예산액 대비 2006년 말의 지방채 잔고의 비율은 평균 28.77%를 나타내고 있다. 그 중에서 충북(15.72%)이 가장 건전한 반면에 대구(44.84%)가 가장 취약하다.[17]

17) 1997년에는 자수성 -19.10%, 경제성 15.10%, 건전성 45.20%를 나타냈다(김정완, 1998). 따라서 지난 십년 동안 건전성과 경제성은 개선되었으나 자수성은 악화되었다고 평가할 수 있다.

2 대안적 모형의 시뮬레이션

1) 제1안: 평균 이상의 자치단체에 대한 인센티브 부여 방안

각 시도 본청의 분야별 자구 노력에 기초하여 인센티브 대상 재원을 재배분해야 한다. 이를 위해 먼저 지표별 각 시도에 대한 인센티브 배당지수를 산출해야 한다. 지표별 배분지수를 결정할 때 먼저 전국 평균 이하의 자치단체는 인센티브 배분에서 배제하고 평균 이상의 자치단체에 대해서만 성적에 따라 차등 있게 지급하는 방안을 고려할 수 있다. 지표별 각 자치단체의 배분지수에 해당 지표에 할당된 인센티브 배정액을 곱하여 지표별 자치단체의 배정액을 결정한다.

자수성의 각 자치단체별 배분지수는 각 자치단체의 평균(-13.35%) 초과분을 평균 초과 전국자치단체의 합계로 나눔으로써 결정된다(각 자치단체의 평균 초과분/평균 초과 전국 자치단체의 합계). 이와 같은 방법으로 각 자치단체의 자수성의 배분지수를 구하여 자수성에 배정된 인센티브액(1,581억 원)을 곱함으로써 자수성에 의한 자치단체별 배정액을 추정할 수 있다.

건전성과 경제성은 자수성과 달리 지표의 수치가 낮을수록 양호하기 때문에 자수성 배분지수의 산출 방법과 반대로 계산한다. 각 자치단체의 평균 미달분을 평균 미달 전국 자치단체의 합계로 나눈다(각 자치단체의 평균 미달분/평균 미달 전국 자치단체의 합계). 이와 같은 방법에 의해 산출된 자치단체별 배분지수에 경제성 혹은 건전성에 배정된 인센티브액(1,576

〈표 6-6〉 자수성의 인센티브 배정지수 산출식

$T_r = (t_r - t) / \Sigma (t_r - t)$, 단 $T_r = 0$, if $tr < t$
T_r: 특정 자치단체(r)의 자수성 배분지수
t_r: 특정 자치단체(r)의 자수성
t: 전국 평균의 자수성

〈표 6-7〉 시도별 인센티브 배정액의 재배분 규모와 득실(제1안)

(단위: 백만 원)

구분	재정 자립도	보통 교부세 배정액 (억 원)	보통 교부세 환원액 (A)	인센티브 배정액(B)				인센티브 득실 (B-A)
				자수성	경제성	건전성	계	
부산	73.5	2,379	238	0	0	0	0	-238
대구	77.4	2,650	265	0	55	0	55	-210
광주	71.0	2,935	294	192	432	0	624	330
대전	78.6	1,178	118	0	109	94	203	85
울산	77.0	1,125	112	11	0	0	11	-101
강원	46.6	4,005	400	160	130	0	290	-110
충북	49.8	3,208	321	0	323	429	752	431
충남	46.3	3,121	312	299	516	375	1,190	878
전북	40.2	4,762	476	0	0	164	164	-312
전남	33.0	5,995	600	405	0	402	807	207
경북	43.2	6,168	617	177	0	51	228	-389
경남	45.2	3,931	393	251	11	35	297	-96
제주	48.1	5,885	588	86	0	27	113	-475
계	-	47,342	4,734	1,581	1,576	1,576	4,734	0
평균	56.2	3,642	364	122	121	121	364	0
표준 편차	16.5	1,692	169	137	182	167	366	379
범위	45.6	5,043	505	405	516	429	1,190	1,356

억 원)을 곱하여 자치단체별 배정액을 결정한다.

이와 같은 방법에 의해 각 시도의 지표별 배정지수와 지표별 인센티브 배정액을 기준으로 하여 실제로 인센티브 액을 재배정한다. <표 6-7>에서 보는 바와 같이 광주시와 대전시를 제외한 모든 광역시는 보통교부세 환원액에 비해 인센티브 배정액이 적기 때문에 인센티브제도에 의해 손해를 보고 있다. 광역시 중에서 부산시가 238백만 원의 손해를 보는 반면에 광주시는 330백만 원의 이득을 보고 있다.

2) 제2안: 모든 자치단체에 대한 인센티브 차등 부여 방안

무엇보다 지역 간 재정적 격차를 줄이면서 지방자치단체의 자구 노력을 촉진할 수 있는 방안을 모색해 볼 필요가 있다. 자구 노력의 정도에 따라 차등을 두면서 모든 지방자치단체에 인센티브를 부여하는 방안을 고려해야 한다. 자구 노력의 측정지표의 서열을 점수화하고(1위 13점, 2위 12점 …… 13위 1점) 총점수(91)에서 당해 자치단체가 차지하는 비율을 지표별 자치단체의 배분지수로 한다. 이러한 지표별 자치단체의 배분지수에 지표별 인센티브 배당액을 곱하여 인센티브액을 산출한다. 이러한 방법에 의한 경우 모든 지방자치단체가 비록 소액이나마 차등 있게 인센티브를 부여받을 수 있게 된다.

제2안에 의한 경우 지방자치단체의 자구 노력에 대해 인센티브를 부여한 결과 광역시 중에서 대구시(-22백만 원)와 부산시(-13백만 원)는 손해를 보는 반면에 대전시(246백만 원)·광주시(123백만 원)·울산시(79백만 원)는 이득을 본다. 도의 경우에는 충남(312백만 원)·충북(112백만 원)·경남(40백만 원)은 이득을 보는 반면에 제주(-310백만 원)·경북(-305백만 원)·전북(-181백만 원)·전남(-62백만 원)은 손해를 보게 된다.

제2안은 비록 차등은 있지만 모든 자치단체가 인센티브의 수혜의 대상이 된다는 점에서 제1안에 비해 자치단체 간의 재정 격차를 축소할 수 있다. 인센티브 배정액(B)의 표준편차를 기준으로 할 때 제1안의 366인데 반해 제2안은 126이다. 또한 제1안과 제2안 모두 재정자립도와 인센티브 배정액(B)의 상관계수가 음(-)값을 갖고 있어 이 연구가 제시하는 인센티브제도가 재정적 형평화에도 기여한다고 평가할 수 있다. 특히 제1안의 재정자립도와 인센티브액 간의 상관계수 -0.44에 불과한데 반해 제2안은 -0.83으로 지역 간 재정적 형평화에 더 많은 기여를 하고 있다. 이러한 형평화 효과는

〈표 6-8〉 자구 노력 서열의 점수화에 의한 인센티브 부여 방안

LGr/ΣLGi * 인센티브 배정액 여기서 LGr는 각 자치단체의 자구 노력 서열의 점수, ΣLGi는 각 자치단체의 자구 노력 서열의 점수의 합으로 13개 자치단체이기 때문에 91임.

〈표 6-9〉 시도별 인센티브 배정액의 재배분 규모와 득실(제2안)

(단위: 백만 원)

구 분	재 정 자립도	보통 교부세 배정액 (억 원)	보통 교부세 환원액 (A)	인센티브 배정액(B)				인센티브의 득실 (B-A)
				자수성	경제성	건전성	계	
부 산	73.5	2,379	238	69	69	87	225	-13
대 구	77.4	2,650	265	87	139	17	243	-22
광 주	71.0	2,935	294	174	208	35	417	123
대 전	78.6	1,178	118	52	156	156	364	246
울 산	77.0	1,125	112	104	35	52	191	79
강 원	46.6	4,005	400	139	173	69	381	-19
충 북	49.8	3,208	321	17	191	225	433	112
충 남	46.3	3,121	312	208	225	191	624	312
전 북	40.2	4,762	476	35	87	173	295	-181
전 남	33.0	5,995	600	226	104	208	538	-62
경 북	43.2	6,168	617	156	17	139	312	-305
경 남	45.2	3,931	393	191	121	121	433	40
제 주	48.1	5,885	588	122	52	104	278	-310
계	-	47,342	4,734	1,580	1,577	1,577	4,734	0
평균	56.2	3,642	364	122	121	121	364	0
표준편차	16.5	1,692	169	68	67	67	126	187
범위	45.6	5,043	505	488	212	205	205	616

〈표 6-10〉 재정자립도와 상관관계

구분	보통 교부세 배정액(억 원)	보통 교부세 환원액(A)	인센티브 배정액(B)				인센티브의 득실(B-A)
			자수성	경제성	건전성	계	
제1안	-0.84	-0.84	-0.61	0.04	-0.53	-0.44	-0.26
제2안	-0.84	-0.84	-0.40	0.04	-0.64	--1	0.40

인센티브 지표 중에서 경제성(0.04)을 제외한 자수성과 건전성의 효과에서 비롯되었다. 자수성의 형평화 효과는 제1안(-0.61)이 제2안(-0.40)보다 높

은 반면에 건전성의 효과는 제2안(-0.64)이 제1안(-0.53)보다 높다.

제 5 절 대안적 모형의 함의 및 정책적 제언

자구 노력에 대한 인센티브제도는 자구 노력의 측정과 측정 결과에 따른 차등적인 인센티브 제공으로 이루어진다. 먼저 자구 노력의 측정 결과를 기준으로 할 때 우리나라 지방자치단체들의 자구 노력이 미흡한 것으로 나타났다. 먼저 자수성의 경우를 살펴보면 전국 평균 잠재세입의 13.35%에 달하는 세수 결손이 발생하고, 경제성은 15.34%로 예산에서 인건비가 차지하는 비중이 높다는 점을 보여 주고 있으며, 건전성은 28.77%로 2007년 기준 채무 누계가 예산 대비 상당한 비율을 보인다. 특히 광역시를 비롯하여 재정자립도가 높은 자치단체의 자구 노력이 미흡한 것으로 나타났다. 따라서 지방자치단체의 자발적인 노력이 전제되어야 하고 이를 독려하기 위한 인센티브제도의 활성화가 요구된다.

통상적으로 재정 운용의 양대 이념인 형평성과 효율성 간에는 상충(trade off) 관계가 발생하는 것이 일반적이지만 이 연구가 제시하는 인센티브제도의 대안적 모형은 조화 관계를 형성하고 있다. 따라서 현행 인센티브제도가 나타내는 역진성(윤석완, 2006)을 완화하기 위해서는 제도 개선이 필요하고 이 연구는 이에 대한 대안이 될 수 있을 것이다. 이와 함께 몇 가지 보완적인 조치가 필요하다.

첫째, 점진적·단계별로 실시해야 한다. 우리나라 지역 간 불균형을 감안할 때 대상 자치단체의 선정시에 일차적으로 동일한 수준의 경쟁력을 갖추고 있는 광역자치단체를 중심으로 하여 점차적으로 기초자치단체로 확대해야 한다. 재원의 규모도 자구 노력을 유도할 수 있는 최소 규모에서 출발하여 점진적으로 확대해야 한다.

둘째, 인센티브제도는 자치단체 간 이해 관계가 첨예하게 대립될 수 있기 때문에 제도 운영시에 타당성과 객관성을 제고할 수 있는 방안을 강구해야 한다. 이를 위해 지방재정진단제도와의 연계성을 강화하고 자구 노력 측정시에 신용평가기관과 같은 외부의 전문기관을 활용할 필요가 있다.

셋째, 명시적인 자료 공개가 요구된다. 인센티브제도와 관련하여 가장 큰 문제점으로 지적할 수 있는 것은 자구 노력의 측정에 대한 인센티브가 암묵적으로 배분되고(implicit distribution), 실적에 대한 자료가 공개되지 않아 유인 효과가 반감되고 있다는 점이다. 실제로 자구 노력에 대한 인센티브 배분은 항목별 인센티브 순위가 공개되지 않고 지방교부세 산정 방법에 편입시켜 운용하고 있기 때문에 해당 자치단체가 자신의 인센티브 규모를 인식하지 못하고 있다.

따라서 보통교부세 배분시에 형평화 재원과 별도로 인센티브 재원을 운영하고, 항목별로 전국 자치단체의 순위를 공개함으로써 인센티브제도의 원래 목적인 지자체 간의 경쟁을 유도할 수 있을 것이다.

제 7 장 지방정부의 지방교육재정 책무

제1절 서 론

1991년 지방자치와 함께 지방교육자치가 부활되었다. 지방교육자치는 지방자치와 교육자치가 결합된 개념으로 중앙정부로부터의 수직적인 분권과 지방자치단체로부터의 수평적인 분권을 동시에 내포하고 있다. 과거에는 지방교육의 자율성과 전문성을 강조하는 차원에서 독립적인 분권이 강조되었으나 최근에는 형평성·효율성·민주성에 입각하여 협력적 분권을 지향하고 있다.

따라서 지방교육을 지방자치단체의 전형적인 고유사무로 규정하고 지방교육에 대한 중앙정부와 지방자치단체의 책무가 강조된다. 지방교육에 대한 책무는 지방교육재정의 효율적인 부담과 분배로 귀결된다. 원활한 지방교육자치를 위해 지방자치단체의 재정적 지원이 확대되어야 하고 이를 위해 중앙정부의 다양한 지방교육재정조정제도를 활용할 필요가 있다.

이때 관심의 대상이 되는 재원이 바로 지방교육재정교부금이다. 지방교육재정교부금은 지방교육을 위해 중앙정부가 지방자치단체에 교부하는 조정재원으로서 2007년 예산을 기준을 할 때 전체 지방교육비의 74.5%를 차지하는 핵심적인 재원이다. 따라서 지방교육재정교부금 배분 방법의 변화를 통해 지방자치단체의 교육재정에 대한 기여를 유도할 수 있다.

현행 지방교육재정교부금은 지역 간 교육재정의 격차를 해소함으로써 균형 있는 교육 발전을 확보하는 데 목적이 있기 때문에 재정력이 취약한 자치단체일수록 더 많은 재원을 분배받게 된다. 이러한 지방교육재정교부금은 지방교육재정의 균형화라는 점에서는 바람직하지만 지방자치단체의 중앙정부에 대한 의존성을 부추기고 자율적인 노력에 의한 재원 확충과 경비 절감을 위한 적극적인 노력을 저해할 우려가 있다.

따라서 지방교육재정교부금을 배분할 때 현재와 같이 부족액(기준재정수요액-기준재정수입) 중심의 획일적인 기준에서 탈피하여 교부금 재원의 일부(예 10%)를 인센티브 재원으로 할당하여 지방자치단체의 자발적인 재원 부담을 비롯한 자구 노력(self-effort)의 정도에 따라 차등 있게 분배할 필요가 있다. 이와같이 지방교육재정교부금의 일부를 자구 노력에 대한 인센티브 재원으로 운용함으로써 지역 간 형평성과 함께 지방자치단체의 책무성을 제고할 수 있게 된다.

이 장에서는 먼저 지방교육재정의 현황과 문제점을 살펴봄으로써 지방교육재정교부금에 대한 인센티브제도 도입의 필요성을 검토한 후 인센티브제도의 구성 요건을 마련하고 이를 바탕으로 한 정책대안을 제시한다. 그 다음 정책대안에 대한 시뮬레이션을 실시하여 인센티브제도의 효과와 정책적 함의를 도출하여 제도 정착을 위한 발전 과제를 제시한다. 특히 우리나라 지방자치단체는 재정 여건이 열악하고 교육재정에 대한 권한이 제한되어 있기 때문에 자구 노력을 발휘할 여력과 의지가 결여되어 있다. 따라서 지방자치 시대에 걸맞게 중앙과 지방간 교육재원을 재분배하고, 지방자치단체의 지방교육에 대한 권한을 강화함으로써 지방자치단체의 자구 노력을 촉진시킬 수 있는 방안을 모색하는 데 목적이 있다. 끝으로 인센티브제도 자체가 그 운용면에서 객관성과 타당성을 확보할 수 있는 제도적 발전 방향을 강구한다.

제 2 절 지방교육재정의 현황과 문제점

1 지방교육재정의 현황

우리나라 지방교육재정은 일반 지방재정과 별도로 지방교육비 특별회계[1]로 운영되고 있으며 그 재원은 국고부담과 지방부담으로 이루어져 있다. 국고 부담은 지방교육재정교부금과 국고보조금으로 구성되어 있고, 지방 부담은 지방교육자치단체의 자체수입과 지방자치단체의 전입금으로 이

〈표 7-1〉 지방교육재정교부금의 변천 과정(법 3조)

1990.12.31 개정 (법률 제5982호)	2000.1.28 개정 (법률 제6213호)	2004.12.30 개정 (법률 제7251호)
○ 교부금 재원 -의무교육기관의 교원 봉급 전액 -내국세의 11.8%	○ 교부금 재원 -의무교육기관의 교원 봉급 전액 -내국세의 13.0%	○ 교부금 재원 -내국세의 19.4% -교육세 세입 전액
○ 교부금의 종류 -보통교부금 · 의무교육기관의 교원 봉급 전액 · 내국세 11.8%의 11분의 10 -특별교부금 · 내국세 11.8%의 11분의 1 -증액교부금 · 지방교육재정상 부득이한 사유 발생시 국가 예산에 의한 지원	○ 교부금의 종류 -보통교부금 · 의무교육기관의 교원 봉급 전액 · 내국세 11.8%의 11분의 10 -특별교부금 · 내국세 11.8%의 11분의 1 -증액교부금 · 지방교육재정상 부득이한 사유 발생시 국가 예산에 의한 지원	○ 교부금의 종류 -보통교부금 · 교육세 세입 전액 · 내국세 19.4%의 11분의 10 -특별교부금 · 내국세 19.4%의 11분의 1

1) 1991년까지는 시・도 교육비특별회계와 시・군 교육비 특별회계로 구분되어 운영되었으나 지방의회가 구성되고 지방교육자치가 실시됨에 따라 광역지방자치단체의 교육비특별회계로 통합되어 운영되고 있다.

루어져 있다.

지방교육재정교부금은 지방자치단체가 교육기관 및 교육행정기관을 설치·운영하는 데 필요한 재원의 전부 또는 일부를 국가가 교부함으로써 교육의 균형 있는 발전을 도모하는 데 목적을 두고 있다(지방교육교부금법 1조). 지방교육재정교부금은 몇 차례의 관계 법령의 개정으로 그 내용이 변경되었다. 특히 2004년 12월에 대대적인 변화가 있었다. 당시 지방교육재정교부법의 개정으로 교부금재원 중에서 의무교육기관의 교원 봉급 지원 금액이 제외된 반면에 예전에 지방교육양여금의 재원으로 운용되었던 교육세 재원이 편입되었으며[2] 내국세의 교부율도 13.0%에서 19.4%로 상향 조정되었다. 이와같이 지방교육교부금의 재원이 확대되면서 예전에 교부금의 일종으로 운용되던 증액교부금이 폐지되었다.

현재의 지방교육교부금은 보통교부금·특별교부금으로 이루어져 있다. 이중 보통교부금은 교육세 세입 전액과 내국세 19.4%의 11분의 10으로 이루어져 있고 특별교부금은 내국세 19.4%의 11분의 1로 구성되어 있다. 보통교부금은 지방교육자치단체의 재정 부족(기준재정수요액-기준재정수입액)을 보전하기 위해 지원되는 일반재원이다.

이에 반해 특별교부금은 기준재정수요액의 산정 방법으로 포착할 수 없는 특별한 재정 수요가 있을 때, 보통교부금의 산정 기일 후에 발생한 재해로 인해 특별한 재정 수요가 있거나 재정수입의 감소가 있을 때, 교육행정기관 또는 교육·학예·체육시설의 신축·복구·확장·보수 등의 사유로

2) 지방교육양여금은 지방교육재정을 확충하여 지방교육의 균형 발전을 목적으로 지방자치단체에 양여되었다. 이러한 지방교육양여금은 교육세를 재원으로 하고 있었으며 지방교육재정교부금과 함께 지방교육재정의 근간을 이루고 있었다. 지방교육양여금은 1981년 12월 5일에 제정된 교육세가 1990년 12월 말 제3차 개정에 의해 세원이 확대되면서 영구세로 전환함에 따라 교육세 전액을 재원으로 했다. 교육세는 그동안 수 차례에 걸친 교육세법 개정으로 많은 변화를 겪어 왔으나 당시 국세와 지방세의 부가세(piggy- backing) 형식으로 국세 4개, 지방세 7개 등 총 11개 세목에 부가 징수되었다. 이러한 지방교육양여금은 시도별 전전년도 11월 1일의 인구 수에 비례하여 배분되어 주로 교육시설 개선과 교원 처우 개선의 두 영역에 투자되었다. 그러나 2005년부터 지방세에 부가되던 교육세가 지방교육세라는 명칭으로 지방자치단체의 세원으로 전환됨에 따라 지방교육양여금이 폐지되고 국세 부가세인 교육세는 지방교육재정교부금으로 편입되었다.

인해 특별한 재정 수요가 있을 때 교부된다. 이러한 지방교육재정교부금은 2007년 현재 25조 1,231억 원으로 전체 지방교육재정의 74.75%를 차지하는 주재원으로서 역할을 수행하고 있다.

국고보조금은 국가 교육정책 목표와 예산정책에 따라 국가 예산의 범위 내에서 지원되기 때문에 지방자치단체에서는 예측할 수 없어 안정성이 결여된 재원이다. 따라서 규모면에서 영세할 뿐만 아니라 매년 상당한 차이를 보이며 통상 지방교육재정의 1% 수준에 머무르고 있다.

자체수입은 학생들이 납부하는 입학금·수업료를 비롯하여 수수료, 재산수입, 기타 특별부과금, 분담금, 기부금 등으로 이루어져 있으며, 2007년 현재 18,014억 원으로 지방교육재정의 5.36%를 차지한다.

전입금은 지방자치단체의 법정전입금과 비법정전입금으로 이루어져 있다. 비법정전입금은 지방자치단체의 자율성에 의한 부담금인데 반해 법정전입금은 법령에 강제적으로 규정되어 있는 지방교육에 대한 지방자치단체의 부담금이다. 그동안 여러 차례에 걸쳐 지방교육재정교부금법의 개정으로 법정전입금의 내용이 변화를 겪었다. 특히 2005년부터 중앙정부가 지원하던 지방교육양여금이 폐지되고 새로이 지방교육세가 시행되면서 많은 변화가 있었다. 법정전입금은 일단 모든 지방자치단체의 지방교육세 전액을 포함하고, 자치단체별로 특별시 및 광역시는 담배소비세의 45%, 서울특별

〈표 7-2〉 연도별 지방교육비특별회계 재원 내역

(단위: 억 원, %)

연도	합계	중앙정부			지방정부		
		계	교부금	보조금	계	자체수입	전입금
2005	306,370 (100.00)	215,684 (70.40)	174,954 (57.11)	958 (0.31)	90,686 (29.60)	30,093 (9.82)	60,593 (19.78)
2006	311,484 (100.00)	234,455 (75.27)	232,859 (74.76)	1,596 (0.51)	77,029 (24.73)	18,190 (5.84)	58,840 (18.89)
2007	336,241 (100.00)	254,969 (75.83)	251,231 (74.72)	3,738 (1.11)	81,272 (24.17)	18,014 (5.36)	63,258 (18.81)
증감률	4.76	8.73	19.83	97.48	-5.33	-22.63	2.18

자료: 교육부, 「교육통계연보」, 각 연도.

〈표 7-3〉 법정전입금제도의 변천 과정

1997.12.31 개정 (법률 제5454호)	2000.1.28 개정 (법률 제6213호)	2004.12.30 개정 (법률 제7251호)
-의무교육기관을 제외한 공립의 각급 학교 교원의 봉급 지원 · 서울특별시: 전액 · 부산광역시: 50% -특별시 · 광역시: 시세의 2.6%, 담배소비세의 45% -도: 도세의 2.6%	-의무교육기관을 제외한 공립의 각급 학교 교원의 봉급 지원 · 서울특별시: 전액 · 부산광역시: 50% · 부산을 제외한 광역시와 경기도: 10% -특별시 및 광역시: 시세의 3.6%, 담배소비세의 45% -도: 도세의 3.6%	-지방교육세 전액 -특별시 및 광역시: 담배소비세의 45% -서울특별시: 특별시세의 10% -광역시 및 경기도: 광역시세 및 경기도세의 5% -도(경기도 제외): 도세의 3.6%

시는 특별시세의 10%, 광역시 및 경기도는 광역시세 및 경기도세의 5%, 경기도를 제외한 도는 도세의 3.6%를 각각 의무적으로 지방교육재정특별회계에 전출시켜야 한다(지방교육재정교부금법 11조).

지방자치단체에 의한 전입금은 대부분 법정전입금이다. 2007년 예산 기준 법정전입금이 6조 2,499억 원에 달한데 반해 비법정전입금은 729억 원에 불과해 전체 전입금 중에서 법정전입금이 98.85%를 차지하고 있다. 이와같이 지방자치단체의 지방교육재정에 부담은 법이 정하는 한도 내에서 마지못해 이루어지고 있으며 자발적인 부담은 전무한 상황이다. 따라서 향후 지방교육 발전과 교육자치의 정착을 위해서는 지방자치단체의 자발적인 재정 지원과 관심이 제고되어야 할 것이다.

2 지방교육재정의 문제점

우리나라 지방교육재정 중 지방 부담은 24.17%에 지나지 않는 반면 중앙정부의 국고부담은 75.83%에 달해 대부분을 중앙정부에 의존하고 있다. 이와같이 지방교육 재원이 중앙정부의 지원에 의존하는 이유는 지방자치단체의 재정 부담 능력과 의욕 저하도 한 원인이지만 기본적으로 중앙집권적인 교육재정 체계에서 기인된다. 교육재원을 중앙정부가 독점하고 시혜적인 관점에서 지방자치단체에 배분하고 지방자치단체는 중앙정부의 재원을 교육자치단체에 전달하는 창구 역할에 머무르고 있다. 현행 우리나라 지방교육재정 운용 체제의 특징과 그에 따른 문제점은 지방자치단체 역할의 미약과 이에 수반되는 재원·조달·분배·집행 체제의 문제점에서 찾을 수 있다(우천식, 2005).

이와같이 지방교육재정에서 지방자치단체의 역할이 왜소하고 중앙집권적인 재정 운용은 다음과 같은 문제점을 내포한다(김정완, 1998a: 16-17).

첫째, 지방교육자치의 이념인 지방교육의 자율성과 책임성이 침해된다. 교육재원을 중앙정부가 통괄함에 따라 지방자치단체는 중앙정부의 지시와 통제에 수동적일 수밖에 없다. 그 결과 지방교육의 특성과 지역 주민의 수요에 적절히 대응하지 못하고 획일적인 교육에 그치고 있다. 더 나아가 지방자치단체의 지역 교육에 대한 책임 회피를 조장할 수 있다. 교육은 지방자치단체의 고유사무임에도 불구하고 중앙정부가 재원을 전담하고 있기 때문에 지방자치단체는 부차적인 사무로 간주한다는 것이다.[3)]

둘째, 재정 운용면에서 효율성이 저하된다. 중앙집권적인 재정 운용으로 말미암아 교육 수요자들의 통제 메커니즘이 마비되어 방만한 재정 운용을 초래할 수 있다. 또한 지방교육재정교부금을 제외한 국고지원금은 매년 예산으로 결정되기 때문에 중앙정부의 다른 부문과 경합하게 되어 우선순위가 낮아질 우려가 있다.

셋째, 무상수혜(free-rider) 경향으로 말미암아 재원의 최적 배분을 왜곡시킨다. 교육은 다른 공공재에 비해 수익자 부담 원리 적용이 비교적 용이한 부문이기 때문에 지방자치단체가 교육 서비스 제공과 재원 염출에 대한 자율권을 행사해야 한다. 지금과 같이 중앙정부가 교육 재원의 운용 권한을 행사하는 경우 지역 주민들은 선호를 표시하지 않게 됨에 따라 교육 재원의 규모가 축소되고, 편익과 부담을 괴리시킬 수 있다.[4)]

---

3) 실제로 일부 시·도 자치단체는 법정전입금을 임의로 적기로 이월하지 않고 예산으로 확정된 금액도 삭감하는 사례가 적지 않다. 따라서 교육부는 시·도 교육청에 대해 법으로 정해진 전입금을 당당히 요구하고, 가급적 연초에 법정전입금을 전입받을 수 있도록 노력하고, 전입받은 예산에 대해서는 철저히 정산할 것을 요청한 바가 있다.

제 3 절 인센티브제도의 필요성과 국내외 동향

1 지방교육의 지자체 고유사무

지방교육재정 부담 및 운영에 관한 주체를 논할 때 중앙정부·지방자치단체·지방교육자치단체(시도교육위원회) 중에서 지방자치단체의 역할과 비중이 증대되어야 한다. 진정한 분권화를 통한 지방교육의 활성화를 위해서는 중앙정부와 지방정부 간의 교육재정에 대한 적절한 역할 분담 체계가 구축되어야 한다. 이와 관련하여 지방교육을 위한 지역 내 교육 투자 재원 조달과 집행에 관한 광역자치단체의 권한과 책임 강화가 핵심 과제이다(박정수, 2006: 238). 이러한 의미에서 우리나라 지방교육자치법도 지방교육을 지방자치단체의 고유사무로 규정하고 지방자치단체의 교육과 학예에 관한 사무는 특별시·직할시·도에 그 책임을 부과하고 있다(법2조). 또한 교육개혁위원회는 GNP 대비 일정 비율(5%)의 교육재정 확보 목표를 달성하기 위한 추가 재원 중에서 일정 부분(20%)을 지방자치단체의 부담으로 규정한 바(1988) 있다. 이와 같은 관점에서 외국의 경우에는 지방자치단체의 재정적 부담을 법으로 정하는 경우가 있다. 대만은 성(省) 예산의 25% 이상, 시·현(市·縣) 예산의 35% 이상을 교육비로 부담할 것을 의무화하고 있으며, 브라질은 주(州) 예산의 20% 이상을 부담하도록 헌법에 규정하고 있다(홍생표, 1994: 88).

지방교육은 지방자치단체의 고유사무에 속한다는 점에서 중앙정부보다는 지방자치단체의 책무성이 강화되고 지방정부 수준에서는 일반행정과 지방교육행정은 통합의 길을 걷게 될 것이다. 현재 우리나라와 같은 지방교육과 지방행정의 이원화는 이론과 원리의 차원이 아닌 제도상의 문제이며,

4) 이러한 관점에서 하봉운(2005)의 연구는 경기도를 중심으로 지방교육재정에서 지방자치단체의 역할 확대의 논리와 구체적인 방안을 제시하고 있다.

환경적인 여건 변화에 따라 보완될 수 있는 문제이다. 실제로 서울시는 주민 직선에 교육감이 선출되고 일반회계와 지방교육비 특별회계의 통합과 교육감의 시도 지사 러닝메이트제도가 지속적으로 논의되고 있는 현실이다. 따라서 지방자치단체의 교육재정에 대한 책무성을 강화하기 위한 제도로서 중앙정부에 의한 인센티브제도를 운용할 필요가 있다.

2 지방교육재정의 확충

지방교육자치의 활성화를 위해서는 무엇보다 지방교육재정 자립도를 제고하는 것이 급선무이다. 현재의 24.17%에 머무르고 있는 자립도를 주요 선진국 수준으로 확대할 필요가 있다. 이를 위해서는 지방교육자치단체·지방자치단체·중앙정부 세 주체 간의 유기적인 역할 분배와 재원 부담의 재조정이 이루어져야 한다. 무엇보다도 지방교육자치도 지방자치를 기본으로 하기 때문에 지방교육재정 부담도 지방정부 부문이 주도적인 역할을 담당하고 중앙정부가 이를 지원하고 조정할 필요가 있다.

그러나 우리나라 지방교육자치단체는 미국의 학교구(學校區)[5]와 같이 과세권이 없으며 자체수입 또한 제한적이다. 주요한 자체 수입원인 입학금과 수업료의 현실화를 통해 자립도를 제고할 수 있지만 현실적으로 '물가안정 및 공정 거래에 관한 법률'에 의해 제약을 받는다. 이 밖에 수수료·재산수입·특별부과금·분담금·기부금 등이 있으나 현실적으로 미미한 수준에 머무르고 있다. 따라서 지방자치단체의 역할이 강조될 수밖에 없다. 지방교육은 지방자치단체의 고유 업무에 속하기 때문에 지방자치단체의 교육재정에 대한 기여는 당연한 것으로 받아들여지고 있다.

따라서 지방자치단체의 자율성을 침해하지 않고 지방재정의 여건을 반영하면서 지방교육재정을 확충하는 방안을 마련할 필요가 있다. 현재 이에

5) 우리나라 지방교육자치단체에 해당되는 미국의 학교구는 해당 지역의 재산세 중 80%를 징수할 수 있는 권한을 갖고 있다.

관한 대부분의 연구들은 현행 지방교육비 특별회계 제도를 폐지하여 일반 지방재정과 지방교육재정을 일원화시키는 방안을 제시하는 견해가 있다(공은배, 1992; 유경문, 1996; 박정수·안종석, 1996; 김동건, 1997; 국중호, 1998; 박정수, 2006 등). 지방재정과 지방교육재정을 통합함으로써 지방자치단체의 지방교육에 대한 관심과 책임감을 진작시킴으로써 지방교육재정에 대한 지방자치단체의 자체 부담 비율을 제고할 수 있다는 것이다.

하지만 이러한 정책대안도 유용한 방법일 수 있으나 우리나라 지방재정의 여건을 고려할 때 바람직하지 못한 결과를 초래할 수 있다. 우리나라에서 현재와 같이 지방자치단체의 낮은 지방교육비 부담은 지방재정력의 취약성에서 일차적인 원인을 찾을 수 있다.[6] 따라서 현재와 같은 재정 여건에서 단지 회계상으로만 통합시키는 경우에는 교육재정의 지역 간 불균형을 심화시키고 교육재정 규모가 자체가 감소될 우려가 있다. 특히 현재와 같이 교육에 대한 관심과 인식이 낮은 상태에서 회계상 통합이 이루어진 경우 교육재정은 비교육 부문(nonschool service)과 경쟁하게 됨에 따라 기존의 법정전입금조차도 고수하기가 어려울 수가 있다. 회계상의 통합은 지방자치단체의 교육재정에 대한 책임감을 진작시킬 수 있는 필요 조건은 되지만 충분 조건을 되지 못한 것으로 평가할 수 있다. 따라서 현재의 법정전입금제도를 유지하면서 지방자치의 원리에 입각한 추가적인 교육재원 확보 방안을 마련할 필요가 있다. 이러한 관점에서 경쟁 메커니즘에 의해 지방자치단체가 자체 부담을 제고하도록 인센티브를 제공하는 방안을 고려할 필요가 있다(유경문, 1996: 162).

3 지방재정 조정재원의 역할 변화

지방재정 조정재원으로서 교부금은 다음과 같은 세 가지 목표를 갖고 있

6) 지방자치단체의 교육비 지원이 미흡한 이유를 묻는 설문조사는 지방재정의 취약성 38.6%, 지방자치단체의 교육에 대한 관심과 인식 부족 33.3%, 일반행정과 교육행정의 분리 14.6%, 일반재정과 교육재정의 회계상의 분리 13.6%로 나타났다(공은배, 1992: 116).

다(이계식, 1991: 18-21). 중앙과 지방 간의 수직적인 재정불균형의 개선, 지방자치단체 간의 수평적인 재정불균형의 조정, 지방자치단체의 자구 노력의 유발[7]이 이에 해당된다. 이와같이 새롭게 지방자치단체의 자구 노력을 요구하는 것은 경쟁과 지방화라는 시대 조류에 불가피한 현상으로 받아들여진다.

현재 우리나라에서는 중앙정부가 지방교육 재원의 대부분(75.82%)을 부담하면서 지방자치단체의 효율적인 재원 운용을 담보할 수 있는 제도적인 장치가 마련되어 있지 않다. 이와 같은 재원의 부담 주체와 집행 주체의 이원화로 말미암아 지방교육재정의 운용에 도덕적 해이 현상이 나타나고 있다. 지방자치단체의 자체적인 재원 확보 노력 결여, 비효율적인 재정 운용, 지방교육재정 규모의 취약성 등의 문제점을 야기하고 있다.

지방교육 재원을 부담하는 중앙정부가 지방자치단체의 교육재정 운용에 관여할 수 있는 유효한 방법이 성과관리(output management)제도이다. 성과관리제도는 교육 재원을 집행하는 지방자치단체에 자율성을 부여하는 대신에 그 성과를 측정하여 상벌 체계를 운용하는 방안으로서 재원 조달의 집권성과 재원 집행의 분권성의 장점을 살릴 수 있는 관리 방안이다. 현재 지방교육재정의 핵심적인 과제가 지방자치단체의 책무성 증대를 통한 교육 재원의 확충이라는 점을 감안할 때 성과관리제도는 지방자치단체의 교육재정에 대한 자구 노력의 측정으로 귀결된다. 자구 노력에 대한 평가를 통한 인센티브제도의 운용은 중앙정부가 지원하는 교육 재원의 효율적인 운용을 담보할 수 있고 지방자치단체의 책무성을 강화할 수 있게 된다.

지방자치단체의 교육재정에 대한 책무성의 증대는 지역 주민들의 참여과 관심을 제고하고 지방교육재정 운용에서의 편익 향유와 비용 부담, 재원 조달과 재원 집행의 주체를 일치시킴으로써 지방교육의 거버넌스 체계를 구축할 수 있게 된다.

---

7) 이와같이 지방재정 조정재원으로서 교부금을 배분할 때 지방자치단체의 자구 노력을 진작시키려는 노력이 강구되고 있다. 현행 지방교부세법도 1997년부터 보통교부세 산정시 지방자치단체의 자구 노력을 반영하고 있다.

4 외국의 사례

미국에서는 주정부가 지방자치단체에 지원하는 다양한 조정 재원을 세 가지 기준으로 나누어 볼 수 있다(Jones, 1985: 94-140; Johns, Morphet, & Alexander, 1983: 237-273; Cohn & Geske, 1990: 45; 김동건, 1997: 10-12). 먼저 수직적 불균형을 조정하는 재원에는 주정부가 지방학교구의 교육비 증액 노력과 관계없이 모든 학교구에 학생 수에 따라 교부하는 수평교부금(Flat Grant System)과 주정부가 학교구의 모든 경비를 지원하는 전액교부금(Full State Funding)이 있다. 그 다음 수평적인 불균형을 조정하는 재원에는 지방학교 간의 최저 교육재정 수준을 설정하고 이를 보장하는 형평교부금(Foundation Plan)과 지방학교구의 교육재정 부족액을 차등 있게 교부하는 보장과세교부금(Guaranteed Tax Base)이 있다.[8] 마지막으로 지방학교구의 징세 노력(tax effort)을 증대하기 위한 비율형평교부금(Percentage Equalization Programs)이 있다.

그런데 우리나라 지방교육재정교부금은 중앙정부의 교육세 전액과 내국세 일부(19.4%)를 재정 부족액(기준재정수요액-기준재정수입액)을 기준으로[9] 하여 교부하기 때문에 수직적인 불균형과 수평적인 불균형을 개선하는 데에는 유용하다. 그러나 지방자치단체의 자구 노력을 진작시키는 데에는 미흡하여 지방자치단체의 중앙정부에 의한 의존도를 심화시키고 있다.[10] 따라서 지방교육재정교부금의 일정 비율(예: 10%)을 인센티브 재원

---

8) $EA_i=WDA_i\ (F-rV_i)$ 여기서 EA_i: i 지역의 형평교부금액, WDA_i: i 지역의 가중치화된 평균 매일 출석률, F: 필요 최적 지원보장액, r: 해당 지역 주민이 부담하는 조세율(%), V_i: i 지역에서의 학생 1인당 재산평가액을 의미한다(김동건, 1997: 11).

9) $G_i = G_t \times (Q_i/\sum Q_i)$ 여기서 Gi는 실제로 i 시도 교육청에 배분되는 교부금액, G_t는 전국 지방교육재정교부금의 총액, Q_i는 i 시도 교육청의 교부금 요구액으로 부족액(기준재정수요액-기준재정수입액)을 나타낸다.

10) 물론 우리나라 지방교육재정교부금에도 약간의 인센티브제도가 내재해 있다. 시·도별 기준재정수입액의 산정시 수업료와 입학금의 징수율을 보면 실업계 고등학교는 80%, 그외 학교는 90%만을 반영한다. 특히 법규가 정하는 도서·벽지지역에 소재하는 학교

〈표 7-4〉 미국 지방학교구 자구 노력 반영을 위한 주정부 교부금 배분 방법

$EA_i = WDA_i\ [r_i\ (V_s - V_i)]$

여기서 EAi = i 지역의 형평화 재원 지원액

WDA_i = i 지역의 가중치화된 평균 매일 출석률

r_i = i 지역의 주민의 조세부담률(tax effort)

V_s = i 주지역 전체의 학생 1인당 평균 재산 평가액

V_i = i 지역의 학생 1인당 재산 평가액

으로 할당하여 지방자치단체의 자구 노력을 측정하여 차등있게 인센티브를 제공할 필요가 있다.

제 4 절 인센티브제도의 구성 요건과 정책 효과

1 인센티브제도의 구성 요건

1) 인센티브 제공 방법

지방자치단체의 지방교육재정에 대한 자구 노력 측정 결과를 지방교육재정교부금의 배분시 인센티브로 활용하는 방법은 두 가지로 상정할 수 있다. 기준재정수입액과 기준재정수요액의 유보율을 차등화하는 방법과 별도의 인센티브를 제공하는 방법이 이에 해당된다.

먼저 유보율의 차등화 방법의 타당성에 대해 살펴보기로 하자. 이는 현행 지방교부세를 배분할 때와 동일하게[11] 자구 노력이 우수한 자치단체에

의 경우에는 70%의 징수율을 적용한다. 이러한 징수율의 유예는 법정기준을 초과 징수한 시・도에 대해서는 재정적 여유를 제공함으로써 시・도로 하여금 징수율을 높이도록 하는 인센티브를 제공하는 데 목적이 있다. 그러나 이러한 인센티브액은 자구 노력을 진작시키기에 부족한 규모이며 이와 같은 징수율 유예제도는 계획적이고 통합적인 재정 운용을 저해한다.

11) 현행 보통교부세 배정시 징수 노력에 관련된 인센티브를 제공할 때 동종 자치단체의 평

대해 인센티브를 부여할 때 세입 측면의 기준재정수입액을 감액시키거나 세출 측면의 기준재정수요액를 증액시켜 줄 수 있다. 그러나 이러한 유보율의 차등화(인상 및 인하)는 가시적인 인센티브 제공이라기보다는 기본적으로 지방교육재정교부금 산정 방법의 탄력적인 운용라고 할 수 있다. 더 나아가 이 방법은 지방교육재정에서 계획적이고 통합적인 재정 운용을 저해한다. 세입 측면에서 공공 부문의 모든 가용재원이 예산에 계상되어 국가적인 관점에서 분배되어야 함(통합성 원칙)에도 불구하고 유보율을 조정한다는 것은 지방자치단체의 방임적 재정 운용을 용인하는 결과가 된다. 세출 측면에서도 경비가 절감된 경우 기준재정수요액을 증액시키는 것은 타당성이 결여된다. 따라서 축소된 경비는 기준재정수요액의 산정시 그대로 반영하고 별도로 인센티브를 제공해야 할 것이다. 또한 교부세 산정시 유보율의 차등화는 자구 노력의 진작이라는 가시적인 효과를 거둘 수 없다. 지방교육재정교부금 배분시에 인센티브를 부여하는 목적은 차등 지원 그 자체에 있는 것이 아니라 이를 통해 자구 노력을 유발하기 위한 것이다.

따라서 지방자치단체의 자구 노력에 대한 유인책을 가시화할 필요가 있다. 이를 위해 내부적인 유보율 조정보다는 지방교육재정교부금의 일정 비율을 인센티브 대상 재원으로 명시함으로써 지방자치단체의 자구 노력을 촉진할 수 있을 것이다. 이와같이 인센티브 재원의 규모를 별도로 명시함으로써 지방자치단체의 인센티브 재원에 대한 예측 가능성을 높여 지방교육 재정 운용의 안정성을 제고할 수 있게 된다.

2) 인센티브 재원 규모

지방교육재정교부금 중에서 별도의 인센티브 재원을 마련하는 경우 어느 정도의 규모를 인센티브 재원으로 설정할 것인가가 문제이다. 인센티브

균 증가율을 상회하는 자치단체에 대해서는 증가분의 40%만을 기준재정수입액에 반영하고 60%는 자치단체의 자주재원으로 활용하게 하고 있다. 또한 경상경비 절감에 대한 자구 노력 평가에서 동종 자치단체의 평균보다 낮은 증가율을 보인 자치단체에 대해서는 경상경비 절감액의 30%를 기준재정수요액의 일반관리비 수요액에 증액시켜 주고 있다.

제도는 지방교육재정 조정제도로서의 지방교육재정교부금의 근본 목적을 훼손하지 않는 범위에서 운용되어야 한다. 자구 노력에 대한 인센티브제도는 지방자치단체의 자체 세원 확보를 비롯한 자구 노력을 진작시키는 데 그쳐야 하고 지역 간 불균형을 심화시켜서는 안 된다.

적용 가능한 재원 규모는 지방교육재정 조정재원으로서 지방교육재정교부금의 역할, 인센티브의 자구 노력 유발 효과, 중앙정부와 지방자치단체 간의 합의, 제도 운용의 객관성과 적정성 등 다양한 정책적 요인을 고려해야 한다.

이러한 사실을 고려할 때 지방교육재정교부금의 전액을 대상으로 하기보다는 그 일부를 적용 대상으로 하는 것이 바람직하다. 현재의 지역 간 재정적인 격차를 감안할 때 자구 노력을 유도할 수 있는 한도 내에서 가능한 적은 규모를 대상으로 해야 할 것이다.

따라서 먼저 대상 재원의 규모에 대한 다양한 대안 중에서 10%안을 고려할 필요가 있다.[12] 전국 총 지방교육재정교부금의 10%는 2007년 예산액 기준 총 2조5,123억 원으로 시·도당 1,570억 원에 상당한 액수로서 자구 노력을 진작시키는 데 충분한 규모라고 생각된다. 또한 제도 시행 초창기에는 시범적으로 10%를 대상으로 하고, 향후 인센티브제도가 정착되고 지역 간 재정적 격차가 완화되면 대상 규모를 점진적으로 확대하는 것이 바람직하다.

3) 자구 노력 측정지표

자구 노력에 대한 인센티브제도의 성패는 제도 운용의 객관성과 정확성에 달려 있다. 외국에서도 인센티브제도가 광범위하게 적용되지 못한 이유가 바로 이 때문이다. 인센티브제도가 의도했던 목적을 달성하기 위해서는

---

12) 1996년 지방교부세에 대한 인센티브제도 도입을 위한 시론적 연구(김정완, 1996: 35)에서 대상 재원의 규모에 관한 관료와 학자의 설문조사에서 보통교부세의 10%안이 가장 높은 지지를 받았다. 10%안 27.27%, 20%안 14.29%, 30%안 15.58%, 50%안 16.88%, 100%안 25.98% 등으로 나타났다. 이러한 설문조사의 결과를 간접적으로 원용하는 경우에도 지방교육재정교부금의 10%를 인센티브 재원으로 할당하는 것이 타당하다.

객관적인 근거와 제도에 바탕을 두고 운용되어야 한다. 현재 우리나라 지방재정법 55조와 동법 시행령 65조에 규정된 지방재정진단제도를 지방자치단체의 자구 노력을 측정하는 지표로 원용할 필요가 있다. 지방재정진단제도는 그 운용에 관한 구체적인 내용과 절차가 법제화되어 있을 뿐만 아니라 종합적이고 정밀한 재정분석을 전제로 하기 때문에 자구 노력을 측정하는 지표로 활용될 수 있다.

지방재정진단제도는 재정분석을 위한 자료와 항목이 다양하기 때문에 이를 기초로 하여 자구 노력을 측정할 수 있는 대표적인 지표를 선정하기 위한 작업이 선행되어야 한다. 다양한 후보 지표 가운데 타당성(relevance), 객관성(objectivity), 측정 가능성(measurability)의 요건을 갖추고 있는 지표를 선정해야 한다. 여기서 타당성은 자구 노력의 반영도, 객관성은 공평하고 중립적인 성격, 측정 가능성은 계량적인 조작 가능성을 의미한다.

또한 지표 선정과 관련하여 지표 수에서도 적정한 수준을 유지해야 한다. 자구 노력의 정확한 측정을 위해서는 가능한 많은 수가 바람직하지만 지나친 경우 자치단체의 탄력적인 재정 운용을 저해하여 지방교육재정의 획일성을 강요할 우려가 있다. 따라서 지표로서의 요건을 구비하고 있는 것들 중에서 자치단체의 자구 노력을 종합적으로 측정할 수 있도록 적정한 지표 수를 유지해야 할 것이다.

지방재정진단제도의 재정분석 항목을 원용하는 경우 자치단체의 교육재정에 대한 자구 노력은 "지방교육 재정력의 개선 노력"으로 정의할 수 있고, 이를 구체적으로는 예산 운영과 재정 현황으로 양분할 수 있다. 또한 예산 운영은 세입과 세출, 재정 현황은 재정수지로 나눌 수 있다. 세입 측면에서는 징세 노력[自收性], 세출 측면에서는 경직성 경비 절감[經濟性], 재정 현황 측면에서는 건전재정[健全性]으로 정의할 수 있다.[13]

13) 지방재정법 시행령 65조도 재정분석으로 결과로서 재정진단 대상단체를 결정하는 데도 유사한 지표를 제시하고 있다. 첫째, 세입예산 중 채무 비율이 세입예산의 일정 비율을 초과하거나 채무 잔액이 과다한 지방자치단체[健全性]. 둘째, 결산상 세입 실적이 예산액보다 현저히 감소했거나 조상충용을 한 지방자치단체[自收性]. 셋째, 인건비 등 경상비 성격의 예산 비율이 높아 재정 운영의 건전성이 현저히 떨어지는 지방자치단체[經濟性]. 넷째, 행정안전부 장관이 재정보고서의 분석 결과 재정진단이 필요하다고 인정하는

이와같이 세 가지 지표에 의해 지방자치단체의 지방교육재정에 대한 자구 노력을 측정할 수 있다. 그러나 현행 지방교육재정에서 가장 시급한 과제는 지방자치단체의 자체 부담을 제고하는 것이다. 자구 노력 측정시에 건정성과 경제성도 유용한 지표가 될 수 있으나 아직은 시급하지 않을 뿐만 아니라 자수성(自收性)과 동일한 수준에서 다룰 수 있는 문제가 아니다. 일차적으로 자구 노력을 자수성에 국한시키고 여건의 변화에 따라 새로운 지표를 추가하는 것이 바람직하다.

따라서 지방자치단체의 자구 노력을 자수성에 한정시켜 법정전입금을 제외한 자발적인 부담인 비법정전입금의 부담 비율로 조작적으로 정의한다. 비법정전입금은 지방재정 규모에 따라 차이가 있고 연도별로 많은 변화를 나타낸다. 따라서 시·도별 자구 노력을 평가하는 데 2002~2006 기간 동안(5년) 일반회계와 특별회계를 포함한 전체 지방재정 규모[14]에서 비법정전입금이 차지하는 비율로 나타낸다. 2002~2006 기간 동안의 자구 노력을 측정한 결과를 바탕으로 2007년 지방교육재정교부금(10%) 배분시에 인센티브를 제공하여 그 효과를 측정한다.

4) 인센티브 배분 대상단체

자구 노력의 측정 결과 인센티브 대상 자치단체를 결정하는 기준은 두 가지이다. 평균 이상 자치단체에 대한 인센티브 부여 방안(제1안)과 모든 자치단체에 대한 인센티브 차등 부여 방안(제2안)이 있다. 인센티브 대상 규모(교부금 10%)를 재배분하기 위해서는 먼저 각 시·도별 자구 노력에 기초한 인센티브 배당지수를 산출해야 한다.

이때 제1안은 배당지수가 전국 평균 이하의 자치단체는 인센티브 배분에서 배제하고 평균 이상의 자치단체에 대해서만 성적에 따라 차등 있게 지

지방자치단체[其他].

14) 상대적으로 재정자립도가 낮은 도(道) 자치단체는 시(市) 자치단체에 비해 일반회계 비중이 높다. 그 결과 도는 일반회계만을 기준으로 하는 경우 자구 노력의 측정에서 상대적으로 불리할 수 있다. 또한 일반회계와 특별회계는 상호간에 내부거래가 가능하기 때문에 지방재정 규모를 정확히 측정하기 위해서는 양자를 포함하는 총 재정 규모를 기준으로 하는 것이 타당하다.

급하는 방안이다. 각 자치단체별 인센티브 배당지수는 각 자치단체의 평균 초과분을 평균 초과 전국 자치단체의 합계로 나눔으로써 결정된다(각 자치단체의 평균 초과분/평균 초과 전국 자치단체의 합계). 이와 같은 방법으로 각 자치단체의 배당지수를 구하여 배정된 인센티브 대상 규모(교부금 10%)을 곱함으로써 자구 노력에 의한 자치단체별 배정액을 구할 수 있다.

이에 반해 제2안은 인센티브 재원의 지역 간 재정적 격차를 줄이면서 지방자치단체의 자구 노력을 촉진할 수 있는 방안이다. 자구 노력의 정도에 따라 차등을 두면서 모든 지방자치단체에 인센티브를 부여한다. 자구 노력의 측정지표의 서열을 점수화(예: 1위 16점, 2위 15점 …… 16위 1점)하고 총점수(예: 136)에서 당해 자치단체가 차지하는 비율을 자치단체의 배당지수로 한다. 이러한 자치단체의 배당지수에 인센티브 대상 규모(교부금 10%)을 곱하여 인센티브액을 산출한다. 이러한 방법에 의한 경우 모든 지방자치단체가 비록 소액이나마 차등 있게 인센티브를 부여받을 수 있게 된다.

그러나 제2안의 경우 비법정부담금의 부담 비율 차이가 자치단체 간에

〈표 7-5〉 제1안: 자구 노력 평균 이상 자치단체의 인센티브 배당지수 산출식

$T_r = (t_r - t)/\Sigma\ (t_r - t)$, 단 $T_r = 0$, if $t_r < t$
T_r: 특정 자치단체(r)의 자구 노력 배당지수
t_r: 특정 자치단체(r)의 자구 노력
t: 전국 평균의 자구 노력

〈표 7-6〉 제2안: 자구 노력 서열의 점수화에 의한 인센티브 부여 방안

LGr/ΣLGi * 인센티브 대상 규모(교부금 10%: 25,123억 원)
여기서 LGr는 각 자치단체의 자구 노력 서열의 점수, ΣLGi는 각 자치단체의 자구 노력 서열의 점수의 합으로 16개 자치단체이므로 136임.

〈표 7-7〉 제3안: 자구 노력 전국 점유율에 의한 인센티브 부여 방안

LGrt/ΣLGti * 인센티브 대상 규모(교부금 10%: 25,123억 원)
여기서 LGrt는 각 자치단체의 자구 노력 비율(비법정전입금의 부담 비율)
ΣLGti는 각 자치단체의 자구 노력 비율의 합(0.8150).

큼에도 불구하고 서열척도로 나타내기 때문에 차이가 희석되는 경우가 있다. 예를 들어 비교적 높은 비율을 보이고 있는 경기(0.2175) · 인천(0.2062) · 대구(0.0996) 간에는 많은 차이가 있음에도 불구하고 총 136점 중에서 1점씩밖에 반영되지 않고 있다. 따라서 제3안은 각 지방자치단체의 부담 비율을 인센티브에 온전히 반영하기 위해 각 지방자치단체별 부담 비율이 전국 부담 비율의 합계에서 차지하는 비율에 비례하여 인센티브를 부여하는 방안을 마련한다.

제1안은 인센티브 재원의 배분시에 자구 노력의 정도를 강하게 반영할 수 있으나 인센티브 재원의 지역간 격차를 심화시킬 우려가 있다. 반면에 제2안은 지역 간 불균형을 완화할 수 있으나 자구 노력을 반영하는 정도가 낮다. 이와같이 양 대안은 장단점을 내포하고 있어 상황에 따라 선택적으로 적용할 수 있을 것이다. 예를 들어 지방자치단체 간에 자구 노력 정도의 차이가 심한 경우에는 제1안, 심하지 않은 경우에는 제2안이 바람직하다. 이 연구에서는 일단 제1안과 제2안을 동시해 적용하여 양 대안의 효과를 분석하고, 자구 노력 측정을 결과를 바탕으로 양 대안 중에서 우리 현실에 적절한 대안을 제시한다.

2 인센티브제도의 정책 효과

1) 자구 노력 측정

지방자치단체의 지방교육재정 확충에 대한 자구 노력을 자발적인 재원부담이라는 측면에서 각 자치단체별 연평균 비법정전입금의 규모와 지방재정 규모 대비 비법정전입금의 비율로 나타낼 수 있다. 2002~2006 기간 동안(5년) 각 지방자치단체별로 연평균 지방재정 규모 대비 0.04%인 2,380백만 원을 부담하는 대단히 미미한 수준을 나타내고 있다. 그만큼 지방자치단체의 지방교육재정에 대한 자구 노력이 저하되어 있다는 점을 발견할 수 있다.

그러나 지방재정자립도와 비법정전입금 부담 비율과의 상관계수는 0.592

로 나타나고 있어 비교적 재정력이 양호한 자치단체가 더 많은 비법정전입금을 할애하고 있다는 점을 보여 준다. 대전시와 광주시를 제외한 광역시와 서울특별시를 비롯하여 비교적 재정자립도가 높은 자치단체가 높은 비율의 비법정전입금을 부담하고 있다. 특히 경기도(0.2175%)와 인천시(0.2062%)가 높은 수준을 나타내는데 반해 광주시와 대전시는 분석 기간 동안 미미한 실적을 보이고 있다.

2) 정책 효과에 대한 시뮬레이션

(1) 제1안: 자구 노력 평균 이상 자치단체에 대한 인센티브 부여

제1안에 의하면, 서울 · 부산 · 대구 · 인천 · 경기의 5개 자치단체가 인센티브 대상 자치단체가 된다. 이들 자치단체들은 각 배당지수(D)의 크기에 따라 인센티브(E)를 배정받게 된다. 비록 인센티브를 받을지라도 교부금 환원액(B)이 이보다 더 큰 경우에는 손해를 보는 경우가 있다. 따라서 인센티브제도의 순수한 득실 효과를 평가하기 위해서는 교부금 환원액(B)과 인센티브 배정액(E)을 비교해야 한다. 실제로 서울은 전국 평균 이상의 자구 노력에 의해 약간의 인센티브를 배정받을지라도 그 액수가 환원액에 비해 적기 때문에 불이익을 받게 된다(-1,723억 원).

자구 노력의 정도에 따라 이득을 보는 자치단체와 손해를 보는 자치단체가 분명하게 구별된다. 서울을 제외한 이득을 보는 4개 자치단체는 평균 3,733억 원씩 추가 지원을 받는 데 반해 손해를 보는 12개 자치단체는 평균 1,783억 원씩이 삭감된다. 구체적으로 인센티브제도의 순수한 득실 관계를 살펴본 결과 인천(7,685억) · 경기(4,809억) · 대구(1,642억) · 부산(778억)은 이득을 보는 반면에 경남(-2,057억) · 경북(-1,843억) · 전남(-1,843억) 등은 손해를 보게 된다.

(2) 제2안: 순위 점수화에 의한 모든 자치단체에 인센티브 차등 부여

제2안에 의하면, 서울 · 부산 · 대구 · 인천 · 울산 · 경기 · 강원 · 충남 · 강원의 9개 자치단체가 인센티브 대상 자치단체가 된다. 이들 자치단체들은 전국 순위를 점수화한 배당지수(E)의 크기에 따라 인센티브(F)를 배정받게

〈표 7-8〉 지방자치단체의 비법정전입금의 규모와 지방재정 대비 비율

(단위: 백만 원, %)

순위	지역(재정자립도)	계(2002-06)	2002	2003	2004	2005	2006
1	경기(75.2)	186,325 (0.2175)	0 (0.0000)	0 (0.0000)	104,352 (0.6223)	47,920 (0.1959)	34,053 (0.1356)
2	인천(69.2)	40,274 (0.2062)	265 (0.0090)	1,615 (0.0504)	27,733 (0.7854)	5,537 (0.1264)	5,124 (0.0883)
3	대구(70.7)	17,308 (0.0996)	4,118 (0.1385)	3,118 (0.1036)	3,154 (0.0949)	3,536 (0.0981)	3,382 (0.0732)
4	부산(70.2)	25,661 (0.0933)	1,389 (0.0278)	1,389 (0.0302)	12,240 (0.2397)	6,260 (0.0778)	4,382 (0.0612)
5	서울(94.3)	59,358 (0.0758)	12,003 (0.0960)	19,973 (0.1481)	8,358 (0.0542)	10,766 (0.0502)	8,257 (0.0404)
6	충남(35.3)	10,953 (0.0417)	462 (0.0119)	548 (0.0129)	8,610 (0.1797)	682 (0.0116)	650 (0.0083)
7	울산(65.7)	1,856 (0.0237)	170 (0.0137)	163 (0.0122)	1,153 (0.0742)	196 (0.0106)	174 (0.0085)
8	강원(26.7)	6,459 (0.0237)	787 (0.0196)	1,367 (0.0235)	2,691 (0.0476)	812 (0.0156)	801 (0.0121)
9	경남(38.8)	5,608 (0.0144)	811 (0.0137)	801 (0.0114)	874 (0.0109)	1,873 (0.0162)	1,248 (0.0121)
10	제주(33.8)	507 (0.0057)	242 (0.0174)	169 (0.0110)	95 (0.0058)	0 (0.0000)	0 (0.0000)
11	전남(20.2)	1,356 (0.0039)	146 (0.0027)	228 (0.0037)	250 (0.0040)	186 (0.0080)	547 (0.0056)
12	충북(31.3)	632 (0.0035)	321 (0.0123)	85 (0.0027)	82 (0.0024)	74 (0.0018)	70 (0.0014)
13	전북(23.9)	851 (0.0035)	267 (0.0070)	293 (0.0067)	291 (0.0066)	0 (0.0000)	0 (0.0000)
14	경북(27.8)	466 (0.0013)	163 (0.0031)	137 (0.0021)	127 (0.0018)	40 (0.0000)	0 (0.0000)
15	대전(72.8)	106(0.0010)	0(0.0000)	45(0.0025)	61(0.0032)	0(0.0000)	0(0.0000)
16	광주(57.5)	0(0.0000)	0(0.0000)	0(0.0000)	0(0.0000)	0(0.0000)	0(0.0000)
합계(54.4)		190,425 (0.0404)	21,146 (0.0290)	29,923 (0.0364)	2,789 (0.0031)	77,880 (0.0614)	58,687 (0.0453)

주: 1. ( )는 지방재정(일반회계+특별회계) 대비 비법정전입금의 비율.

2. 재정자립도는 2006년 예산을 기준으로 함.

3. 2002~2005 기간 동안은 결산순계 기준, 2006년은 예산 총계 기준임.

자료: 교육인적자원부. 「교육통계연감」. 각 연도; 행정안전부. 「지방재정연감」 각 연도; 행정안전부. 「지방자치단체 예산 개요」.

〈표 7-9〉 제1안: 자구 노력 평균 이상 자치단체에 대한 인센티브 부여

(단위: 억 원)

구 분	지방교육 교부금 (A)	교부금 환원액 (B=A/10)	비법정 전입금 부담 비율(C)	부담 비율(C) -평균 부담 비율	배당 지수 (D)	인센티브 배정액 (E)	인센티브 득실액 (E-B)
서 울	31,524	3,152	0.0758	0.0249	0.0569	1,429	-1,723
부 산	16,564	1,656	0.0933	0.0424	0.0969	2,434	778
대 구	11,509	1,151	0.0996	0.0487	0.1111	2,792	1,642
인 천	12,227	1,223	0.2062	0.1552	0.3546	8,908	7,685
광 주	7,351	735	0.0000	0	0	0	-735
대 전	7,241	724	0.0010	0	0	0	-724
울 산	5,760	576	0.0237	0	0	0	-576
경 기	47,507	4,751	0.2175	0.1666	0	9,560	4,809
강 원	11,717	1,172	0.0237	0	0	0	-1,172
충 북	10,481	1,048	0.0035	0	0	0	-1,048
충 남	14,651	1,465	0.0417	0	0	0	-1,465
전 북	14,324	1,432	0.0035	0	0	0	-1,432
전 남	17,331	1,733	0.0039	0	0	0	-1,733
경 북	18,431	1,843	0.0013	0	0	0	-1,843
경 남	20,574	2,057	0.0144	0	0	0	-2,057
제 주	4,040	404	0.0057	0	0	0	-404
계	251,231	25,123	-	0.4378	1	25,123	0

주: D={평균(0.0509) 이상 부담 비율의 개별 자치단체의 부담 비율)/(평균 이상 부담 비율의 전체 자치단체의 부담 비율 합(0.4378)}
E=D*총교부금 환원액(25,123억 원)

된다. 이때에도 제1안과 마찬가지로 비록 인센티브를 받을지라도 교부금 환원액(A)이 이보다 더 큰 경우에는 손해를 보는 경우가 있는데 서울(-936억)과 경기(1,95억)가 이에 속한다.

자구 노력의 정도에 따라 이득을 보는 자치단체와 손해를 보는 자치단체가 분명하게 구별된다. 이득을 보는 7개 자치단체는 평균 992억 원씩의 추가 지원을 받는 데 반해 손해를 보는 9개 자치단체는 평균 771억 씩이 삭감된다. 인센티브제도의 순수한 득실 관계를 살펴본 결과 인천(1,548억)·

대구(1,435억) · 울산(1,271억) 등이 이득을 보는 반면에 경기(-1,795억) · 경북(-1,289) · 서울(-936억) 등이 손해를 보게 된다.

〈표 7-10〉 제2안 : 모든 자치단체에 대한 인센티브 차등 부여

(단위: 억 원)

구분	지방교육 교부금(A)	교부금 환원액 (B=A/10)	비법정 전입금 부담비율(C)	부담률 순위 점수(D)	배당지수 (E=D/136)	인센티브 배정액 (F)	인센티브 득실액 (F-B)
서울	31,524	3,152	0.0758	12	0.0882	2,217	-936
부산	16,564	1,656	0.0933	13	0.0956	2,401	745
대구	11,509	1,151	0.0996	14	0.1029	2,586	1,435
인천	12,227	1,223	0.2062	15	0.1103	2,771	1,548
광주	7,351	735	0.0000	1	0.0074	185	-550
대전	7,241	724	0.0010	2	0.0147	369	-355
울산	5,760	576	0.0237	10	0.0735	1,847	1,271
경기	47,507	4,751	0.2175	16	0.1176	2,956	-1,795
강원	11,717	1,172	0.0237	9	0.0662	1,663	491
충북	10,481	1,048	0.0035	5	0.0368	924	-124
충남	14,651	1,465	0.0417	11	0.0809	2,032	567
전북	14,324	1,432	0.0035	4	0.0294	739	-693
전남	17,331	1,733	0.0039	6	0.0441	1,108	-625
경북	18,431	1,843	0.0013	3	0.0221	554	-1,289
경남	20,574	2,057	0.0144	8	0.0588	1,478	-580
제주	4,040	404	0.0057	7	0.0515	1,293	889
계	251,231	25,123	0.8150	136	1.0000	25,123	0

주: E=D/136, F=E*25,123억 원.

(3) 제3안: 자구 노력 전국 점유율에 의한 인센티브 부여 방안

제3안에 의하면, 서울 · 부산 · 대구 · 인천 · 울산 · 경기 6개 자치단체가 인센티브 대상 자치단체가 된다. 이들 자치단체들은 전국의 비법정부담금 전체 중에서 해당 자치단체가 차지하는 비율인 배당지수(D)의 크기에 따라

〈표 7-11〉 제3안 : 자구 노력 전국 점유율에 의한 인센티브 부여 방안

(단위: 억 원)

구 분	지방교육 교부금 (A)	교부금 환원액 (B=A/10)	비법정 전입금 부담 비율(C)	배당지수 (D=C/0.8150)	배당액 (E=D*25,123)	인센티브 득실액 (F=E-B)
서 울	31,524	3,152	0.0758	0.0931	2,338	-815
부 산	16,564	1,656	0.0933	0.1145	2,878	1,221
대 구	11,509	1,151	0.0996	0.1222	3,070	1,919
인 천	12,227	1,223	0.2062	0.2530	6,355	5,133
광 주	7,351	735	0.0000	0.0000	0	-735
대 전	7,241	724	0.0010	0.0013	32	-692
울 산	5,760	576	0.0237	0.0291	732	156
경 기	47,507	4,751	0.2175	0.2669	6,706	1,955
강 원	11,717	1,172	0.0237	0.0291	730	-441
충 북	10,481	1,048	0.0035	0.0043	108	-940
충 남	14,651	1,465	0.0417	0.0511	1,285	-180
전 북	14,324	1,432	0.0035	0.0043	108	-1,325
전 남	17,331	1,733	0.0039	0.0048	122	-1,612
경 북	18,431	1,843	0.0013	0.0016	40	-1,803
경 남	20,574	2,057	0.0144	0.0176	443	-1,614
제 주	4,040	404	0.0057	0.0070	176	-228
계	251,231	25,123	0.8150	1.0000	25,123	0

인센티브(E)를 배정받게 된다. 이때에도 제1안과 제2안과 마찬가지로 비록 인센티브를 받을지라도 교부금 환원액(A)이 이보다 더 큰 경우에는 손해를 보는 경우가 있는데 서울(-815억)이 이에 속한다.

자구 노력의 정도에 따라 이득을 보는 자치단체와 손해를 보는 자치단체가 존재한다. 이득을 보는 6개 자치단체는 평균 2,077억 원씩의 추가 지원을 받는 데 반해 손해를 보는 10개 자치단체는 평균 1,039억 원씩이 삭감된다. 인센티브제도의 순수한 득실 관계를 살펴본 결과 인천(5,133억) · 경기(1,955억) · 대구(1,919억) 등이 이득을 보는 반면에 경북(-1,803억) · 경남(-1,614) · 서울(-1,612억) 등이 손해를 보게 된다.

3) 시뮬레이션 결과에 대한 평가

지방교육재정에 대한 지방자치단체의 자구 노력을 측정한 결과 법정전입금을 제외한 자발적인 재원 부담은 거의 이루어지지 않고 있다는 점을 발견할 수 있었다. 실제로 2002~2006 기간 동안 전국 평균 지방재정 대비 비법정전입금의 비율이 0.0404%에 불과하다. 특히 재정자립도가 취약한 자치단체일수록 대단히 소극적이라는 점을 알 수 있다. 실제로 재정자립도와 비법정전입금의 비율 간의 상관계수는 0.592에 이른다. 그러나 지방교육은 지방자치단체의 고유사무라는 측면에서 재정력에 비례한 적정 수준의 자체 부담이 전제되어야 한다. 따라서 지방교육재정에 대한 지방자치단체의 자구 노력을 진작시키기 위해서는 인센티브제도가 필요하다는 점을 발견할 수 있다.

향후 인센티브제도의 발전을 위해서는 인센티브재원의 규모, 배분 방법 등에 관한 다양한 대안들이 마련되어야 할 것이다. 이 중에서 자구 노력의 측정과 그에 따른 인센티브배분이 가장 중요한 요소가 될 것이다. 인센티브 배분 방법과 관련하여 평균 이상인 자치단체만을 대상으로 하는 제1안과 모든 자치단체를 대상으로 하는 제2안 및 제3안의 정책 효과를 비교할 필요가 있다.

제1안은 자구 노력의 전국 평균 이상인 5개 자치단체를 자구 노력의 정도에 따라 인센티브 배분 대상 자치단체로 선정한 반면에 제2안과 제3안은 모든 자치단체를 대상으로 한다. 다만 제2안은 자구 노력의 순위, 제3안은 자구 노력의 전국 점유율을 기준으로 하여 인센티브 재원을 배분했다. 세 개의 대안 중에서 추가적으로 인센티브를 수혜하는 자치단체의 수, 인센티브 규모의 범위(최고 자치단체-최저 자치단체), 자치단체 간의 인센티브 표준편차, 인센티브의 재정적 형평화 등에서 제2안이 선호되는 것으로 평가된다.

실제로 제2안은 추가적으로 인센티브를 제공받는 자치단체 수가 7개로 가장 많고, 범위(3,343원)와 표준편차(1,013억 원)가 가장 작아 자치단체 간의 재정적 불균형을 완화할 수 있다. 실제로 각 지방자치단체의 재정자립

〈표 7-12〉 대안별 인센티브 배분 효과 비교

구 분	추가 인센티브 수혜 자치단체 수	범 위	표준편차	재정자립도와 상관계수
제1안	4	9,742	2,675	0.4687
제2안	7	3,343	1,013	0.1002
제3안	4	6,936	1,796	0.5281

도와 인센티브와의 상관계수(0.1002)가 가장 낮아 제1안과 제3안에 비해 재정적 역진성을 강화시키지 않은 것으로 평가할 수 있다.

제 5 절 인센티브제도 정착을 위한 보완적인 제도 정비

인센티브제도는 자치단체의 자구 노력을 진작시키는 데 목적이 있다. 또한 자치단체가 자구 노력을 발휘할 수 있는 여건이 구비될 때 인센티브제도는 정당성을 인정받을 수 있다. 자치단체가 자구 노력을 촉진시킬 수 있는 여력과 의지가 있어야 인센티브제도가 효율적으로 운용되고, 인센티브제도가 효율적으로 운용될수록 자치단체의 자구 노력이 확대된다는 것이다. 따라서 자치단체가 자구 노력을 촉진시킬 수 있는 여건을 조성하고 인센티브제도 자체의 발전 방향을 모색할 필요가 있다. 현재 자치단체는 교육 재원 대부분을 중앙정부에 의존하기 때문에 추가적으로 재원을 부담할 여력이 없고, 지방재정과 지방교육재정이 별도의 회계로 운용되고 있기 때문에 자체 부담에 대한 의지가 없다.[15] 또한 인센티브제도 역시 아직 논의 단계에 그치고 있기 때문에 앞으로 여러 측면에서 발전 방안이 모색되어야 할 것이다.

15) 자구 노력이 미흡한 이유를 묻는 설문조사에서도 지방재정의 취약성(38.6%)과 교육에 지원 의지 부족(33.3%)가 높게 나타났다 (공은배, 1992: 116).

1 자주적인 지방교육 재원의 확충

현재 우리나라 지방자치단체는 자체 교육재정 조달과 관련된 권한을 갖고 있지 못하다. 미국의 학교구가 해당 지역 재산세의 80%를 징수할 수 있는 권한을 보유하고 있는 것과는 매우 대조적이다. 그러면서도 2006년 예산을 기준으로 할 때 총지방재정의 5%에 해당되는 법정전입금이라는 강제적인 지원금을 부담하고 있다. 이러한 상황을 고려할 때에 비법정전입금이 미미하다는 점은 수긍이 간다.

미국 주정부의 지방교육재정에 대한 지원은 주로 판매세(sale tax)를 재원으로 한다는 점을 감안할 때 우리나라에서는 현행 지방교육세와 함께 부가가치세의 일부를 지방교육세로 활용할 필요가 있다. 1977년 부가가치세의 도입 당시 지방소비세였던 유흥음식세가 부가가치세로 편입되었다. 따라서 유흥음식세의 지방 환원과 지방교육재정 확충 차원에서 부가가치세의 일정 비율을 교육세 재원으로 활용할 필요가 있다. 부가가치세의 공유 비율은 유흥음식세가 부가가치세에 편입될 당시 유흥음식세가 부가가치세에서 차지하는 비율(5%)(김정완, 1997: 437)로 정하는 것이 합리적이다.

아울러 지역의 각종 지역 개발에 따른 개발이익 환수와 추가적으로 소요되는 교육 재원 조달이라는 차원에서 지역개발세의 일환[16]으로 지방교육세를 신설할 수도 있을 것이다. 또한 현재 지방세 중에서 지방교육에 관한 핵심적인 조세인 지방교육세를 확충할 필요가 있다. 2001년 지방세에 부가되던 교육세가 지방교육세로 전환되면서 교육세의 지방 책임성이 강화되었으나 아직도 보완해야 할 문제점을 내포하고 있다.

첫째, 현재에도 절반 가량이 국세의 교육세로 남아 있어 지방교육 공급

16) 지역개발세는 시·도세로서 지역 실정에 따라 세원을 개발할 수 있는 여건을 구비하고 있다. 따라서 지역 여건과 교육재정 수요를 감안하여 지역개발세로서 교육세를 신설할 수 있을 것이다. 또한 조례에 의해 표준세율의 50% 범위 안에서 탄력세율을 적용할 수 있기 때문에 신축적인 조세 운용이 가능할 것이다.

자들 간에 경쟁을 유발하기에 한계가 있다.

둘째, 지방교육세의 60%가 간접세에 의존하고 있어 지방교육 활성화라는 목적세로서의 성격과 소득재분배 효과가 약하다.

셋째, 현행 지방교육세의 과세표준 중 담배소비세와 레저세는 엄격한 의미의 지방세가 아니다. 또한 등록세도 재산거래 세부담 적정화 차원에서 보면 지방교육세의 과세표준으로 적합하지 않다(박정수, 2006: 236).

따라서 지방교육세는 재산과세와 소득과세 등 직접세 중심으로 개편할 필요가 있다. 이와 관련하여 현재 다양하게 유지되고 있는 여타 지방교유세의 세원을 본세에 통합하는 대신에 주민세 소득할을 증액하여 지방교육세의 세원으로 전환하고, 재산과세의 과표 현실화에 따른 세수 증대분을 지방교육세 세원으로 활용할 필요가 있다(박정수, 2006: 240).

마지막으로, 지방자치단체의 공적 재원의 한계를 극복하고 교육재정 부담의 세대간 형평성을 확보하기 위해 지방교육 공채를 활성화할 필요가 있다. 이와같이 지방자치단체가 자주적으로 지방교육 재원을 조달할 수 있는 제도가 마련됨으로써 자구 노력에 대한 여지가 조성되고 명실상부한 징세노력(tax effort)에 의한 인센티브제도를 활성화할 수 있게 된다.

2 지방재정과 지방교육재정의 통합

자구 노력의 촉진을 통해 인센티브제도를 활성화하기 위해서는 지방자치단체의 지방교육재정에 대한 책무감을 강화해야 한다. 현재에는 지방재정과 지방교육재정이 별도의 회계로 운용되고 있기 때문에 지방자치단체는 지역의 교육문제와 교육재정에 대한 관심이 희박하고 중앙정부의 이전재원을 단지 전달해 주는 역할만을 수행한다. 따라서 양자를 통합시켜 교육문제를 고유한 자치사무로 인식시키고 교육재정에 대한 자구 노력을 강화할 필요가 있다. 양자가 통합되는 경우 지방교육비 특별회계는 그 관할이 시・도 교육청에서 시・도 자치단체로 이관되어 일반회계로 통합되든지 아니면 자치단체의 조례에 의해 기타 특별회계로 운용될 것이다(국중호,

1998; 박정수, 2005).

이때 주의할 점은 통합 시기의 문제이다. 현재와 같이 자치단체의 교육재정에 대한 자구 노력의 여력과 의지가 없는 상태에서 양자를 통합시키는 경우 교육 부문은 일반행정 부문과 경쟁하게 되어 오히려 교육재정 규모가 축소될 우려가 있다. 따라서 무엇보다 먼저 인센티브제도의 활성화를 통해 교육에 대한 인식을 제고하고 자구 노력을 정상화한 후에 통합이 이루어져야 한다. 인센티브제도가 정착되고 양 회계가 통합됨으로써 자구 노력을 배가시킬 수 있을 것이다. 미국의 주정부와 일본의 지방정부도 양자가 결합한 통합형을 취해 교육에 대한 지역 수준의 인식을 제고하고 교육재정에 대한 책무를 강화했다. 물론 양국은 이에 대한 다양한 보완 기제를 발전시켜 왔다(천세영, 1992: 99). 우리나라에서도 인센티브제도가 그 역할을 수행할 것으로 기대할 수 있다.

3 인센티브제도의 보완

인센티브제도는 자치단체 간에 이해관계가 첨예하게 대립되기 때문에 제도 운영에 객관성·타당성·실효성을 제고할 수 있는 방안을 강구해야 한다. 먼저 자구 노력을 측정할 때 객관성을 확보하기 위해 현재 제도화되어 있는 지방재정진단제도와의 연계성을 강화하고 새로운 지표를 개발하기 위해 신용평가기관과 같은 외부의 전문기관을 활용할 필요가 있다.

또한 타당성을 확보하기 위해 관련 자료와 기준을 공개하여 자치단체의 참여를 보장하고 의견을 제시할 수 있는 기회를 제공해야 한다. 특히 인센티브제도의 실적과 전반적인 운영에 관한 사항을 공개하여 자치단체가 준비할 수 있는 여건을 조성해야 한다.17)

17) 1997년부터 지방교부세 배분시에 인센티브제도가 운용되고 있으나 각 지방자치단체는 해당 자치단체의 인센티브에 대한 정보를 갖고 있지 않다. 이는 행정안전부가 인센티브제도를 내부적으로 운용하고 이에 대한 자료를 공개하지 않기 때문이다. 그 결과 지방자치단체의 자구 노력 진작이라는 효과를 발휘하지 못하고 있다고 평가할 수 있다. 따

마지막으로, 실효성을 확보하기 위해서는 충분한 인센티브 재원이 마련되어야 한다. 인센티브 재원의 규모가 작은 경우 자치단체의 자구 노력을 유발할 수 없게 된다. 이러한 관점에서 지방교육재정교부금의 절대 규모를 확대할 필요가 있다. 현재 내국세의 19.4%를 지속적으로 상향 조정해야 할 것이다. 또한 안정적인 재원을 확보하기 위해 내국세보다는 소득세·법인세·부가가치세의 주요한 세목의 일정 비율을 재원으로 하고 여기에 교육세의 국세 부가분(附加分)을 통합할 필요가 있다.

라서 무엇보다도 인센티브제도 운용에 가시적인 지표를 이용하고 관련 자료를 공개하여 지방자치단체의 자구 노력을 경쟁적으로 유발해야 할 것이다.

제 8 장 지역생산의 역외 유출입과 재정조정

제1절 서 론

1960~70년대 우리나라 국토 및 지역개발정책은 특정 지역과 특정 부문에 중점을 두는 불균형 성장모형(growth pole strategy)을 취한 결과 지역 간 불균형이 심화되었다. 1990년대 접어들면서 균형개발정책으로 전환하여 시도 지역 간 균형 있는 SOC 확충, 토지 개발, 산업시설입지 등의 정책을 폈다. 그 결과 지역내 총생산(GRDP: Gross Regional Domestic Product)을 기준으로 한 생산 측면에서는 지역 간 균형이 확보된 것으로 평가되고 있다. 그렇다면 과연 지역생산의 과실이 해당 지역 소득으로 귀착되는지 혹은 성장 과실이 역외로 유출입되는지 여부와 그 정도를 측정할 필요가 있다. 이는 지역별 지역내 총생산과 지역 소득을 비교하면 쉽게 파악할 수 있으나 지역 소득에 관한 신뢰할 수 있는 공식적인 지표가 없는 실정이다. 따라서 지역 소득의 후보 지표로서 지역별 예금액·가계소비액·지방세수 등을 선정하여 이들 중에서 지표의 함의(含意), 선행 연구의 결과, 통계분석을 통해 지역 소득의 대리지표를 결정한다.

지역별로 지역 소득의 대리지표와 지역내 총생산의 비교를 통해 지역생산의 역외 유출입 규모를 추정하고 이를 조정하기 위한 정책적 함의를 제시하는 데 목적이 있다.

실제로 지역내 총생산은 단지 생산 측면만을 나타내고 귀착 측면을 고려하지 않기 때문에 지역생산과 지역귀착의 불일치가 발생할 수 있다. 예컨대 산업지대에서 지역내 총생산은 높지만 사업주와 근로자들이 도시지역에 주소와 생활 근거지를 두는 경우 지역생산의 과실이 도시지역으로 유출되어 생산과 귀착의 괴리를 발생시킬 수 있다. 특히 우리나라는 교육·문화·의료시설 등이 대도시에 편중되어 대도시 인구 집중과 직주분리(職住分離) 현상이 심하기 때문에 그 가능성이 높다. 만약 지역생산과 지역귀착의 불일치가 발생한 경우 지역생산의 유출지역(산업지역)은 지역 소득·지역 소비·지방세수 등 성장에 따른 과실을 향유하지 못하면서 생산활동에 따른 외부불경제(external diseconomy)만을 떠맡게 된다. 반면에 유입지역(도시지역)은 비용을 지불하지 않으면서 혜택만을 보게 된다. 이러한 직주분리에 의한 지역생산과 지역귀착의 불일치는 효용을 극대화하고자 하는 개인들의 입장에서는 효율적인 선택일 수 있으나 지방자치단체 간의 관계에서는 자원 배분의 효율성이 저해된다. 따라서 중앙정부는 조정자의 관점에서 지역 간 자원 최적 배분의 왜곡을 치유하기 위한 조치를 취해야 한다.

지역생산을 나타내는 지역내 총생산과 지역귀착을 나타내는 지표들 간의 상관관계 여부를 측정하여 불일치가 발생한 경우 이를 개선하기 위한 새로운 정부정책을 운영해야 할 것이다. 이 장에서는 우리나라에서 지역생산과 지역귀착의 상관관계를 분석하여 지역생산의 지역귀착 여부를 측정하고 만약 역외 유출입이 심하여 지역생산과 지역귀착의 괴리가 발생한 경우 이를 시정하기 위한 정부정책이 요구된다. 이 연구는 이러한 정부정책에 대한 함의를 제공하는 데 목적이다.

지역생산에 관한 지표로는 지역내 총생산 통계를 활용한다. 지역귀착은 지역 소득으로 표현될 수 있으나 이에 관한 통계가 없어 자료 접근이 가능한 후보 지표로서 예금액·가계소비액·지방세수를 제시하고 그 타당성을 검증하여 최종 지표로 선정한다. 예금액은 개인 소득 중에서 부채나 생계지출을 제외한 실질적인 가처분소득으로 소득 수준을 나타내는 유용한 지표가 될 수 있다. 또한 담세 능력에 기초한 과세로서 과거에는 재산과세 위주였으나 재산가액의 경직성으로 말미암아 담세력을 정확히 나타내지 못함에 따라 개인 소득에 중점을 두게 되었다. 그러나 최근에는 자영업의 발달로 소득원이 다양해짐에 따라 개인 소득 추적이 곤란하므로 소비액을 기초로 하고 있다. 현대에는 소비액도 경제 수준과 밀접하게 관련 있는 지표로 활용되고 있다. 또한 지방세는 국세에 비해 국지성(局地性)과 귀착성(歸着性)이 강하다. 실제로 지방세는 개인의 주소지별로 부과되기 때문에 지역귀착을 비교적 정확히 반영할 수 있다. 과연 이러한 세 지표가 지역귀착 지표로서 타당성을 갖는가를 통계적으로 검증한 후에 타당성이 확보된 경우 이들 지표와 지역생산을 나타내는 지역내 총생산과의 상관성을 분석한다.

이와같이 이 연구는 지역생산에서 지역내 총생산, 지역귀착에서 예금액·가계소비액·지방세수 등 총 네 가지 지표를 선정하되 지역적 범위는 자료 접근이 가능한 시·도를 대상으로 하고, 시계열 자료는 2000~2004 기간 동안(5년)을 대상으로 하고 구체적인 데이터는 정부 발행 통계자료를 활용한다. 일단 네 지표의 지역적 분포 현황을 인구 기준으로 분석한다. 각 지표의 지역 간 지역 불균형도는 지니계수(Gini quotient)로 나타내고 각 지표의 지역적 점유율은 입지계수(location quotient)로 환산한다.

이 연구는 지역생산과 지역귀착의 불일치에 관한 실증적인 연구를 바탕으로 중앙정부와 지방정부 간 부가가치세의 공동 세원화 방안을 제시하고자 한다. 물론 이러한 중앙정부와 지방정부 간 재원의 재분배는 기능 배분을 전제로 하는 경우도 있으나 이 연구는 지역 간 자원 배분의 효율성에 초점을 맞추고 있다. 그동안 지방재정 분권화와 지방소비세 확충과 관련하여 부가가치세의 공동 세원화 방안에 대한 논의가 많았다. 그 필요성을 인정하면서 방법론에서 공감대를 형성하지 못하고 있다. 이 연구는 지역생산의 역외 유출입과 부가가치세의 공동 세원화 방안을 연계시킴으로써 부가가치세의 공동 세원화의 당위성을 규명하고 실현 가능한 방법론을 제시하고자 한다.

이러한 재정정책은 현재 지방재정 분권화에 관한 논의가 성숙되어 가고 있기 때문에 실현 가능성이 크다고 볼 수 있다. 특히 1977년 부가가치세의 도입 당시 지방세 중에서 주요한 소비과세였던 유흥음식세가 국세에 편입되었기 때문에 이에 대한 환원 차원에서 부가가치세수 일부를 공동 세원화하는 방안은 공감대를 형성하기가 용이하다.

지역생산의 역외 유출입과 관련한 부가가치세의 공동 세원화 방안을 모색하려면 먼저 공동 세원 규모를 고려해야 한다. 이에 대해 다양한 견해가 제시될 수 있으나 지방세였던 유흥음식세의 국세 통합 당시 부가가치세 중에서 유흥음식세가 차지했던 비율을 제시하고자 한다.

이 연구는 그 비율을 추정하여 부가가치세의 지방 이양 규모를 결정하고 이를 지역생산의 역외 유출입을 고려하여 재분배함으로써 지역 간 자원 배분을 개선하고자 한다. 이와같이 지역생산과 지역귀착의 일치와 함께 부수적으로 지방재정의 지역 간 형평성에 대한 기여 정도를 측정하기 위해 부가가치세의 재분배 효과와 지역별 재정자립도 간의 관계를 분석한다.

이 연구는 지역생산의 역외 유출입과 관련한 부가가치세의 재분배 방안을 연구하되 지역적 범위는 자료 접근이 가능한 시·도를 대상으로 하고, 시계열 자료는 2004년을 기준 연도로 설정하고 구체적인 데이터는 정부 발행 통계자료를 활용한다.

이러한 내용으로 진행되는 이 연구는 기본적으로 특정한 이론에 입각하여 설명과 예측을 위한 경험적(empirical) 연구라기보다는 정책대안을 제시하는 처방적(prescriptive) 연구로서 입지상과 지니계수를 통해 지역경제의 불균형도를 측정하고, 요인분석(factor analysis) 및 상관관계분석(correlation analysis)을 통해 지역생산과 지역귀착의 정합성(正合性)을 분석한다.

제 2 절 선행 연구의 검토

지역 주민의 복지 수준을 향상시킬 수 있는 진정한 지역경제 발전을 도모하기 위해서는 지역경제를 지역생산뿐만 아니라 지역귀착 측면에서도 분석해야 한다. 더 나아가 지역 주민의 복지 수준과 직결된 실질적인 지역경제 수준은 자연귀착 측면에서 찾을 수 있다. 왜냐하면 지역생산의 경우는 지역 균형을 이루고 있으나 지역귀착에서 불균형이 발생한다면 지역생산이 해당 지역의 복지에 기여하지 못하기 때문이다. 따라서 현재 우리나라의 경우 지역내 총생산을 기준으로 한 지역생산은 지역 간 균형을 이루고 있기 때문에 이제는 지역귀착 측면의 균형 달성 여부를 평가하고 이를 개선하기 위한 연구가 요구된다.

그동안 우리나라에서 지역경제에 관한 연구는 지역내 총생산을 기준으로 한 지역생산 측면에 국한시켜 왔다. 이러한 경향은 특히 '지역경제와 지방재정의 관계'에 관한 선행 연구들에서 많이 볼 수 있다.

대표적으로 박병희(1996)는 지역내 총생산을 기준으로 한 지방교부세의 형평화 효과, 박정수(1998)는 1인당 예산 규모와 지역내 총생산의 관계, 박병희(2002)는 지방세수입과 지역내 총생산의 관계를 분석한 바 있다. 그러나 만약에 지역내 총생산의 역외 유출입이 심하다면 지역내 총생산은 지역경제 지표로서 의미가 약화되고 지역내 총생산과 지방재정 및 지방세의 관계에 관한 연구는 의미 있는 결론을 추론하지 못하게 된다. 실제로 박병희(2002)는 지역내 총생산과 지방세수입 간 상관관계가 점점 약해지다가 1990년대 후반에 접어들면서 역의 상관관계를 나타내고 있다는 점을 보여주었다. 이는 지역내 총생산을 기준으로 한 지역 생산 중심으로 지역경제 분석모형은 진정한 지역경제 수준을 반영하지 못한다는 점을 의미한다. 우리나라의 경우 지역내 총생산은 그 유동성으로 말미암아 안정적인 지역경제의 지표가 될 수 없다는 점을 증명하고 있다. 현실적으로 지방세수입은 지역내 총생산이라는 지역생산 지표보다 지역귀착 지표인 가계소득(예금액)·가계소비액 등과 유의미한 상관관계를 나타낼 가능성이 높을 것으로 예상된다.

따라서 이 연구는 지역생산과 지역귀착의 정합성 여부를 재평가하고, 이를 바탕으로 지역간 지역생산과 지역귀착의 일치도를 제고하며 지역 간 균형 발전을 도모할 수 있는 정책대안을 제시하는 데 목적이 있다. 따라서 다양한 정책대안 중에서 부가가치세를 대상으로 하는 대안을 마련하고자 한다. 역외 유출입되는 지역생산은 지역에서 생산된 부가가치이기 때문에 이를 과세 대상으로 하는 부가가치세가 적정한 정책 대상이 될 수 있다. 특히 지방재정분권화와 함께 지방소비과세 확충에 대한 논의가 진행되고 있는 상황을 고려할 때 정책적 실현 가능성이 높다고 판단될 수 있기 때문이다.

그동안 국세의 지방세 이양과 관련하여 부가가치세의 공동 세원화 방안에 관한 연구가 많았다. 선행 연구들이 제시한 공동 세원화의 필요성은 세 가지로 요약할 수 있다. 첫째, 국가 기능의 지방 이양과 지역 개발사업의 수요 증대에 대비한 지방재정 확충, 둘째, 현행 재산과세 중심의 지방세 경직성을 탈피하기 위한 소비과세 확충, 셋째, 지역에서 창출된 세원의 지방 세원화 등이 이에 해당된다.

특히 최근에 접어들면서 세 번째에 논거를 두는 주장이 강하게 대두되고 있다. 현행 조세 체계 하에서는 지역 개발에 의해 발생한 세원이 국세에 편중됨에 따라 지방자치단체는 개발에 따른 행정 수요만을 떠맡고 있다. 따라서 성장 과실을 중앙정부와 지방자치단체가 공유해야 한다는 차원에서 부가가치세의 공동 세원에 대한 논의가 전개되고 있다. 이러한 연구들은 부가가치세의 공동 세원화를 통한 지방소비세 도입의 필요성을 제기하고 있다(오연천, 2000; 이영희, 2001; 곽채기, 2001; 이삼주, 2001). 공유 세원을 부가가치세의 전체 세수 중의 일정 비율로 하자는 견해(곽채기, 2000; 오연천, 2000; 김대영, 2000)와 부가가치세의 특정 세원[1]을 신설될 지방소비세의 과세 대상으로 하자는 견해(송쌍종, 2001; 이영희, 2001; 오연천, 2001; 김정훈, 1996)로 나뉘어 있다. 그러나 부가가치세 세원의 일부를 대상으로 지방소비세를 신설하는 경우 일반소비세의 국세·지방세 이원화, 납세 협력 비용과 징세 비용의 증가, 조세 경쟁, 지역 간 불균형 등의 문제가 발생할 우려가 있다. 따라서 부가가치세는 현행 국세로 유지하고 세수의 일부를 지방자치단체에 재배분하는 방법을 취해야 할 것이다. 그 다음에는 중앙과 지방 간의 공유 비율과 지방자치단체 간의 배분 기준에 대한 논의가 있어야 한다. 김대영(2000)은 부가가치세의 10%안과 20%안을 비롯해 일부 지방세의 국세 이양을 전제로 하여 30%안까지를 제시하고 있다.

1) 지방소비세의 과세 대상으로 논의되고 세원은 음식점·숙박업·부동산임대업·운수·창고·통신업 등 지역적 성격이 강하고 지역 간 균형을 확보할 수 있는 것들이다.

그러나 현실적으로 중앙과 지방 간의 공유 비율은 재정경제부를 비롯한 관련 중앙부처들 간의 협의가 있어야 하고 이때 행정안전부와 지방자치단체는 이에 대한 정당한 논리를 개발해야 할 것이다. 이 연구는 논리적으로 타당하고 실현 가능한 공유 규모를 모색한다.

중앙과 지방 간 부가가치세의 공유 비율이 결정되고 난 후에는 지방자치단체 간 배분 기준을 마련해야 한다. 단 부가가치세의 특정 세원을 대상으로 하여 지방소비세를 신설하는 경우에는 지방자치단체 간 세원 배분에 관한 문제는 제기되지 않는다.

그러나 부가가치세수의 일정 비율을 공유 대상으로 하는 경우는 별도 배분 기준이 필요하다. 김대영(2000)과 곽채기(2001)는 별도의 배분 기준 설정의 필요성을 제기한 바 있고, 이삼주(2001)는 구체적으로 인구와 재정력지수를 기준으로 배분한 바 있다. 그러나 인구를 기준으로 하는 경우에는 인구 규모가 큰 지역에 많이 배분된다. 일반적으로 재정자립도가 높은 대도시 자치단체는 인구 규모가 크기 때문에 부가가치세의 세원 배분에서 부익부 빈익빈 현상을 초래하게 된다. 단 재정력지수를 이용한 경우에는 상대적으로 재정력이 취약한 자치단체에 비중을 두기 때문에 지역 간 형평성을 제고할 수 있으나 생산과 귀착을 일치시키지 못함으로써 효율성이 저해된다.

이 연구는 효율성에 기초하여 지역 생산의 유출이 심한 자치단체에 부가가치를 환원시키는 데 목적을 두고 부가가치세수를 재분배하고자 한다. 이와같이 효율성에 입각하여 부가가치세수를 재분배하는 경우 지방재정의 형평화에도 기여할 수 있을 것으로 판단된다. 우리나라에서 통상적으로 생활기반이 취약하고 재정자립도가 낮은 자치단체에서 부가가치의 역외유출이 심하게 나타나기 때문이다.

제 3 절 지역생산과 지역귀착의 지역별 분포 현황

1 지역생산과 지역귀착의 지표

1) 후보 지표의 종류

(1) 지역생산: 지역내 총생산

지역생산을 나타내는 대표적인 지표는 지역내 총생산(GRDP)이다. 지역내 총생산은 지역경제의 실태를 파악할 수 있는 유일한 지표로 매년 통계청이 시·도별로 발표한다. 지역내 총생산은 각 지역의 경제 규모·생산수준·산업구조 등을 나타냄으로써 지역경제 분석 및 지역 균형개발 정책을 수립하는 데 기초자료로 활용되고 있다. 지역내 총생산을 지역별 국내총생산(gross domestic product)이라고 할 수도 있다. 그러나 지역내 총생산은 국내총생산을 단순히 지역별로 배분한 것은 아니다. 이용하는 기초자료와 접근 방법의 차이로 인하여 지역내 총생산의 합계와 국내총생산은 반드시 일치하지 않는다. 실제로 지역내 총생산은 지역 배분이 곤란한 국방부문 생산액과 수입관세 등은 포함되지 않는다. 또한 지역내 총생산은 지역 주민의 거주지나 생활 근거지와 관계없이 해당 지역에서 발생한 부가가치만을 계상한다. 따라서 발생된 부가가치가 지역간 이동을 통해 최종적으로 어느 지역에 귀착되는가를 나타내는 지역귀착 측면과는 차이가 있다.[2)] 이 연구는 지역내 총생산에 관한 자료는 통계청의 「시·도별 지역내 총생산 및 지출」을 이용한다.

2) 이에 반해 국내총생산은 국적을 불문하고 한 국가 내에서 이루어지는 모든 생산을 의미하는 것으로 외국인을 제외한 자국민들의 국제적 직주분리 현상은 미미하기 때문에 국내총생산은 국민소득으로 간주될 수 있다. 또한 국민총생산(GNP)은 거주지 여부를 불문하고 자국민들에 의한 생산을 의미하는 것으로서 자국민들은 통상 국내에 거주하기 때문에 국민소득으로 볼 수 있다(통계청, 「지역내 총생산과 소비」, 2002).

2) 지역귀착

지역귀착은 지역 소득으로 나타나지만 이에 대한 공식적인 지표가 없는 실정이다. 국민소득의 3면 등가법칙(等價法則)에 의하면 한 국가에서 생산·소득·지출이 같게 된다. 그러나 지역 간 관계에서는 소득과 지출이 유동적이기 때문에 정확한 통계가 부재하다. 귀착 측면에서 지역 소득을 반영하는 후보 지표는 생산지가 아닌 생활의 근거지에서 이루어지는 경제활동에 관한 지표 중에서 타당성·객관성·계량 가능성을 내포하고 있는 경제지표를 대상으로 한다.

(1) 가계소비액

가계소비액은 지역 소득에 관한 유용한 대체지표로 이용된다. 지역 소득은 소득원(所得源)이 다양할 뿐만 아니라 소득세 부담을 회피하기 위해 은폐하기 때문에 정확한 추계가 곤란하다. 반면에 소비 지출은 소득 수준과 밀접한 상관관계를 내포하고 있기 때문에 소득의 대체지표로 활용할 수 있다. 이러한 관점에서 조세의 형평성을 실현하기 위해 기존의 소득과세 중심에서 소비과세 확충으로 방향을 선회하고 있다.

여기서 가계소비액은 가계 최종 소비지출액의 의미로 이용하고자 한다(통계청, 2001: 290). 이는 소비를 목적으로 하는 가계의 재화 및 서비스에 대한 경상적 최종 지출액을 의미하고 가계의 포괄 범위는 주택 소유라는 산업의 주체로서 가계가 아닌 소비 주체로서의 가계만을 포함한다. 또한 거주자주의 원칙(resident principle)에 따라 거주자 가계의 최종 소비지출만을 대상으로 하며 거주자 가계의 역외 소비는 이입(移入)으로 계상하고 비거주자의 역내 소비는 이출(移出)로 계상한다. 또한 소비 지출의 시점은 재화와 용역의 구입 시점을 기준으로 한다. 이러한 가계소비액은 통계청의 「지역내 총생산 및 지출」(2004)의 자료를 이용하고자 한다.

(2) 예금액

예금액[3]은 소득에서 조세와 소비 지출을 제외한 금액으로서 잉여가처분

3) 여기서 예금액은 공공 부문·법인·가계를 포함하는 개념이다. 다만 공공 부문과 법인의

소득에 해당된다. 소득 중에서 필요한 경비를 제외한다는 의미에서 순수한 소득 수준을 나타낸다. 또한 통상 예금계좌의 관리는 근무지보다는 가계 운영자를 비롯한 가족의 거주지를 중심으로 이루어지고 있다. 비록 입출금은 전국 어디서든지 가능하지만 계좌의 개설은 거주지에서 하는 경우가 일반적이기 때문에 예금 통계는 계좌 개설 지역인 거주지를 중심으로 산정되고 있다. 이러한 맥락에서 예금액은 지역 소득 수준의 추계시 소득과세(주민세 소득할)보다 지역 여건을 더 정확히 반영한다는 점이 실증적으로 증명된 바 있다(박완규, 1997: 48; 김정완, 2003: 62). 예금액은 예금은행의 요구불 예금과 저축성 예금을 포함한 액수로서 통계청의 「지역통계연보」(2004)의 자료를 이용한다.

(3) 지방세수

지방세는 국세에 비해 지역귀착성이 강한 세원을 과세 대상으로 한다. 지방세는 재산과세 위주로 이루어져 있으며 재산의 보유는 소유자별 거주지 원칙에 의해 지방자치단체별로 징수된다. 건물·자동차 등 재산은 경제수준과 밀접한 관계가 있기 때문에 지역 소득의 대리 지표로서 유용성을 내포하고 있다. 우리나라와 같이 직주분리 현상이 심한 경우에는 직장의 경제활동은 지역내 총생산, 거주지의 경제활동은 지방세로 각각 나타낼 수 있다. 이러한 지방세에 관한 통계는 행정안전부의 「지방자치단체 예산 개요」(2004)의 자료를 활용한다.

2) 후보지표의 타당성 검증

시·도 단위별 지역내 총생산·예금액·지방세수·가계소비액이라는 네 가지 지역경제 지표 중에서 지역내 총생산은 지역생산 지표, 예금액·지방세수·가계소비액은 지역귀착 지표로 분류한다. 이러한 이론상 분류가 설득력을 갖기 위해서는 통계적으로 검증되어야 한다. 이를 위해 네 가지 지표를 대상으로 요인분석(factor analysis)[4]을 실시한다.

경우는 규모가 작고 이를 별도로 분류하는 것이 현행 통계 체제 하에서는 불가능하기 때문에 예금은행의 예금액은 주로 가계 부문으로 이루어져 있는 것으로 간주한다.

자료는 시·도별 네 가지 경제지표의 입지상[5]을 이용한다. 관찰값은 전국 16개 시·도의 2003년과 2004년 자료를 활용한다. 이와같이 시계열 자료와 횡단자료를 결합한 집적 시계열 자료(pooled time-series analysis)를 활용함으로써 시간과 공간에 따른 변이(variation)를 감지할 수 있으며 (Sayns, 1989: 7), 탈락변수에 의해 발생되는 편차(bias)를 축소할 수 있고 (Hsiao, 1986: 215-216), 자유도(degree of freedom)를 증대시켜 다중공선성(multicollinearity)을 완화시킬 수 있다.

일차적으로 네 가지 지표를 대상으로 주성분분석(principal component)의 결과 고유값(eigenvalue) 1 이상을 기준으로 할 때 2개의 요인이 추출된다. 이는 요인 수의 사전에 지정하지 않은 분석에서 얻은 결과로서 네 가지

---

4) 요인분석은 여러 개의 변수를 유사성을 기준으로 하여 소수의 요인으로 집약하는 데 이용된다. 또한 많은 변수들을 특정한 항목으로 분류하여 설명할 때 그 분류의 타당성을 검증하는 데 유용한 분석기법으로 활용되고 있다. 이 연구는 이론적으로 지역경제를 지역생산과 지역 귀착으로 구분하여 지역경제는 지역내 총생산, 지역귀착은 예금액·지방세수·가계소비액으로 구체화했다. 요인분석을 통해 이러한 분류가 타당한가를 검증하고자 한다.

5) 지역불균형 분석에서 절대액보다는 인구점유율을 기준으로 하는 경우가 일반적이다. 대표적인 지표가 입지상과 지니계수이다. 입지상은 지역별 전국의 인구점유율을 기준으로 한 특정 경제지표의 전국 점유율을 나타낸다. 입지상이 1(unit)인 경우 특정 지표의 점유율은 인구점유율과 같고, 1 이상이면 인구점유율보다 높은, 1 이하이면 인구점유율보다 낮은 점유율을 각각 나타낸다. 지니계수는 지역별 입지상을 기준으로 한 특정 경제지표의 전국적인 불균형도를 보여 준다. 이와 같은 이유에서 이 연구는 지역별 절대 규모가 아닌 지역별 인구 기준 점유율인 입지상을 활용한다.

또한 이 연구에서 절대액을 사용하는 경우 네 가지 지표가 동일한 지역경제 지표로서 유사한 성격을 내포하고 있기 때문에 통계상 다중공선성의 문제를 내포할 우려가 있다. 이를 방지하기 위해 입지상 자료를 이용한다. 실제로 절대액을 기준으로 한 주성분 분석결과 고유값(eigenvalue)이 1 이상인 요인은 하나이고 그 값은 3.758로 네 가지 지표 전체 변량의 93.96%를 설명하고 있다. 그 결과 요인 유형 분석에서도 모든 지표가 하나의 요인에 안정적으로 적재되는 점을 발견할 수 있었다. 따라서 절대액을 기준으로 한 경우에는 지역생산과 지역귀착의 통계상 구분이 불가능하게 된다.

① 입지상$={}_rR_i/{}_rP_i$, ${}_rP_i=P_i/\Sigma P_i$, ${}_rR_i=R_i/\Sigma R_i$ 여기서 P=인구, R=특정 지표 수치, i=각 지역.

② 지니계수(Gini) $=1-1/0.5\Sigma(\frac{1}{2})\{T_{r(i)}+T_{r(i-1)}\}\{P_{r(i)}-P_{r(i-1)}\}$ ……(식) 여기서 P=특정 지역의 인구 수, P_r=특정 지역의 전체 대비 인구 비율, $P_{r(i)}$=특정 지역까지의 인구 비율의 누적(i의 순서는 입지계수 오림차순), T=특정 지역의 지표 수치, T_r=특정 지역의 전체 대비 지표의 비율, $T_{r(i)}$=특정 지역까지의 지표의 비율의 누적을 각각 나타냄.

〈표 8-1〉 지역경제 지표의 주성분 분석 결과

구 분	고유값	편 차	점유율	누적 점유율
제1요인	2.5714	1.5193	0.6428	0.6428
제2요인	1.0520	0.7978	0.2630	0.9058
제3요인	0.2542	0.1318	0.0636	0.9694
제4요인	0.1222	-	0.0306	1.0000

경제지표는 안정적으로 두 가지 요인으로 요약된다는 점을 보여 준다. 제1요인이 64.28%, 제2요인이 26.30%로 2개의 요인이 총 네 가지 경제지표 변량의 90.58%를 설명하고 있다.

그 다음 구체적인 요인 유형(factor pattern) 분석에 의한 두 가지 요인별 네 가지 경제지표의 요인적재량(factor loading)[6]을 살펴보면 제1요인에 지역별 예금액(0.9435)·가계소비액(0.9433)·지방세수(0.8892), 제2요인에는 지역내 총생산(0.9912)이 적재된다.

이상을 종합할 때 지역 생산과 예금액·가계소비·지방세수는 별개의 경제지표로 상정할 수 있으며, 제1요인에는 속하는 예금액·가계소비·지

〈표 8-2〉 요인 유형 분석 결과

구 분	제1요인	제2요인	공통성[7]
예금액	0.9435*	-0.1064	0.9014
가계소비	0.9433*	-0.1198	0.9041
지방세수	0.8892*	0.2094	0.8346
지역내 총생산	0.0274	0.9912*	0.9833
공통성	2.5714	1.0520	3.6234

6) 요인적재량(factor loading)은 특정 요인과 특정 변수 간의 관련성을 의미하는 것으로서 각 요인에 대한 특정 변수의 설명 정도를 나타낸다. 보통 요인 유형 분석에서 요인적재량의 값이 0.3≥요인적재량이면 유의성이 낮고, 0.3 <요인적재량≤0.4이면 중간 정도의 유의성, 0.5≤요인적재량이면 유의성이 높은 것으로 평가한다(김충련, 2003: 483).

7) 공통성(communality)은 특정 변수들의 각 요인에 대한 설명도를 의미하고 특정 변수의 각 요인에 대한 요인적재량의 제곱의 합으로 계산된다.

방세수는 지역귀착, 제2요인에 속하는 지역내 총생산은 지역생산으로 분류할 수 있음이 통계적으로 증명된다. 또한 요인적재량을 기준으로 할 때 제1요인(지역귀착)에는 지역예금액, 제2요인(지역생산)에는 지역내 총생산이 대표 지표이다.

2 지역생산과 지역귀착의 분포와 불균형도

1) 지역별 분포

지역내 총생산의 경우 입지상을 기준으로 할 때 울산시(2.2013)가 가장 높은 수준을 나타내고 있으나 전체적으로 서울시를 비롯한 시(市)는 1 이하인 반면에 도(道)는 1 이상이다. 이는 시 지역은 전국의 인구점유율에 비해 지역내 총생산의 점유율은 낮은 반면에 인접도 지역은 인구점유율보다 높은 지역총생산의 점유율을 보여 준다.

지방세수의 경우 서울시(1.3796)와 경기도(1.1738)가 높은 점유율을 나타내고 다른 지역은 낮은 수준을 보이고 있다. 특히 시지역보다 도지역이 더 낮은 수준을 나타내고 있다. 가계소비액의 경우 전국적으로 비슷한 수준을 나타내고 있으나 시지역이 도지역보다 약간 높은 수준을 보인다. 예금액의 경우 전반적으로 지역 간 격차가 심한 편이고 서울시(2.4505)가 월등한 수준을 나타내는 반면에 여타 지역은 1 이하이다. 또한 시지역과 도지역 간의 격차 역시 크게 나타나고 있다.

이를 종합할 때 지역생산은 지방과 인접도가 높은 점유율을 보이는 반면에 지역귀착은 서울시를 비롯한 시지역이 지방이나 인접도보다 높은 점유율을 나타내고 있다.

2) 지역 간 불균형도

지역별 입지상을 기준으로 한 전국적인 불균형도를 나타내는 지니계수에 의하면 가계소비액(0.0576)이 가장 균등한 수준을 나타내고 있다. 이는 가계소비는 의식주를 비롯한 필요적 경비가 대부분을 차지하고 있다는 점

〈표 8-3〉 지역생산과 지역귀착 지표의 규모와 입지상(2004년)

(단위: 십억 원)

구 분	지역내 총생산	가계소비	지방세	예금액
서 울	182,046(1.1036)	96,215(1.1825)	9,638(1.3796)	247,662(2.4505)
부 산	45,685(0.7685)	29,757(1.0146)	2,180(0.8659)	30,389(0.8343)
대 구	25,394(0.6203)	20,375(1.0089)	1,361(0.7848)	19,849(0.7913)
인 천	36,898(0.8824)	20,532(0.9953)	1,593(0.8995)	16,681(0.6511)
광 주	16,819(0.7403)	11,214(1.0005)	686(0.7124)	9,755(0.7008)
대 전	18,611(0.7952)	11,538(0.9992)	845(0.8521)	12,869(0.8974)
울 산	38,602(2.2013)	8,456(0.9775)	750(1.0092)	6,181(0.5753)
경 기	156,931(0.9250)	82,390(0.9844)	8,435(1.1738)	68,049(0.6547)
강 원	21,627(0.8767)	10,826(0.8896)	797(0.7632)	6,763(0.4475)
충 북	24,310(1.0069)	10,514(0.8828)	736(0.7196)	6,210(0.4198)
충 남	42,742(1.3494)	13,684(0.8757)	1,315(0.9805)	8,427(0.4343)
전 북	24,162(0.7815)	13,156(0.8625)	742(0.5669)	8,995(0.4748)
전 남	37,941(1.1781)	13,035(0.8204)	822(0.6027)	6,810(0.3451)
경 북	56,610(1.2950)	19,686(0.9129)	1,339(0.7232)	12,070(0.4507)
경 남	52,367(1.0273)	23,251(0.9246)	1,735(0.8036)	18,583(0.5950)
제 주	7,050(0.7828)	4,003(0.9012)	392(1.0273)	3,374(0.6115)
합 계	787,796	388,633	33,365	482,667
평 균	49,237	24,290	2,085	30,167
표준편차	49,056	26,281	2,762	60,048
지니계수	0.1240	0.0576	0.1486	0.3546

주: ( )는 입지상.

에서 비롯된다. 그 다음으로 지역내 총생산(0.1240)이 균등한 수준을 보이고 있다. 이는 1990년대 이후 국토 개발에서 지역 균형개발 정책을 꾸준히 추진한 결과에서 기인했다고 볼 수 있다. 반면에 지방세수(0.14865)와 예금액(0.3546)은 지역간 격차가 심한 것으로 나타나고 있다. 특히 예금액은 수도권과 지방, 광역시와 입접도, 서울과 인접도 등 간의 격차가 심하여 전체적으로 불균형이 매우 심하다는 점을 보여 준다.

1999~2004 기간 동안 지니계수를 중심으로 한 연차별 자료에 의하면 지

〈표 8-4〉 연도별 지역생산과 지역귀착의 불균형도(지니계수)

구 분	1999	2000	2001	2002	2003	2004	연평균
지역내 총생산	0.1082	0.1120	0.1051	0.1166	0.1198	0.1240	0.1143
가계소비액	0.0543	0.0441	0.0437	0.0575	0.0603	0.0576	0.0529
지방세수	0.137	0.1445	0.1535	0.1675	0.1572	0.1486	0.1514
예금액	0.3660	0.3618	0.3596	0.3598	0.3183	0.3546	0.3534

역내 총생산은 1990년대 이전에 비해 많이 개선된 측면이 있으나 최근에 접어들면서 전반적으로 지역 간 불균형도가 높아가고 있다. 이에 반해 지역귀착을 나타내는 지표들은 비교적 일정한 수준을 유지하고 있다.

3 지역생산과 지역귀착의 정합성

지역생산의 과실이 해당 지역에 귀착되어 지역 소득과 지역 후생에 기여하는지 여부를 분석하기 위해 지역생산과 지역귀착 간의 정합성을 분석해 볼 필요가 있다. 먼저 16개 시도의 2003년과 2004년의 입지상을 기준으로 하여 지표 간의 상관계수(correlation coefficient)를 추정한다.

상관계수를 기준으로 할 때 지역내 총생산은 지역귀착의 어느 지표와도 상관관계가 낮게 나타나고 있다. 반면에 지역귀착을 나타내는 지표들은 상호 높은 상관관계를 보여 주고 있다. 이는 지역생산과 지역귀착 간에는 밀접한 관계가 없다는 점을 의미한다. 더 나아가 지역생산의 과실이 해당 지역에 귀착되지 않는다는 점과 지역생산의 역외 유출입이 심하다는 점을 나타낸다.

〈표 8-5〉 지역생산과 지역귀착 간의 상관계수

구 분	지역내 총생산액	가계소비액	지방세액	예금액
지역내 총생산액	1.0000	-	-	-
가계소비액	-0.0680(0.7116)	1.0000	-	-
지방세액	0.1794(0.3260)	0.7379(<.0001)	1.0000	-
예금액	-0.0554(0.7633)	0.8775(0.0009)	0.7381(<.0001)	1.0000

4 지역생산의 역외 유출입 규모

지역별로 지역생산과 지역 소득을 비교함으로써 지역생산의 역외 유출입 현황을 파악할 수 있다. 여기서 지역생산은 해당 지역에서 생산되는 부가가치의 합계로서 지역내 총생산이 이에 해당된다. 지역 소득은 지역별로 생산된 부가가치가 최종적으로 특정 지역에 귀착되는 것을 의미한다. 지역생산과 구별되는 지역 소득의 후보지표에 해당되는 지표에는 예금액·지방세수·가계소비액 등이 있다. 이들 지표 중에서 지역별 예금액이 지역귀착의 대표적인 지표로서 지역 소득의 대리 지표가 된다.

앞선 요인분석에서 예금액(0.9435)이 지역귀착 요인에 대한 요인적재량이 지방세수나 가계소비액보다 더 높게 나타나 지역귀착의 대표 지표로 간주할 수 있다(표 8-2). 또한 상관관계 분석<표 8-5>에서도 예금액과 관련된 상관계수(예금액과 가계소비액, 예금액과 지방세수)가 다른 지표들과 관련된 상관계수(가계소비와 지방세)보다 더 높게 나타나고 있는 점도 이를 반증한다(김정완, 2003).

국민소득 3면 등가 법칙에 의해 한 국가 내에서 지역생산의 총액과 지역소득의 총액은 같게 된다. 지역 소득에 관한 공식 통계지표가 존재하지 않는 상황에서 이론적으로 지역 소득에 가장 가깝고(박완규: 1997), 요인분석에서 지역귀착의 대표적인 지표로 추계된 예금액을 지역 소득의 대리지표로 선정할 수 있다. 따라서 다음과 같은 방법에 의해 지역별 예금액에 의해 지역소득액을 산출할 수 있고(김정완, 2003: 69), 산출된 지역 소득과 지역내 총생산을 비교함으로써 지역별 지역생산의 역외 유출입 규모를 추정할 수 있을 것이다.

〈표 8-6〉 지역 소득의 추계 방법

- 전국 지역내 총생산=전국 소득액=전국 예금액×보정률
- 보정률=전국 지역내 총생산(787,796십억)/전국 예금액(482,667십억)=1.6322
- 지역별 소득액=지역별 예금액×1.6322

<표 8-6>의 방법에 의해 지역별 예금액에 의해 추계된 지역 소득과 지역내 총생산을 비교한 결과 지역생산의 성과인 부가가치의 역외 유출입이 심하다는 점을 발견할 수 있다. 부가가치가 전국적으로는 지방에서 수도권으로, 지방에서는 인접 도에서 광역시로, 수도권에서는 인접 시도에서 특별시로 유입되고 있다.

실제로 특별시와 광역시는 부가가치의 유입이 발생한 반면에 도(道)는 유출을 보이고 있다. 특히 서울시는 지역내 총생산의 122.05%에 달하는 222.181조 원의 부가가치 추가 유입을 나타내고 있다. 6개의 광역시 중에서

〈표 8-7〉 지역별 지역내 총생산의 역외 유출입 현황(2004년)

(단위: 10억, %)

구분	재정자립도	지역내 총생산	지역예금액	지역소득액	순유출입액	순유출입률
서울	95.5	182,046	247,662	404,228	222,181	122.05
부산	75.6	45,685	30,389	49,600	3,914	8.57
대구	73.2	25,394	19,849	32,397	7,002	27.57
인천	75.9	36,898	16,681	27,226	-9,672	-26.21
광주	59.8	16,819	9,755	15,921	-898	-5.34
대전	74.4	18,611	12,869	21,005	2,394	12.86
울산	69.6	38,602	6,181	10,089	-28,513	-73.86
경기	78.8	156,931	68,049	111,068	-45,863	-29.23
강원	28.9	21,627	6,763	11,038	-10,589	-48.96
충북	31.3	24,310	6,210	10,135	-14,175	-58.31
충남	30.5	42,742	8,427	13,755	-28,987	-67.82
전북	25.9	24,162	8,995	14,681	-9,481	-39.24
전남	21.1	37,941	6,810	11,115	-26,826	-70.70
경북	29.4	56,610	12,070	19,701	-36,909	-65.20
경남	38.3	52,367	18,583	30,331	-22,036	-42.08
제주	34.7	7,050	3,374	5,507	-1,543	-21.89
합계	57.2	787,796	482,667	787,796	0	0

주 1. 순유출입액=지역소득액-지역내 총생산.
2. 순유출입률=(지역소득액-지역내 총생산)/지역내 총생산×100

자료 1. 지역내 총생산: 통계청 홈페이지, 「지역내 총생산 및 지출」(2004).
2. 지역예금액: 한국은행, 경제통계국, 통화금융통계팀.

인천시(-9.672조), 울산시(-28.513조), 광주시(-0.898조)가 유출을 보이고 있다. 인천시는 서울시과 근접해 있어 근로자들이 서울에 거주지를 두고 있기 때문이다. 울산시 또한 생산시설에 비해 거주환경이 열악하기 때문에 직주분리 현상이 심하고 부가가치의 73.86%가 유출되고 있으며 이는 전국에서 가장 높은 유출률이다. 또한 9개의 전국 모든 도는 부가가치의 역외 유출을 경험하고 있다. 특히 서울시와의 접근도가 높고 광역시와 인접한 도(道)일수록 유출이 심하다. 유출액을 기준으로 할 때 경기도(-45.863조)・경북도(-36.909조)・충남도(-28.987조)・전남도(-26.826조)・경남도(-22.036조)・충북도(-14.175조)・강원도(-10.589조)・전북도(-9.481조)・제주도(-1.543조)의 순이고, 유출률을 기준으로 할 때는 전남도(-70.70%)・충남도(-67.82%)・경북도(-65.20%)・충북도(-58.31%) 등의 순서이다.

5 지역생산의 역외 유출입의 정책적 함의

이와같이 부가가치의 역외 유출입 현황을 분석한 결과에 의하면 재정자립도를 기준으로 할 때 잘사는 지역은 유입, 못사는 지역은 유출이라는 분배에서 역진성을 초래하고 있다. 실제로 지역별 재정자립도와 순유출입률 간, 재정자립도와 순유출입액 간의 상관관계 분석 결과 상관계수의 값이 0.7214(p=0.0016)와 0.5031(p=0.0470)를 나타냄으로써 재정자립도가 높은 지역은 유입, 낮은 지역은 유출이라는 역진적인 현상을 통계적으로 검증하고 있다.

실증분석 결과에 의하면 무엇보다도 지역생산과 지역귀착의 일치라는 효율성과 지역 간 균형 개발이라는 형평성의 차원에서 부가가치의 지역 간 유출입을 조정할 수 있는 정부정책이 요구되고 있다. 비록 개인들이 자신의 효용을 극대화하기 위해 직주 분리 현상이 나타나고 그 결과로서 부가가치의 역외 유출입이 발생하는 자연스러운 사적 선택 과정일지라도 지방자치단체 수준에서는 생산활동에 따른 사회적 비용과 편익을 일치시킬 필요가 있다. 따라서 기본적으로 지역균형 개발을 통해 직주분리 현상을 해소하여 부가가치의 지역 귀착을 촉진시켜야 할 것이다. 이를 위해서는 민간 부문의 협조와 장기적인 국토 개발 전략이 요구된다.

그러나 무엇보다도 정부의 단기적이고 재량적인 정책에 의해 지역생산과 지역귀착 간의 불균형을 보완하기 위한 수단을 운용해야 한다. 지역생산의 역외 유출입은 부가가치의 지역간 이동으로 설명할 수 있기 때문에 이를 보완하기 위한 정부정책도 부가가치를 과세 대상으로 하는 부가가치세를 활용할 필요가 있다. 현재 중앙정부가 독점하고 있는 부가가치세수의 일부를 세수의 기여도에 따라 지역 간에 재배분해야 할 것이다. 이를 위해 부가가치 세수의 일부를 중앙과 지방의 공동세원으로 하여 부가가치 유출이 심한 자치단체를 중심으로 차등 있게 재분배하는 것이 요구된다.

이러한 정부의 재정정책은 세제 운용의 양대 원리인 효율성과 형평성을 동시에 충족시킬 수 있다. 실제로 재정자립도가 낮은 지역일수록 부가가치세의 유출이 심하기 때문에 이들 지역을 대상으로 부가가치세수를 재분배하는 경우 생산과 분배의 일치라는 효율성, 지역 간 균형재정이라는 형평성을 제고할 수 있다.

제 4 절 지역생산의 역외 유출입을 보전하기 위한 세원 조정

1 부가가치세 공동 세원화의 전제

1) 공동 세원화의 방법

공동 세원화 방법의 결정시 우선적으로 실현 가능성(feasibility)을 고려해야 할 것이다. 그런데 부가가치세원 중에서 지방세 성격이 강한 일부 세원을 대상으로 하는 지방소비세를 신설하는 경우에는 여러 가지 부수적인 문제를 수반한다. 대상 세원의 종류와 규모, 과세 주체, 징수 방법 등의 결정이라는 지방소비세 도입상의 과제와 지역 간 불균형, 납세 협력과 징세 비용, 조세 경쟁 등 세제 운용상의 여러 문제점을 유발한다. 그 결과 찬반 논란과 관계 정부부처 간의 논쟁에 휘말릴 우려가 있다.

따라서 현행 부가가치세 운용 체계를 유지시키면서 세수의 일정 비율을 지방재정 조정재원으로 배분하는 방법을 택해야 할 것이다. 이때에는 배분 규모만 결정되면 여타 사항에 대한 합의 도출이 용이하기 때문에 그만큼 실현 가능성을 제고할 수 있다.

지방재정 조정재원에 대한 교부 규모가 결정된 후에는 운영 방법에 대한 논의가 있어야 할 것이다. 새로운 지방재정조정제도 신설보다 기존 제도에 포함시키는 방법이 바람직하다. 현행 세 가지 주요한 지방재정 조정재원 중에서 국가균형발전 특별회계(균특)가 적절하다고 판단한다. 지역생산의 역외 유출을 조정하기 위한 재원은 지역생산에 따른 외부불경제를 해소하는 데 활용되어야 한다. 따라서 교통문제와 환경문제로 이루어진 지역개발 사업을 지원 대상으로 하는 균특으로 운용되는 것이 바람직하다고 생각한다. 실제로 균특은 2005년부터 지방양여금이 폐지되면서 기존 국고보조금의 사업별 배정에 따른 지방재정의 경직성을 방지하기 위한 지방재정 조정재원으로 운용되고 있다. 균특은 지방자치단체에 대한 포괄보조금의 성격을 띠고 있기 때문에 지방자치단체의 재원 운용에 대해 자율 편성권이 인정되고 있다.

현재 특균은 지역개발 사업계정과 지역혁신 사업계정으로 운용되고 있다. 부가가치세의 공동 세원은 지방자치단체 재정 운용의 자율성 제고를

〈표 8-8〉 국가균형발전 특별회계의 계정별 세입 및 세출구조

구분	지역개발사업	지역혁신사업
세입	-주세 80% -토특재원(과밀부담금 등) -일반회계 및 특별회계 전입 등	-주세 80% -일반회계 및 특별회계 전입 등
세출	-지자체 보조사업 중 지역개발사업 -농어촌지역 개발(종전 양여금사업) -개발촉진지구 지원 등	-지역혁신 체제(RIS) 및 전략산업 육성 -지방대학·지역R&D 지원 등

자료: 기획예산처. 「2005년도 국가균형발전특별회계 운용 개요」. 2005. 3.

목표로 한다면 지역개발 사업계정에 배정할 필요가 있다. 이와같이 지역개발 사업계정의 지역개발사업이나 농어촌지역 개발에 지원된다면 지방자치단체 재원 운용의 자율성을 제고하고 각종 지역개발사업에 따른 지방비 부담을 해소하여 지역개발사업의 내실화를 기할 수 있을 것이다.

2) 공동 세원의 규모

부가가치세의 공동 세원 규모 결정시 관계 부처 간의 합의가 중요한 과제이다. 행정안전부는 규모를 확대하려는 반면에 재정경제부는 축소하려하기 때문이다. 이때 행정안전부는 실현 가능성에 기초하여 재정경제부의 동의를 이끌어낼 수 있는 논리를 개발해야 한다. 이를 위해 행정안전부는 기존 지방세의 환원 차원에서 그리고 가능한 적은 규모에서 출발하여 단계적으로 확대시키는 전략을 활용해야 한다.

1977년 부가가치세와 특별소비세의 도입을 위한 세제 개편으로 지방소비세인 유흥음식세가 국세로 편입되었다. 당시 유흥음식세수는 253억 2백만원으로 총 지방세수(3,366억7천5백만 원)의 7.5%에 달했다. 따라서 현재 부가가치세수 중에서 유흥음식세의 국세 편입 당시의 부가가치세 중에서 유흥음식세가 차지했던 비율만큼을 환원해 주도록 해야 할 것이다. 부가가치세와 특별소비세의 편입 대상 세목의 총세수는 6,681억 1백만 원에 달했다(1976년 기준).[8] 이 중 부가가치세와 특별소비세의 점유율은 74: 26의 비율이었다(1978년 기준). 그 결과 총 6,681억 1백만 원 중에서 부가가치세(74%)는 5,091억 9천5백만 원으로 추정되고 이 중 유흥음식세(253억 2백만원)가 차지하는 비중은 5%로 추정된다(김정완, 1997: 157). 따라서 현행의 부가가치세수(2005년 부과 실적 기준 36조 2,245억 원)의 5%를 환원해야 하고 그 규모는 2005년 기준 1조 8,112억 원으로 지방세수(33조 6,952억

8) 〈표 8-8〉 부가가치세와 특별소비세의 편입 대상 세목별 규모

(단위: 백만 원)

영업세	물품세	직물류세	석유류세	전기가스세	통행세	입장세	유흥음식세	계
261,404	166,422	54,056	142,276	6,038	21,262	11,341	25,302	688,101

자료: 한국은행, 「경제통계연보」. 1979.

원)의 5.38%, 균특(5조 4,980억 원)의 32.94%에 달한다.

외국의 입법례를 살펴보면 일반소비세의 일정 비율을 지방양여금 재원으로 활용하는 경우가 있다. 일본도 1989년 일반소비세 도입 당시부터 세입의 20%를 지방양여 재원으로 활용하고 있다.

3) 공동 세원의 배분 기준

부가가치의 광범위한 역외 유출입 결과 지역 간 귀착에서 불균형이 심화되고 있다. 이를 조정하기 위해 부가가치세수의 5%를 재분배함으로써 생산과 귀착을 일치시켜야 한다. 이를 위해 유입지역은 제외하고 유출이 발생한 지역만을 대상으로 재분배한다. 효율성의 원칙에 의하면 유입지역은 일정 규모의 재원을 부담해야 하지만 현행 제도 하에서는 역교부금제도가 인정되지 않기 때문에 유입지역에 대해서는 단지 부가가치세의 재분배에서 제외할 뿐이다. 지역별 배분 규모는 유출의 정도에 따라 차등 있게 결정한다.

〈표 8-9〉 부가가치세수의 재분배 기준

-부가가치세수 5%=조정률*지역내 총생산 유출액의 전국 합계
-조정률=부가가치세수 5%/지역내 총생산 유출액의 전국 합계
-지역별 부가가치세수(5%) 재분배 규모=지역별 지역내 총생산 유출액×조정률

지역별 부가가치세수 재분배 규모는 다음과 같은 방법으로 결정한다. 부가가치세수 5%(1조8,112억 원)와 지역내 총생산 유출액의 전국 합계(235조 4,920억 원)가 다르기 때문에 양자를 일치시킬 필요가 있다. 부가가치세수의 5%로 지역내 총생산 유출액 전국 합계 전액을 보전할 수 없기 때문에 지역내 총생산 유출액의 전국 합계에 조정률을 적용한다. 조정률을 산출한 다음 지역별 지역내 총생산 유출액에 조정률(0.007691)을 곱하여 지역별 부가가치세수의 재분배 규모를 결정한다.

2 부가가치세 공동 세원의 재분배 효과

지역내 총생산의 역외 유출이 발생한 지역에 대해 유출액을 기준으로 하여 부가가치세수의 5%를 재분배한다. 2005년 기준 전국적으로 1조 8,112억 원이 균특 추가 재원의 형태로 부가가치의 역외 유출이 발생한 지역에 재분배된다. 그러나 균특 32.94%가 증가한 만큼 내국세의 규모가 축소되어 지방교부세가 감소된다. 전국적으로 증가될 균특 재원(1조 8,112억 원)의 19.13%(내국세의 법정교부율)에 해당되는 3,465억 원의 지방교부세 감소가 발생하여 최종적으로 지방재정의 순증가액은 1조 4,647억 원에 달하게 된다.

더 나아가 각 지방자치단체별로 균특에 의한 부가가치세의 추가적인 재분배액에서 내국세원의 축소에 따른 지방교부세의 감소액을 빼면 실질적인 증가액을 산출할 수 있다.

그 결과 유출액(45,863십 억)이 가장 큰 지역인 경기도 3,292억 원을 비롯하여 울산시 2,164억 원, 경북도 2,316억 원, 전남도 1,533억 원, 경남도 1,256억 원 등이 새로이 할당된다. 반면에 지역 생산의 역외 유입이 발생한 지역은 부가가치세의 추가적인 재분배 없는 상태에서 지방교부세원의 감소로 인해 실질적인 지방재정 규모의 축소를 경험하게 된다. 실제로 대구시 60억 원, 부산시 54억, 대전시의 31억의 감소가 이에 해당된다.

이와같이 부가가치세 공동 세원을 지역내 총생산 유출액을 기준으로 하여 재분배하기 때문에 재원 배분에서 효율성을 확보할 수 있다. 또한 재분배 결과 재정자립도가 낮은 지역에 더 많이 지원되기 때문에 형평성에도 기여할 것으로 생각된다.[9]

---

9) 실제로 지역별 재정자립도와 지방재정 실질 증가액 간의 상관관계 분석에 의하면 상관계수값은 -0.1860이다. 상관계수의 절대값은 작지만 음(-)의 기호는 최소한 형평성에 위배되지는 않는다는 점을 보여 준다. 이와같이 재정자립도와 부가가치세수 재분배액 간의 상관계수가 재정자립도와 지역내 총생산 순유출입률 간(0.7214) 혹은 순유출입액 간(0.5031)의 상관계수에 비해 절대값이 작은 이유는 상대적으로 재정자립도가 높고 지역내 총생산의 유입액이 발생한 지역에 대해서는 역교부세와 같은 재정 부담을 주지 않고

〈표 8-10〉 지역내 총생산 유출 규모에 대응한 부가가치세수의 재분배 효과(2005년 기준)

(단위: 억 원, %)

구분	재정 자립도	지방 교부세	GRDP유출액 (십억)	부가가치세수(5%) 재분배		
				균특 추가배분액	지방교부세 감소액	지방재정 실질증감액
서울	96.1	9	0	0	0.2	-0.2
부산	73.4	2,726	0	0	54.9	-54.9
대구	73.9	2,962	0	0	59.7	-59.7
인천	70.0	1,844	9,672	744	37.1	706.7
광주	60.6	2,209	898	69	44.5	24.5
대전	75.0	1,551	0	0	31.2	-31.2
울산	69.9	1,446	28,513	2,193	29.1	2,163.9
경기	76.2	11,716	45,863	3,527	236.0	3,291.5
강원	27.5	19,775	10,589	814	398.3	416.1
충북	31.7	12,702	14,175	1,090	255.8	834.4
충남	32.7	17,952	28,987	2,229	361.5	1,867.9
전북	25.1	17,858	9,481	729	359.7	369.5
전남	19.9	26,306	26,826	2,063	529.8	1,533.4
경북	29.6	25,951	36,909	2,839	522.6	2,316.1
경남	37.5	21,810	22,036	1,695	439.2	1,255.6
제주	39.3	5,232	1,543	119	105.4	13.3
합계	56.2	172,049	235,492	18,112	3,465.0	14,647.0

주: 1. 균특 추가배분액=(지방자치단체별 역외유출액/전국 유출액: 235,492십억)*부가가치세 5% : 18,112억 원.
2. 지방자치단체별 지방교부세 감소액=(지방자치단체별 지방교부세/전국 총지방 교부세액: 172,049억 원)×총 지방교수세액 감소액(3,465억 원).
3. 지방교부세에 관한 통계는 2005년 예산을 기준으로 하고 전체 지방교부세를 포함한 수치임.
4. 지방재정 실질 증가액=균특 추가배분액-지방교수세 감소액.

자료: 재정경제부, 「국세통계연보」, 2005.
행정자치부, 「지방자치단체 예산 개요」, 2005.

단지 부가가치 세수를 재분배에서만 제외시켰기 때문에 상관 관계의 절대값이 적을 수밖에 없다. 만약에 생산과 분배의 합치를 통한 효율성 제고라는 논리에 의해 유입지역에 대해 역교부금제도를 채택한다면 상관계수의 절대값은 훨씬 더 커졌을 것이다.

제5절 결 론

우리나라에서는 지역내 총생산이 지역경제 발전의 유일한 지표로 활용되었다. 여기에는 일단 생산이 증대되면 귀착은 자동적으로 이루어진다는 사고가 내재해 있다. 그러나 생산과 귀착은 항상 일치하지 않는다. 특히 우리나라와 같이 직주분리와 도시 인구 집중 현상이 심한 곳에서는 양자간의 괴리 가능성이 크다. 분석 결과에 의하면 양자간의 괴리가 심할 뿐만 아니라 재정력이 취약한 지역은 유출, 우월한 지역은 유입이라는 역진적인 현상을 보였다.

진정한 지역경제 발전은 지역 성장과 지역귀착이 균형을 이룰 때 가능해진다. 이를 달성하기 위한 다양한 정부정책이 요구된다. 무엇보다 지역 균형개발을 통해 도시 인구 집중과 직주분리 현상을 해소해야 하지만 이는 장기적인 계획이 요구된다. 따라서 정부는 재량적 정책을 통해 양자를 조화시킬 수 있는 방안을 마련해야 한다. 지역내 총생산의 역외 유출입은 부가가치의 유동성으로 나타나기 때문에 생산과 귀착을 일치시키기 위해서는 부가가치의 환원정책을 수립해야 한다. 이를 위해 현행 국세인 부가가치세수의 일부를 중앙과 지방 간의 공동 세원으로 활용하여 유출이 발생한 지역에 대해 지방재정 조정재원의 형태로 재분배해야 한다.

이에 대한 정책대안을 마련하려면 무엇보다 실현 가능성에 중점을 두고 관련 부처와 이해당사자 간의 합의를 도출하기 용이한 접근 방법을 택해야 한다. 부가가치의 역외 유출입을 조정하기 위한 정책 수단으로 부가가치를 과세 대상으로 하는 부가가치세를 선택하는 데에는 쉽게 합의를 유도할 수 있는 내용이다. 이는 결국 중앙정부와 지방정부 간 부가가치세수의 공동이용으로 귀결되고 공동 세원의 비율에 관해 관련 부처 간의 견해가 대립될 수 있다. 이때 행정안전부는 재정경제부에 대해 새로운 대안을 제시하기보다는 부가가치세제가 도입되기 이전의 지방소비세였던 유흥음식세분에 해당되는 규모의 환원을 요구할 수 있다. 이는 현행 부가가치세의 5%에 해당되는 규모이다.

그 다음 부가가치세의 5%로 결정된 공동 세원의 배분 방법에 대한 내용이다. 이를 대상으로 독자적인 신지방 세목을 신설하는 경우 세수의 지역간 불균형과 세정의 중복이라는 문제를 야기하기 때문에 지방재정 조정재원의 형태로 운영할 필요가 있다. 현행 세 가지의 조정재원 중에서 국가균형발전 특별회계(균특)로 운영되는 것이 바람직하다. 지방SOC를 비롯하여 지역 개발에 기여할 수 있는 균특에 편입시켜 부가가치의 역외 유출 규모를 기준으로 하여 재분배할 필요가 있다. 이때 균특에 편입되는 액수의 교부세 법정교부율(19.13%)만큼의 지방교부세 축소를 초래하지만 추가적인 배분액은 이를 상쇄하고 잉여가 발생한다. 이러한 방법에 의해 부가가치세의 일부를 공동 세원으로 활용하는 경우 부가가치의 역외 유출이 심하면서 재정자립도가 낮은 지역에 추가 재원을 지원하게 됨으로써 공공 부문의 양대 원리인 효율성과 형평성에 동시에 기여할 수 있게 된다.

이 밖에도 지방재정에서 소비과세 확충이라는 지방세제의 발전에도 이바지할 수 있게 된다. 따라서 지역 생산과 지역 분배를 일치시키기 위한 부가가치세의 공동 세원화는 규범적으로 요구되는 정책 과제이다. 이를 위해 무엇보다 중앙정부의 지역 균형발전과 지방재정 확충에 대한 의지와 협조가 요구된다. 이러한 조치는 중앙정부의 재량이라기보다는 당위적인 의무로 간주된다.

제 9 장 재정보전금의 재배분 기준

제1절 서 론

지역경제는 지역생산과 지역귀착으로 이루어져 있으나 주로 지역생산에만 관심을 갖고 있다. 우리나라는 지역내 총생산(GRDP)을 지역경제의 대표적인 지표로 사용하고 있다. 그러나 지역내 총생산은 지역별 생산만을 나타낼 뿐이고 최종적으로 어느 지역에 귀착되는가는 나타내지 못한다. 특히 우리나라와 같이 교육을 비롯한 생활 기반시설이 대도시에 집중되어 직주분리 현상이 광범위하게 나타나는 곳에서는 지역생산과 지역귀착이 괴리될 개연성이 높다. 선행 연구에 의하면 전국적으로는 지방에서 수도권으로, 지방 수준에서는 인접도에서 광역시로, 수도권에서는 인접 시도에서 서울시로 지역 생산의 역외 유출이 광범위하게 발생하고 있다는 점을 보여 주고 있다(김정완, 2003).

이와같이 지역생산의 역외 유출입이 심한 경우 지역생산의 유출지역은 성장에 따른 과실을 향유하지 못하면서 외부불경제만을 떠맡게 되어 지역간 자원 배분의 비효율성을 초래하게 된다. 직주분리에 의한 지역생산과 지역귀착의 불일치는 효용을 극대화하고자 하는 개인에게는 합리적인 선택이 될 수 있으나 지방자치단체 수준에서는 지역 간 경제적 정의를 훼손된다. 따라서 정부 부문은 조정자로서 이를 보완하기 위한 정책 수단을 강구할 필요가 있다. 시·도별 지역생산의 역외 유출입은 중앙정부, 시군별의 경우는 광역자치단체인 도(道)가 각각 보완제도를 마련해야 한다. 따라서 이 장에서는 경기도의 시군별 지역생산의 역외 유출입 규모를 추정하고 이를 보완하기 위한 방안으로서 경기도에 의한 시군별 재정조정제도인 재정보전금의 개편 방안을 제시하고자 한다.

경기도는 전국에서 가장 많은 인구와 지방재정 규모를 보유하고 있으며 31개 시군으로 이루어져 있기 때문에 시군별로 경제적 여건은 다양한 편이다. 그동안 경기도를 비롯한 광역자치단체는 시군 간의 형평성을 도모하고 급증하는 행정 수요를 해결하기 위해 재정보전금제도를 운용하고 있다. 재정보전금은 예전의 도세징수교부금을 개편하여 광역자치단체와 기초자치단체 간의 수직적 형평성과 기초자치단체 간의 수평적 형평성을 제고하기 위해 2000년에 도입되었다.

현행 재정보전금(도세 징수액의 27%, 인구 50만 이상의 시는 47%)은 일반재정보전금·시책추진보전금·특별재정보전금으로 운용되고 있다. 이러한 재정보전금 중에서 시책추진보전금과 특별재정보전금은 중앙정부가 운용하고 있는 국고보조금과 증액교부금처럼 특정 재원으로 운용되고 있기 때문에 객관적이고 공식적인 기준의 적용이 불가능한 재원이다. 따라서 이 연구는 순수한 재정조정제도로 운용되고 있는 일반재정보전금만을 대상으로 한다. 실제로 일반재정보전금은 전체 재정보전금의 90%를 재원으로 하여 시군별 인구 수(60%)와 도세징수액(40%)를 기준으로 하여 분배하고 있다.

일반재정보전금은 광역자치단체에 의한 기초자치단체에 대한 재정조정제도로서 몇 가지 정책 목표를 갖게 된다. 첫째, 시군의 행정 수요를 충족시키기 위한 도의 시군에 대한 재정 지원[수요성], 둘째, 시군 간 재정적 불균형의 시정[형평성], 셋째, 시군별 지역 생산의 역외 유출입을 보전함으로써 지역 간 자원 배분의 효율성 제고[효율성] 기능이 이에 속한다. 그럼에도 불구하고 일반재정보전금은 시군 간의 재정적 불균형의 확대를 비롯하여 기존 도세징수교부금의 문제점을 답습하고 있다. 따라서 일반재정보전금을 운용할 때 시군 간의 형평성을 제고하고 지역경제 여건을 반영하면서 중앙정부의 재정조정제도가 간과한 역할을 정립할 필요가 있다. 이를 위해 시군별 지역생산의 역외 유출입을 추정하여 이를 기존 배분 기준인 인구수·도세징수액에 새로이 추가함으로써 일반재정보전금의 본래의 목표를 달성하는 데 기여할 것으로 생각한다.

이 연구는 먼저 경기도의 시군별 지역생산의 역외 유출입 규모를 먼저 추정한다. 지역생산과 지역 소득의 비교를 통해 지역생산의 역외 유출입 규모를 산정할 수 있다. 지역생산은 지역내 총생산(GRDP) 지표를 이용하지만 지역 소득에 관한 공식적인 지표가 존재하지 않는다. 따라서 대표적인 지역귀착 경제지표를 지역 소득의 대리변수로 활용한다. 예금액·지방세·가계소비액 등이 지역귀착의 후보 변수에 포함될 수 있다. 이들 변수 중에서 선행 연구와 전국 단위의 분석을 통해 지역귀착의 대표 지표를 선정하여 지역 소득을 추계한 후에 이를 지역내 총생산과 비교함으로써 지역생산의 시군별 역외 유출입 규모를 추정한다.

지역경제에 관한 시군별 자료는 입지상을 이용한다. 관찰값은 경기도 31개 시군의 2002년과 2003년 자료를 활용한다. 이와같이 시계열 자료와 횡단자료를 결합한 집적시계열 자료(pooled time-series analysis)를 활용함으로써 시간과 공간에 따른 변이(variation)를 감지할 수 있고, 탈락변수에 의해 발생되는 편차(bias)를 축소할 수 있으며, 자유도(degree of freedom)를 증대시켜 다중공선성(multicollinearity)을 완화시킬 수 있다.

이와같이 지역생산의 역외 유출입을 추정하고 이를 일반재정보전금의 배분에 반영할 때 2003년을 분석의 기준 연도로 설정하고 그 결과는 2004년의 예산배분에 활용하는 것을 내용으로 한다.

제 2 절 선행 연구의 검토

지역경제는 지역생산과 지역귀착으로 이루어져 있다. 성장의 과실이 해당 지역에 귀착되어 지역 주민의 소득 수준과 복지 수준을 향상시킬 때 진정한 지역경제 발전을 도모할 수 있다. 지역생산이 균형을 이루고 있을지라도 생산 과실의 역외 유출입이 심하면 해당 지역의 복지에 기여하지 못하기 때문이다. 그동안 지역 개발에 관한 정부정책은 주로 지역생산 측면에만 관심을 두었고 생산에 따른 분배는 자연적으로 수반되는 것으로 간주해 왔다. 그러나 우리나라는 직주분리 현상이 심하기 때문에 양자간의 괴리 가능성이 상존해 왔다. 그럼에도 불구하고 학계는 양자가 일치한다는 암묵적인 가정 하에서 지역경제에 대한 분석을 시도해 왔다.

그러나 만약에 지역내 총생산의 역외 유출입이 심하다면 지역내 총생산은 지역경제 지표로서 의미가 약화되고 지역내 총생산을 기준으로 한 연구 또한 의미 있는 결론을 추론하지 못할 수 있다. 실제로 박병희(2002)는 지역내 총생산과 지방세수입 간(1인당 기준)의 상관관계가 점점 약해지다가 1990년대 후반에 접어들면서 역의 상관관계를 나타내고 있다는 점을 보여주고 있다.

더 나아가 김정완(2003)은 구체적으로 지역경제를 지역생산과 지역귀착으로 구분하여 양자간의 관계를 분석한 바 있다. 기본적으로 우리나라는 직주분리 현상이 심하기 때문에 양자간의 괴리가 심할 수 있다는 전제 하에서 출발하고 있다. 지역생산은 지역내 총생산, 지역귀착은 예금액·가계소비액·지방세수로 조작적으로 정의(operational definition)하여 양자간(입지상 기준)의 상관관계를 파악한 결과 이들 변수들 간 의미 있는 관계를 추론할 수 없다는 점을 보여 주었다. 이는 지역생산의 역외 유출입이 심하여 해당 지역에 귀착되지 않는다는 점을 나타낸다. 더 나아가 시·도별로 지역생산의 지역 간 역외 유출입의 규모를 추계하여 양자간의 괴리 현상을 지역별로 구체화하고 있다. 지역생산의 역외 유출은 전국적으로는 지방에서 수도권으로, 지방에서는 인접 도에서 광역시로, 수도권에서는 인접 시도에서 서울시로 이루어지고 있다는 점을 밝혀 준다.

박병희(2002)와 김정완(2003)의 연구는 광역자치단체를 기준으로 한 분석이었다. 이 연구는 16개 시·도 중에서 지역생산의 역외 유출 규모가 가장 큰 경기도(김정완, 2003: 69)를 대상으로 시군별로 지역생산과 지역귀착 간의 상합성을 파악하고 난 후에 시군별 지역 생산의 역외 유출입 규모를 추정하고 이를 경기도 차원에서 보완할 수 있는 일반재정보전금제도의 개선 방안을 강구하고자 한다.

원래 재정보전금은 2000년에 도세징수교부금의 불합리한 점을 개선하기 위해 도입된 시·도에 의한 시군의 재정조정제도이다. 기존 도세징수교부금은 도세의 징수 업무를 담당하는 시군에 대해 징수액의 30%(인구 50만 이상의 시는 50%)를 교부하는 제도였다. 그러나 도세징수교부금은 시군 간의 재정적 불균형의 확대, 징수교부금의 과다, 중앙정부의 재정조정제도의 취지 훼손 등의 문제점을 야기했다(이규환, 1999; 이창균·서정섭, 1999; 이상용·이영희, 1994; 김수근, 1996·1997·1999; 이상용, 1997; 이재원, 1997 등). 따라서 도세 징수액의 3%만을 도세징수교부금으로 존치시키고 27%(인구 50만 이상의 시는 47%)를 재정보전금제도로 전환시켰다.

서정섭(2003)은 재정보전금 운용 전반에 관한 평가를 실시했다. 무엇보다도 재정보전금의 일차적인 목표인 시군 재정 형평화에 대한 기여 정도를 측정했다. 경기도를 제외한 다른 시·도는 미약하나마 재정 형평화에 긍정적인 영향을 미친 것으로 평가하고 있다. 반면에 경기도는 2002년 기준 전국 재정보전금의 66.8%에 달하는 막대한 재원을 운용함에도 불구하고 예전의 도세징수교부금제도보다 악화된 결과를 초래했다는 점을 적시하고 있다. 일반재정보전금의 경우 인구 수와 도세 징세액 기준으로 하기 때문에 부익부 빈익빈 현상이 존속되고 재정보전금 재원의 10%에 달하는 액수가 시책추진보전금이라는 명목으로 도지사의 임의적인 기준에 의해 배분되고 이에 대한 자료의 공개를 꺼리고 있다는 점을 지적했다. 또한 특정 재정보전금은 상대적으로 재정력이 높은 보통교부세 불교부단체에 지원되기 때문에 이들 자치단체의 경우 예전의 도세징수교부금제도에서보다도 더 많은 지원을 받는 경우도 있다는 점을 밝히고 있다. 그 결과 재정보전금 제도의 도입 취지가 훼손되어 기존 도세징수교부금제도로의 환원의 필요성이 제기되고 있는 실정이라는 점을 지적하고 있다.

따라서 서정섭(2003)은 재정보전금제도의 전반적인 제도 개선을 위해 무엇보다도 특별재정보전금과 시책추진보전금 비율의 축소 혹은 폐지를 제시하고 일반재정보전금에서 기존의 인구 수(60%)와 도세징수액(40%)에 의한 배분 기준을 인구 수로 통일하는 방안을 대안으로 제시하고 있다. 대안의 시뮬레이션 결과 시군 간 재정 형평화에 기여하게 된다는 점을 보여 주고 있다.

이 연구는 일반재정보전금은 대표적인 현행 시군 재정조정 재원이기 때문에, 경기도 내에서 시군별 지역생산의 역외 유출입을 보완할 재정적 조치를 일반재정보전금에서 찾고자 한다. 지역 간 지역생산의 역외 유출입에서 통상적으로 재정자립도를 비롯한 사회경제적인 여건이 우세한 지역은 유입, 취약한 지역은 유출을 경험하게 된다(김정완, 2003). 그 결과 재정보전금 배분에서 시군별 지역생산의 역외 유출 규모와 비율을 반영함으로써 지역 간 자원 배분의 효율성 제고와 함께 지역 간 재정적 형평성을 제고함으로써 재정보전금의 도입 취지를 개선할 것으로 기대한다.

제 3 절 시군별 지역생산과 지역귀착의 분포 현황

1 지역생산과 지역귀착의 지표

1) 지역생산

지역생산을 나타내는 대표적인 지표는 지역내 총생산(GRDP)이다. 지역내 총생산은 지역경제의 실태를 파악할 수 있는 유일한 지표로 매년 통계청이 발표하는 시·도별 지역내 총생산과 경기도를 비롯한 일부의 시·도가 발표하는 시군별 지역내 총생산이 있다. 지역내 총생산은 각 지역의 경제 규모, 생산 수준, 산업구조 등을 나타냄으로써 지역경제 분석 및 지역균형개발 정책을 수립하는 데 기초 자료로 활용되고 있다. 지역내 총생산은 지역별 국내총생산(gross domestic product)이라고 할 수도 있다. 그러나 지역내 총생산은 국내총생산을 단순히 지역별로 배분한 것은 아니다. 이용하는 기초 자료와 접근 방법의 차이로 인해 지역내 총생산의 합계와 국내총생산은 반드시 일치하지 않는다. 실제로 지역내 총생산은 지역 배분이 곤란한 국방 부문 생산액과 수입관세 등은 포함되지 않는다. 또한 지역내 총생산은 지역 주민의 거주지나 생활 근거지와 관계없이 해당 지역에서 발생한 부가가치만을 계상한다. 따라서 발생된 부가가치가 지역 간 이동을 통해 최종적으로 어느 지역에 귀착되는가를 나타내는 지역 분배 측면과는 차이가 있다. 이 연구는 통계청의 「시·도별 지역내 총생산 및 지출」, 경기도의 「시군 단위 지역내 총생산」의 자료로 활용한다.

2) 지역귀착

지역귀착은 지역 소득으로 나타나지만 이에 대한 공식적인 지표가 없는 실정이다. 국민소득의 3면 등가 법칙에 의하면 한 국가에서 생산·소득·지출이 같게 된다. 그러나 소득과 지출은 지역 간 유동적이기 때문에 지역별로 정확한 통계가 부재하다. 지역귀착은 지역 소득을 반영하는 다양한 후보 지표 중에서 생산지가 아닌 생활 근거지(주소지)에서 이루어지는 경제활동 지표 중에서 타당하고 계량 가능한 지표를 대신 사용한다. 선행 연구(김정완, 2003: 60-62)에 의하면, 예금액·지방세·소비액 등이 지역귀착 지표로서 유용성을 내포하고 있다.[1)]

예금액은 소득에서 조세와 소비 지출을 제외한 금액으로서 잉여 가처분 소득에 해당된다. 또한 예금액은 소득 중에서 필요한 경비를 제외한다는 의미에서 순수한 소득 수준을 나타낸다. 실제로 예금계좌의 관리는 근무지보다는 가계 운영자를 비롯한 가족의 거주지를 중심으로 이루어지는 것이 일반적이다. 비록 입출금은 전국 어디서든지 가능하지만 계좌의 개설은 거주지에서 하는 경우가 일반적이기 때문에 예금 통계는 계좌 개설 지역인 거주지를 중심으로 산정되고 있다. 이러한 맥락에서 예금액은 지역 소득 수준을 비교적 정확히 반영한다는 점이 실증적으로 증명된 바 있다(김정완, 2004: 58-61; 김정완, 2003: 58; 박완규, 1997: 48). 예금액은 요구불 예금을

---

1) 이와 관련하여 가계소비액은 지역귀착에 관한 유용한 대체지표로 이용되고 있다. 그러나 시·도 단위의 자료에 국한하고 시군 자료는 공표되지 않고 있다. 따라서 시군별 예금액과 지방세를 지역귀착의 지표로 선정하고자 한다.

제외한 예금은행의 저축성 예금만을 대상으로 한다. 구체적인 자료는 한국은행 경기 지역 본부 내부 자료를 활용한다.

지방세는 국세에 비해 지역귀착성이 강한 세원을 과세 대상으로 한다. 지방세는 재산과세 위주로 이루어져 있으며 주로 주소지별 지방자치단체가 징수한다. 건물·토지·자동차 등 재산은 경제 수준과 밀접한 관계가 있기 때문에 지역 소득의 대리지표로서 유용성을 내포하고 있다. 지방세는 주민세 등 10개의 시군세를 대상으로 하고 구체적인 통계자료는 행정안전부의 『지방세정연감』을 참고로 한다.

2 시군별 지역생산과 지역귀착 분포 현황

1) 지역생산: 지역내 총생산

2003년 기준 경기도의 지역내 총생산은 142조1,701억 원으로 서울시 다음으로 큰 비중을 차지한다. 이 중에서 남부가 81.96%, 북부가 18.04%를 각각 나타내고 있어 절대 규모를 기준할 때 경기도 내에서 지역내 총생산은 남부가 대부분을 차지하고 있다는 점을 보여 준다. 시군별로 살펴보면 수원시(13조, 9.43%)·용인시(13조, 8.840%)·안산시(12조, 8.79%)·성남시(10조, 6.71%)·부천시(9조, 6.21%)·화성시(9조, 6.19%) 등이 비교적 높은 비율을 차지하고 있는 반면에 연천군(6천억, 0.42%)·가평군(7천억, 0.49%)·양평군(8천억, 0.53%)·동두천시(1조 2천억, 0.84%) 등은 낮은 점유율을 보이고 있다.

시군별 지역내 총생산은 인구점유율을 기준으로 한 입지상에 의한 경우도 남부는 1.10이고 북부는 0.72이다. 이는 남부는 인구점유율에 비해 더 높은 지역내 총생산의 점유율을 보이는 반면에 북부는 인구점유율에 미치지 못한다는 점을 나타내고 있다. 실제로 남부에 속하는 화성시(2.67)·용인시(1.75)·이천시(1.72)·평택시(1.70)·안성시(1.54)·안산시(1.38)·김포시(1.26) 등 남부지역이 인구점유율을 상회하는 지역생산의 점유율을 보이고 있다. 북부지역의 경우 포천시(1.0434)를 제외하고 모두 1 미만이고, 특히 구리시(0.67)·남양주시(0.613)·고양시(0.59)·의정부시(0.57) 등은 도내에서 최하위 수준에 머무르고 있다. 그 결과 경기도 내 31개 시군 간 인구점유율을 기준으로 한 지역 간 불균형도를 나타내는 지니계수[2]는 0.2170으로 비교적 높게 나타나고 있다.

2) 지역귀착

(1) 지방세

2003년 기준 경기도의 시군세 총액은 2조 860억이다. 이 중에서 남부가 79.08%, 북부가 20.92%를 각각 나타내고 있다. 지역내 총생산에 비해 남부와 북부의 차이가 적지만 절대액을 기준으로 할 때 남부가 많은 비율을 차지하고 있다. 시군별로 살펴보면 수원시(3,145억, 11.00%)·성남시(2,879억, 10.06%)·용인시(2,782억, 9.73%)·부천시(1,804억, 6.31%)·안산시(1,760억, 6.15%)·안양시(1,564억, 5.47%) 등 남부지역이 높은 비율을 차지하고 있는 반면에 연천군(130억, 0.46%)·동두천시(156억, 0.54%)·가평군(174억, 0.61%)·양평군(189억, 0.66%) 등은 낮은 점유율을 보이고 있다.

시군별 지방세를 인구점유율을 기준으로 한 입지상에 의한 경우 남부는 1.06이고 북부는 0.83이다. 이는 남부는 인구점유율에 비해 더 많은 지방세 점유율을 보인 반면에 북부는 인구점유율에 미치는 못한다는 점을 나타내고 있다. 다만 지역내 총생산(1.10 : 0.72)에 비해 그 격차는 크지 않을 뿐이다. 실제로 경기도 내 31개 시군 간 인구점유율을 기준으로 한 지역 간 불균형도를 나타내는 지니계수는 0.1341로 비교적 낮게 나타나고 있다. 이유는 지방세의 경우 도세를 제외한 시군세만을 대상으로 했기 때문에 인구점

---

2) 입지계수 및 지니계수의 산출식.

- 입지계수=rRi/rPi, rPi=Pi/∑Pi, rRi=Ri/∑Ri ....(1)
  여기서 P=인구, R=지표 수치, i=각 지역
- 지니계수(Gini) =1-1/0.5∑(½){Tr(i) + Tr(i-1)}{Pr(i)-Pr(i-1)} ....(2)
  여기서 P=특정 지역의 인구 수, P_r=특정 지역의 전체 대비 인구 비율, $P_{r(i)}$=특정 지역까지의 인구 비율의 누적(i의 순서는 입지계수 오림차순), T=특정 지역의 지표 수치, T_r=특정 지역의 전체 대비 지표의 비율, $T_{r(i)}$=특정 지역까지의 지표의 비율의 누적을 각각 나타냄.

유율을 기준으로 할 때 지역내 총생산에 비해 비교적 균형적인 모습을 보이고 있다. 남부에 속하는 화성시(1.79)·용인시(1.73)·과천시(1.58)·이천시(1.26)·광주시(1.25)·여주군(1.21) 등 대부분의 남부지역들이 인구점유율을 상회하는 지방세의 점유율을 나타내고 있다. 북부지역의 경우 가평군(1.13)과 포천시(1.01)를 제외하고 모두 1 미만이고, 특히 남양주시(0.71)·의정부시(0.71)는 남부의 광명시(0.66)를 제외하고는 도내에서 최하위 수준에 머무르고 있다.

(2) 예금액

2003년 기준 경기도의 시군별 예금액의 총액은 68조 228억이다. 이 중에서 남부가 82.87%, 북부가 17.13%를 각각 나타내고 있다. 시군별로 살펴보면 성남시(12조, 17.13%)·수원시(11조, 15.48%)·안양시(6조 8.22%)·부천시(5조, 7.89%)·용인시(4조, 5.16%) 등 남부지역들이 높은 비율을 차지하고 있는 반면에 가평군(499억, 0.07%)·연천군(1,243억, 0.18%)·양평군(1,258억, 0.18%)·양주시(2,311억, 0.34%) 등은 낮은 점유율을 보이고 있다.

〈표 9-1〉 시군별 지역생산과 지역귀착의 규모(2003년)

(단위: 명, 십억 원)

구 분	인구 수(명)	지역내 총생산	지방세	예금액
경기도	10,206,851	142,170.1(1.00)	2,860.1(1.00)	68,022.8(1.00)
남 부	7,635,006	116,528.9(1.10)	2,261.9(1.06)	56,373.2(1.11)
수원시	1,032,944	13,407.0(0.93)	314.5(1.09)	10,532.4(1.53)
성남시	962,048	9,540.9(0.71)	287.9(1.07)	11,655.7(1.82)
부천시	844,256	8,826.3(0.75)	180.4(0.76)	5,367.5(0.95)
안양시	604,505	7,203.0(0.86)	156.4(0.92)	5,590.5(1.39)
안산시	651,625	12,490.5(1.38)	176.0(0.96)	4,449.1(1.02)
용인시	575,255	12,561.5(1.57)	278.2(1.73)	3,508.2(0.92)
평택시	364,979	8,641.2(1.70)	110.4(1.08)	2,099.8(0.86)
광명시	336,083	3,253.9(0.70)	61.8(0.66)	2,040.1(0.91)
시흥시	368,223	6,183.8(1.21)	96.7(0.94)	1,741.7(0.71)
군포시	273,765	3,206.3(0.84)	65.2(0.85)	1,650.9(0.90)

화성시	236,226	8,797.7(2.67)	118.5(1.79)	376.4(0.24)
이천시	190,753	4,567.0(1.72)	67.2(1.26)	964.7(0.76)
김포시	203,391	3,582.1(1.26)	54.1(0.95)	818.0(0.60)
광주시	191,466	2,702.9(1.01)	66.8(1.25)	475.8(0.37)
안성시	151,522	3,242.3(1.54)	45.0(1.06)	407.9(0.40)
하남시	128,326	1,285.9(0.72)	33.1(0.92)	615.2(0.72)
의왕시	143,388	1,508.4(0.76)	33.4(0.83)	947.2(0.99)
오산시	118,167	1,763.8(1.07)	31.0(0.94)	669.8(0.85)
여주군	104,030	1,511.9(1.04)	35.3(1.21)	280.8(0.41)
양평군	83,730	760.5(0.65)	18.9(0.80)	125.8(0.23)
과천시	70,324	1,491.8(1.52)	31.1(1.58)	2,055.9(4.39)
북 부	2,571,845	25,641.2(0.72)	598.2(0.83)	11,649.6(0.68)
고양시	865,077	7,052.8(0.59)	215.0(0.89)	5,702.2(0.99)
의정부시	394,803	3,112.4(0.57)	78.6(0.71)	1,855.3(0.71)
남양주시	403,755	3,448.5(0.61)	80.0(0.71)	1,096.7(0.41)
파주시	237,658	3,043.9(0.92)	59.8(0.92)	664.5(0.42)
구리시	192,947	1,808.8(0.67)	41.5(0.77)	1,165.7(0.91)
포천시	150,240	2,446.2(1.17)	42.5(1.01)	459.9(0.46)
양주시	148,062	2,248.7(1.09)	34.7(0.84)	231.1(0.23)
동두천시	74,735	1,193.6(1.15)	15.6(0.74)	300.2(0.60)
가평군	55,060	695.1(0.91)	17.4(1.13)	49.9(0.14)
연천군	49,508	591.3(0.86)	13.0(0.94)	124.3(0.38)
평 균	329,253	4,586	92	2,194
표준편차	278,577	3,743	83	2,848
변이계수	85	82	90	130
지니계수	-	0.2170	0.1341	0.2625

주: ( )는 입지상.

시군별 예금액을 인구점유율을 기준으로 한 입지상에 의한 경우 남부는 1.11이고 북부는 0.68이다. 이는 남부는 인구점유율에 비해 더 많은 지방세 점유율을 보인 반면 북부는 인구점유율에 미치지 못한다는 점을 나타내고 있다. 다만 지역내 총생산(1.10: 0.65)에 비해 그 격차는 크지 않지만 지방세

(1.06: 0.83)에 비해 격차가 크다. 실제로 과천시(4.39)·성남시(1.82)·수원시(1.53)·안양시(1.39) 등 인구점유율을 상회하는 지역은 대부분 남부에 속한다. 북부지역의 경우 고양시(0.99)와 구리시(0.91)를 제외하고 모두 인구점유율에 비해 크게 못 미친다. 특히 가평군(0.14)·양주시(0.23)·연천군(0.38)·남양주시(0.41)·파주시(0.42) 등 대부분 0.5 이하로 인구점유율의 절반 미만의 수준이다.

그 결과 경기도 내 31개 시군 간 인구점유율을 기준으로 한 지역 간 불균형도를 나타내는 지니계수는 0.2625로 지역내 총생산이나 지방세에 비해 비교적 높게 나타나고 있다.

3 시군별 지역생산의 역외 유출입 규모

1) 지역 소득의 추계 방법

국민 소득의 3면 등가 법칙에 의해 한 국가경제에서 생산(지역생산)·분배(지역 소득)·소비(지역소비)는 동일한 규모이다. 따라서 지역별로 지역생산과 지역귀착 지표인 지역 소득 혹은 지역 소비를 비교함으로써 부가가치의 지역 간 역외 유출입 현황을 추정할 수 있다.

여기서 지역생산은 지역내 총생산을 활용하고, 지역 소득은 지역귀착 지표들 중에서 대표 지표로 검증된 바 있는 지역별 예금액을 기준으로 추계한다(김정완, 2004[3]; 김정완, 2003; 박완규, 1997).

---

3) 실제로 지역내 총생산·지방세·가계소비액·예금액의 네 개의 지역경제 지표를 대상으로 주성분분석(principal component)의 결과 고유값(eigenvalue) 1 이상을 기준으로 할 때 두 개의 요인이 추출된다. 이는 요인 수를 사전에 지정하지 않은 분석에서 얻어진 결과로서 네 가지 경제지표는 안정적으로 두 가지 요인으로 요약된다는 점을 보여 준다. 제1요인이 60%, 제2요인이 26.55%로 2개의 요인이 총 네 가지 경제지표 변량의 86.55%를 설명하고 있다(김정완, 2004: 60).

그 다음 구체적인 요인 유형(factor pattern) 분석에 의한 두 가지 요인별 네 가지 경제지표의 요인적재량(factor loading)을 살펴보면 제1요인에 지역별 예금액(0.9474)·가계소비액(0.8713)·지방세수(0.8612), 제2요인에는 지역내 총생산(0.9885)이 적재된다. 따

〈표 9-2〉 지역 소득의 추계 방법

-전국 지역내 총생산=전국 소득액=전국 예금액×보정률
-보정률=전국 지역내 총생산(731,627십억)/전국 예금액(489,620십억)=1.4943
-지역별 소득액=지역별 예금액×1.4943

주: 예금액은 요구불 예금을 제외한 저축성 예금에 한정함. 요구불 예금은 향후 지출을 위한 대 기성 자금이라는 점에서 제외함.

2) 시군별 역외 유출입 규모

경기도의 시군별 지역생산의 역외 유출입 규모를 추정하기에 앞서 경기도를 중심으로 한 전국 시·도별 현황을 먼저 살펴볼 필요가 있다. 지역별 예금액에 의해 추계된 지역 소득과 지역내 총생산을 비교한 결과 지역생산의 성과인 부가가치의 역외 유출입이 심하다는 점을 발견할 수 있다. 부가가치가 전국적으로는 지방에서 수도권으로, 지방에서는 도에서 광역시로, 수도권에서는 인접 시도에서 특별시로 유입되고 있다.[4]

특히 경기도(142.170조)는 전국에서 서울시(175.502조) 다음으로 많은 부가가치를 생산하지만 가장 많은 규모(40.525조)가 역외로 유출되고 있다. 이를 연차별로 살펴보면 역외 유출률은 감소하고 있으나 2000~2003 기간 동안 연평균 34.83%가 서울시를 비롯한 다른 지역으로 유출되고 있으며 연평균 유출 규모는 연간 41,4951십억에 달하고 있다.

경기도는 2003년 기준 전체적으로 지역생산의 28.50%에 해당되는 40,524십억이 역외로 유출되고 있다. 이 중에서 남부는 27.71%인 37,147십억, 북부는 32.11%인 8,233십억이 역외로 유출되고 있다. 유출액 규모는 남부가 북부에 비해 크지만 유출 비율은 북부가 남부에 비해 높게 나타나고 있다.

라서 지역내 총생산과 예금액·가계소비·지방세수는 별개의 경제지표로 상정할 수 있다. 제1요인에 속하는 예금액·가계소비·지방세수는 지역귀착, 제2요인에 속하는 지역내 총생산은 지역 생산으로 분류할 수 있음이 증명된다. 또한 요인적재량을 기준으로 할 때 제1요인(지역귀착)에는 지역 예금액, 제2요인(지역생산)에는 지역내 총생산이 대표인 지표이다(김정완, 2004: 61).

4) 이와 같은 시·도 간의 지역생산의 역외 유출입을 보완할 수 있는 재정적 조치는 중앙정부에 의해 강구되어야 한다. 중앙정부가 부가가치세와 같은 일정한 세원을 재원으로 하여 지방재정조정제도로 운용할 필요가 있다(김정완, 2004).

〈표 9-3〉 전국 시·도별 지역생산의 역외 유출입 규모(2003년)

(단위: 십억 원, %)

구 분	지역내 총생산	예금액	지역소득액	순유출입액[1]	순유출입률[2]
서울특별시	175,502	253,141	378,262	202,760	115.53
부산광역시	42,929	32,024	47,852	4,924	11.47
대구광역시	24,507	20,317	30,359	5,852	23.88
인천광역시	34,556	16,843	25,169	-9,388	-27.17
광주광역시	15,541	10,304	15,397	-145	-0.93
대전광역시	17,424	12,908	19,288	1,864	10.70
울산광역시	34,414	6,333	9,464	-24,950	-72.50
경 기 도	142,170	68,023	101,645	-40,525	-28.50
강 원 도	20,637	6,328	9,456	-11,181	-54.18
충청북도	23,039	6,153	9,194	-13,845	-60.09
충청남도	38,893	7,871	11,762	-27,131	-69.76
전라북도	22,382	8,743	13,065	-9,317	-41.63
전라남도	34,606	6,013	8,985	-25,622	-74.04
경상북도	49,579	11,830	17,678	-31,901	-64.34
경상남도	48,661	19,415	29,011	-19,650	-40.38
제 주 도	6,786	3,374	5,042	-1,744	-25.70
합 계	731,627	489,620	731,627	0	0.00

주) 1) 순유출입액=지역 소득-지역생산.
2) 순유출입률=순유출입액/지역생산×100.

〈표 9-4〉 연차별 경기도 지역생산의 역외 유출 추이

(단위: 십억 원, %)

구 분	2000	2001	2002	2003	평 균
유출 규모	42,723	40,772	41,960	40,525	41,495
유출률	39.96	36.51	34.34	28.50	34.83

그 이유는 북부지역은 지역생산의 절대 규모가 적을 뿐만 아니라 생활 기반이 취약하여 직주분리 현상이 남부지역에 비해 심하기 때문이다. 역외 유출입 현황을 시군별로 살펴보면 유입지역은 과천시(105.93%)·성남시

〈표 9-5〉 경기도 시군별 지역생산의 역외 유출입 규모(2003년)

(단위: 십억 원, %)

구 분	재정자립도	지역내 총생산	지역예금액	지역소득액	순유출입액	순유출입률
경기도	57.5	142,170.1	68,022.8	101,647	-40,524	-28.50
남 부	61.6	116,528.9	56,373.2	84,238	-32,290	-27.71
수원시	74.4	13,407.0	10,532.4	15,738	2,331	17.39
성남시	84.4	9,540.9	11,655.7	17,417	7,876	82.55
부천시	83.5	8,826.3	5,367.5	8,021	-806	-9.13
안양시	83.0	7,203.0	5,590.5	8,354	1,151	15.98
안산시	73.4	12,490.5	4,449.1	6,648	-5,842	-46.77
용인시	79.0	12,561.5	3,508.2	5,242	-7,319	-58.27
평택시	47.7	8,641.2	2,099.8	3,138	-5,504	-63.69
광명시	66.3	3,253.9	2,040.1	3,048	-205	-6.31
시흥시	59.4	6,183.8	1,741.7	2,603	-3,581	-57.91
군포시	71.2	3,206.3	1,650.9	2,467	-739	-23.06
화성시	63.8	8,797.7	376.4	562	-8,235	-93.61
이천시	53.0	4,567.0	964.7	1,442	-3,125	-68.43
김포시	52.5	3,582.1	818.0	1,222	-2,360	-65.88
광주시	58.4	2,702.9	475.8	711	-1,992	-73.69
안성시	36.2	3,242.3	407.9	610	-2,633	-81.20
하남시	46.3	1,285.9	615.2	919	-367	-28.52
의왕시	55.3	1,508.4	947.2	1,415	-93	-6.16
오산시	50.1	1,763.8	669.8	1,001	-763	-43.26
여주군	36.1	1,511.9	280.8	420	-1,092	-72.25
양평군	25.4	760.5	125.8	188	-573	-75.29
과천시	95.8	1,491.8	2,055.9	3,072	1,580	105.93
북 부	48.7	25,641.2	11,649.6	17,408	-8,233	-32.11
고양시	84.4	7,052.8	5,702.2	8,521	1,468	20.82
의정부시	63.1	3,112.4	1,855.3	2,772	-340	-10.92
남양주시	55.0	3,448.5	1,096.7	1,639	-1,810	-52.48
파주시	53.1	3,043.9	664.5	993	-2,051	-67.38
구리시	65.9	1,808.8	1,165.7	1,742	-67	-3.70
포천군	37.5	2,446.2	459.9	687	-1,759	-71.91
양주군	49.4	2,248.7	231.1	345	-1,903	-84.64
동두천시	29.7	1,193.6	300.2	449	-745	-62.42
가평군	26.2	695.1	49.9	74	-621	-89.28
연천군	22.7	591.3	124.3	186	-406	-68.60

〈표 9-6〉 경기도 시군별 지역생산과 지역귀착 간의 상관관계

구 분	재정자립도	지역생산	지역소득	순유출입액	순유출입률
재정자립도	1.0000	-	-	-	-
지역생산	0.6033 (0.0003)	1.0000	-	-	-
지역 소득	0.6672 (<.0001)	0.7408 (<.0001)	1.0000	-	-
순유출입액	0.1993 (0.2525)	-0.2021 (0.2756)	0.5082 (0.0035)	1.0000	-
순유출입률	0.7499 (<.0001)	0.2145 (0.2467)	0.6688 (<.0001)	0.7001 (<.0001)	1.0000

(82.55%)·고양시(20.82%)·수원시(17.39%)에 불과하고 대부분이 심각한 역외 유출을 경험하고 있다. 특히 화성시(-93.61%)·가평시(-89.28%)·양주시(-84.64%)·안성시(-81.20%)·이천시(-68.43%)·양평군(-75.29%)·용인시(-58.27%) 등이 높은 비율을 나타내고 있다.

이와같이 경기도 시군별로 지역생산의 역외 유출입 규모가 크기 때문에 지역생산과 지역 소득 간의 상관관계는 0.7408에 머물고 지역생산과 지방재정자립도의 상관관계도 0.6033에 지나지 않아 부가가치의 지역귀착도가 높지 않은 편이다. 특히 지방재정자립도와 순유출률 간의 상관계수가 0.7499로 부가가치의 역외 유출률은 재정자립도가 낮은 지역이 높다는 점을 알 수 있다.

제 4 절 일반재정보전금 배분 기준의 개편

1 일반재정보전금 평가 기준 모색

경기도가 운용하고 있는 시군을 위한 재정보전금은 일반재정보전금·시

책추진보전금·특별재정보전금으로 이루어져 있다. 이 중에서 시책추진보전금은 시군별 특정 사업 지원 재원이고 특별재정보전금은 지방교부세 불교부단체에 대한 재정보전을 목적으로 하고 있다. 일반재정보전금은 인구수(60%)와 도세징수액(40%)을 기준으로 하여 일반재원 형태로 지원되는 가장 전형적인 광역자치단체의 재정조정제도이다. 이러한 일반재정보전금은 도(道) 재정조정제도로서 다음과 같은 세 가지 기능을 수행할 수 있어야 한다. 일반재정보전금은 지방재정 조정재원으로서 수직적 형평성[수요성]과 수평적 형평성[협의의 형평성]을 기본으로 하고(Break, 1980: 76-87), 중앙정부의 지방재정 조정재원이 간과하고 있는 지방정부 간 자원 배분의 효율성 제고를 위한 보완적인 역할을 담당해야 할 것이다.

재정보전금에 의한 기초치단체 간 자원 배분의 효율성은 그간 중앙정부의 지방재정 조정재원이 간과했던 부문을 보완하는 내용을 포함하고 있다. 재정보전금이 지방재정 조정재원으로서 역할을 정립하기 위해서는 지방정부들 간의 경제활동에 의해 발생하는 외부효과의 내재화(internalization of external effect)를 도모해야 한다(강인재 외, 1993: 446-447; 손희준 외, 2001: 188). 우리나라에서는 광범위한 직주분리 현상 때문에 지역생산의 역외 유출입이 심한 편이다. 특히 경기도는 전국 시도 중에서 가장 큰 규모의 지역생산 역외 유출을 경험하고 있으며, 경기도 내의 시군별로도 역외 유출입이 심한 편이다(김정완, 2004). 지역생산의 역외 유출입이 발생하는 경우, 유출지역은 생산의 과실(소득·소비·지방세수)을 향유하지 못하면서 생산활동에 불경제(교통 혼잡·환경오염 등)만 떠맡게 되고, 반대로 유입지역은 생산에 따른 비용을 부담하지 않으면서 혜택을 향유하는 지역 간 자원 배분의 비효율성을 초래한다. 따라서 재정보전금은 지역생산의 역외 유출입에 대한 외부효과를 완화함으로써 지역 간 자원 배분의 효율성을 제고해야 할 것이다. 이를 위해 지역생산의 역외 유출을 경험하고 있는 자치단체에 대해 일정한 기준에 의해 일반 재정보전금이 교부되어야 할 것이다.

이상을 종합할 때 일반재정보전금은 도가 운용하는 대표적인 시군 간 지방재정조정제도로서 다음과 같은 세 가지 기능을 수행할 수 있어야 한다. 첫째, 시군의 행정 수요를 충족시키기 위한 도의 시군에 대한 재정 지원[수

요성: 수직적 형평성], 둘째 시군 간의 재정적 균형의 확보[형평성], 셋째 시군별 지역생산의 역외 유출입을 보전함으로써 지역 간 자원 배분의 효율성 제고[효율성]의 기능이 이에 속한다. 여기서 수요성은 시군별 행정 수요를 의미하며 인구 수로 조작적 정의(operational definition)가 가능하고, 형평성은 시군 간의 재정력을 나타내며 재정자립도가 대표적인 지표이다.

이 중에서 효율성은 재정의 본질적인 기능에 속하지만 중앙정부가 등한시하고 있는 원리로서 형평성과 함께 재정의 양대 원리로 규정하고 "지역생산과 지역귀착의 상합성"의 제고라고 조작적 정의를 하고자 한다. 지역생산에 따른 과실을 해당 지역에 귀착시키려는 노력의 일환으로서 지역생산의 역외 유출을 경험하고 있는 지역에 대한 추가적인 재정 지원을 내용으로 한다.

지역경제는 지역생산과 지역귀착으로 이루어져 있으나 주로 지역생산에만 관심을 갖고 있다. 우리나라에서는 지역내 총생산(GRDP)을 지역경제의 대표적인 지표로 사용하고 있다. 그러나 지역내 총생산은 지역별 생산만을 나타낼 뿐이고 최종적으로 어느 지역에 귀착되는가는 보여 주지 못한다. 특히 우리나라와 같이 교육을 비롯한 생활 기반시설이 대도시에 집중되어 직주분리 현상이 광범위하게 나타나는 곳에서는 지역생산과 지역귀착이 괴리될 개연성이 높다. 선행 연구에 의하면 전국적으로는 지방에서 수도권으로, 지방 수준에서는 인접 도에서 광역시로, 수도권에서는 인접 시도에서 서울시로 지역생산의 역외 유출이 광범위하게 발생하고 있다는 점을 보여준다(김정완, 2003). 경기도의 경우도 시군별 지역생산의 역외 유출입 규모가 큰 것으로 나타나고 있다(김정완, 2004).

이와같이 지역생산의 역외 유출입이 심한 경우 지역생산의 유출지역은 성장에 따른 과실을 향유하지 못하면서 외부불경제만을 떠맡게 되어 지역 간 자원 배분의 비효율성을 초래하게 된다. 직주분리에 의한 지역생산과 지역귀착의 불일치는 효용을 극대화하고자 하는 개인에게는 합리적인 선택이 될 수 있으나 지방자치단체 수준에서는 지역 간 경제적 정의를 훼손시킨다. 따라서 정부 부문은 조정자로서 이를 보완하기 위한 정책 수단을 강구할 필요가 있게 된다.

2 일반재정보전금의 운용 실적 평가

일반재정보전금의 지도 원리를 수요성 · 형평성 · 효율성(보완성)으로 규정하고 이를 인구 수, 재정자립도, 지역생산의 역외 유출입액의 세 가지 지표로 조작적으로 정의하여 평가할 수 있다. 이를 위해 2003년 기준 일반재정보전금과 기존 도세징수교부금이라는 기준 변수와 시군별 인구 수, 재정자립도, 지역내 총생산의 유출입액이라는 비교 변수 간의 상관관계를 분석한다. 분석 결과에 의하면 일반재정보전금은 시군 간의 형평성 원리에 역행하고 있으며 지역 간 자원 배분의 효율성에도 기여하지 못한 것으로 나타나고 있다. 특히 기존 도세징수교부금이 지역 간의 불균형을 야기한다는 점을 시정하기 위한 대안으로서 일반재정보전금이 도입되었다는 사실을 감안할 때 기대되었던 정책적 효과를 나타내지 못하는 것으로 평가할 수 있다.

〈표 9-7〉 일반재정보전금의 평가 기준

원 리	내 용	지 표	요구되는 상관관계
수요성	시군 별 지역 특성을 고려한 지역 개발	인구 수	양의 계수
형평성	시군 간의 재정적 균형의 확보	재정자립도	음의 계수
보완성 (효율성)	지역생산과 지역귀착의 상합성'의 제고라는 지역 간 자원 배분의 효율성 제고	지역생산의 역외 유출입액	음의 계수

<표 9-8>의 분석 결과에 의하면 현행 일반재정보전금은 기존 도세징수교부금에 비해 수요성에 기여했으나 지역 간 재정적 형평성과에 자원 배분의 효율성에는 역행하고 있다. 실제로 일반재정보전금은 기존 도세징수교부금에 비해 인구 수와의 상관계수 값이 0.8166에서 0.9449로 커져 행정 수

〈표 9-8〉 시군별 재정보전금 및 지역경제 현황(2003년)

구 분	일반재정 보전금(백만 원)	기존 도세징수교부금(백만 원)	인구 수 (명)	재정자립도 (%)	지역생산 역외 유출입액(십억)
경기도	971,725	2,143,727	10,206,851	57.47	-40,524
남 부	744,054	1,729,247	7,635,006	61.62	-32,290
수원시	95,734	189,411	1,032,944	74.40	2,331
성남시	86,186	263,000	962,048	84.80	7,876
부천시	74,896	209,160	844,256	81.40	-806
안양시	52,124	110,712	604,505	83.50	1,151
안산시	59,431	126,609	651,625	73.40	-5,842
용인시	69,776	266,332	575,255	79.04	-7,319
평택시	28,565	41,374	364,979	47.70	-5,504
광명시	28,648	27,148	336,083	66.30	-205
시흥시	32,586	48,340	368,223	59.40	-3,581
군포시	23,392	29,848	273,765	71.20	-739
화성시	24,646	44,238	236,226	63.80	-8,235
이천시	14,959	21,019	190,753	53.00	-3,125
김포시	20,851	30,419	203,391	52.47	-2,360
광주시	19,102	37,559	191,466	58.40	-1,992
안성시	12,066	16,851	151,522	36.20	-2,633
하남시	12,785	28,666	128,326	46.30	-367
의왕시	12,870	15,949	143,388	55.30	-93
오산시	10,053	12,210	118,167	50.10	-763
여주군	8,590	13,187	104,030	36.10	-1,092
양평군	6,635	7,168	83,730	25.40	-573
과천시	50,159	190,049	70,324	95.84	1,580
북 부	227,671	414,480	2,571,845	48.74	-8,233
고양시	81,949	217,251	865,077	84.80	1,468
의정부시	30,992	54,008	394,803	63.10	-340
남양주시	36,468	44,540	403,755	55.01	-1,810
파주시	22,052	28,734	237,658	53.10	-2,051
구리시	17,071	21,402	192,947	65.90	-67
포천군	12,187	14,896	150,240	37.50	-1,759
양주군	12,041	16,148	148,062	49.40	-1,903
동두천시	5,734	6,059	74,735	29.70	-745
가평군	5,205	8,388	55,060	26.20	-621
연천군	3,972	3,053	49,508	22.70	-406

주: 기존 도세징수교부금은 도세징수액의 30% 혹은 50%(인구 50만 이상의 시)라는 기준에 의해 추계한 액수임.

〈표 9-9〉 일반재정보전금과 기존 도세징수교부금의 정책 효과 비교

구 분	수요성 (인구 수)	형평성 (재정자립도)	보완성: 효율성 GRDP 역외 유출입액
기존 도세징수교부금	0.8166 (<.0001)	0.7874 (<.0001)	0.2584(0.1604)
현행 일반재정보전금	0.9449 (<.0001)	0.8102 (<.0001)	0.2730 (0.495)

요 대응에는 기여했다고 볼 수 있다. 그러나 재정자립도와의 상관계수도 0.7874에서 0.8102로 더 높게 나타나고 있어 재정적으로 양호한 지역이 더 많은 재원을 지원받게 되었고, 지역생산의 역외 유출입과의 상관계수 역시 0.2584에서 0.2730으로 높아져 유입되는 지역이 더 상대적으로 유리하다는 결과를 보여 준다.

3 지역생산의 역외 유출을 반영한 배분

시군별 지역생산의 역외 유출입을 보완할 수 있는 광역자치단체 차원의 재정조정제도가 요구되고 있다. 이를 위해 도의 가장 전형적인 조정 재원인 일반재정보전금의 배분에서 역외 유출액을 반영할 필요가 있다. 이를 통해 중앙정부의 재정조정제도의 미비점(보완성)을 보완하면서 지역생산과 지역귀착의 상합성을 제고함으로써 지역 간 자원 배분의 효율성을 제고할 수 있다. 아울러 재정력이 취약한 시군들이 심한 역외 유출을 경험하고 있다는 점을 고려한다면 역외 유출액에 의한 재배분은 지역 간 재정적 형평화에도 기여할 것으로 기대한다.

이를 위해 먼저 2003년의 지역경제의 여건을 2004년도의 예산 배정에 반영하는 방법을 택한다. 또한 기존의 배분 기준인 인구 수(60%)와 도세징수액(40%)에 새로이 시군별 지역생산의 역외 유출액을 추가한다. 현재 우리나라에서 역교부금제도가 인정되지 않고 있기 때문에 지역생산의 역외 유입지역에 대한 일반재정교부금의 삭감은 고려하지 않는다. 세 가지 지표의 비중은 인구 수 34%, 도세징수액 33%, 역외 유출액 33%로 추정한다.

〈표 9-10〉 시군별 일반재정보전금의 재배분 효과(2004년)

(단위: 명, 백만 원)

구 분	기존 일반 재정보전금(A)	새로운 기준에 의한 일반재정보전금 재배분				증감 효과 (B-A)
		인구 수	도세징수액	유출액	신기준 총액	
경기도	1,097,946	373,302	362,322	362,322	1,097,946	-
남 부	837,506	279,240	287,709	298,333	865,282	27,776
수원시	99,483	37,779	25,885	-	63,664	-35,819
성남시	97,610	35,186	35,942	-	71,128	-26,482
부천시	79,973	30,878	28,584	5,314	64,776	-15,197
안양시	59,367	22,109	15,130	-	37,239	-22,128
안산시	64,787	23,832	17,303	38,536	79,671	14,884
용인시	92,859	21,039	36,397	48,277	105,714	12,855
평택시	31,832	13,349	9,424	36,301	59,074	27,242
광명시	29,649	12,292	6,183	1,355	19,830	-9,819
시흥시	38,000	13,467	11,010	23,621	48,099	10,099
군포시	25,082	10,013	6,798	4,877	21,688	-3,394
화성시	31,327	8,640	10,076	54,320	73,036	41,709
이천시	16,727	6,977	4,787	20,615	32,379	15,652
김포시	19,815	7,439	6,928	15,565	29,932	10,117
광주시	24,039	7,003	8,555	13,139	28,696	4,657
안성시	14,405	5,542	3,838	17,366	26,746	12,341
하남시	17,005	4,693	6,529	2,419	13,642	-3,363
의왕시	15,153	5,244	3,633	613	9,490	-5,663
오산시	12,926	4,322	2,781	5,033	12,135	-791
여주군	9,812	3,805	3,004	7,205	14,013	4,201
양평군	7,316	3,062	1,633	3,776	8,471	1,155
과천시	50,339	2,572	43,288	-	45,860	-4,479
북 부	260,440	94,062	74,613	63,989	232,664	-27,776
고양시	91,732	1,639	29,690	-	61,329	-30,403
의정부시	37,698	14,439	12,301	2,243	28,984	-8,714
남양주시	39,428	14,767	10,145	11,937	36,849	-2,579
파주시	24,412	8,692	6,545	13,528	28,765	4,353
구리시	19,043	7,057	4,875	441	12,373	-6,670
포천군	14,769	5,495	3,393	11,603	20,490	5,721
양주군	14,177	5,415	3,678	12,555	21,648	7,471
동두천시	6,594	2,733	1,380	4,915	9,028	2,434
가평군	8,499	2,014	1,911	4,093	8,018	-481
연천군	4,088	1,811	695	2,676	5,182	1,094

시뮬레이션의 결과에 의하면 수원시(35,819백만 원)·고양시(30,403백만 원)·성남시(26,482백만 원)·안양시(22,128백만 원) 등 비교적 생활 기반이 양호하고 발전된 지역은 일반재정보전금의 감소를 나타낸다. 반면에 남부의 일부 지역인 용인시(56,273백만 원)·화성시(41,709백만 원)·평택시(27,424백만 원)·이천시(15,652백만 원) 등과 북부의 일부 지역인 포천시·양주시·파주시 등 생산시설이 입지해 있는 산업지역은 혜택을 보게 된다.

이와같이 역외 유출액을 새로운 배분 기준으로 추가함으로써 지역생산에 따른 외부효과를 겪고 있으면서 과실을 향유하지 못하고 있는 시군에 대한 지원을 확대함으로써 지역 간 자원 배분의 효율성을 제고하고 부수적으로 지역 간 재정적 형평성의 제고에도 이바지할 수 있다.

먼저 자원 배분의 효율성 측면에서 지역생산 역외 유출액과 관련하여 현행 일반재정보전금의 상관계수는 0.2730이고 개선된 일반재정보전금은 -0.2738이다. 비록 개선안의 상관계수 절대값이 적어 통계적 유의성이 떨어지나 여기서 중요한 것은 방향성이다. 양(+)에서 음(-)로 전환되었다는 점은 역외 유입되는 지역이 상대적으로 더 많은 차지하는 현행 일반재정보전금을 제도 개선을 통해 역외 유출지역에 더 많이 분배할 수 있게 되었다는 점을 보여 준다. 또한 현행 제도(0.2730)와 개선 제도(-0.2738) 간의 범위는 0.5468로 나타나기 때문에 50% 이상의 정책적 효과를 도모했다고 평가할 수 있다. 특히 우리나라는 독일과 같이 역교부금제도가 운용되지 않기 때문에 유입 지역에 대해서는 재정보전금을 삭감하지 않고 유출되는 지역에 대해서만 추가적으로 배분했기 때문에 상관계수가 낮을 뿐이다.

개선된 제도는 자원 배분의 효율성과 더불어 부수적으로 재정 형평화를

〈표 9-11〉 현행 및 개선된 일반재정보전금의 정책 효과에 대한 평가

구 분	수요성 (인구 수)	형평성 (재정자립도)	보완성: 효율성 GRDP 역외 유출입액
기존 도세징수교부금	0.8166 (<.0001)	0.7874 (<.0001)	0.2584 (0.1604)
현행 일반재정보전금	0.9449 (<.0001)	0.8102 (<.0001)	0.2730 (0.1373)
개선된 일반재정보전금	0.7355 (<.0001)	0.6772 (<.0001)	-0.2738 (0.1362)

도모하고 있다. 실제로 새로운 기준에 의한 재배분 효과에 대한 상관관계 분석에서 재정자립도와 일반재정보전금 간의 상관계수는 0.8102에서 0.6772로 개선된다. 개선된 일반재정보전금과 재정자립도 간의 상관계수가 원래 기대했던 바와 같이 음(-)의 계수를 나타내지 않은 이유는 재정자립도를 새로운 배분 기준에 적용하지 않았기 때문이다. 이 연구는 일차적으로 지역생산의 역외 유출을 보완하는 데 목적이 있으며 약간이나마 재정적 형평화에도 기여할 수 있다는 점에 의의가 있다.

이러한 재정 형평화 효과를 1인당 재정 규모를 기준으로 검증해 볼 필요가 있다. 통상적으로 1인당 재정 규모는 재정자립도가 낮고 총재정 규모가 작은 지역이 재정력이 양호한 지역에 비해 상대적으로 크게 나타난다. 실제로 전국 시도를 기준으로 한 경우 1인당 재정 규모와 재정자립도(0.8684, <.0001)), 1인당 재정 규모와 총재정 규모(-0.11527, 0.6708) 간의 상관관계를 분석하면 음(-)의 상관계수를 나타낸다. 이러한 현상은 <표 9-12>에서 보는 바와 같이 경기도의 시군 간에도 적용된다. 따라서 개선된 제도가 재정 형평화에 기여하는 경우 음(-)의 절대값이 더 커진다. 실제로 개선된 제도에 의해 일반재정보전금이 재분배됨에 따라 시군별 총재정 규모가 변화되고 이를 1인당 규모로 환산한 수치와 재정자립도 및 총재정 규모와 상관관계를 분석한 결과 모두 음(-)의 절대값이 커졌다. 1인당 규모와 재정자립도는 -0.7772에서 -0.7854로, 1인당 규모와 총재정 규모는 -0.3098에서 -0.3129로 변화되었다. 이를 종합할 때 지역생산의 역외 유출을 기준으로 한 일반재정보전금의 배분(효율성)은 미약하나마 재정적 형평성에도 기여한다고 볼 수 있다.

〈표 9-12〉 현행 및 개선된 일반재정보전금의 형평화 효과: 1인당 재정 규모 기준

현행 제도 하의 1인당 재정 규모 현황		개선된 제도 하의 1인당 재정 규모 현황	
1인당 규모 vs 재정자립도	1인당 규모 vs 총규모	1인당 규모 vs 재정자립도	1인당 규모 vs 총규모
-0.7772 (<.0001)	-0.3098 (0.0899)	-0.7864 (<.0001)	-0.3129 (0.0865)

제5절 결 론

지역경제는 지역생산과 지역귀착으로 이루어져 있음에도 불구하고 그 동안 우리나라는 지역생산에 중점을 두고 지역내 총생산을 기준 지표로 활용하고 있다. 그러나 우리나라에서는 지역 성장 과실의 역외 유출입에 의한 양자 간의 불일치 가능성이 상존해 왔다. 이러한 현상은 광범위한 직주분리 현상에서 기인되며 자신의 효용을 극대화하고자 하는 개인들의 입장에서는 합리적인 선택일 수 있으나 지방자치단체 간에는 자원 배분의 비효율성을 야기한다. 역외 유출을 겪고 있는 지역은 생산활동에 따른 외부불경제를 감수하면서도 그에 상응하는 과실을 향유하지 못하게 된다. 따라서 중앙정부는 시·도 간, 시·도는 시·군·구 간 자원 배분의 비효율성을 조정해 주어야 한다. 이를 위해 각급 정부 단위들은 현재 운용하고 있는 지방재정 조정재원의 배분에 지역생산의 역외 유출입을 반영할 필요가 있다. 이러한 조치들은 지방재정조정제도의 본래 기능이면서 재정 운용의 양대 원리는 효율성과 형평성을 동시에 제고할 수 있다는 측면에서 당위적으로 간주된다.

경기도는 블랙홀에 해당되는 서울시와 인접해 있는 관계로 연평균 30% 정도의 지역생산이 역외로 유출되고 있다. 따라서 중앙정부가 지방재정 조정재원을 운용할 때 이를 수용할 것을 요구함과 동시에 경기도 내에서도 시군별 역외 유출입을 보완할 수 있는 방안을 마련해야 한다. 따라서 현재 경기도가 운용하고 있는 일반재정보전금의 배분에서 시군별 역외 유출입액을 반영하여 효율성과 형평성을 제고하고 지방재정조정제도로서의 역할을 재정립해야 할 것이다.

아울러 일반재정보전금·시책추진보전금·특별재정보전금으로 다양화되어 있는 현행 재정보전금에 대한 정비도 서둘러야 할 것이다. 객관적인 기준이 결여되어 있거나 중앙정부의 재정조정 재원과 기능상 중복되어 있는 시책추진보전금과 특별재정보전금을 축소하거나 폐지하여 일반재정보전금의 규모와 역할을 강화해야 한다. 또한 일반재정보전금 배분 기준의 하나인 도세징수금은 부적절하다. 이는 현재 재정보전금과 별도로 징수교부금 제도(징세액의 3%)가 운용되고 있기 때문에 중복 적용을 초래하고 시군 간의 재정적 역진성을 더욱 악화시키고 기존 도세징수교부금과의 차별성을 저해한다. 따라서 도세징수금 기준 대신에 재정조정재원의 기본 원리인 형평성을 제고하기 위해 재정자립도나 재정력지수를 활용할 필요가 있다.

새로운 제도는 기존 재원 배분 체제의 변화를 초래하기 때문에 다양한 명분에 의해 저항에 직면하게 된다. 그러나 지역생산의 역외 유출입의 기준은 생산과 과실, 비용과 보상의 일치라는 지역 간 경제적 정의를 실현하는 것으로서 자원 배분의 효율성을 제고하기 때문에 다른 기준에 우선한다. 특히 공공 부문의 의사결정 시에 통상 상충 관계(trade-off)에 있는 형평성에도 기여한다는 점이 이를 보강해 준다.

끝으로 지역생산의 역외 유출입을 근본적으로 해소하기 위해서는 그 원인에 해당되는 직주분리 현상을 완화해야 한다. 이를 위해 교육・의료・문화 등 생활 여건의 지역 간 균형 발전을 도모할 수 있는 종합적이고 장기적인 국토개발계획이 동시에 추진되어야 할 것이다.

제4부

제 10 장 주민참여예산제도의 웹 기반

제1절 서 론

주민참여예산제도는 지방정부의 주권자인 지역 주민의 요구와 선호를 정확하게 반영함으로써 사회적으로 좀더 효율적인 자원 배분을 도모하는 데 목적이 있다.

한국의 주민참여예산제도는 노무현 정부의 참여적 지방재정 운용의 일환으로서 2002년 6·13 지방선거에서부터 공론화되기 시작했다. 2004년에는 당시 행정안전부가 「지방자치단체의 예산편성지침」을 통해 주민 참여형 예산편성제도의 도입을 권장했다. 그 후 2005년 6월 지방재정법 개정을 통해 주민참여예산제도의 도입을 위한 법적 근거를 마련하면서 본격적인 제도화 단계에 접어들었다. 2005년 당초 정부가 제출한 법안은 지방자치단체로 하여금 의무적으로 주민참여예산제도를 도입하도록 규정했으나 국회 행정자치위원회가 법률안 심의 과정에서 임의 규정으로 수정 의결했다. 그 후 주민참여예산 조례를 제정하여 주민참여예산제도를 도입한 자치단체는 빠르게 늘어나고 있으며, 향후 광역자치단체 및 기초자치단체를 불문하고 광범위하게 채택될 것으로 예상된다.

외국의 주민참여예산제도는 주민의 지방 공공재에 대한 수요와 조세 부담 의향(willingness) 간의 불일치로 인해 발생하는 재정적 어려움을 해소하고자 도입되었다. 외국의 지방정부들은 주민참여예산제도를 통해 주민들의 수요를 파악함으로써 재정 운용의 효율화를 도모하고, 공공재와 조세 간의 상충 관계(trade-offs)를 이해시킴으로써 과도한 정부 지출을 억제하는 데 목적을 두고 있다 (Ebdon, et. al., 2006; Robbins, et. al., 2008). 이에 반해 우리나라 주민참여예산제도는 아직 초보 단계로서 취지를 살리기보다는 제도 운용 그 자체를 강조하는 경향이 있다. 실제로 다양한 제도를 도입하여 운용되고 있으나 지역 주민들로부터 타당하고 실현 가능한 예산정보를 확보하는 데 한계가 있을 수 있다.

형식적인 제도적 주민 참여와 결과에 영향을 미칠 수 있는 가능성을 구비한 주민 참여 간에는 본질적인 차이가 있다 (Arnstein, 1969: 216). 이 장에서는 주민참여예산제도의 이론적 모형에 대한 연구와 외국에 대한 비교 연구를 통해 우리나라 주민참여예산제도가 내실 있게 운용되기 위한 정책적 함의를 제공하고자 한다. 현재 우리나라에서 주민참여예산제도가 비교적 성공적으로 운용되고 있다고 평가되는 광주광역시 북구청의 사례를 평가하고 이에 대한 보완책을 제시하고자 한다. 로빈슨의 모형(Robbins et. al., 2008)에 의해 광주광역시 북구청의 주민참여예산제도가 주민들로부터 타당하고 실현 가능한 예산정보를 확보하는 데 성공적인지 여부를 평가하고 이에 대한 발전 방안을 모색한다. 무엇보다도 다수의 주민들로부터 현장감 있는 정보를 직접 실시간에 취합하여 그 타당성을 평가한 후 예산에 반영할 수 있는 주민 참여 메커니즘을 구축할 필요가 있다. 이를 위해 주민참여예산제도가 정착된 외국에서는 정보통신 기술을 활용한 웹 기반(web-based) 참여 방안이 광범위하게 운용되고 있다. 이 장은 이러한 외국의 사례를 바탕으로 우리나라에 적용될 수 있는 웹 기반 주민참여예산제도를 제시하는 데 목적이 있다.

제 2 절 주민참여예산제도의 이론적 배경 및 선행 연구

1 주민참여예산제도의 전개 과정

지방자치의 개념은 단체자치와 주민자치로 이루어진다. 단체자치는 중앙정부로부터의 상대적 분권을 의미하는 반면 주민자치는 지역 주민에 의한 참여를 뜻한다. 그동안 우리나라는 지속적인 행정 기능과 재원의 지방분권을 통해 단체자치는 어느 정도 달성했으나 주민자치는 아직 미약한 수준이다. 지역 주민들의 관심도와 참여도의 제고와 아울러 이에 대한 제도화가 진전되어야 한다.

주민 참여란 주민들이 직간접적으로 지방정부의 정책 과정에 참여하여 정책이 합리적으로 결정·집행·평가될 수 있도록 관여하는 모든 활동이다. 주민참여예산제도는 주민 참여의 일종으로서 지방자치단체의 예산 운용 과정에 지역 주권자이면서 납세자인 주민이 참여하는 제도를 말한다. 주민참여예산제도는 예산의 실효성 확보와 재정민주주의를 실현하기 위한 제도적 표현으로서 예산의 투명한 공개, 지역 주민의 사업 제안과 우선순위 결정, 집행 과정에 대한 감시, 성과평가에 대한 의견 제시, 예산제도의 개혁안 제안 등으로 구체화된다. 이와같이 주민참여예산제도는 예산의 편성·심의·집행·회계검사·결산의 예산의 전 과정에 걸쳐 이루어질 수 있으나 주로 집행부에 의한 예산편성 과정에서 이루어진다.

행정에 대한 주민 참여는 행정학의 오래된 논제이지만 정부 예산에 관한 주민 참여는 미국에서 1990년 후반부터 본격적으로 논의되기 시작했다. 블랜드와 루빈(Bland & Rubin, 1997: 104)은 지역공동체의 목표를 설정하거나 과세 및 정부 지출에 관한 중요한 결정을 할 때에는 주민 참여가 필요하다는 점을 제시한다. 이와 동시에 대부분의 경우 예산에 대한 피상적인 결정에 머무르거나 단지 법적 요건을 충족시키기 위해 활용된다는 점을 주장했다. 시몬슨, 존스턴과 바넷(Simonsen, Johnston & Barnett, 1996)은 오리건 주에서의 과세 제한 조치의 입법화에 따른 주의 재정적 문제에 대한 해결책을 마련하기 위한 대규모의 주민 참여를 분석한 바 있다. 분석 결과 전통적인 정치적 유권자로서 주민들은 예산 과정에 포함되지 않을 뿐만 아니라 참여에 대한 인센티브를 갖고 있지 않기 때문에 주민 참여는 성과를 거두지 못한다는 점을 제시한 바 있다.

이와같이 초기에는 예산 과정에서 주민 참여의 필요성을 인정하면서도 그 효과에 대해서는 회의적이었다. 그 이유는 공공선택론에 의해 논리적으로 설명되었다. 정부 부문의 결정과 선택은 복잡하고 파급효과가 크기 때문에 해결책을 제시하기가 어려운 난제(wicked problems)로 규정된다. 실제로 공공문제에 대한 충분한 정보를 얻기 위해 많은 비용이 수반되는데 반해 이에 따른 반대급부는 미미하기 때문에 비용편익분석의 관점에서 주민들은 무관심을 표명한다. 공공 부문에 대한 무지는 계산적이며 합리적이다. 이러한 합리적인 무지(rational ignorance)는 집단적인 소비와 비용 부담을 특징으로 하는 예산에 의해 운용되는 공공재에서 많이 발생한다(Buchanan & Tullock, 1962). 주민들은 제공받는 공공재와 비용으로 부담하는 조세 간의 관계에 대한 충분한 정보를 갖고 있지 않을 뿐만 아니라 양자를 비교하기 위한 유인을 갖고 있지 않기 때문에 합리적인 관점에서 현재의 공공재의 공급 체제에 만족한다(Miller & Miller, 1991). 대부분의 시민들은 참여와 정보 수집에 관심을 갖고 있지 않기 때문에 관료들이 주민들을 대신하여 공공재와 조세 규모를 결정한다. 이때 관료들은 주민의 선호 체계를 추론하여 결정하거나 주민의 욕구를 자신의 견해로 대체한다.

이것이 전통적인 공공재의 결정 메커니즘으로 작용해 왔으나 현실적으로 관료들의 결정은 많은 결함을 내포하고 주민들로부터 만족스러운 평가를 받지 못했다. 그러나 민주정치의 진전에 따라 주민들의 정치적인 관심이 증대되고, 정부 부문의 역할과 규모가 확대되어 일상생활에 미치는 영향력이 커지고, 후기 산업사회에 접어들면서 근로시간이 축소되어 시간적 여유가 생겨남에 따라 정부 부문에 대한 관심이 증대되기 시작했다. 이와 더불어 정보통신의 발달로 전자정부의 개념이 도입됨에 따라 참여 수단과 참여 기회가 확대되었다.

이와 같은 시대적이고 환경적인 요인의 성숙으로 말미암아 세계 각국에서 주민 참여가 확대되었다. 주민 참여는 자신에게 영향을 미치는 정부 부문의 활동에 대한 자기결정권의 행사이다. 정부활동은 예산으로 구체화되기 때문에 주민 참여는 주민의 예산 참여로 귀결된다. 조세와 정부 예산구조는 복잡하고 전문적인 지식을 요한다는 점에서 그동안 주민 참여의 범위가 한정되어 있었다. 그러나 현재에는 정치적인 측면에서 재정민주주의가 중요한 제도적 함의를 갖게 되고 전자정부 측면에서 예산에 대한 접근 가능성이 제고됨에 따라 세계 각국에서 주민참여예산제도가 활성화되고 있다.

우리나라에서도 지방자치가 성숙되는 과정에서 주민의 예산에 대한 관심이 제고되고 자치단체장을 비롯한 정부 부문의 효율적인 예산 운용에 대한 의지가 강화됨에 따라 주민참여예산제도가 시대적 흐름을 주도하고 있다.

2 주민참여예산제도의 이론모형

주민참여예산제도는 국가마다 그리고 같은 국가 내에서도 지방정부마다 다른 양상을 보이고 있다. 이는 주민참여예산제도의 구성 요소와 구성 요소별 변수가 상이하게 작용하기 때문이다. 실제로 주민참여예산제도는 환경·절차설계·메커니즘·목적의 네 가지 구성 요소로 이루어져 있고 각 구성 요소별로 다양한 변수가 내포되어 있다(표 10-1).

첫째, 환경(environment)에는 정부구조, 정치문화, 법적 소요, 인구의 규모와 다양성의 변수가 포함된다. 먼저 정부구조(Nalbandian, 1991; Ebdon, 2002)에서는 위원회(commission)나 시장/의회형(mayor/council)보다는 의회/전문관료형(council/manager) 구조에서 다양한 주민참여예산제도가 활성화되어 있다. 이 밖에도 정치문화(Edbon, 2002)에서는 개인주의(individualistic)보다는 규범주의(moralistic), 법적 소요에서는 특정한 경우의 청문회와 같은 단일한 참여제도보다는 다양한 기회가 제공될 때, 인구의 규모와 구성에서는 인구 규모가 크고 다양할수록 주민들의 예산 참여가 활

〈표 10-1〉 주민참여예산제도의 구성 요소별 변수의 영향력

<table>
<tr><th>구성 요소</th><th>변 수</th><th colspan="4">약 ← 주민 참여 영향력 → 강</th></tr>
<tr><td rowspan="5">환경</td><td>정부 구성</td><td colspan="4">위원회 < 시장/의회형 < 의회/전문관료형</td></tr>
<tr><td>정치문화</td><td colspan="4">개인주의 < 전통주의 < 규범주의</td></tr>
<tr><td>법적 소요</td><td colspan="4">단일 공청회 < 예산개요 발행 < 다양한 방법</td></tr>
<tr><td>인구 규모</td><td colspan="4">소 < 중 < 대</td></tr>
<tr><td>인구 구성</td><td colspan="4">동질성 < 다양성</td></tr>
<tr><td rowspan="4">절차 설계</td><td>참여 시기</td><td colspan="4">예산초안 < 한도 설정 < 심의 < 집행 < 초기 전략적 기획</td></tr>
<tr><td>재원배분 유형</td><td colspan="4">품목/사업예산 < 실행예산 < 실행+자본예산 < 계획예산</td></tr>
<tr><td>참여 범위</td><td colspan="4">무작위 선발 < 선택적 선발 < 개발형 < 대표자 < 복합모형</td></tr>
<tr><td>선호의 차별화</td><td colspan="4">미반영 < 비서열화 < 서열화 < 측정 < 전지역 서베이</td></tr>
<tr><td>메카니즘</td><td>공청회</td><td><전문가 집단</td><td><예산 시뮬레이션</td><td><시민자문위원회</td><td><시민조사</td></tr>
<tr><td>목표</td><td>비판의 해소 및 정보 제공</td><td>시민교육 및 자료 수집</td><td>지지 확보</td><td>시민 참여에 의한 재원 배분 변경</td><td>신뢰 구축과 공동체의식 함양</td></tr>
</table>

자료: Ebdon, et. al(2006: 444).

발하다.

둘째, 절차설계(process design)에는 참여 시기, 재원 배분 유형, 참여의 범위, 선호의 차별성의 변수가 포함된다. 참여 시기에서는 예산의 채택 단계보다는 초기의 전략적 계획 단계인 예산편성 단계에서 주민 참여가 활성화된다. 이 밖에도 재원 배분 유형에서는 품목별 및 사업별 예산제도보다는 계획예산제도에서, 참여자의 범위는 추천이나 선발보다는 모든 구성원에게 개방되고 대표성을 유지할수록, 선호의 차별성에서는 공공재에 대한 선호도와 그에 따른 조세 부담 수준이 세분화될수록 주민 참여가 활성화된다.

셋째, 메커니즘은 예산에 대한 주민 참여의 유형을 의미하며, 공청회, 전문가집단, 예산 시뮬레이션, 예산자문위원회, 주민조사의 순서로 주민예산 참여의 정도가 강해지고 최종적으로는 여러 유형이 종합될 때 가장 활발해

진다. 공청회(public meeting)는 시민들에게 구체적인 정보를 제공하지는 못하지만 예산 초기 단계에서 상호 정보를 공유하는 수단으로서 대부분의 지방정부가 예산결정 이전 단계에 개최하고 있다. 전문가집단(focus group)은 선별된 소규모 집단으로서 탐색적 · 심층적 · 해석적 정보를 얻는 데 유용한 유형이다. 비록 전문가집단은 대표성이 취약하고 집단적이고 연쇄적 사고의 함정에 빠질 우려가 있으나 시민들의 예산 선호도에 관한 심층적인 정보를 얻고 특정한 문제에 대해 합의를 도출하는 데 유용하다. 예산 시뮬레이션(budget simulation)은 참여자들로 하여금 서비스 수준과 부담하는 조세 규모의 상호 관계에 관한 일련의 대안들 중에서 특정 대안을 선택하도록 요구한다. 이는 주민들의 과도한 서비스의 요구로 말미암아 재정적 압박에 직면한 지방정부가 주민들에게 예산 상황을 이해시키고 재정적 수지 균형을 맞추기 위해 활용된다. 예산자문위원회(citizen budget advisory committee)는 참여자들에게 예산 문제에 대한 정보를 제공하는 데 유용하지만 대표성이 결여되고 시간과 노력면에서 비효율적이다. 그러나 분명한 목적을 갖고 민주적인 방법에 의해 결정을 도출하는 데 유용한 주민 참여 유형이 될 수 있다. 주민조사(citizen survey)는 시민의 욕구 및 만족도 조사로서 대표성을 유지하면서 분명한 선호도를 반영하도록 설계된다. 그러나 개인들은 공공재에 대한 선호의 강도를 분명하게 제시하지 않을 뿐만 아니라 의미 있는 견해를 개진할 정도의 정보를 보유하지 못하기 때문에 주민조사는 실효성이 반감되는 데 반해 많은 비용이 소모되는 단점을 내포하고 있다.

이 밖에도 예산참여의 메커니즘에는 다양한 유형이 존재할 수 있다. 각 유형은 각기 장단점을 내포하기 있기 때문에 이를 상쇄하면서 유형들 간의 시너지 효과를 높이기 위해 종합적으로 활용되고 있다. 예를 들어 플로리다 주의 힐스버러(Hillsborough) 카운티는 예산 심의 기간 동안 자문위원회와 시민조사뿐만 아니라 연중으로 지역공동체 회의와 공청회를 개최하고 있다(Johnson, 1998).

이와같이 주민 참여에 관한 여러 메커니즘이 독자적으로 혹은 복합적으로 운용되고 있다. 그러나 아직까지 이에 대한 체계적인 연구를 위한 제도화는 미흡한 실정이며 단지 장단점만 제시되고 있다. 메커니즘 유형은 주민참여예산제도의 목적과 밀접한 관련이 있기 때문에 그 장단점의 평가는 주민 참여가 의도하는 목적과 연계하여 이루어져야 한다. 실제로 공청회는 비판의 해소 및 정보 제공, 전문가집단은 시민교육 및 자료 수집, 예산 시뮬레이션은 지지 확보, 시민 자문위원회는 시민 참여에 의한 재원 배분 변경, 시민조사는 신뢰 구축 및 공동체 의식 제고를 위해 활용된다.

3 선행 연구

그 동안 한국에서 이루어진 주민참여예산제도의 선행 연구는 주민참여예산제도가 법제화된 2005년을 기준으로 구분할 수 있다. 2005년 이전의 연구들은 제도 도입의 필요성과 외국의 사례를 소개하거나(김웅, 2001; 곽채기, 2003; 박광우, 2003; 나중식, 2004; 진경아, 2005), 주민참여예산제도의 도입에 필요한 모형 설계와 비교분석(곽채기, 2005; 나중식, 2005; 이세구, 2006; 박광우, 2006)에 집중했다. 2005년 이후에는 주민참여예산제도의 성과와 영향 요인에 관한 연구가 주를 이루었다(곽채기, 2006; 김관보·김옥일, 2007; 곽채기 2007). 이 중에서도 곽채기(2007)의 연구는 광주광역시 북구의 주민참여예산제도를 성공 사례로 선정하여 단계별 제도화 과정과 장애 요인 극복 노력을 분석하여 성공 요인을 도출하여 제도 운영 성과와 한계를 경험적으로 분석·평가하고 있다. 이 밖에도 각 지역별로 주민참여예산제도의 도입 가능성과 기대 효과에 대한 연구가 다양하게 이루어지고 있다(이세구, 2005; 안완기, 2007; 오수길, 2007).

주민참여예산제도는 분권화와 민주화라는 세계적인 흐름 속에서 세계 각국에서도 도입되고 있기 때문에 외국 사례에 대한 연구도 활발히 이루어지고 있다. 프랭클린과 엡던(Franklin & Ebdon, 2005, 2006)의 연구는 예산 과정에 대한 주민 참여에 영향을 미치는 네 가지 요소를 규명하고 이를 검증한 바 있다. 첫째, 정부 구성을 비롯한 정부환경, 둘째, 참여 과정의 설계, 셋째, 이용되는 참여 메커니즘의 종류, 넷째, 의도한 참여의 목표와 결과가 이에 해당된다. 샤(Shah, 2007)의 연구는 남미·유럽·아프리카 등으로 구분하여 각 지역별로 주민참여예산제도의 성과를 요약·정리한 바 있고, 나중식(2004)의 연구는 브라질 알레그레 시를 대상으로 주민참여예산제도의 성공 요인과 한계를 분석하고 있다. 이와같이 개별 국가를 대상으로 주민참여예산제도에 대한 연구와 함께 세계 각국에서 주민참여예산제도가 보편화됨에 따라 국가 간의 유형화와 평가모형에 관한 연구가 시작되었다. 나중식(2005)의 연구는 한국·미국·브라질을 대상으로 '능동성과 주도권' 및 '정부와 시민의 영향력 관계'를 적용하여 정부 주도형, 민관 협의형, 주민 권력형으로 유형화하고, 곽채기(2005)의 연구는 한국에서 주민 참여 가능 범위를 단위사업·일반회계·통합재정으로 분류한 후 이에 대한 주민 참여 수준을 주민 협의형, 민관 공동결정형, 주민 주도 결정형으로 유형화했다. 이 밖에도 이자성(2008)의 연구는 일본의 3개 자치단체를 대상으로 주민 참여의 독립변수(의사전달 유형·참여 기제·참여조직)와 매개변수(예산결정자·예산 참여 범위)의 변화에 따른 종속변수로서의 주민 참여 유형을 정부 주도형, 민간 협의형, 주민 주도형으로 분류한 바 있다. 로빈스 등(Robbins et. al., 2008)은 정보력을 횡축, 대표성을 종축으로 하여 4분면으로 표현되는 네 단계의 주민참여예산제도의 모형을 제시하고 있다.

이 연구는 한국에서 가장 성공적인 사례로 평가되고 있는 광주광역시 북구청의 주민참여예산제도를 로빈스 등(Robbins et. al., 2008)의 모형에 의해 평가하고 향후 발전적인 방향을 제시하는 데 목적이 있다. 광주광역시 북구청의 주민참여예산제도가 로빈스 등(Robbins et. al., 2008)의 모형이 제시하는 네 단계의 참여 수준 중에서 어느 수준에 속하는가를 평가하고 좀더 성숙된 단계로 진입하기 위한 방안을 모색하고자 한다. 광주광역시 북구청의 주민참여예산제도는 제도적인 측면에서는 비교적인 온전한 모습을 갖추고 있다. 그러나 지역 주민이 제시한 의견이 부문별 예산과 전체 예산에 미치는 영향과 그에 따른 조세 부담 수준의 변화를 실시간에 파악할 수 있는 장치가 미흡하다. 전자정부 시스템이 구축된 상황에서의 주민참여예산제도는 웹에 기반을 둔(web-based) 참여를 지향해야 한다. 따라서 향후 웹 기반 주민참여예산제도의 발전 방향을 모색하는 데 목적이 있다.

〈표 10-2〉 선행 연구의 범주와 종류

범 주	종 류
도입의 필요성	김웅(2001) · 곽채기(2003) · 박광우(2003) · 나중식(2004) · 진경아(2005) · 이세구(2005) · 안완기(2007) · 오수길(2007)
도입의 모형설계	곽채기(2005) · 나중식(2005) · 이세구(2006) · 박광우(2006)
성과측정 및 영향 요인	곽채기(2006) · 김관보 김옥일(2007) · 곽채기(2007) · Franklin & Ebdon(2005, 2006) · Shah(2007)
유형화	나중식(2005) · 곽채기(2005) · 이자성(2008) · Robbins et. al. (2008)

제 3 절 주민참여예산제도 평가

1 평가모형

원래 지방정부가 제공하는 공공재는 집단적인 편익 제공과 공동 소비라는 특징을 내포하고 있고 비용 또한 조세를 통해 집단적으로 징수되기 때문에 최적 규모의 공공재를 추정하는 데 어려움이 많다. 이러한 공공재의 특성에 따라 지역 주민들의 견해를 반영함으로써 좀더 사회적으로 타당한 공공재의 규모를 결정하는 데 주민참여예산제도의 목적이 있다. 따라서 현재 다양한 형태로 운용되고 있는 주민참여예산제도를 평가할 때 사회적으로 타당하고 우선순위가 높은 사업의 제안 가능성이 평가 기준이 된다. 이는 참여자의 대표성(representative)과 정보(information)수준에 의해 결정된다. 주민참여예산제도에서는 예산 결정시에 충분한 정보와 지역공동체의 대표성을 확보하는 것을 일차적인 목표로 한다. 이때 대표성은 가능한 많은 주민의 참여가 보장되어야 한다는 점을 의미하고 정보 수준은 주민들로부터 가능한 많은 의견을 수용할 수 있어야 한다는 점을 뜻한다.

[그림 10-1] 주민참여예산제도의 평가모형

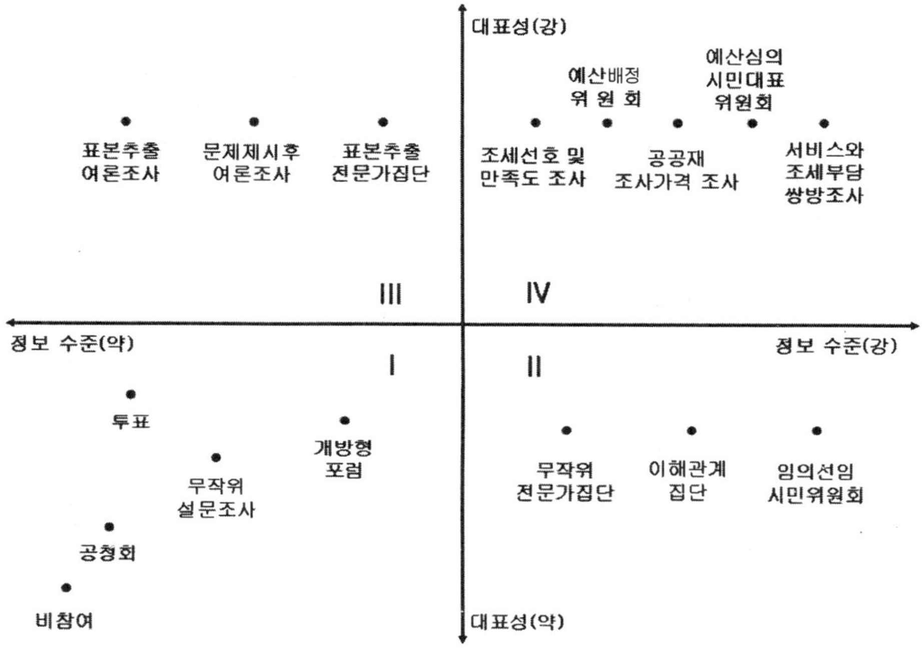

자료: Robbins et. al.(2008: 567).

[그림 10-1]과 같이 대표성과 정보 수준이라는 두 개의 지표를 이용하여 주민참여예산제도를 네 가지로 유형화할 수 있다. 제1분면은 대표성과 정보 수준이 모두 저조한 상황이다. 주민 참여자의 수가 한정될 뿐만 아니라 모집단에 대한 대표성이 낮고, 참여자들로부터 심층적인 정보를 얻을 수도 없다.

제2분면은 대표적인 낮은 반면에 정보 수준은 높은 상황이다. 무작위 혹은 임의로 선정된 집단의 참여로 대표성은 낮은 반면에 이해관계인이나 전문가집단이 참여함으로써 정보 수준은 높은 편이다. 제2분면의 임의선임위원회(handpicked advisory groups)는 정부 부문이 의도한 특정한 목적 하에서 비통계적인 방법에 의해 구성되기 때문에 전체 주민의 견해를 대변할 수 없고 정부관료와 동일한 노선을 추구하는 경향이 있다.

제3분면은 대표성은 높으나 정보 수준은 낮은 상황이다. 참여자는 확률(probability)의 개념에 입각한 표본추출에 의해 선정되기 때문에 대표성은 높지만 여론조사나 한정된 전문가들의 참여만을 보장하기 때문에 다양한 정보를 얻을 수 없다. 표본추출 여론조사(simple poll with probability sampling)는 지역공동체를 대표할 수 있도록 임의적이고 통계적인 표본추출 방법을 이용한다. 이는 특정 집단에 의한 과도한 대표성을 방지하는 데 유용하지만 심층적인 정보를 얻는 데 한계가 있다. 다만 이러한 여론조사는 주로 특정 대안에 대한 만족도나 지지도를 파악하는 데 이용된다.

제4분면은 대표성과 정보 수준이 모두 높은 상황이다. 일정한 기준에 의해 엄선된 전문가 집단과 모든 구성원의 참여가 보장된다는 점에서 대표성이 높고, 참여하는 전문가집단과 지역 대표가 심층적인 정보를 제공한다. 더 나아가 웹 기반 기술에 의해 모든 지역 주민의 의견을 반영한다는 측면에서 정보성이 높다(Robbins et.al., 2008: 566-568). 조세 선호 및 만족도 조사(tax preference/satisfaction survey)는 응답자에게 공공재와 그 따른 조세 부담 간의 상호 관계에 관한 복수의 대안을 제시함으로써 공공재에 대한 조세가격을 파악하기 위한 것이다. 예산배정위원회(budget pies)는 전체 예산(100%)을 각 사업 부문별로 배정하는 과정에서 주민들의 견해를 파악한다. 예산심의시민대표위원회(citizen juries and panels)는 일반 주민들이 복잡한 예산 과정에 대한 참여를 꺼리기 때문에 통계적 방법에 의해 선정된 소규모 집단으로 하여금 예산을 담당하도록 한다. 위원회는 전체적인 대안을 제공받아 결정하고 그들의 결정이 전체 주민의 견해를 대변하는 것으로 간주한다. 이러한 유형에 속한 주민참여예산제도는 기본적으로 주민들이 예산 과정에 참여할 준비가 되어 있고 기꺼이 참여하려는 의향을 갖고 있다는 점을 가정한다. 더 나아가 특정 문제가 제시되었을 때 반사적이고 즉흥적 방법보다는 사려 깊은 분별력에 기초하여 견해를 제시하는 것으로 간주하고 있다. 네 가지 유형은 주민참여예산제도의 발달 과정과 상황에 따른 대안의 다양한 선택 가능성을 제시한다.

2 광주광역시 북구청의 주민참여예산제도

우리나라 주민참여예산제도의 도입 필요성은 2003년 6·13 지방선거에서 처음 제기되었다. 이어 행정안전부는 2004년 예산편성지침을 통해 주민참여예산제도를 권장하고 2005년에 지방재정법 개정을 통해 주민참여예산제도의 법적 기반을 마련했다. 이에 앞서 광주광역시 북구청은 2003년에 전국 최초로 주민참여예산제도를 도입하고 2004년 3월에 주민참여예산 운용조례를 제정했다.

'광주광역시 북구 주민참여예산제 운영조례'에 의하면 주민 예산 참여 주체는 예산참여지역회의·예산참여시민위원회·예산참여민관협의회·일반시민으로 이루어져 있다.

첫째, 예산참여지역회의는 각 동별로 7~10명의 위원들로 구성되며(총 192명), 예산편성 방향과 부문간 지출 우선순위에 대한 의견 수렴, 세입세출예산 편성 관련 주민 의견 수렴 및 집약, 결산보고 의견 수렴, 예산참여시민위원회 구성을 위한 지역회의 위원 추천 등의 활동을 한다.

둘째, 예산참여시민위원회는 예산참여지역회의가 추천하는 자치위원 26명, 공모에 의한 주민위원 52명, 비영리 민간단체가 추천한 11명 등 모두 100명 이내의 위원들로 구성된다. 동 위원회는 예산편성지침에 대한 의견 수렴, 예산에 대한 주민 및 예산참여지역회의의 의견 수렴 및 집약, 주민 예산교육, 예산정책 토론회, 결산에 대한 설명 등의 역할을 수행한다.

셋째, 예산참여민관협의회는 공무원 6명, 시민위원 6명 총 12명으로 구성된다. 동 협회의는 예산참여지역회의와 예산참여시민위원회에서 수렴된 지역 주민들의 의견을 예산편성에 반영하기 위한 사항의 심의, 예산편성의 우선순위 결정, 자체사업 예산편성 등 예산편성과 관련된 사항의 심의 조정, 구청장의 예산 관련 부의 사항 심의 등을 다룬다.

넷째, 일반시민들은 구청 홈페이지를 통한 온라인이나 전화 및 팩스와 같은 오프라인에 의해 예산활동에 참여할 수 있다. 구청 홈페이지 'e-budget

[그림 10-2] 주민참여예산제도의 운용 체계

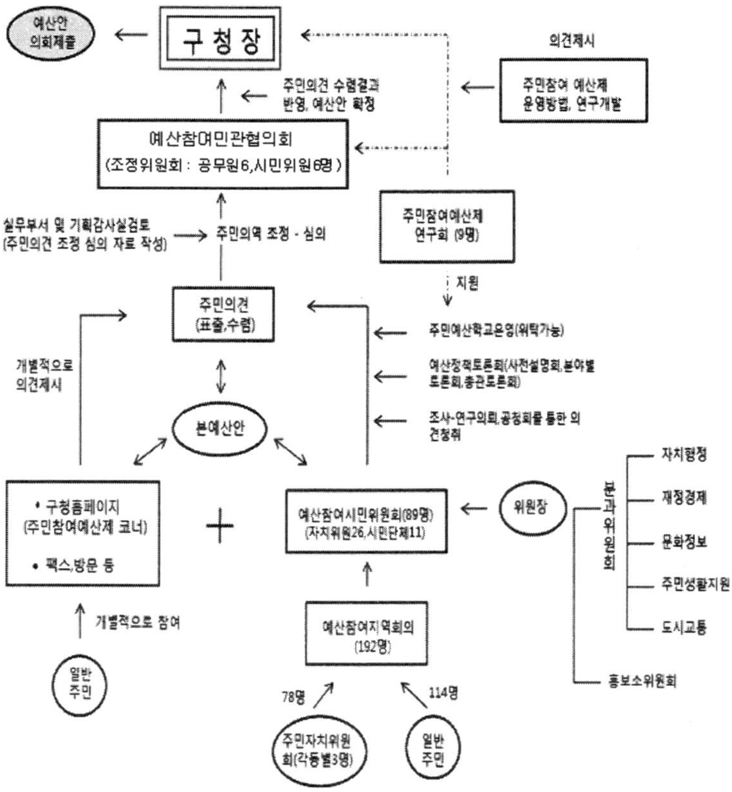

자료: 광주광역시 북구청, 홈페이지, 주민참여예산제.

〈표 10-3〉 주민참여예산제도의 절차

지역회의→예산편성지침 시달→예산정책 토론회→주민 의견 수렴 및 예산요구서 홈페이지 공개→예산요구서 제출→예산요구서 공개→예산안 심의 조정→예산정책 토론회→예산안 공개 전 의회와 협의→예산정책토론회→조정위원회 개최→예산안 확정→의회 제출→주민 의견 평가 및 환류

주: 밑줄 친 부분은 기존의 예산편성 절차임.
자료: 광주광역시 북구청, 홈페이지.

예산참여방'을 통해 상시적으로 참여가 가능하고 공청회를 비롯한 예산정책토론회에서도 의견을 제시할 수 있다. 이와 같은 방법에 의해 주민참여예산제도가 도입됨에 따라 예산순기가 변경되었다. 예산편성이 기존의 5단

계에서 14단계로 확대되었다.

3 평가와 보완 방안

광주광역시 북구청의 주민참여예산제도는 구청장·행정관료·시민단체 간의 유기적인 관계 설정과 역할 분담을 통해 안정적인 틀을 형성하고 있다. 주민 참여의 절차와 과정에 관한 규정과 방법이 비교적 정교하게 정비되어 있다. 그러나 [그림 10-1]이 제시하는 로빈스 등의 평가모형에 의하면 주민의 직접 참여에 의한 쌍방향의 의사전달 메커니즘이 취약한 편이다. 로빈스 등의 모형의 Ⅳ분면은 대표성과 정보 수준에서 가장 발전된 주민의 예산 참여 방법을 제시하고 있다. Ⅳ분면의 참여 방법들은 지역 주민에게 예산에 관한 선택 가능한 대안을 제시함으로써(instructive) 주민 주도로 직접적이고(real time), 예산부서와 주민 간의 쌍방향 의사전달(interactive)을 강조하고 있다. 이를 위해 정보화를 바탕으로 한 웹 기반 참여 방법을 광범위하게 활용할 것을 제안하고 있다.

광주광역시 북구청의 경우는 인터넷를 활용한 주민 참여 방안이 마련되었으나 주민참여예산제도에 걸맞은 시스템을 갖추지 못하고 단지 민원 제기의 수준에 머물고 있다. 따라서 관련된 정보를 확보하는 데 한계가 있다. 현재의 광주광역시 북구청의 주민예산참여제도는 조직적인 측면에서 정교한 체계를 갖추고 있음에도 불구하고 예산에 관한 실효성 있는 정보를 지역 주민들로부터 확보하는 데 한계가 있다. 단지 현재의 지방의회와 유사한 예산 관련 주민대표 조직이 하나 더 부가된 상황일 뿐이다. 주민참여예산제도는 현행 예산 관련 시스템의 한계를 극복함으로써 실효성 있는 예산 관련 정보를 지역 주민들로부터 확보하는 데 목적이 있다는 점을 감안하면 광주광역시 북구청의 사례는 이에 대한 진전 없이 단지 관료적인 절차를 더욱 복잡하게 만들었다고 평가할 수 있다.

실제로 광주광역시 북구청의 주민참여예산제도의 운용 성과를 살펴보면 2004~2008 기간 동안 예산편성시 주민의 의견 수렴 및 반영 건수는 증가하고 있으나 반영 비율(%)(반영 건수/의견 수렴 건수×100) 현저하게 줄어들고 있다. 이는 주민참여예산제도를 통해 실효성 있는 정보를 확보할 수 있는 가능성이 감소하고 있다는 점을 뜻한다. 이는 구청의 가용 자원의 한계에서 비롯된 측면도 있지만 기본적으로 주민들이 제시한 사업들이 예산사업으로서의 타당성이 결여되고 우선순위가 낮다는 점에서 비롯된다. 이러한 현상은 오프라인상의 예산참여지역회의에서 제시된 사업이나 온라인상의 홈페이지에서 제안된 사업 모두에서 발견된다(곽채기, 2007: 201).

또한 그동안 주민참여예산제도의 성과에 관한 설문조사에 의하면 주민의 알 권리 보장, 주민의 참여 기회 확대, 지방재정의 투명성 제고, 구정에 대한 신뢰도 확보 등 예산편성의 절차적인 측면에서는 비교적 긍정적으로 평가하고 있다. 그러나 예산편성시 주민 의견 반영 정도, 지방재정에 대한 책임성 강화, 지방재정에 대한 전반적인 만족도 등 주민참여예산제도의 본래의 목적에 대해서는 공무원, 예산 참여 지역위원, 예산 참여 시민위원 모두 부정적으로 답하고 있다. 이러한 부정적인 평가의 원인에 대해 공무원들은 '의미 있는 생산적인 의견이 제시되지 않기 때문에' 예산편성 업무에 도움이 되지 않는 것으로 평가하고 있다(곽채기, 2007: 203-205).

이에 반해 주민참여예산제도를 운용하는 과정에서 직접적인 금전적 비용 이외에도 지방재정 수요 증가, 신속한 의사결정 저해, 공무원의 업무 부담 증가, 재원 배분 과정상 집단 간의 갈등, 예산 업무의 효율적 운용 제약, 지방의회의 예산심의권 침해 가능성 등의 역기능을 초래하는 것으로 평가된다. 이러한 평가는 지역 주민을 제외한 공무원, 예산 참여 지역위원, 예산참여시민위원 모두가 공감하고 있는 사실이다(곽채기, 2007: 206-207).

전체적으로 광주광역시 북구청의 주민참여예산제도는 비교적 정교한 운영 체제를 유지하고 있음에도 불구하고 실제 운영 성과는 부정적으로 나타나고 있다. 지역 주민들로부터 타당하고 우선순위가 높은 사업을 발굴하지 못한 반면에 지나치게 복잡한 절차로 말미암아 주민 참여의 역기능을 발생시키고 있다는 점이 지적되고 있다. 주민참여예산제도는 절차적 정교성이나 제도적 합리성보다는 적은 비용으로 지역 주민들로부터 타당하고 실현가능한 사업을 제안받아 예산편성에 반영하는 데 목적이 있다. 그럼에도 불구하고 광주광역시 북구청의 주민참여예산제도는 절차적 측면을 강조한 나머지 지역 주민들과 직접적인 연계성이 취약하다. 현재 주민들의 의견을 수렴하기 위한 일차적인 창구는 온라인상의 'e-budget 예산참여방'과 오프라인상의 예산참여지역회의이다. 그런데 현재 'e-budget 예산참여방'은 기존의 일회적이고 미시적인 민원 제기의 한계를 벗어나지 못하고, 예산참여지역회의 또한 지역 주민들로 하여금 적극적으로 예산에 관한 현실적인 의견을 제시하도록 하는 유인을 제공하지 못했다. 주민들의 무관심은 일차적으로 합리적 무지에서 비롯된 측면이 강하지만 궁극적으로는 예산구조에 대한 이해와 접근 방법의 결여에서 비롯된 측면이 크다. 그 결과 지역 주민들이 제시한 견해들을 예산구조나 예산 항목으로 전환하는 데 어려움이 있다. 또한 가용재원의 한계나 예산사업의 변화에 따른 조세 부담의 증감에 대한 정보가 제시되지 않기 때문에 지역 주민들이 제안하는 견해들이 타당성과 실현 가능성을 담보할 수 없게 된다.

따라서 명실상부한 주민참여예산제도가 정착되기 위해서는 주민들의 수요를 직접으로 파악하면서 주민들로 하여금 타당성과 실현 가능성이 높은 사업을 제안할 수 있도록 제도적인 장치를 보완해야 한다. 이를 위해 정보화에 의해 전자정부가 구축된 상황을 활용해서 기반 주민참여예산제도를 강화할 필요가 있다. 웹 기반 주민참여예산제도는 실시간으로 주민의 의견을 수렴할 수 있고, 예산사업과 조세 부담 간의 상관관계에 관한 의견을 상호 교환함으로써 적정하고 타당한 예산사업을 발굴할 수 있고, 예산구조와 세출 항목에 대한 정보를 제공하면서 주민들의 의견을 받아들이기 때문에 예산에 대한 적용 가능성을 높일 수 있다.

주민 예산 참여에서는 주민들이 관심을 갖고 적극적으로 의견을 개진할 수 있는 여건이 중요하다(Bocatto & Toledo, 2008: 20). 의사결정 주체들 간의 협력적 의견 교환(storying collaboration)이 가능할 때 참여의 민주적 가치를 제고할 수 있다. 구성원들이 자유롭게 의견을 개진하고 상대방의 반응을 받아들여 환류시키는 연속적인 과정을 통해 발전된 결과를 도출하게 된다. 의견 교환의 결과로서 개선안이 도출되고 제시된 개선안은 또다시 의견 교환의 대상이 되는 지속적인 과정을 거치게 된다. 이러한 인식론적(epistemological) 관점은 웹 기반의 주민참여예산제도에 의해 가능하게 된다. 웹 기반은 구성원들 간의 자유롭게 지속적이고 대등한 의견 교환이 가능해야 한다는 해석학적(hermeneutical) 요건을 충족시킬 뿐만 아니라 정확한 정보를 실시간에 확보할 수 있다는 점에서 유용한 주민참여예산제도의 모형이 될 수 있다.

제 4 절 주민참여예산제도의 웹 기반 구축 모형

1 외국의 사례: 웨스트 하트퍼드 시

2003년 미국의 코네티컷대학교와 웨스트 하트퍼드(West Hartford) 시[1]는 공동으로 예산편성시에 주민들의 선호를 파악하기 위한 웹 기반 조사모형을 개발했다. 웹 기반 조사모형은 예산에 관한 실시간 상호 의견 전달을 가능하게 하고, 지역 주민에게 공공 서비스와 비용 간의 상관 관계를 인지시키고, 공공 서비스에 상응하는 각자의 조세 부담 수준을 제시할 수 있다는 점에서 단지 행정 수요만을 파악하는 기존의 주민 참여 방법에 비해 장점이 있다. 이러한 하트퍼드 시의 웹 기반 조사모형은 예산상의 제약 속에서 실효성 있는 사업을 발굴하기 위해, 일단 현재의 24개의 주요 사업[2]의

1) 웨스트 하트퍼드(West Hartford) 시는 코네티컷 주의 주도로서 인구 규모에서는 우리나라 시군구와 유사한 수준이다. 주민참여예산제도가 비교적 일찍부터 운용되었고 최근에는 코네티컷대학교의 Public Policy Dept.와 공동으로 웹 기반 주민참여예산 프로그램을 구축하여 운영하고, 성과는 2008년도 *PAR*에 소개되었다. 웨스트 하트퍼드 시는 미국에서 선도적인 주민참여예산제도를 운영하고 있는 기초자치단체로서 우리 시군구와 유사한 행정 수요를 포함하고 있기 때문에 우리나라의 평가모형으로 채택했다.

2) 도로 및 인도의 유지 보수, 낙엽의 수거 및 처리, 지역순찰, 사회부조, 학교 수업 지도, 학교 미술 및 공연, 경제 발전, 비상구호, 교통 단속 및 사고조사, 결빙 및 적설 통제, 화재 예방 및 긴급출동, 학교 스포츠 및 과외활동, 범죄조사, 재활용 물품의 수거 및 활용, 학교도서관 및 언론, 체육 및 공원시설 유지, 도서관, 학교 플랜트 및 편의시설, 거리 청소, 빌딩 안전 및 외관 보호, 거리 조명 및 신호 체계, 동물통제, 학교통학 운송, 레크리에이션 프로그램.

종류와 이에 상응하는 개별 가계의 조세 부담 수준을 제시한다. 더 나아가 사업별로 공공 서비스의 증감에 따른 전체적인 비용과 개별 가계의 조세 부담 수준의 증감을 보여 줌으로써 주민들로 하여금 비용편익분석의 관점에서 사업을 자율적으로 결정하도록 도와 준다. 주민들은 24개 주요 사업 중 현안사업(hot issue)에 대해 서비스 수준의 증대 · 축소 · 현상 유지 중에서 하나를 선택하게 하고 그에 따른 전체 비용을 각자의 조세 수준으로 개별화함으로써 공공 서비스를 민간재처럼 다루고 있다. [그림 10-3]과 같이 이러한 작업은 24개의 모든 사업에 대해 반복적으로 실시된다.

하트퍼드 시의 웹 기반 조사모형에 의하면 공공 서비스의 증감을 전체 비용 변화와 연계함으로써 과도한 지출 요구에 따른 재정 악화를 방지할 수 있다. 또한 공공 서비스의 규모를 주민들의 자발적인 비용 부담 수준과 비교함으로써 공공 부문의 과부족을 해소하고, 주민들의 견해를 예산 편성의 지출 항목에 반영함으로써 적용 가능성을 높일 수 있다.

[그림 10-3] 하트퍼드 시의 e-Budget 콘텐츠

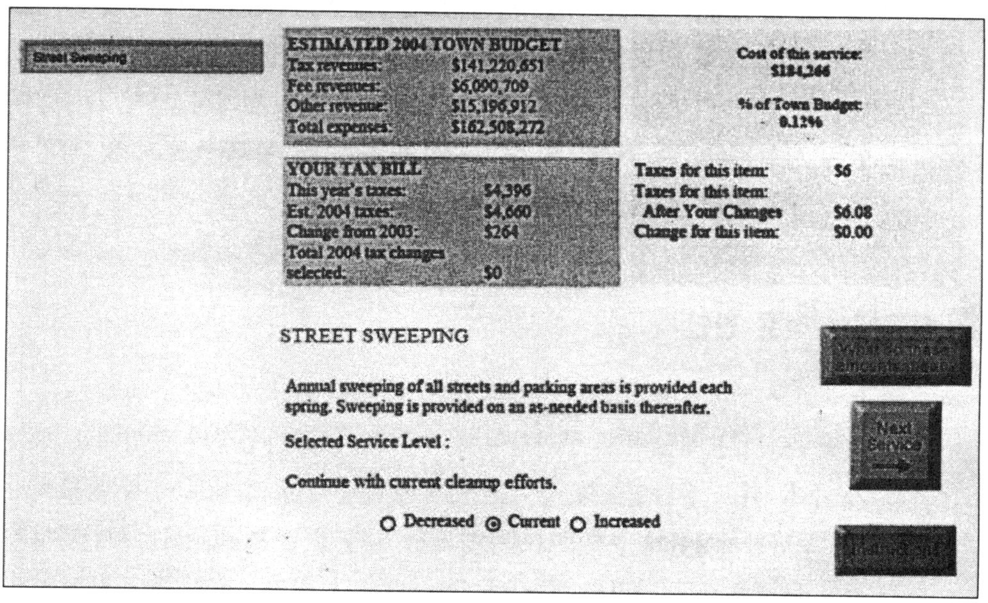

자료: Robbins et. al.(2008: 570).

개인의 조세 부담 수준은 서비스의 수준과 담세력에 의해 결정된다. 전체적인 서비스 수준과 그에 따른 총비용은 시 전체적으로 결정되지만 각자의 조세 부담 수준은 담세력에 의해 결정된다. 각자의 조세 부담 수준(T_i)은 총비용(TC)에 각자의 담세력 점유율(Pri/∑Pr)을 곱하여 산출된다 {T_i=TC * (Pri/∑Pr)}. 여기서 담세력은 미국의 지방세가 재산세로 이루어졌다는 점에서 소유 재산 규모에 의해 결정되지만 각종 공제와 감면제도를 반영하여 결정된다. 각자의 조세 부담 수준을 산출하기 위해 주민 예산참여 웹사이트는 과세 당국의 데이터베이스와 연계되어 있다. 주민들로 하여금 웹사이트에 접속할 때 개별 인증자료(ID와 Password)를 입력하게 함으로써 각자의 과세 테이터베이스와 자동적으로 접속되도록 하고 있다.

하트퍼드 시는 참여 대상자를 통계적인 표본추출을 통해 결정했다. 선정된 400명에게 2003년 3월에 웹사이트 접속에 필요한 정보를 제공했다. 그러나 초기 참여자의 비율은 25%에 지나지 않아 우편・전화・이메일 등 다양한 방법을 동원하여 참여를 독려한 결과 75%를 상회하기 이에 이르렀다. 참여자의 응답을 분석한 결과 서비스 수준의 증대 의견은 주민들에게 직접적이고 가시적인 혜택을 주는 사업(front yard services)들이 많았다. 대표적으로 '도로 및 인도의 유지 보수'와 '낙엽의 수거 및 처리'가 이에 속한다. 반면에 감축 의견은 사용자 부담 원리가 적용되고 있거나 그럴 가능성이 있는 사업들이었다. '공원 및 체육시설의 유지'와 '학교 스포츠 및 과외활동', '경제 발전', '건물의 안전' 등이 이에 속한다.

2 한국에의 적용 방안

광주광역시 북구청의 주민참여예산제도는 오프라인상의 주민대표 참여가 주가 되고 온라인상의 참여는 미약한 수준이다. 실제로 구청 홈페이지의 '주민참여예산제' 사이트(광주광역시 북구청 e-Budget)는 예산편성과 관련 콘텐츠가 취약하다. 주민참여예산제도의 취지, 관련 주민 대표조직, 예산 및 결산자료가 대부분을 차지하고 주민의 예산 참여와 관련된 측면은 미흡하다. 이 중에서도 주민예산참여제도와 관련된 항목으로 '예산참여방'과 '예산 절감 방안' 코너가 있으나 예산참여방에 제시된 내용들은 미시적인 민원 제기의 수준에 머물고, '예산 절감 방안'으로 제시된 내용은 전무한 실정이다. 따라서 미국의 하트퍼드 시와 같이 실시간 쌍방향의 유도적인 예산 참여를 가능하게 할 수 있는 웹 기반의 주민참여예산제도를 활성화하기 위한 제도적인 장치가 마련되어야 한다.

첫째, e-Budget의 콘텐츠를 확충해야 한다. 주민들의 선택 결과가 전체적인 비용 증감 및 개별 주민들의 조세 수준에 미치는 영향을 제시할 수 있는 데이터 시스템을 구축해야 한다. 주민들의 선택에 대한 비용의 함의가 제시되지 않는 경우 과도한 예산 수요가 발생하고 사업의 우선순위나 긴요성에 대한 판단을 할 수 없게 된다. 따라서 예산사업으로서의 타당성과 실현 가능한 대안을 발굴하기 위해서는 수요와 부담 간의 상관 관계를 보여줄 수 있는 체계를 갖추어야 한다.

둘째, 주민 참여 대상 예산 항목을 구체화해야 한다. 전체적인 지방자치단체의 예산은 경직성 경비가 대부분을 차지하기 때문에 주민의 의견을 반영해야 할 필요가 있는 부분은 한정되어 있다. 따라서 전체적인 예산편성의 방향을 설정하거나 특수한 현안 사업만을 대상으로 해야 한다. 현재와 같은 개방형 의견 수렴 방안으로는 적절한 사업을 발굴하는 데 한계가 있다. 더 나아가 주민들이 제시한 견해가 예산편성에 반영되지 않음으로써 오히려 주민들의 무관심과 반감을 조장할 수 있다. 실제로 현재 광주광역시 북구청은 홈페이지를 통해 '북구 살림 설문조사서'와 '북구 주민 12대 관심 사업'에 대한 의견을 수렴하고 있으나 내용이 지나치게 광범위하고 비용의 함의를 제시하지 못하는 한계가 있다. 따라서 예산 항목을 기준으로 한 폐쇄적이고 지시적인 질문에 의한 의견 수렴이 이루어져야 한다. 이때 주민들의 예산에 대한 이해를 증진시키기 위해 기능별 예산 분류 방법(budget for citizens)에 의한 자료가 제시되어야 한다.

셋째, 주민 참여의 범위를 모든 종류의 예산으로 확대해야 한다. 현재 광주광역시 북구청의 경우 본예산의 일반회계만을 대상으로 하고 있다. 그러나 예산의 종류와 구조는 행정 내부에 국한된 사항이기 때문에 이를 주민들에게 동일하게 적용을 강요할 수 없다. 주민들의 입장에서는 예산 체계보다는 내용이 중요하다. 따라서 일반회계·특별회계·기금의 기능별 분류상 모든 현안 사업에 대해 주민들의 참여를 보장할 필요가 있다. 또한 현재에는 자체사업과 국고보조사업 중에서 자체사업, 본예산과 추경예산 중에서 본예산만을 각각 대상으로 하지만 모든 사업은 동일하게 지역 주민에게 영향을 미치기 때문에 모두 주민 참여의 대상으로 해야 한다.

넷째, 참여 대상자 선정시에 대표성(representative)을 확보할 수 있어야 한다. 현재 실시되고 있는 온라인 설문조사는 포괄적이고 지속적인 의견 수렴이 가능한 측면이 있으나 특정 계층에 한정되어 있고 예산에 대한 사전 지식의 부족으로 응답률이 저조하다. 통계적 타당성을 확보하기 위해 과학적인 표본조사가 이루어져야 하고 응답자들의 이해를 돕기 위한 예산 구성에 대한 해설과 자료가 동시에 제공되어야 한다. 통계적으로 선정된 주민의 적극성을 유도하기 위해 전화 및 방문조사가 병행되어야 하고 주민 참여 마일리지와 같은 유인 체계가 마련되어야 한다. 이와같이 일반 시민을 대상으로 한 조사와 함께 학계·시민단체·지역대표 등으로 구성된 고정 패널 제도를 도입하여 지속적으로 심층적인 의견을 수렴할 필요가 있다.

다섯째, 복식예산 및 성과주의 예산과 병행하여 주민참여예산제도가 운용되어야 한다. 주민참여예산제도는 정치적으로는 주민의 의견을 수렴함으로써 재정민주주의를 실현하는 측면이 있지만 경제적으로는 예산 운용의 효율성을 증대하는 데 목적이 있다. 복식예산과 성과주의는 투입(지출)보다는 산출(성과)에 기초를 두고 예산을 배정하기 때문에 주민들의 의사결정에 유용한 자료로 활용될 수 있다. 현재 우리나라 모든 지방자치단체는 복식예산 체계가 구축되어 있기 때문에 웹상에서 주민들이 참여할 때 이를 참고로 할 수 있도록 연계 시스템을 구축하고 적극적으로 활용할 수 있도록 지원 체계를 마련해야 한다.

여섯째, 웹 기반과 오프라인의 역할 분담이 필요하다. 웹 기반과 오프라인은 각기 장단점을 내포하고 있기 때문에 재정민주주의 실현과 효율적인 예산 운용이라는 주민참여제도의 취지를 살리기 위해 양자를 적절히 활용해야 한다. 웹 기반은 저렴한 비용으로 광범위한 의견 수렴이 가능한 반면

〈표 10-4〉 웹 기반에 의한 e-Budget 시스템 구축 방안

구 분	분 야	내 용
기술적 요건	• 비용편익 규모	• 사업의 선택과 비용 규모 연계 시스템 구축
	• 비용과 조세 부담	• 비용 규모와 개인별 조세 부담예산 시스템 구축
	• 예산 개혁	• 복식예산 시스템과 연계, 성과주의 예산 반영
정책적 요건	• 주민참여 예산 범위	• 일반회계 및 특별회계, 본예산 및 추경예산, 자체사업 및 보조사업
	• 주민참여 예산 항목	• 비경상적 대규모사업, 쟁점 현안사업
	• 참여 대상자 선정	• 전문성과 대표성에 의한 통계적 표본추출
	• 오프라인과 역할 분담	• 온라인: 주요 사업 발굴 및 예산 기초자료 수집 • 오프라인: 부문별 예산 배정, 이해관계 조정, 타당성 평가

에 책임 있는 대안을 결정하는 데 한계가 있고, 오프라인은 토론을 통해 책임 있는 대안을 마련할 수 있으나 범위가 한정되고 비용이 많이 든다. 따라서 웹 기반은 다양한 예산사업의 발굴, 전체적인 주민들의 행정 수요 동향 파악, 행정 수요의 인구통계학적 특성 규명, 예산편성의 기본 방향 설정을 위한 기초자료 수집 등에 활용하고, 오프라인은 웹 기반에 의해 제기되었던 대안의 타당성과 실현 가능성의 평가, 이해관계의 조정, 부문별 예산 배정, 예산안의 심의 확정, 예산 관계 규정의 심의 등을 담당하도록 해야 한다.

제 5 절 결 론

현대 정치가 추구하는 민주적 가치는 지방자치에 의해 제도적으로 실현된다. 지방자치는 지역 주민의 자치 책임과 자기 부담 하에서 이루어지는 행정을 의미하기 때문에 재정민주주의가 본질적 요소를 구성하고 있다. 지방자치가 성숙함에 따라 재정민주주의 관점에서 지역 주민의 지방재정에

대한 관심이 증대되면서 주민참여예산제도가 활발하게 운용되고 있다. 주민참여예산제도는 국내외에서 지방재정 운용의 추세를 형성하고 있고 대부분의 지방자치단체가 도입하고 있다. 이러한 주민참여예산제도는 오프라인과 온라인(웹 기반)에서 동시에 이루어지고 있다. 그동안 우리나라 주민참여예산제도는 주로 오프라인에서 주민 대표들이 예산 과정에 참여하는 형태로 운영되고 있다.

그러나 국내 최초로 시작되어 가장 안정된 주민예산참여의 체계로 평가되고 있는 광주광역시 북구청의 경우도 실제 운용에서는 주민들로부터 타당하고 실현 가능한 대안을 끌어내지 못하면서 주민 참여의 역기능만 노출시키는 것으로 평가되고 있다. 예산참여시민위원회를 비롯한 다양하고 엄선된 주민예산 참여 조직이 운영되고 있으나 예산사업의 발굴이나 예산에 관한 정보 확보 측면에서 제 역할을 다하지 못하고 있다. 오히려 관료제의 속성을 강화되면서 이익단체나 관변단체로 변질되는 경향을 내포하고 있다.

따라서 온라인에 의한 참여를 활성화함으로써 내실 있고 실현 가능한 예산정보를 개발하는 방안을 모색할 필요가 있다. IT산업의 발달로 전자정부시스템에 의한 전자민주주의가 대세를 형성하고 있는 시대적 상황에 걸맞은 주민참여예산제도를 구축해야 한다. 웹 기반에 의한 e-Budget 시스템은 실시간(real time), 유도적(instructive), 쌍방향(interactive)의 예산에 관한 의사 전달이 가능해져 주민참여예산제도의 취지를 고양시킬 것으로 기대된다.

또한 우리나라에서 주민참여예산제도가 모든 자치단체단체에서 채택되고 있는 추세에 맞추어 중앙정부 차원에서 e-Budget 시스템의 표준 모델을 개발하여 보급시킬 필요가 있다. 특히 복식부기제도가 제도화된 상황이기 때문에 이를 e-Budget 시스템과 통합시켜 지역별 특수성을 반영하여 운영할 수 있도록 해야 한다. 이와 함께 오프라인의 주민예산참여제도와 적절한 역할 분담을 고려해야 한다. 온라인은 주요 사업 발굴 및 예산 기초자료 수집을 주 임무로 하고, 오프라인은 부문별 예산 배정, 이해관계 조정, 제안된 사업의 타당성 평가를 담당할 필요가 있다. 이와 같은 방향으로 구축된 주민참여예산제도는 전체적으로 지방재정 운용의 효율화와 민주화에 기여할 것으로 기대된다. 지역예산 운용시 중앙정부와의 관계에서 재정평가제도, 지역 주민과의 관계에서의 주민참여예산제도, 지방정부의 내부에서의 복식부기제도가 삼위일체를 이루는 경우 시너지 효과가 극대화되면서 지방재정 발전에 기여할 것으로 평가된다.

제 11 장 지방정부의 적정 채무 규모 추정

제1절 서 론

지방정부의 채무 수준은 현대 지방자치의 주요한 관심사이다. 한정된 재정여건 하에서 급증하는 행정 수요에 손쉽게 대응할 수 있는 수단이 지방채(local bond)이다. 특히 지역 주민의 조세 저항으로 추가적인 세원 확보가 어려운 상황에서 유권자들의 지지를 유지하면서 추가적으로 재원을 조달할 수 있는 방안이 지방채이다. 그 결과 지방정부의 채무가 누적되고 만성적인 재정적자에 시달리다가 급기야 파산에 이르게 될 가능성이 상존한다. 지방채는 마약과 같이 일시적으로 재정 압박을 해소할 수 있는 편이한 방법이지만 한 번 경험한 후에는 해소하기 어렵고 그 부작용 또한 심각하다.

2007년 현재 우리나라 지방채의 잔고는 예산 대비 15.6%(17조억 원)에 달하고 있다. 따라서 채무 누적에 따른 재정 압박을 해소하기 위해 체계적인 관리가 요구된다. 중앙정부는 지방채 발행 승인제도와 재정진단제도 등을 통해 지방채 관리에 관심을 갖고 있다. 지방자치단체들도 자신의 재정수요와 원리금 상환 능력을 고려하여 장기적인 관점에서 체계적인 계획을 수립하여 운영해야 할 것이다.

이 장에서는 미국 메릴랜드 주 워싱턴 카운티(Washington Couty)의 적정 채무 수준을 추정하는 방법에 관한 내용을 다룬다. 미국 워싱턴 카운티는 메릴랜드 주의 북서쪽에 위치한 인구 128,610명의 자치단체이다. 비록 소득 수준은 주(州) 평균에 미달하지만 3개 노선의 주(州)간 고속도로(68 · 70 · 81노선)가 통과하고 1998년에는 연방정부의 군사기지가 폐쇄됨에 따라 서비스와 상업을 중심으로 지역경제가 빠른 속도로 발전하고 있다.

현재 워싱턴 카운티는 1999년 현재 1억4천만 달러의 채무를 안고 있으며 상하수도 사업 부문이 전체 채무의 가장 많은 비율(30%)을 차지하고 있다. 채무 상환을 위해 매년 카운티 예산에서 2백50만 달러씩 지원하고 있는 현실이다. 그러나 1997년에는 상하수도 사업 부문은 자체수입 23%를 증가시킨 바 있고 향후 이러한 추세가 지속됨에 따라 채무 상환을 위한 예산 지원을 축소할 계획이다.

워싱턴 카운티의 신용평가는 비교적 양호한 편으로 무디스(Moody's)는 A1, 스탠더드 앤드 푸어스(Standard & Poor's)는 A+ 등급을 제시했음에도 불구하고 워싱턴 카운티는 채무 수준에 특별한 관심을 보여 1999년에는 GFOA(정부재정관계자협회: Government Finance Officers Association)에 채무 적정성(debt affordability)에 대한 연구를 의뢰한 바 있다. 이는 현재의 신용 등급과 세율 수준을 유지하면서 건전하게 부담할 수 있는 미래의 채무 수준을 추정하기 위한 것이다. 워싱턴 카운티는 GFOA에 의뢰하여 향후 20년 동안의 적정한 채무 수준을 추정했다. GFOA는 동일한 수준의 비교집단(peer group)을 이용하여 워싱턴 카운티의 적정한 채무 수준을 제시하고 있다.

이 연구는 더글러스(J. Douglas, 2000)가 *Government Finance Review* (vol. 16, no.4)에 게재한 "Measuring Debt Capacity: The Washington County, Maryland Experience"를 소개하고 이에 대한 정책적 시사점을 도출하고자 한다. 워싱턴 카운티의 적정 채무 수준의 추정 방법은 우리나라에도 유용하게 적용될 수 있다. 민선자치 이후 우리나라는 지방자치단체의 채무 규모가 확대되고 있는 상황에서 지방재정의 건전성을 확보하기 위한 다양한 행 · 재정적 조치를 강구하고 있기 때문에 우리에게 정책 함의를 제공할 수 있을 것이다.

제 2 절 채무 현황의 적정성에 대한 평가

1 비교집단의 구성

연구 결과를 일반화하기 위해서는 비교집단의 구성(peer group formulation)에 세심한 주의가 요구된다. 비교집단은 유사한 특성을 보유하고 있는 자치단체들로서 인구, 지리적 특성, 재정 운용 실적 등을 기초로 하여 선정한다. 특히 1인당 소득과 재산가치를 포함하는 지역경제 지표와 10년간 인구 변화와 주(州)간 고속도로 접근도를 기초로 하여 유사한 자치단체를 표본으로 선정한다. 최종적으로 17개의 자치단체를 선정하여 이들을 메릴랜드 주에 속한 5개 자치단체와 그 외의 12개 자치단체로 양분한다.

비교집단을 구성한 후에 이들에 관한 재정과 채무에 관한 정보를 수집한다. 이때 CAFRs(종합재정연감: *Comprehensive Annual Financial Reports*)가 가장 유용하게 활용되고 CAFRs가 없는 카운티에 대해서는 재정 담당자와의 전화와 인터뷰를 통해 필요한 자료를 수집한다.

수집된 자료를 통해 <표 11-1>과 같은 지표(indicator)가 구성되고 이를 기준으로 워싱턴 카운티와 비교집단 간의 평가가 이루어진다. 여기서 채무(debt burden)는 미상환 채무(debt outstanding)와 이자(debt service)로 구성되고, 절대 규모보다는 경제 규모와 인구 수에 대한 상대적인 규모로 나타낸다.

미상환 채무는 채무 규모에 대한 일차적인 지표로서 상환해야 할 누적 원금에 해당되고 인구 · 개인소득 · 재산가치라는 세 가지 과세 기반에 기초한 상대적인 개념으로 나타낸다. ① 1인당 순직접(direct) 채무, ② 1인당 순전체(overall) 채무, ③ 개인 소득에 대한 비율로서 순직접 채무, ④ 재산의 공정한 시장가치의 비율로서 순직접채무 등으로 세분화된다.

이자는 채무 규모에 대한 2차적인 측정지표로서 매년 상환해야 할 이자

〈표 11-1〉 비교집단의 채무지표

(단위: $, %)

구 분	① 순직접채무/인구 수	② 순전체채무/인구 수	③ 순직접채무/개인소득	④ 순직접채무/재산의 공정한 시장가치	⑤ 종합책임채무이자/일반재정수입	⑥ 종합책임채무이자/재산세수입	⑦ 1인당 채무이자/1인당 소득
워싱턴 카운티	1,078.18	1,300.47	0.01	2.44	9.28	17.74	0.46
비교집단 1	1,106.39	1,181.49	0.02	2.02	11.39	21.76	0.51
비교집단 2	665.99	1,137.46	0.03	3.15	6.84	13.19	0.33
비교집단 3	529.32	904.66	0.02	0.87	5.07	10.44	0.35
비교집단 4	421.11	458.45	0.03	0.73	5.33	8.84	0.21
비교집단 5	1,602.16	1,602.16	0.01	1.96	11.68	22.20	0.56
비교집단 6	49.71	-	0.37	0.60	1.59	3.00	0.01
비교집단 7	-	-	-	-	-	-	-
비교집단 8	47.81	-	0.20	0.17	1.39	3.52	0.04
비교집단 9	104.03	1,542.63	0.14	0.19	2.52	2.15	0.06
비교집단 10	589.89	-	0.02	1.15	11.20	14.13	0.18
비교집단 11	19.49	-	0.68	0.04	3.29	6.08	0.03
비교집단 12	278.31	424.58	0.09	0.66	13.95	34.33	0.10
비교집단 13	180.99	-	0.08	0.55	42.47	43.46	0.41
비교집단 14	175.75	-	0.07	0.40	17.48	30.70	0.17
비교집단 15	39.08	1,332.87	0.83	0.16	8.90	11.09	0.02
비교집단 16	59.67	788.43	0.30	0.18	4.28	4.86	0.03
비교집단 17	1,413.92	-	0.01	1.37	8.60	12.96	0.52
평균	491.87	1,067.32	0.17	0.98	9.72	15.32	0.23

주: 1) 전체 채무는 직접 채무와 여타 자치단체와 공동으로 발행한 채무 중에서 자기 귀속채무를 합한 개념임.
2) 순채무는 채무에서 채권을 공제한 개념임.
3) 채무이자는 매년 상환해야 할 이자임.

로 구성된다. 이자 상환 재원은 다른 지출 목적에 전용될 수 없는 재원으로 해당 자치단체의 이용 가능한 재원에 대한 상대적인 개념으로 나타낸다. 실제로 이자는 ⑤ 전체 재정수입에서 차지하는 비율, ⑥ 재산세 수입에서 차지하는 비율, ⑦ 1인당 소득에서 차지하는 비율로 세분화된다.

<표 11-1>의 일곱 개 지표 중에서 ② 순전체 채무를 제외한 6개 지표가

순직접 채무로 이루어져 있다. 순직접 채무는 발행된 전체 채무의 합계와 일시차입금처럼 단기 채무로서 재정계획에는 반영되지 않은 채무로 구성된다. 또한 직접채무는 자신의 이름으로 발행한 채무와 다른 주체가 발행했으나 합병을 통해 떠맡게 되는 채무도 포함된다. 워싱턴 카운티가 19개 상하수도 사업 부문이 발행한 채무를 인수한 사례가 이에 속한다.

이 연구에서 직접채무(direct debt)뿐만 아니라 전체채무(overall debt)의 개념을 제시하고 있다. 전체채무는 직접채무에다 여타 자치단체와의 중복 사업 영역에서 발생했던 채무 중에서 수용 가능한 몫(applicable share)을 합한 것이다. 예를 들어 워싱턴 카운티의 전체채무는 직접채무에다 인접한 하거스톰(Hagerstorm) 카운티와 공동 영역에서 발행한 채무의 귀속분을 더한 것으로 이루어진다.

직접채무의 비율은 <표 11-1>의 7개 지표 중에서 6개 지표에서 이용된다. 반면에 전체채무의 정확한 규모는 추정하기 어려울 뿐만 아니라 그 소재를 파악하기 곤란하기 때문에 ② 인구 대비 전체 채무 규모만을 제시한다. 실제로 전체채무 규모의 계산은 시간이 많이 소요되고 난해한 작업이다. 왜냐하면 자치단체들은 규정된 회계 기준을 준수하지 않을 뿐만 아니라 이와 관련된 자료를 공개하지 않기 때문이다. 실제로 전체채무 규모를 제공한 바 있는 비교집단은 1인당 전체채무(overall debt per capita)만을 제시하고 있다.

2 채무 수준의 평가

GFOA's의 분석에 의하면 워싱턴 카운티의 채무 수준은 메릴랜드의 여타 카운티와 비교할 때 평균 수준를 유지하고 있다(그림 11-1). 워싱턴 카운티의 어떤 지표도 메릴랜드의 비교집단이나 전체에 비해 현저하게 높지는 않다. 다만 각 지표에서 워싱턴 카운티는 평균을 약간 상회한다. 실제로 [그림 11-1]에서 보는 바와 같이 1인당 직접채무를 기준으로 할 때 비교집단의 평균은 901달러인데 반해 워싱턴 카운티는 1,078달러이다.

[그림 11-1] 1인당 직접 채무(메릴랜드 비교집단)

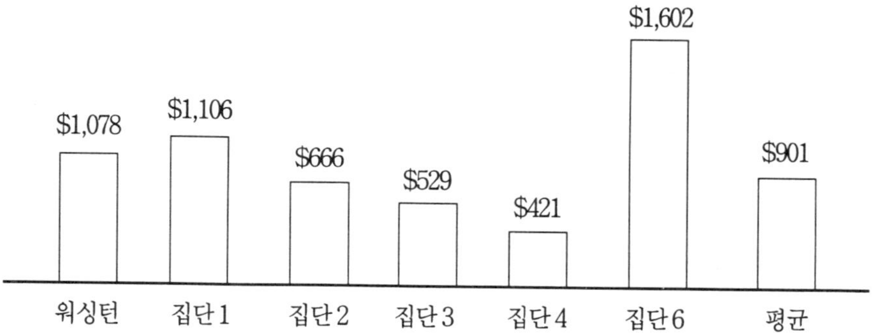

GFOA's는 채무의 적정성(affordability)을 평가할 때 전적으로 비교집단에 의존하고 있다. 현실적으로 워싱턴 카운티를 주(州)의 경계를 뛰어넘어 모든 주의 카운티와 비교할 수는 없다. 왜냐하면 미국의 주(州) 간에는 재정구조와 기능이 상이하기 때문이다. 실제로 메릴랜드 주에 속한 카운티들은 다른 주의 카운티보다 재정 규모가 크고 지역경제에 비해 재정 비율이 높은 편이다. 매릴랜드 주 카운티들은 주정부로부터 초등교육 관련 재정적 지원을 받는 데 반해 대부분의 다른 주에서는 학교구(school district) 또한 시정부가 부담하기 때문이다. 따라서 채무의 적정성을 분석하려면 비교집단 간에 존재하는 이러한 차이점을 염두에 두어야 한다.

제 3 절 향후 적정 채무 수준의 모색

워싱턴 카운티가 재정건전성을 유지하면서 장래에 감당할 수 있는 적정한 채무 수준을 모색할 때에는 다양한 요소를 고려해야 한다.

첫째, 대규모의 종합 책임(GO: general obligation) 보장형 채권을 발행했을 때 나타날 수 있는 ① 채무 부담과 관련된 다양한 재정적 영향과 ② 동일한 수준의 비교집단과 비교했을 때의 채무 부담의 적정성을 고려해야 한다.

둘째, 워싱턴 카운티가 현재에는 동일한 수준의 비교집단에 비해 재정적으로 약간 양호하지만 향후 적정한 채무 수준을 유지하면서 추가적으로 기채(起債)할 수 있는 한도를 고려해야 한다.

셋째, 워싱턴 카운티가 최종적으로 부담 가능한 적정한(affordable) 채무 수준에 도달하는 데 이용될 수 있는 기채 방법에 대한 논의가 있어야 한다.

1 기채 시나리오의 유형

기채 시나리오는 다양한 경제적 가정 하에서 채무 관련 재정지표의 미래 추정치를 예측하기 위해 구성된다. 만약 워싱턴 카운티가 매년 1천만 달러 혹은 1천5백만 달러의 채권을 발행한다면 각각에 대한 상환계획을 마련해야 한다. 이러한 시나리오는 채무의 총액, 시장 이자율, 채무의 종류에 대한 전제를 포함하고 있으며 기채에 대한 가정을 전개할 때도 중요한 통제변수(control features)를 고려해야 한다.

이 연구가 제시하는 일곱 가지의 종합책임 보장형 채권 발행 시나리오는 2020년까지 발생할 수 있는 워싱턴 카운티의 채무 부담과 관련된 일련의 재정지표의 추계치를 보여 준다. 시나리오상의 기채 규모는 향후 5년 동안 매년 1천만 달러에서 1천5백만 달러의 수준이다. 즉 ① 새로운 기채 중단, ② 매년 1천만 달러의 신규 기채, ③ 매년 1천1백만 달러 신규 기채, ④ 매년 1천2백만 달러 신규 기채, ⑤ 매년 1천3백만 달러 기채, ⑥ 매년 1천4백만 달러 신규 기채, ⑦ 매년 1천5백만 달러의 신규 기채 등이 이에 속한다. 이 중 ①과 ⑦은 극단적인 기채 시나리오가 초래할 수 있는 결과를 지방정부의 관계자에게 보여 주기 위한 것이다.

이러한 일곱 가지 기채 시나리오는 다음과 같은 가정을 전제로 하여 전개된다.

-보장의 정도(security): 종합 책임(GO: General obligation)

-과세 여건(tax status): 면세(tax-exempt)

-기간(term): 20년

-상환구조(structure): 상환계획에 의한 각 연도별 원금과 이자 상환
-산용 등급(rating): AAA 등급 유지
-기채 예정일(assumed date of inssuance): 매년 1월 1일
-이자 지급일(debt service payment dates): 1월 1일과 7월 1일
-원금 지급일(principal payment dates): 1월 1일

2 채무 수준의 적정성 평가 기준

각 시나리오가 제시하는 채무 규모에 대한 적정성의 평가지표는 다음과 같은 네 가지 지표를 기준으로 한다.

① 1인당 종합 책임 보장형 채무 규모(G.O debt per capita)

전체의 미상환 원금은 지역의 경제력과 담세력을 나타내는 인구 규모에 의해 평가되어야 한다는 점에 기초하고 있다.

② 과세 가능한 재산의 공정한 시장가치(FMV) 대비 종합 책임 보장형 채무(G.O debt/FMV of property)

카운티의 과세 가능한 재산의 공정한 시장가치는 채무를 상환하기 위한 세입과 과세 능력의 현재 가치와 미래 가치를 측정하기 위한 카운티의 부(wealth)를 나타낸다. 이 중에서 재산세의 세원 규모가 종합 책임 채무의 원리금을 상환하기 위한 주요한 목적 재원이다.

③ 일반재정 수입 대비 이자 부담(debt service/G.F revenue)

일반재정은 자치단체의 경상적인 운영에 소요되는 재원으로서 워싱턴 카운티와 같이 자치단체가 일반세입에서 이자를 지불할 때 채무 수준의 적정성을 평가할 수 있는 중요한 지표가 된다.

④ 1인당 개인소득 대비 1인당 이자 부담(debt service per capita/income per capita)

최종적인 채무 부담자는 지역 주민이라는 점에서 1인당 소득 수준은 채

무 수준의 적정성 평가에서 궁극적인 지표가 된다.

각 시나리오가 제시하는 워싱턴 카운티의 채무 수준은 메릴랜드 주에 속한 비교집단의 평균과 비교된다. 그리고 비교집단의 평균은 워싱턴 카운티의 채무 수준의 적정성을 평가하는 기준과 채무 상환 능력을 평가하는 준거로 활용된다. 비교 기준은 워싱턴 카운티의 채무 상환 능력을 유지하고 채무 상환에 필요한 재정적인 준비를 제공한다. 이러한 점에서 GFOA가 워싱턴 카운티의 적정한 채무 수준의 목표치를 전국 평균보다는 동일한 수준의 지방정부로 구성된 비교집단의 평균에 기초를 두고 있다는 점은 바람직한 일이다. 지역경제의 규모와 과세 기초가 동일한 수준에 속하는 비교집단을 활용하는 경우 채무관리 계획의 실현 가능성을 높이기 때문이다.

3 적정 수준 도달 연도

메릴랜드 주에 속하는 동일 수준의 비교집단과 비교한 결과 워싱턴 카운티의 채무 수준은 비교집단의 평균을 약간 상회한다는 점을 발견할 수 있다. 여기서 향후 워싱턴 카운티의 적정 수준의 채무 규모를 추정할 필요가 있고 이에 대한 방법론이 요구되고 있다. 적정 수준 도달 연도 방법론(break-even year methodology)은 일반재정수입 대비 이자 비율과 같이 특정한 채무지표에 관한 시나리오가 비교집단의 평균에 도달하는 데 소요되는 기간을 추정하는 방법이다.

여기서 적정 수준 도달 연도는 각 시나리오가 제시한 워싱턴 카운티의 채무 부담 지표가 비교집단 이하로 하락하는 연도를 의미한다. 워싱턴 카운티가 동일 수준의 비교집단의 평균과 일치될 때 적정한(affordable) 채무 수준에 도달했다고 평가할 수 있다. 따라서 워싱턴 카운티의 채무 수준이 비교집단의 평균과 일치하거나 낮을 때 기채 시나리오가 타당하다. <표 11-2>는 채무 발행 시나리오가 제시하는 적정 수준 도달 연도를 나타낸다.

예를 들어 연간 1천만 달러를 기채하는 경우 채무 부담 지표별 적정 수준 도달 연도는 ① 종합 책임 채무/인구 수는 2000년, ② 종합 책임 채무/

〈표 11-2〉 대안의 균형이탈 연도 예측

채무 부담 지표	신규채무 중단	연간 1,000만$	연간 1,200만$	연간 1,500만$
종합 책임 채무/인구 수	2000	2000	2000	>2020
종합 책임 채무/재산의 공정한 시장가치	2000	2013	>2020	>2020
이자/일반재정수입	2005	2015	2016	>2020
1인당 이자/1인당 소득	2000	2005	>2020	>2020

재산의 공정한 시장가치는 2013년, ③ 이자/일반재정수입은 2015년, ④ 1인당 이자/1인당 소득은 2005년이다.

4 자체수입에 대한 고려

GFOA의 연구에 의하면, 워싱턴 카운티의 채무 수준은 조세수입에 의해 상환되어야 하는 종합 책임 보장형 채무에 속하는 상하수도 관련 채무의 과다로 말미암아 메릴랜드 주의 평균을 상회하고 있다는 점을 알 수 있다. 만약 워싱턴 카운티의 상하수도 사업이 자체적으로 자신의 채무를 지변할 정도의 충분한 재정수입을 확보할 수 있다면 워싱턴 카운티의 채무는 획기적으로 축소될 것이다. 비록 공익시설 채무가 카운티의 종합 책임 보장형 채무일지라도 공익시설의 자체수입에 의해 상환 재원을 마련할 수 있기 때문이다. 상하수도 채무는 워싱턴 카운티의 전체 미상환 채무의 37%에 달한다. 1999년에는 이자의 47%에 해당되는 7백80만 달러 수입을 확보했다. GFOA는 이러한 실적을 바탕으로 지금까지 카운티의 종합 책임 보장의 미상환 채무의 13%가 자체 조달되었다고 평가했다.

이러한 실적을 바탕으로 GFOA는 워싱턴 1과 워싱턴 2라는 두 개의 대안적인 이자 부담 비율을 개발했다. 워싱턴 1은 전체의 종합 책임 채무, 워

[그림 11-2] 종합 책임 채무 원리금/일반재정수입

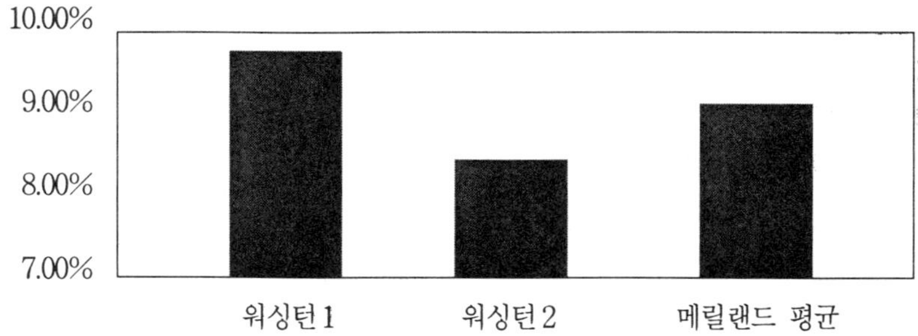

싱턴 2는 자체수입에 해당되는 13%를 차감한 종합 책임 보장 채무를 각각 나타낸다. 자체수입으로 변제할 수 있는 채무를 제외한다면(워싱턴 1) 워싱턴 카운티는 메릴랜드 비교집단의 평균보다 낮다[그림 11-2]. 이러한 사실은 공공시설 채무에 대한 자체수입 충당 비율이 증가한다면 비록 기채 수준이 이전 상태를 유지하거나 약간 증가된다 할지라도 워싱턴 카운티의 채무는 비교집단의 평균에 계속 근접한다는 점을 보여 준다.

5 시나리오별 적정성 평가

채무 수준의 적정성은 워싱턴 카운티의 매년 기채 시나리오상의 비율을 목표 비율(target ratio)과 비교함으로써 평가된다. 적정한 수준은 워싱턴 카운티 비율이 비교집단의 목표 비율의 평균과 같거나 그 이하일 경우로서 새로운 기채가 없거나(표 11-3) 매년 1천만 달러 기채가 해당된다. 그러나 GFOA는 비록 워싱턴 카운티 대부분의 지표 비율이 목표 비율과 일치하지 않거나 이상일 경우에도 매년 1천만 달러와 1천2백만 달러 추가 기채 시나리오도 적정한 것으로 평가하고 있다.

1) 1천만 달러와 1천백만 달러의 시나리오

1천만 달러와 1천백만 달러의 시나리오(<표 11-4>·<표 11-5>) 모두

〈표 11-3〉 신규 채무 발행 중단의 시나리오

회계 연도	1인당 채무 추계	비교 집단 목표치 (%)	공정한 시장가치 대비 추계 채무 비율(%)	비교 집단 목표치 (%)	일반재정수입대비 추계된 이자의 비율(%)	비교 집단 목표치 (%)	1인당 소득에 대한 1인당 추계된 이자의 비율(%)	비교 집단 목표치 (%)
2000	892.37	1000	2.02	2.0	11.46	9.0	0.48	0.5
2001	819.55	1000	1.87	2.0	12.12	9.0	0.52	0.5
2002	751.52	1000	1.73	2.0	10.96	9.0	0.48	0.5
2003	681.17	1000	1.58	2.0	10.61	9.0	0.47	0.5
2004	613.41	1000	1.44	2.0	9.75	9.0	0.45	0.5
2005	550.47	1000	1.30	2.0	8.75	9.0	0.41	0.5
2006	493.92	1000	1.18	2.0	7.69	9.0	0.37	0.5
2007	446.45	1000	1.07	2.0	6.44	9.0	0.32	0.5
2008	398.15	1000	0.96	2.0	6.17	9.0	0.31	0.5
2009	348.79	1000	0.85	2.0	5.69	9.0	0.31	0.5
2010	298.66	1000	0.73	2.0	5.93	9.0	0.30	0.5
2011	250.93	1000	0.62	2.0	5.17	9.0	0.28	0.5
2012	203.80	1000	0.51	2.0	4.87	9.0	0.27	0.5
2013	160.23	1000	0.40	2.0	4.34	9.0	0.25	0.5
2014	120.32	1000	0.30	2.0	3.83	9.0	0.22	0.5
2015	84.51	1000	0.22	2.0	3.33	9.0	0.20	0.5
2016	63.33	1000	0.16	2.0	2.33	9.0	0.14	0.5
2017	45.74	1000	0.12	2.0	1.98	9.0	0.12	0.5
2018	31.75	1000	0.08	2.0	1.65	9.0	0.11	0.5
2019	20.80	1000	0.05	2.0	1.39	9.0	0.09	0.5
2020	14.55	1000	0.04	2.0	1.05	9.0	0.07	0.5

2000~2020 기간 동안(20년) 1인당 채무 규모는 목표 비율 이하이고, 1인당 소득 대비 1인당 이자 비율은 20년 동안의 평균 목표 비율의 각각 1/2와 1/3 이하이다. 1인당 채무 규모와 1인당 이자 비율은 전체 원금과 이자에 관한 주요한 지표이다. 특히 1인당 소득 대비 1인당 이자 비율 지표는 지불능력을 나타내는 중요한 기준이다. 이러한 두 가지의 지표만을 고려할 때 1천만 달러와 1천백만 달러의 시나리오는 적정한 수준이라고 평가할 수 있다.

그러나 이러한 논거에 의해 제시된 적정성은 논란의 여지가 있다. 왜냐

〈표 11-4〉 1천 백만 달러 채권 발행의 시나리오

회계연도	1인당 채무 추계	비교 집단 목표치 (%)	공정한 시장가치 대비 추계채무 비율(%)	비교 집단 목표치 (%)	일반재정수입 대비 추계된 이자 비율(%)	비교 집단 목표치 (%)	1인당 소득에 대한 일인당 추계된 이자 비율 (%)	비교 집단 목표치 (%)
2000	966.78	1000	2.19	2.0	11.46	9.0	0.48	0.5
2001	964.94	1000	2.21	2.0	12.81	9.0	0.55	0.5
2002	964.94	1000	2.22	2.0	12.29	9.0	0.54	0.5
2003	958.16	1000	2.23	2.0	12.52	9.0	0.56	0.5
2004	950.98	1000	2.23	2.0	12.20	9.0	0.56	0.5
2005	945.04	1000	2.23	2.0	11.69	9.0	0.55	0.5
2006	941.95	1000	2.24	2.0	11.08	9.0	0.53	0.5
2007	944.28	1000	2.26	2.0	10.25	9.0	0.50	0.5
2008	942.10	1000	2.28	2.0	10.36	9.0	0.52	0.5
2009	935.10	1000	2.28	2.0	10.46	9.0	0.54	0.5
2010	923.50	1000	2.27	2.0	10.53	9.0	0.56	0.5
2011	910.39	1000	2.25	2.0	10.28	9.0	0.56	0.5
2012	893.88	1000	2.23	2.0	10.24	9.0	0.57	0.5
2013	876.85	1000	2.20	2.0	9.93	9.0	0.56	0.5
2014	859.29	1000	2.17	2.0	9.61	9.0	0.56	0.5
2015	841.53	1000	2.14	2.0	9.30	9.0	0.55	0.5
2016	833.98	1000	2.14	2.0	8.45	9.0	0.52	0.5
2017	825.47	1000	2.13	2.0	8.22	9.0	0.51	0.5
2018	815.84	1000	2.12	2.0	8.01	9.0	0.51	0.5
2019	804.38	1000	2.11	2.0	7.85	9.0	0.52	0.5
2020	792.58	1000	2.09	2.0	7.58	9.0	0.51	0.5

하면 공정한 시장가치의 비율의 지표는 1천만 달러와 1천백만 달러의 시나리오 모두 목표 비율보다 열악하기 때문이다. 따라서 GFOA는 1천만 달러와 1천백만 달러의 시나리오의 적정성에 대한 최종적인 판단은 일반세입 대비 이자 비율이라는 지표를 활용하고 있다.

일반세입 대비 이자 비율이라는 지표는 여러 영역에서 적정성에 관한 주요한 기준으로 활용되고 있다. 플로리다 주의 1999년 채무 적정성에 관한 연구에서 주 전체의 채무 부담 능력을 평가하면서 일반세입 대비 이자 비

〈표 11-5〉 1천2백만 달러 채권 발행의 시나리오

회계 연도	1인당 채무 추계	비교 집단 목표치	공정한 시장가치 대비 추계 채무 비율(%)	비교 집단 목표치(%)	일반재정 수입대비 추계된 이자 비율(%)	비교 집단 목표치(%)	1인당 소득에 대한 1인당 추계된 이자 비율(%)	비교 집단 목표치(%)
2000	973.55	1000	2.21	2.0	11.46	9.0	0.48	0.5
2001	978.16	1000	2.24	2.0	12.87	9.0	0.55	0.5
2002	983.80	1000	2.27	2.0	12.41	9.0	0.54	0.5
2003	983.34	1000	2.28	2.0	12.69	9.0	0.57	0.5
2004	981.63	1000	2.30	2.0	12.43	9.0	0.57	0.5
2005	980.87	1000	2.32	2.0	11.97	9.0	0.56	0.5
2006	982.59	1000	2.34	2.0	11.39	9.0	0.55	0.5
2007	989.40	1000	2.37	2.0	10.60	9.0	0.52	0.5
2008	991.38	1000	2.40	2.0	10.74	9.0	0.54	0.5
2009	988.18	1000	2.41	2.0	10.87	9.0	0.56	0.5
2010	980.05	1000	2.41	2.0	10.97	9.0	0.58	0.5
2011	970.05	1000	2.40	2.0	10.75	9.0	0.58	0.5
2012	956.30	1000	2.38	2.0	10.73	9.0	0.59	0.5
2013	941.64	1000	2.36	2.0	10.44	9.0	0.59	0.5
2014	926.05	1000	2.34	2.0	10.15	9.0	0.59	0.5
2015	909.88	1000	2.32	2.0	9.85	9.0	0.59	0.5
2016	903.51	1000	2.32	2.0	9.01	9.0	0.55	0.5
2017	895.74	1000	2.32	2.0	8.80	9.0	0.55	0.5
2018	886.43	1000	2.31	2.0	8.60	9.0	0.55	0.5
2019	874.85	1000	2.29	2.0	8.44	9.0	0.56	0.5
2020	862.46	1000	2.28	2.0	8.18	9.0	0.55	0.5

율이라는 단일 지표를 활용한 바 있다. 이러한 지표는 주(州) 당국이 이자와 재정수입이라는 두 가지 요소를 통제하기 때문이다.

연간 1천 백만 달러와 1천2백만 달러의 시나리오에서 워싱턴 카운티의 채무 비율은 예측상 첫 15년 동안 일반세입 대비 이자 비율 지표는 목표 비율을 상회한다. 그러나 시간이 경과될수록 목표치에 접근하고 마지막 5년에는 목표 비율과 일치하거나 이하로 하락한다. 이는 워싱턴 카운티 채무 비율이 지속적으로 하락하고 있다는 점을 보여 준다.

GFOA는 경제적 상황이 예측한 바와 같이 유지된다면(연간 4% 재정수입의 증가) 워싱턴 카운티는 연간 1천1백만 달러에서 1천2백만 달러의 기채계획을 고려할 수 있다는 점을 제시한다. 만약에 재정수입이 예측치를 초과하거나 공익시설의 자체 조달 비율이 증가된다면 워싱턴 카운티는 연간 더 많은 채권을 발행할 수 있게 된다. 채권 발행을 중단하지 않고 매년 지속적으로 1천백만 달러에서 1천2백만 달러를 새로 발행한다면 워싱턴 카운티는 점진적으로 목표상의 지표에 접근하게 되고 동시에 시민들에게 지속적으로 예측했던 수준의 서비스를 제공할 수 있게 된다.

제 4 절 결 론

지방자치단체가 지역 주민에게 추가적인 조세 부담을 초래하지 않으면서 확대되고 있는 재정 수요에 대처하는 방법이 지방채이다. 지방채는 주민들의 효용함수를 침해하지 않으면서 재정적 욕구를 충족시킬 수 있다는 점에서 지방자치단체에는 매력적인 재원 조달 수단으로 받아들여진다. 현재와 같이 지방자치가 보편화되고 주민들의 선호에 의해 지방자치단체의 구성이 달라지는 시대적 상황에서 지방채에 대한 의존도는 더욱 높아질 것이다.

지방채에 대한 지나친 의존은 방만한 재정 운용과 함께 세대 간 부담의 불공평을 초래하고 지방채의 누적에 의한 재정 파탄을 초래할 수 있다. 특히 지방채는 일단 발행되면 차입에 의존하는 재원 조달의 관성을 야기하고, 향후 상환해야 할 원리금이 증가함에 따라 가속도를 띠게 된다. 따라서 사전에 재정 파탄을 예방하고 건실한 재정 운용을 통해 한정된 재원을 효율적으로 운용하기 위한 노력이 광범위하게 전개되고 있다.

이 연구에서 제시된 워싱턴 카운티의 향후 적정 채무 수준의 추정은 예방적인 성격이 강하다. 2000년 현재 워싱턴 카운티는 메릴랜드 주 전체의 평균을 약간 상회할 뿐이고 재정 운용에 관한 적신호를 나타내지 않고 있다. 워싱턴 카운티는 경제적 입지 여건이 양호하고 지속적인 성장 추세를 보이고 있음에도 불구하고 향후 적정 채무 수준을 추정하고자 했다. 워싱턴 카운티의 이러한 노력은 건실한 재정 운용에 관한 의지를 표현한 것으로 여타 지방자치단체에 많은 영향을 미쳤다. 이에 따라 건실한 재정 운용이 지방재정 운영의 목표 중의 하나로 간주되기 시작했다.

워싱턴 카운티가 건실한 재정 운용에 목표를 두고 사용한 비교집단분석(peer group analysis)이라는 접근 방법은 분석의 타당성과 적용의 가능성이 높다. 먼저 현재의 채무 수준을 상환 가능성에 초점을 두고 지역경제력과 재정 규모라는 지표에 의해 평가하고 있다. 채무 수준을 인구 수, 개인소득, 일반재정수입, 재산세수입의 지표에 의해 각각 평가하고 있다. 또한 향후 워싱턴 카운티의 적정한 채무 수준을 추정할 때도 비교집단분석 방법을 사용하고 있다. 워싱턴 카운티와 비슷한 수준인 17개의 자치단체들을 선정하여 비교집단을 구성하고 비교집단의 평균을 적정한 채무 수준의 목표치로 상정하고 있다.

이러한 비교집단 접근법은 적정 채무 수준에 관한 이론적인 기준이 존재하지 않는다는 점에서 불가피한 측면도 있지만 다른 대안들에 비해 적용 가능성이 높다는 장점이 있다. 공공 부문의 채무는 기업이나 가계와 동일한 관점에서 평가할 수는 없다. 민간 부문에서는 흑자재정이 가장 선호되겠지만 공공 부문에서는 균형재정이나 일시적인 적자는 좀더 폭넓게 용인되는 편이다. 실제로 지방정부의 재정적자는 지역 개발과 경제 안정을 위해 필요로 하는 상황이 전개되기도 한다.

이때에는 절도 있는 재정 운용 규칙이 마련되어야 함에도 불구하고 적정한 재정적자 규모에 대한 검증된 기준이 존재하지 않는다. 이러한 상황에서 비교적 건실한 재정 상태를 유지하고 있는 동일 계층 수준의 경쟁적인 지방자치단체를 기준으로 채택하는 것이 현실적인 대안이 된다. 특히 미국의 지방자치단체들은 인구 유입와 기업 유치를 촉진하기 위해 상호간 경쟁적인 관계가 형성되어 있다. 실제로 지역 주민과 기업들은 각 지방자치단체가 제시하는 조세와 공공재의 조합을 평가하여 입지를 선택하고 있다. 또한 각 지방자치단체들은 외부 신용평가기관들로부터 정기적으로 신용평가를 받고 평가 결과를 지방채 발행을 비롯한 재정 운영에 반영하고 있다.

이러한 관점에서 볼 때 적정 채무 규모에 대한 비교집단 분석법은 유용성을 내포하는 현실적인 기준이 된다. 워싱턴 카운티는 비교집단의 평균을 기준으로 하여 향후 20년간 적정한 지방채 발행 규모를 추산하고 있다. 다양한 시나리오를 시뮬레이션하여 적정한 지방채 발행 규모를 제시함으로써 재정건전성 유지에 관심을 갖고 있는 우리나라에 시사하는 바가 크다.

제5부 지역개발과 지방재정

제 12 장 지역 균형개발과 민간자본

제1절 서 론

사회간접자본시설(SOC)은 물류 흐름에 필요한 기반시설이면서 국민들의 일상생활과 밀접하게 관련된 편익시설로서 다양한 사회경제적인 역할을 수행한다. 사회간접자본시설은 대규모 토목사업으로서 재정금융정책보다 우수한 경기 조절 기능을 담당하고, 민간자본의 보완재로서 기업의 투자와 수익을 촉진・개선해 준다. 또한 산업의 생산성 증대를 통해 일반 국민의 소득 수준과 복지 수준을 향상시킴으로써 사회 안정에 이바지한다.

이러한 관점에서 시장경제 원리의 창시자인 스미스(Adam Smith)도 대규모 토목사업을 공공 부문의 역할로 규정하고 사회간접자본시설에 대한 정부의 책무를 강조하고 있다. 실제로 대부분의 나라들도 전통적으로 공공 부문에서 사회간접자본시설을 담당해 오고 있다. 그런데 이와같이 사회간접자본시설에 대한 중요성이 부각된 상황에서 민간 부문이 공공 부문에 비해 자금이나 기술면에서 상대적으로 우월한 지위를 확보하게 되자 각국은 민간 부문의 재원과 함께 전문성과 효율성을 사회간접자본시설에 도입하기 위한 시도가 이루어지고 있다.[1)]

특히 우리나라는 기초 사회간접자본시설의 미비로 인해 발생하는 물류 비용을 고려할 때 사회간접자본시설 확충에 대한 관심이 집중될 수밖에 없다. 따라서 정부는 사회간접자본시설의 확충에 정책적인 비중을 두고, 이에 대한 정책대안의 하나로서 외국의 경험을 참고로 관계 법령의 제정을 통해 민자 유치를 추진하고 있다.

사회간접자본시설은 기본적으로 효율성·형평성·환경보전성 등을 이념으로 한다. 민자 유치는 공공 부문의 재정적 압박을 완화해 주면서 효율성을 제고할 수 있다는 점에서 바람직하지만 그에 따른 부작용도 예상된다. 이와같이 민간자본이 도입되는 경우 효율성에서는 향상된 성과를 거둘 수 있지만 형평성과 환경보전성에서는 우려되는 바가 많다. 따라서 민간자본을 유치할 때 취약지역을 중심으로 한 지역 간 형평성과 환경적으로 지속가능한 개발(ESSD)이라는 공공성에 많은 관심을 가져야 한다.

이와같이 우리나라의 경우 민자 유치시 환경 훼손, 사업자 선정의 공정성, 대기업의 경제력 집중, R&D에 대한 투자 감소에 의한 국제경쟁력 약화, 부동산 투기 및 지가 상승 등 다양한 문제점이 야기될 수 있지만 무엇보다도 지역 균형개발의 차원에서 새로운 접근이 요구된다. 따라서 이 장에서는 우리나라 민간자본 도입에 관한 제도적인 장치인 민자유치촉진법(민간투자법)을 중심으로 지역간 형평성 제고의 관점에서 논의를 전개하고자 한다.

사회간접자본시설을 위한 민자 유치는 1994년의 '사회간접자본시설 확충에 대한 민자유치촉진법'(법률 제4773호)(이하 민자유치촉진법)의 제정에서 비롯되었다. 그 후 1998년(12.31)에는 '사회간접자본시설에 대한 민간투자법'(법률 제5624호, 2005년(1. 27)에는 '사회기반시설에 대한 민간투자법'(법률 제7386호)(이하 민간투자법)으로 법명 변경과 내용 개정이 이루어졌

1) 일본에서는 사철(私鐵)을 중심으로 특정 지역의 교통과 국지선은 150여 개의 민간업체에 의해 운영되고 있다. 프랑스나 영국을 중심으로 한 유럽에서도 민자유치촉진법과 유사한 법률이 제정되어 대규모 건설사업이 실시된 적이 있다. 프랑스의 경우 1986년 8개 민관합동회사와 1개 민간회사가 프랑스 고속도로 총연장 6,555㎞의 70%에 해당되는 유료고속도로를 건설한 경험이 있다. 영국과 프랑스 간 50㎞에 달하는 해저철도터널사업(유러터널사업)도 민자 유치의 대표적인 예에 해당된다.

다. 이 연구에서는 이들 법률들을 중심으로 지역 균형개발의 관점에서 보완되어야 할 내용을 제시하고자 한다.

제 2 절 사회간접자본시설과 지역 균형발전

지역 개발전략의 전개는 불균형개발론과 균형발전론의 대립으로 표현할 수 있다. 전통적인 개발전략인 불균형개발론은 경제 발전 초기에 특정 지역을 성장거점(growth center)으로 집중 개발함으로써 발전의 에너지를 축적함과 동시에 그 효과를 낙후지역에 전파시켜 전체적인 생활 수준의 향상을 도모한다는 점을 강조한다. 쿠즈네츠(Kuznets, 1955)는 경제 발전 초기에는 지역 격차, 개인소득 불균형, 대도시 집중 현상 등이 나타나지만 시간이 경과되면서 자연히 해소되기 때문에 개발도상국가들은 집중적인 전략에 의해 개발을 서둘러야 한다고 언급한 바 있다. 프리드먼과 위버(Friedman & Weaver, 1980)도 대도시 중심으로 개발을 추진하는 경우 경제적인 투자효과를 극대화할 수 있을 뿐만 아니라 주변 지역에 대한 파급효과와 함께 노동력을 흡수하여 전체적으로 성장을 이룰 수 있다는 점을 주장한다.

이 밖에도 불균형전략은 다양하게 전개되었지만 이에 대한 반론이 제기되기 시작했다. 미르달(Myrdal, 1957)은 중심지는 다른 지역을 희생시키면서 계속 성장해 가는 반면 그 효과는 주변 지역에 확산되지 않는다는 점을 역류 효과(backwash effect)와 확산 효과(spread effect)에 의해 설명한다. 그에 의하면, 주변 지역의 생산 요소가 중심지로 이동하는 역류 효과가 중심의 성장 과실이 주변 지역으로 파급되는 확산 효과보다 커짐에 따라 지역 간 불균형이 심화된다는 것이다. 실제로 중심지가 발전함에 따라 주변 지역의 여유 인력을 흡수할 수 있을 것으로 기대하지만 현실은 그렇지 않다는 것이다. 대도시의 현대화는 일정한 발전 단계에 도달하면 노동집약적 산업에서 자본집약적인 산업으로 변모하게 됨에 따라 주변 지역의 인력은 도시의 실업자나 비공식 산업 부문의 종사자로 전락하게 된다는 것이다.

따라서 국가 발전에서 지역 간 균형 개발과 소득재분배의 중요성이 부각된다. 알루왈라(Ahluwala, 1976: 73-90)는 정부에 의한 소득재분배 정책을 발전의 중요한 요소로 보고 있다. 또한 시어(Seer, 1967)는 발전은 급속한 경제 성장뿐만 아니라 지역 불균형, 소득 격차, 실업, 빈곤 등의 해소를 통해 자립 기반을 조성할 때만이 진정한 발전을 이룰 수 있다는 점을 제시한다.

최근에 이르러 지역 개발에서 균형 개발전략의 중요성이 강조됨에 따라 이를 위한 수단에 관심이 집중되고 있다. 지역 성장은 다양한 산업의 입지를 통한 고용 증대와 개발사업에 의해 확보된다. 산업을 유치하기 위해서는 무엇보다도 사회간접자본시설의 확충이 요구된다. 이러한 관점에서 이사드(Isard, 1956)는 지역 성장에서 교통망의 중요성을 강조한다. 그에 의하면 산업의 입지는 물류비용의 기준에 의해 결정된다. 기업은 다양한 유형의 입지 조건 중에서 운송비가 가장 적게 드는 곳을 선택한다. 따라서 활발한 산업활동에 의한 지역 성장은 결절점과 연결되는 교통 요지에서 왕성하게 이루어진다는 것이다.

사회간접자본시설이 지역 생산성의 증대와 지역 발전에 지대한 영향을 미친다는 사실은 다양한 사례연구에 의해서도 경험적으로 검증되고 있다. 대표적인 연구자인 애쉬아우어(Ashauer, 1989)는 1970년대 이래 미국에서 지역경제와 민간 부문의 생산성 저하는 사회간접자본시설에 대한 투자의 감소에서 비롯되었다는 점을 보여 주고 있다. 이러한 주장은 다른 연구들에 의해서도 뒷받침되고 있다. 메라(Mera, 1973)는 일본, 루니와 프레데릭슨(Looney & Frederiksen, 1981)은 멕시코, 커탠다와 파라시오(Cutanda & Paricio, 1994)는 스페인을 사례로 사회간접자본시설에 대한 투자가 지역 성장의 중요한 결정 요인이 된다는 사실을 입증하고 있다.

특히 최근에 접어들면서 지역 경제구조가 세계화·개방화의 파고 속에서 무한경쟁 시대에 돌입하게 됨에 따라 사회간접자본시설의 중요성이 더욱 부각되고 있다. WTO 출범과 FTA 체결로 지역경제에 대한 정부의 직접적인 수출 보조가 불가능해지게 됨에 따라 사회간접자본시설은 외국과의 무역 마찰 없이 수출을 촉진할 수 있는 유용한 수단으로 간주되고 있다.

그동안 우리 지역경제는 임금·금리·지가 등과 같은 생산 요소의 가격 정책에 의해 국제경쟁력을 유지해 왔으나 최근에 접어들면서 이러한 정책들은 한계에 직면하고 있다. 따라서 생산 요소의 가격관리에서 산업의 생산성 제고 쪽으로 정책 방향이 전환되어야 한다. 최첨단 고부가가치상품의 개발, 경영혁신 및 유통구조의 개선, 운송 및 정보통신망의 확충 등을 통해 국제경쟁력을 강화해야 한다는 것이다. 사회간접자본시설은 이러한 모든 요소들의 기반이면서 핵심적인 생산 요소로서 중요성이 부각되고 있다. 이러한 관점에서 모든 선진국들은 경제 성장률 이상으로 사회간접자본시설에 재원을 할애하고 있다.

제 3 절 SOC에 대한 민간자본 활용의 배경과 주요 내용

1 민자유치촉진법의 제정 배경

1) 사회간접자본시설의 취약성

1994년 '사회간접자본시설 확충에 대한 민자유치촉진법'(법률 제4773호)(이하 민자유치촉진법)은 공공재원만으로 사회간접자본시설을 건설하는 데 한계에 직면하게 되자 이를 해소하기 위해 민간자본을 유치 활용하기 위한 제도적 장치로서 입안되었다. 1980년대에 접어들면서 사회간접자본시설에 대한 수요가 급증한 반면에 재정 투자는 미비했다. 80년대 재정정책은 소득재분배와 경제 안정에 우선순위를 두었기 때문에 70년대에 비해 상대적으로 빈약한 수준에 머물렀다. 경제 안정을 목표로 정부 재정 지출의 폐해만을 강조한 나머지 시의 적절한 투자가 이루어지지 못했던 것이다.

따라서 주요 선진 경쟁국들에 비해 사회간접자본시설이 취약한 수준에 머물렀다. 그 결과 1994년 당시 우리나라의 경우 물류비용이 총매출액의 19%를 차지하고 있어 일본(11.3%)이나 미국(7%)과 같은 경쟁국에 비해

〈표 12-1〉 주요 경쟁국의 사회간접자본시설 현황(1992년)

(단위: 명, ㎞/㎢)

구 분	도 로		철 도	
	1천명당 차량 대수	국토 면적당 연장	㎞당 인구 수	국토 면적당 연장
한 국	119	58	14,039	31
일 본	467	1,110	4,553	72
미 국	761	6,138	801	34
독 일	467	498	2,274	112

경쟁력이 열악하고, 사회간접자본시설의 미비와 적체로 인한 사회적 비용이 연간 5조 5천억에 달함으로써 국가 발전의 걸림돌로 작용했다. 향후 도로·철도·지하철·공항 등의 수요 증가를 감안할 때 사회간접자본시설에 대한 투자 수요는 더욱 커지고 적절한 재원 배분이 이루어지지 않을 경우 발생되는 경제적 손실은 확대될 것으로 예측되었다.

2) 정부 투자재원의 한계

정부는 사회간접자본시설 확충에 정책적 우선순위를 둔다는 방침에 따라 각종 투자계획과 재원 조달 방안을 마련했다. 계속되는 수요 전망에 비추어 볼 때 향후 10년 간 국내의 사회간접자본시설의 애로를 타개하기 위해서는 약 89조 원이 소요될 것으로 예상되고 당시 신경제 5개년계획(김영삼 정부: 1992~96년) 기간 동안에도 55조 원, 연평균 11조 원에 달하는 투자재원이 요구되었다(삼성경제연구소, 1993: 17). 그런데 1994년의 경우를 살펴보면 전년에 비해 29.9%가 증가된 수준이지만 6조 원에 불과하여 향후 재원 조달에 많은 어려움을 겪을 것으로 예상되었다.

한편 정부재정 수입에 의해 사회간접자본시설에 대한 투자재원을 마련한다고 할 때, 일단 향후 실질 경제 성장률 7%와 정부 예산의 SOC 투자비율이 13%라는 전제 하에서 당시의 조세 부담률 19%를 유지하는 경우 1992~2001 기간 동안 투자가용 재원의 조달 규모는 54조 원에 불과해 소요액 89조 원 중에서 34조 원이 부족했다. 따라서 당시의 실질 경제성장률과 투자 비율을 전제로 할 때 담세율을 25%로 인상하는 경우에 한 해 90조

〈표 12-2〉 주요 사회간접자본시설의 투자 수요 전망

(단위: 조 원)

구 분	1992~1996년	1997~2001년	계
도 로	19.5	20.8	39.3
철 도	19.0	12.0	31.0
항 만	4.8	2.7	7.5
공 항	2.7	0.5	3.2
유 통	0.3	-	0.3
용 수	6.5	1.0	7.5
합 계	52.8	37.0	88.8

자료: 삼성경제연구소, 인플라 확충을 위한 재원 조달 및 민간 참여 방안, 1993. 12.

원의 조달이 가능해 투자 소요를 충족시킬 수 있었다. 그러나 담세율을 당시 19%에서 25%로 인상한다는 것은 조세 저항을 비롯한 정치·행정적인 비용을 고려할 때 불가능했다.

더 나아가 89조 원의 조달이 가능할지라도 그 규모는 애로 타개 수준에 불과하고 여전히 선진국에 비해 열악한 수준이었다. 당시 우리나라 경제 수준과 비슷한 70년대 일본의 투자 규모가 10년간 500조 원에 달했다는 점이 이를 뒷받침해 준다.

따라서 정부는 사회간접자본시설에 필요한 재원을 조달하기 위해 많은 노력을 경주했다. 1993년 유류 관련 특별소비세를 세원으로 하는 목적세 형태의 교통세[2]를 신설하고 정부의 각종 연기금(年基金)과 여유자금을 재원으로 하는 공공자금관리기금[3]을 설치하여 사회간접자본시설 투자에 활

2) 1993년 정부는 도로와 도시철도 등 사회간접자본시설 확장사업의 효율적인 추진을 위한 재원 조달 수단으로서 내국세에 속한 자동차 경유 휘발유에 관한 특별소비세를 교통 관련 목적세로 전환하고자 했다. 그러나 지방교부세의 현저한 감소를 우려한 지방자치단체들의 반대에 부딪쳐 자동차를 제외한 경유와 휘발유만을 세원으로 하는 교통세가 신설되었다.

3) 당시 우리나라 공공재원에 의한 재정투융자는 재정투융자 특별회계에 의해 이루어지고 있었다. 그런데 재정투융자 특별회계는 1년 이상의 여유자금을 활용할 수 있도록 되어 있어 효율적으로 그 기능을 수행하지 못하자 재정투융자 특별회계를 활성화하기 위한 보완적인 제도로서 공공자금관리기금을 1994년에 신설했다. 공공자금관리기금은 1개월 이상의 다양한 공공 여유자금을 통합하여 재정투융자특별회계에 예탁함으로써 사회간접자

용할 계획이었다. 그러나 신경제 5개년계획 기간 동안 공공재원의 투자 가용재원(32조)과 국공채 발행액은 소요액(55조)의 75%에 지나지 않았다.

3) 당시 입법 체계의 미비

당시 우리나라는 단행법으로 도로 철도 항만 등 사회간접자본시설에 대해 민간 부문을 활용할 수 있는 규정을 두고 있었다. 이를 근거로 하여 사회간접자본시설에 대한 민자 유치사업은 지난 1968년부터 시작되었다.

도로의 경우 민간이 소요 사업비 전액을 부담하는 조건으로 시작되어 서울-인천, 언양-울산 간 고속도로가 건설되었으나 모두 건설 직후에 한국도로공사가 인수했고, 원효대교는 수익성이 낮아 건설업체가 서울시에 기부채납했다. 항만과 공항은 민간기업이 단독으로 또는 연합하여 전용시설을 설치 운영하는 것이 일반적이었다. 항만의 경우 한국컨테이너부두공단의 부산 광양컨테이너 부두 및 인천항 시멘트유통기지 건설사업 등, 공항의 경우 대한항공의 김포 제2창사 및 항공사의 전용터미널 신증축공사가 대표적인 민자 유치사업이었다.

이와 같은 민자 유치사업의 선례에도 불구하고 큰 성과를 거두지 못하고 있는 이유는 공정하게 제도화된 절차, 유인 체계, 자금 조달 등을 비롯한 종합적이고 체계적인 법적·제도적 장치가 마련되어 있지 않았기 때문이다(한국개발연구원, 1993: 5-6).

첫째, 개별법이 민자 유치에 관한 법적 근거를 두고 있었으나 형식적이고 선언적으로만 규정하고 있었다. 당시의 법은 민간의 사업 신청에 대해 수동적인 입장에서 사업 시행을 허가해 줄 수 있다는 점과 구비 서류의 종류에 관한 의례적인 사항만을 규정했다. 예를 들면 철도의 경우 역세권개발제도가 있으나 개발계획의 수립 절차와 실행 방법 등에 관한 구체적인

본시설에 대한 투융자를 활용화하는 데 목적이 있었다. 이러한 공공자금관리기금은 첫째, 국민연금기금, 공무원연금기금, 석유사업기금, 국민체육진흥기금, 체신예금 및 사립학교교육연금관리공단의 자산, 기타 법률에 의하여 설치된 기금으로서 대통령령이 정하는 기금의 여유자금, 둘째, 일반회계의 전입금, 셋째, 재정투융자특별회계 융자계정에의 (재)예탁에 따른 이자수입, 넷째, 국채 지방채 및 정부투자기관이 발행한 채권 등 유가증권의 이자수입 등을 재원으로 하고 있다.

〈표 12-3〉 자본 도입의 대상사업과 근거법(1994년)

대상 사업	근거법
도 로	도로법(34조), 유료도로법(12조), 私道法(4조)
항 만	항만법(9조 2항)
철 도	철도법(5조)
하수장	하수도법(13조)
주차장	주차장법(12,13조)
지방공공사업	지방공기업법(53조 2항)
공업단지 개발	산업입지 및 개발에 관한 법률(16조 2항)
공업단지 관리	공업배치 및 공장 설립에 관한 법률(31조 1항)

〈표 12-4〉 민자 유치 실적(1968~1993년)

(단위: 개소, 억 원)

구 분	계	도 로	철 도	항 만	화물기지	공 항	발전소
사 례	93	6	12	52	4	16	3
사업비	33,589	1,321	8,244	15,394	4,719	3,200	891
사업명	-	경인고속도로, 원효대교	청량리역 등 민자역사	부산 및 광양컨테이너부두 등	의왕 및 영산 ICD 및 복합화물터미널	김포국제선 터미널 등	울산화력 등

자료: 경제기획원, SOC확충을 위한 민자유치촉진법(안) 제정, 1991. 1

규정이 없어 적용 실적이 없었다. 다만 철도청의 민자 역사 건설에 대해 관민 공동 출자에 대한 규정만 있었을 뿐이다. 이와같이 민간 부문과 공공 부문의 역할을 분담할 수 있는 구체적이고 분명한 제도가 미비했기 때문에 사안별로 임의적으로 해결해야 했다. 또한 공개적이고 공정한 절차에 의해 민자 유치를 추진하는 제도가 확립되어 있지 않기 때문에 관계 공무원들은 책임 소재 등의 이유에서 소극적인 자세로 임했다.

둘째, 수익성 보장과 자금 조달에 관한 근거가 미비하거나 실효성이 없었다. 금융산업의 낙후로 인해 민간의 여유자금을 동원할 수 있는 제도적인 장치가 미흡한 것도 한 요인으로 들 수 있었다. 대규모 사회간접자본시설 투자에 대해 민간자본을 유치할 때 사업위험도를 줄이고 효율적으로 사업자금(project-finance)을 동원하는 것이 중요한데 그동안 금융산업에 대한 규제가 지속된 결과 이에 대한 준비가 미진했었다. 특히 채권이나 주식시장에서 대규모 자금을 조달하기가 어려운 실정이었다. 또한 수익성의 측면에서 살펴볼 때 SOC시설 사용료 산정 체계의 불합리성, 시설 운영 계약상의 경직성, 세제상의 부담 등도 민자 유치의 제약 요인으로 작용했다.

2 민자유치촉진법(1994)의 주요 내용

민자유치촉진법은 12개의 1종 시설(2조 2항)과 18개의 2종 시설(2조 3항)을 대상사업으로 했다(표 12-5). 동법에 의하면 1종 시설은 국가 발전에

〈표 12-5〉 민자유치촉진법의 주요 내용

구분		세부 사항
대상사업	1종 시설(12) (2조 3항)	도로·철도·도시철도·항만시설·공항시설·다목적댐·상하수도(하수종말처리장 포함)·하천부속물·항만시설·폐기물처리시설·전기통신시설
	2종 시설(18) (2조 3항)	전원시설·가스공급시설·집단에너지시설·전산망·유통단지·화물터미널·여객자동차터미널·路外주차장·폐수종말 처리장·축산폐수정화시설·재활용시설·관광단지·공원시설·생활체육시설·청소년수련시설·도서관·종합여객시설 도서관 및 박물관
유인책	금융재정 지원 (44~49조, 29조)	-산림 및 농지 조성부담금, 대체농지조성비, 대체조림비, 개발부담금, 과밀부담금 등과 각종 조세 감면 -공공기관에 의한 보조금 및 장기 대부 -공정거래법상 출자 총액의 예외 인정, 외자 도입 가능 -산업기반신용보증기금에 의한 금융상 신용 보증
	사업상 편의 (13~18조)	-실시계획 승인시 관련 법령의 인허가 사항 의제 처리 -수용권 인정, 토지매수, 손실보상, 이주대책 업무 주무 관청에 위탁처리 -사업예정지 내의 국공유재산 무상 사용
	수익성 보장 (19조, 27조)	-수익성 부대사업(택지 조성 관광시설 등 9개 사업) -1종 시설에 대한 사용료 징수를 위한 무상 사용권 -투자금 회수를 위한 무상 사용 기간의 탄력적 결정 -사용료 결정 방식 사전 인가제에서 신고제로 전환

중추적인 기간산업시설로서 완공 후 원칙적으로 국가에 소유권을 귀속시키고 국가는 사업 시행자에게 일정 기간 동안 무상 사용권의 성격을 띠고 있는 시설관리권을 부여했다. 사업 시행자는 무상 사용 기간 동안 요금과 사용료의 징수를 통해 투자액을 회수할 수 있었다. 2종 시설은 1종 시설과 달리 완공 후 사업 시행자에게 소유권과 함께 사용수익권도 영구적으로 보장되었다.

1종 시설에 참여하는 민간기업은 투자비 보전을 위해 수익성 부대사업을 시행하여 보유할 수 있었다. 부대사업은 주택 건설, 택지 개발, 도시계획사업, 도심지 재개발, 공단 개발, 관광숙박업 및 관광객 이용시설, 화물터미널 사업, 항만운송사업, 대규모 소도매 및 집배송단지사업 등으로 이루어졌고, 1종 시설의 승인을 받을 때 자동적으로 인허가된 것으로 간주했다. 또한 1종 시설 사업에 참가하는 기업은 국가나 지방자치단체로부터 보조금이나 장기대부를 받을 수 있었으며 독점규제 및 공정거래법이 정하는 출자 총액의 제한에서 제외되었다.

이 밖에도 1종 및 2종 사업에 참여하는 기업은 토지수용법에 따라 토지와 건물 등을 수용할 수 있었고, 해당 지역의 국공유재산을 수의계약에 의해 매입할 수 있었다. 외자도입법에 의해 차관을 도입하거나 각종 부담금과 조세를 감면받을 수 있었으며, 외부자본 도입시 산업기반신용보증기금에 의해 신용보증을 받을 수 있었다.

민자에 의해 사회간접자본시설 확충사업을 실시하려고 할 때 해당 사회간접자본시설을 관장하는 주무부 장관은 당시 경제기획원에 설치된 민자유치사업심의위원회의 심의를 거쳐 기본계획을 수립 고시해야 했다. 기본계획은 민자 유치 대상사업의 투자 소요, 건설 기간, 예정 지역, 수익성 보장, 지원 사항 등을 포함했다. 단 일정 규모 및 기준 이하의 사업은 주무 관청이 직접 결정했다. 또한 좀더 심층적이고 전문적인 심의를 위해 분야별 민간전문가로 구성된 민자유치사업자문위원단을 운영했다. 고시된 사업을 시행하고자 하는 자는 기본계획에 의거해 실시계획을 작성하여 주무 관청으로부터 사업 시행자로 지정받아야 했다.

또한 민간의 자금 부담을 완화하고 소규모 자본의 참여를 촉진하기 위해 기능 시설 구간별로 분할 시행이 가능했다. 공공 부문과 민간 부문이 공동으로 시행할 때 2종 시설의 경우 민간 부문의 자율성을 제고하기 위해 원칙적으로 공공 부문의 출자 비율을 50% 미만으로 제한했다.

이와같이 사회간접자본시설 확충에 민간자본을 유치하기 위해 다양한 유인 체계를 규정했다. 토지수용권을 비롯한 사업 시행상의 편의, 각종 세금 감면과 함께 금융재정상의 지원, 부대사업을 통한 수익성 보장 등을 위한 획기적인 유인 체계를 마련했다. 이러한 혜택은 다른 나라의 입법례에서도 찾아볼 수 없는 내용들이었다. 당시 법안의 입안 과정 중에 가장 많이 참고했다는 일본의 '민간사업자의 능력의 활용에 의한 특정시설의 정비 촉진을 위한 임시조치법(民活法)'은 일정한 제약 조건 하에서 특별상각(特別償却)과 지방세 감면만을 인정했다. 민자에 의한 영국과 프랑스 간의 유로터널사업(1987~1993)의 경우도 토지수용법령상의 혜택만을 제공한 바 있다.

이상에서 논한 바와 같이 민자유치촉진법은 기본적으로 민간사업자에게 다양한 유인을 제공하여 민간자본을 유치함으로써 공공 부문의 재원 압박과 사회간접자본시설의 애로 사항을 타개하려는 정책적 의지와 함께 사회간접자본시설에 민간 부문의 창의와 효율성을 도입하려는 의도를 내포하고 있었다.

이러한 민자유치촉진법은 수년간의 준비 끝에 정부안을 확정하여(1993. 12. 26) 입법예고(1994. 1. 15)와 공청회(1. 20)를 거쳐 동년 2월 임시국회에 상정되었으나 법안의 중요성을 감안하여 장기적인 검토 과정이 필요하다는 인식하에 일단 보류되었다가 정부여당의 우선 처리 방침에 의해 동년 7월 임시국회에서 통과되었다. 그런데 법안 통과 이전에 정부여당은 경부고속전철의 건설시에 도심 통과 구간의 역을 지하화하기 위해 민자를 조달할 계획까지 세워놓고 있던 실정이었다. 또한 향후 동법이 규정하고 있는 시설 이외에 민간 부문이 필요한 사업으로 제안한 사업도 포함시키고 문화·예술·체육시설 부문으로 확대하고자 했다.

3 주요 개정 내용

1) 1997년 개정(8. 28, 법률 제5377호)

먼저 민자 유치 대상사업에 축산폐수 공공처리시설과 국제회의시설을 포함시키고(제2조), 민간 부문이 새로운 민자 유치사업을 제안할 수 있는 방안을 마련했다(제5조의 2). 또한 법인을 설립하여 민자 유치사업을 시행할 수 있도록 민자 유치사업 전담 법인에 관한 규정을 신설하고(제12조의 2), 제1종 사업을 추진하기 위해 시행자 또는 금융기관은 사회간접자본시설 채권을 발행할 수 있도록 했다(제50조의 2).

민자 유치 활성화를 위한 동법 개정에 발맞추어 시행령 개정이 이루어졌다(1997. 2. 13, 대통령령 제1527호). 재정 지원에 관한 내용으로, 예전에는 국가 또는 지방자치단체가 사업 시행자에게 보조금을 지급할 수 있는 경우는 법인의 해산을 방지하거나 사용료를 적정 수준으로 유지하기 위해 불가피한 경우로 한정했었다. 그러나 시행령을 개정하여 보조금 지급 대상을 용지보상비의 과다 소요의 경우와 민자 유치 대상사업 자체 수익성이 적으나 전체 사업과 함께 시행함으로써 현저한 공기 단축이나 경비 절감 등 사업의 효율성을 제고할 필요가 있는 경우로 확대했다(제33조).

2) 1998년 개정(12. 31, 법률 제5624호)

1995년부터 본격적으로 시행되던 사회간접자본시설에 대한 민자 유치사업의 활성화를 위해 수익성 제고를 위한 적극적인 유인 체제를 마련하고자 했다. 먼저 '사회간접자본시설에 대한 민간자본 유치촉진법'을 '사회간접자본시설에 대한 민간투자법'으로 변경하고, 민간투자사업의 추진방식을 '건설·소유 운영 후 기부채납 방식(BOT)' 등을 추가하여 다양화했다(제4조). 이와 관련하여 민자사업에 대한 지원사업을 종합적으로 수행하기 위해 국토연구원에 '사회간접자본시설에 대한 민간투자지원센터'를 설치했다(제23조). 민자사업의 수익성을 보장하기 위해 사업 시행자로 하여금 사회간접자본시설을 일정 기간 무상 사용·수익하거나 소유·수익할 수 있도록 하고 그 기간 동안 사용료를 징수할 수 있도록 했다(제25조). 또한 사회간접자본시설에 대한 금융 지원을 강화하기 위해 국내외 금융기관의 출자를 비롯한 자금 지원을 목적으로 하는 사회간접자본시설 투융자회사를 설립할 수 있는 근거를 마련했다.

반면에 민자투자 대상사업으로 지정된 후 일정 기간이 경과될 때까지 사업 추진이 부진한 경우 대상사업 지정을 취소할 수 있는 근거(제50조)와 천재지변을 비롯한 불가항력적인 사유가 발생하여 민간투자사업을 추진하기가 어려울 경우 사업 시행자가 주무관청에 그 시설물의 매수를 청구할 수 있는 규정을 신설했다(제59조).

민자 유치사업의 활성화를 위한 적극적인 유인 체제 제공이라는 민간투자법의 취지에 부응하는 시행령 개정을 통해 사업 시행자의 수익성을 보장하기 위한 획기적인 제도를 마련했다(1999. 3. 31, 대통령령 제16220호). 국가 또는 지방자치단체가 사업 시행자에게 보조금을 지급할 수 있는 기존의 네 가지 사례에 덧붙여 실제 운영수입(통행료)이 실시 협약에서 정한 추정 운영수입(수요량×사용료)보다 현저하게 미달하는 경우도 포함시켰다.[4] 그

4) 최소 운영수입 보장제도는 실제 운영수입이 추정 운영수입에 미달할 때 그 차액의 80~90%를 보전해 주는 것을 내용으로 하고 있다. 그러나 이러한 제도는 2007년 6월 감사원이 '공공시설 민간투자사업 추진 실태 감사 결과 처분요구서'에서 밝혔듯이 외국에서는 찾아볼 수 없는 파격적인 특혜로 많은 논란을 야기하고 있다. 건설회사인 사업 시행자는 사업계획서 제출시 추정 운영 수입을 기본적으로 과도하게 책정하기 때문에 운영상 적자가 발생할 수밖에 없고 이를 정부와 지방자치단체가 부담해야 하는 불합리한 구조를 내포하고 있다. 최소 운용수입이 보장된 총 25개 민간 투자사업 중에서 8개 사업은 공사 중이지만 17개 사업은 완공되어 그 중에서 4개 사업(인천국제공항고속도로, 광주제2순환도로, 천안-논산고속도로, 우면산터널도로)은 현재 최소 운영 수입보장금이 지급되고 있다. 현재 지급되는 액수가 막대할 뿐만 아니라 추정 운영수입은 물가 상승을 고려한 통행료 인상을 반영하기 때문에 지속적으로 증가될 것이고, 향후 완공될 사업까지를 고려할 때 정부와 지방자치체단체가 부담하게 될 금액은 기하급수적으로 증대될 것이다. 이에 기획예산처는 2006년 1월 이후의 민간 부문이 제안한 민간 투자사업에 대해서는 최소운영수입 보장제도를 폐지하고 정부제안 사업에 대해서도 보장 범위를 줄여나가겠다고 발표한 바 있다. 그러나 정부가 제안하는 사업의 경우에도 최소 운영수입 보장제도를 폐지해야 한다는 목소리가 크다. 현재의 수도권의 경우 자동차 대수의 증가율과 자동차당 주행거리가 증가되고 있기 때문에 도로사업은 기본적으로 수익성을 내포하고 있다는 것이다.

후(2002. 12. 30, 대통령령 제17854호) 보조금 지원 대상에 과도한 환율 변동으로 외화차입금에 대한 환차손이 발생한 경우까지 포함시켰다(제37조).

3) 2005년 개정(1. 27, 법률 제7386호)

법명을 '사회간접자본시설에 대한 민간투자법'에서 '사회기반시설에 대한 민간투자법'으로 변경하여 민간 투자 대상사업의 범위를 확대하고 사업 추진 방식도 다양화했다. 이와 함께 기관 및 개인 투자자가 민간 투자사업에 용이하게 간접 투자할 수 있도록 당시의 '사회간접자본시설 투융자회사'를 장기 투자에 적합한 '사회기반시설 투융자회사'로 개편하는 한편 그동안 제도 운용에서 나타났던 문제점을 보완했다.

첫째, 당시 민간 투자 대상사업이 산업기반시설 위주로 되어 있던 것을 국민생활 개선 효과를 제고할 수 있도록 교육 및 복지시설까지 확대했다. 당시 35개의 민간 투자사업에 학교시설·군(軍)주거시설·공공임대주택·아동보육시설·노인의료 및 복지시설·공공보건의료시설·문화시설 등을 추가했다(제2조).

둘째, 민간 투자사업의 시행 방식을 추가했다. 당시 다양한 민간 투자 방식이 마련되었으나 민간 사업자가 직접 시설을 운영하기 곤란하거나 운영수입만으로는 투자비를 회수하기 어려운 문화·체육시설 등에 민간 투자를 촉진하기 위한 사업 시행 방식을 명문화했다. '건설·이전·임대(BTL)'가 대표적인 방식으로 사업자는 자금 투자와 건설, 정부는 시설 운영을 각각 담당하여 민간 투자비를 정부의 시설임대료 및 부대사업 수익으로 회수하는 방법이다(제4조 제2호 신설).

셋째, 민간투자지원센터를 확대 개편했다. 민간 투자 대상사업이 확대됨에 따라 효율적인 사업 수행을 위해 당시 국토연구원에 소속된 '민간투자센터'를 '공공투자관리센터'로 확대하여 한국개발연구원으로 이관시켰다. 이는 기존의 산업기반시설에 생활기반시설까지 확대된 민간 투자 대상사업

또한 민간 사업시행자가 타당성 평가를 통해 참여하는 경우는 도로에 대한 수요가 있지만 불참하는 경우 수요가 없다는 것으로 판단되기 때문에 무리하게 사업을 전개할 필요가 없다는 것이다.

에 대한 지원을 효율화하기 위한 것이었다(제23조).

넷째, 사회기반시설 투융자회사와 관련된 규정을 보완했다. 당시 단기 분산 투자에 적합하게 구성되었던 사회기반시설 투융자회사를 장기적인 집중투자에 적합하도록 조직을 정비했다. 당시 사회기반시설 투융자회사는 투자자산을 확보하는 데 많은 시간이 소요되었기 때문에 단기간에 신규 펀드를 설립하는 데 어려움이 있었다. 따라서 사회기반시설 투융자회사에게 신주 발행 및 자금 차입을 허용하고 증권시장의 상장 요건을 갖추었을 때에는 지체없이 상장하도록 함으로써 일반 증권회사보다 더 신축적으로 투자금을 조달할 수 있도록 했다. 이와같이 사회기반시설 투융자회사를 장기투자에 적합한 체제로 전환시킴으로써 시중의 여유자금을 민자 투자 대상사업에 효율적으로 유치할 수 있도록 했다.

제 4 절 지역 균형개발을 위한 민자 운용의 정책과제

1 민자 유치와 지역 균형개발의 연계성

민간투자법은 비록 국제경쟁력의 강화와 국가 발전의 가속화를 위해 민간의 자금과 함께 효율성과 창의성을 도입하는 긍정적인 효과를 기대할 수 있으나 한편으로는 사회간접자본시설 확충에 대한 정부의 정책 의지를 약화시킬 수가 있다. 사회간접자본시설에 대한 정부의 책임을 민간 부문에 전가시킬 우려가 있다는 것이다. 더 나아가 사회간접자본시설에 대한 투자를 민간 주도로 전환하는 경우 낙후지역에 대한 투자가 소홀해져 국토의 균형 발전에 역행할 가능성이 있다. 민간자본은 그 속성상 이윤 동기에 의해 움직이기 때문에 경제성이 취약한 지역에 투자되지 않게 된다.[5] 따라서

5) 실제로 민자유치촉진법이 제정되었던 1994년 연초에 대한상공회의소가 30대 대기업 건설업체를 대상으로 SOC희망사업을 조사한 비공개 자료에 의하면 총 203건 가운데 거의

빈약한 사회간접자본시설로 말미암아 지역 개발에 곤란을 겪고 있는 지역에 대한 투자를 민간에 위임하는 경우 경쟁력과 수익성의 결여로 말미암아 민간자본의 유치가 어렵게 되어 사회간접자본시설 확충을 기대할 수 없게 된다. 만약 민간투자법이 사회간접자본시설 확충 방향의 기조로 받아들여지는 경우 시장경제 원리라는 미명하에 국토 균형개발을 위한 지역공약사업과 지역숙원사업에 필요한 사회간접자본시설에 대한 정부의 책임 회피 구실로 악용될 수 있다는 점을 부인하기 어렵다.

사회간접자본시설은 국가 발전의 기반이면서 경제적 의미에서 비용 체감산업(費用遞減産業)에 해당되기 때문에 공공 부문이 담당하는 것이 원칙이다. 대부분의 국가들도 정부가 사회간접자본시설의 확충과 운용에 책임을 지고 있다. 따라서 우리나라 민간투자법은 사회간접자본시설에 대한 정부의 책임 회피 수단이 되어서는 안 되며 고질적인 교통 소통난의 해소를 위한 만병통치약이 될 수 없다는 점도 인식할 필요가 있다.[6] 만약 향후 사회간접자본시설 확충이 시장경제 원리에 입각하여 주로 민자자본에 의해 추진되는 경우 지역 간 불균형을 심화될 수밖에 없다.[7] 이를 방지하기 위해 민간 부문의 자율성·창의성·경쟁성 등의 원리와 함께 정부 부문의 공공성과 형평성의 이념이 균형을 이룰 수 있도록 해야 한다. 따라서 민간자본에 의한 사회간접자본 확충사업을 전개할 때 정부의 궁극적인 책임 의식과 지역 간 균형개발이라는 측면이 동시에 고려되어야 한다.

대부분이 대도시 사업으로 나타났다.

6) 민자유치촉진법의 성안 과정 중에 가장 많이 참고했다는 일본의 민활법(民活法)은 10년 기간의 한시법(限時法)의 형태를 취하고 공공 부문이 수행하기 어려운 첨단산업을 대상으로 하고 있다. 따라서 우리나라 민간자본의 활용도 공공 부문에 대한 보완적인 수준에 머물러야 하고 궁극적인 책임을 공공 부문이 떠맡아야 할 것이다.

7) 현행 법령에 의한 경우 많은 기업이 참여하게 될 것이라는 점을 쉽게 추론할 수 있었다. 특히 SOC는 특성상 막대한 자금을 필요로 하기 때문에 민자를 유치하는 경우 대기업이 주체가 될 수밖에 없다는 사실을 감안할 때 이러한 추론은 설득력을 더 했다. 그 결과 대기업의 경제력 집중도는 더욱 강화됨과 동시에 대규모 자본이 SOC 건설에 투자됨에 따라 제조업과 R&D에 대한 자본 유출이 심화되어 제조업의 공동화(空洞化) 및 국제경쟁력을 약화시킨 측면이 있다. 또한 대기업에 의해 대규모 토목사업이 시행됨에 따라 지가 앙등과 부동산 투기가 재연된 측면을 부인할 수도 없다.

특히 우리나라 민자 유치의 경우 다양한 유인 체계를 제공하고 있기 때문에 민간자본도 공공성과 형평성을 최대할 발휘할 수 있도록 운용되어야 한다. 민간투자법은 최소 운영수익 보장을 비롯하여 기업의 필요한 자금을 외자 도입, 은행 여신(규제 완화), 채권 발행 등에 의해 조달할 수 있고, 이에 대한 신용보증을 공공 부문이 담당할 수 있도록 규정하고 있으며 사업시행자에게 다양한 혜택을 주고 있다. 이러한 유인 체계와 우리나라 기업의 재무구조나 기업문화를 고려할 때 자기 자본보다 차입에 의존할 가능성이 크다. 이와 같은 기업의 자본 조달에 대한 공공 부문의 최종적인 담보책임과 함께 기업에 대한 각종 세제상의 혜택이나 편의는 결국 일반 국민의 부담으로 귀결될 수밖에 없다. 따라서 우리나라에서는 민간자본이라고 하지만 공공 부문과 국민의 부담으로 귀결되는 공공재원으로서 성격을 갖고 있기 때문에 공공 부문의 원리가 침해되어서는 안 된다.

2 지역 균형개발을 위한 민자 유치의 보완 방안

우리나라에서는 민자 유치 대상 기업에 대해 은행 여신과 해외 차관을 비롯한 외부 자본의 도입을 위한 다양한 근거를 제공하고 정부가 신용보증과 함께 각종 조세를 감면해 주고 있다. 민자 유치를 반대하는 견해에 의하면 이와 같은 방법에 의해 외부 재원을 조달할 수 있도록 한다면 기업보다 정부 부문이 직접 담당해야 한다는 것이다. 사회간접자본시설은 운영보다 투자재원이 중요한 요소인데 투자 재원을 마련하는 데 순수한 민자자본이 아니고 공공 부문이 보증하는 외부 자금이라면 민간 부문을 관여시킬 필요가 없다는 것이다. 따라서 재원 조달 및 건설은 공공 부문이 담당하고 그 운영만을 민간 부문에 위임함으로써 운영면에서 민간 부문의 효율성과 창의성을 활용할 수 있다는 것이다.

이러한 견해는 타당성이 있으나 현재 법안이 국민의 대표기관인 국회에서 통과되었기 때문에 법안의 정당성 여부에 대한 논의보다 향후 법안이 실효성을 확보할 수 있는 방안을 제시하는 것이 더 중요한 일이다. 여러가지 발전 과제들이 제시될 수 있지만 우리의 민간자본은 그 구성상 공공성을 강하게 내포하고 있기 때문에 무엇보다 공공 부문의 이념인 형평성을 보장할 수 있는 제도적인 장치를 마련할 필요가 있다.

1) 공공 부문과 민간 부문 간 역할 재조정

공공 부문은 효율성을 추구하는 민간 부문과 달리 형평성을 고유한 지도 원리로 채택하고 있다. 공공 부문이 경제적인 합리성만을 추구하는 경우 그 존재 가치가 상실되고 만다. 공공 부문은 소외되고 낙후된 지역에 정책적인 비중을 둠으로써 국토의 균형 발전과 지역 주민의 균등한 복지 수준을 확보하는 데 목적이 있다.

따라서 공공 부문이 사회간접자본시설 확충사업을 추진할 때 배분적 정의(distributive justice)에 입각하여 경쟁력과 수익성이 취약한 지역을 위한 투자 원칙과 제도 보완이 선행되어야 한다. 이를 위해 민자 유치가 불리한 지역에 대해서는 공공 부문의 우선 투자 원칙, 경쟁력과 수익성의 여건을 갖춘 지역에 대해서는 민자 유치의 원칙을 정립하여 이를 선언적으로 규정해야 할 것이다.

또한 민자 유치 관련 법령이 시행되는 경우 기왕에 정부투자계획이 수립되었다 하더라도 자기자본 조달(self-financing)이 가능한 지역이나 사업은 민자로 전환하고 그 여유 재원을 민자 유치가 곤란한 지방의 사회간접자본 시설사업으로 투자선을 변경할 필요가 있다.[8] 이와같이 국토 균형개발 차원에서 지역의 숙원사업과 공약사업은 공공재원에 의한 투자가 이루어져야 한다는 것이다. 상대적으로 낙후된 지역의 사회간접자본시설에 대한 공공

---

8) 예를 들면 민자유치촉진법이 제정될 당시 경부고속전철은 그 소요 재원(11조)의 대부분을 공공재원으로 충당할 계획이었다. 반면에 1996년부터 착공 예정이던 호남고속전철은 상당 부분을 민간자본에 의할 계획이었다. 그런데 경부고속전철은 호남고속전철에 비해 수익성과 경제성이 높은 편이었다. 따라서 경부고속전철에 대한 투자계획은 새로이 민간자본을 포함할 수 있도록 재검토되어야 하고, 민간자본의 참여로 인해 발생되는 공공재원의 여유분을 호남고속전철사업에 배정할 필요가 있었다. 이 밖에도 부산과 광양 컨테이너 항만 건설에서도 부산은 가능한 민자로 전환하고 광양은 공공 부문으로 확충하는 방안이 요구되었다.

부문의 우선 투자는 정부의 지역 균형발전에 대한 의지를 표명함과 동시에 경제적 파급 효과와 함께 지역 주민들에게 정부정책에 대한 신뢰감을 심어 줄 수 있다.

2) 취약지역을 위한 유인 체계의 차별화

민간투자법은 민자에 의한 모든 사회간접자본시설사업에 대해 재정 지원, 토지수용권, 세제 감면, 수익성 부대사업, 사업 편의 제공, 신용 보증 등 다양한 유인 체계를 일괄적으로 제시하고 있다. 최초의 민자유치촉진법안의 최종 심의 과정에서 과다한 혜택에 대한 논란이 있어 수익성 부대사업, 출자총액 제한 예외, 공공 부문으로부터의 보조금 및 장기 대부금은 1종 시설에 한정하도록 했다. 그러나 도시와 지방, 낙후된 지역과 개발된 지역, 수익성이 높은 지역과 취약한 지역 등에 관한 고려를 없다. 이와같이 모든 사업에 동일한 혜택을 부여한다는 수평적인 지원 체계는 수직적 차원에서 재검토가 필요하다. 사회간접자본시설은 사업의 지역성 등에 따라 투자액·위험·원금 회수 등이 천차만별일 수밖에 없기 때문에 '다른 사업에 대해서는 다르게 취급해야 한다'는 형평성의 차원에서 사업에 따라 상이한 유인 체계를 적용해야 한다. 따라서 기본적으로 민자 유치는 수익성이 보장되는 도시 사회간접자본시설에 한정하고, 제공되는 혜택도 시설 건설 과정상의 편의 제공과 같은 간접적인 수준에 그쳐야 한다. 반면에 민간자본이 매력을 느끼지 못하는 지역에 대해서는 공공재원에 의한 우선 투자가 이루어져야 하고 불가피하게 민자에 의한 추가적인 투자가 요구될 때에는 조세 감면, 보조금 지원, 신용 보증 등 직접적이고 보전적인 지원이 이루어져야 한다.

3) 취약지역에 대한 관민 합동 투자 방식

수익성이 취약한 지역에 민자를 유치하기 위해서는 민간자본이 안심하고 투자할 수 있는 여건을 조성해 주어야 한다. 사업 시행의 불확실성, 원금 회수의 어려움 등 투자 위험에 직면하게 되는 민간자본에 투자의 안정성을 보장해 주어야 한다는 것이다. 이를 위해 보증인으로서의 공공 부문

〈표 12-6〉 공공 부문의 출자 비율에 관한 기준 설정

출자 비율	고려 기준
1/2 이상	공공 부문의 사업 대행을 비롯하여 공공 부문이 주도적·선도적인 역할을 담당하고, 공공 부문의 의도를 실현할 필요가 있을 때
1/4~1/2	공공 부문과 밀접한 관련을 갖고 동일한 정책 목적을 달성하고, 경영 기반의 안정을 기할 필요가 있는 경우
1/4 미만	특별법에 의한 경우, 사업의 공공성을 담보함과 동시에 민간 활력을 최대한 보장할 필요가 있는 경우

주: 일본 도쿄도의 민간합동법인 구성에서 공공 부문의 출자 비율의 기준을 응용 설정함.

의 역할이 강조된다. 공공 부문의 투자는 사업 시행의 확실성과 신뢰성을 담보해 주고 민간 부문의 다양한 유발 투자를 촉진시킬 수 있다. 따라서 공공부문이 낙후지역의 사회간접자본시설 확충에 대한 정책 의지를 천명한다는 측면에서 먼저 투자를 하고 이를 매개로 민간자본을 유도해야 한다. 이러한 투자 방식은 공공 부문의 주도에 의한 관민 합동법인(제3섹터)의 형태를 취하게 된다.[9] 이러한 방법을 통해 취약지역에 민자를 유치함으로써 공공 부문의 재정적 부담을 완화할 수 있을 뿐만 아니라 공공 부문과 민간 부문의 장점을 살릴 수 있게 된다.

공공 부문과 민간 부문의 투자 비율은 정부재원의 여력, 민간 부문의 투자 여건 등에 의해 구체적으로 결정되겠지만 기본적으로 시행 사업의 경제성에 기초하여 결정되어야 할 것이다. 경제력이 취약한 지역일수록 공공 부문의 비율을 높여야 한다는 것이다.

따라서 관민 공동 참여의 경우 공공 부문의 투자 비율을 원칙으로 50% 미만으로 제한하고 있는 민간투자법의 규정을 좀더 탄력적으로 운용할 필요가 있다. 필요한 경우 법안의 개정과 예외 규정의 설치를 통해 공공 부문이 50% 이상을 투자할 수 있는 가능성을 마련해야 한다.

9) 일본의 민자 유치는 주로 민관합동출자법인(제3섹터 방식)을 설립하여 운영하고 있으며, 우리나라 민자유치촉진법이 제정될 무렵인 1992년 당시 2,600여 개의 민관합동 법인이 설치되어 있었다. 그 중에서 도쿄만 횡단도로 건설사업과 사철(私鐵)사업이 대표적인 사례에 해당된다. 도쿄만 횡단도로 건설사업은 86년 별도의 도쿄만 횡단도로 건설사업에 관한 특별조치법에 의해 민관합동 투자 방식으로 추진되었다.

또한 관민 공동 투자에서 민간 부문의 책임성과 자금 운용상의 건전성을 확보하기 위해 민간 부문의 투자 비율에 하한(下限)을 정할 필요가 있다. 프랑스의 유료 고속도로 주식회사가 제시하는 20%의 자기 자본 비율에 관한 규정을 고려해 볼 필요가 있다.

그리고 구체적인 사업 시행과 시설 운영은 정부 부문의 지분율(持分率)과 상관없이 민간 부문에게 권한을 위임함으로써 자율성과 창의성을 도입할 수 있도록 해야 한다. 공공 부문은 단지 투자에서 촉매제와 민간 부문에 대한 보완적인 역할에 머물러야 한다. 민간 부문[10]으로 하여금 기업경영 원리에 입각하여 현실적인 가격 체계[11]를 도입하고 서비스 질을 개선할 수 있도록 해야 한다

4) 취약지역과 대도시 연계 개발

민간자본은 기본적으로 수익성이 높은 지역에 집중되기 때문에 낙후지역과 대도시 지역 간 격차가 심화될 우려가 있다. 특히 민간투자법은 다양한 유인을 제시하고 있기 때문에 대도시 지역의 사업에는 경쟁이 치열한 반면에 취약지역에 대한 투자는 기대할 수 없게 되어 지역 간 빈익빈 부익부 현상을 심화시킨다. 그렇다고 자본주의 경제 체계 하에서 민간자본을 인위적으로 지역별로 분배할 수는 없다. 따라서 이를 해소하기 위한 제도적인 장

---

10) 외국의 민간 부문 도입의 사례를 살펴보면 대부분 그 목적은 투자 재원 조달보다 민간 기업의 전문성과 함께 효율성을 도입 활용하는 데 있다. 민간자본을 유치한다고 하지만 실제로 그 재원은 채권 발행이나 은행 융자를 통해 조달된다. 이러한 외부 자금을 도입할 때는 정부나 공기업과 같은 공공 부문이 신용이나 자금 조달력 면에서 우월하다. 따라서 일본의 제3섹터제도나 민활법도 민간 부문의 경영 효율성과 창의성을 활용하는 측면이 강하다. 이러한 측면에서 민영화를 민간자본 도입의 한 방법으로 널리 활용하고 있다.

11) 서비스 개선과 효율적인 운영을 위해 공공 부문이 관리하고 있는 사회간접자본시설을 민영화할 필요도 있다. 공공 부문에 의한 비효율적인 가격 체계와 유지관리는 재정 부담의 가중과 자원의 낭비를 초래한다. 지금까지 사회간접자본시설이 순순공공재로 간주됨에 따라 요율 체제는 물가안정과 산업활동에 대한 보조적인 성격을 띠고 있었다. 이러한 현상은 재정 부담의 악화시키고 더 나아가 일반 국민들의 부담을 가중시키고 새로운 투자를 어렵게 만들었다. 따라서 앞으로는 수익자 부담 원칙에 의한 가격 현실화를 통해 부담의 공평성을 실현하고 확대 재투자 재원을 마련해야 할 것이다.

치가 마련되어야 한다. 낙후지역의 사업을 대도시와 연계하는 방안을 도입할 필요가 있다. 양 지역을 연계하여 실시함으로써 민간자본의 지역 간 균형 있는 분배와 과다 경쟁을 방지할 수 있을 것이다. 이를 위해 민자 유치사업을 선정할 때 먼저 사업묶음(project package)을 개발할 필요가 있다.[12] 사업묶음은 기본적으로 사회간접자본시설의 종류별로 도시와 지방의 사업을 포함하고, 사업의 종류, 시급성, 규모, 수익성 등을 고려하여 작성되어야 한다. 특히 이때 지방사업은 수익성 부대사업까지 포함시킬 필요가 있다.

또한 낙후지역에 대한 투자를 촉진하기 위해 수익금의 활용에 제한을 가할 필요가 있다. 프랑스의 유료 고속도로 주식회사와 같이 일정 수준 이상의 이익 배당 금지, 도로 및 공공사업을 위한 특별예비비의 비축 의무 등을 강구함으로써 이익잉여금이 전적으로 취약지역을 중심으로 재투자될 수 있도록 해야 한다는 것이다.

5) 지역의 참여 보장

지방자치단체는 종합적인 관점에서 당해 지역의 사회간접자본시설를 건설 운영할 수 있어야 한다. 이를 위해 사회간접자본시설 확충사업은 해당 지역의 개발계획, 경제력, 자연 여건 등을 반영해야 한다. 이를 위해 대상사업의 심의와 선정시에 해당 지방자치단체의 참여를 보장해 주어야 한다. 현행 민간투자법은 민자 유치사업의 기본계획을 심의하기 위해 기획재정부에 민자유치사업심의위원회를 두고 있으며 그 구체적인 구성과 운영에 대해서는 대통령령에 위임하고 있다. 그러나 각 지역이 자기 지역의 발전에 기여할 수 있는 사회간접자본시설을 더욱 유리한 조건에 의해 확충할 수 있도록 민자유치사업심의위원회에 해당 지방자치단체의 참여를 제도적으로 보장해 줄 필요가 있다.

이를 위해 각 시도별로 해당 지역의 민자 유치사업의 관리 감독을 위해 민자유치사업심의위원회와 별도로 민자유치사업 지방심의위원회를 설치해

12) 경부고속전철과 호남고속전철을 동일한 민자유치사업으로 연계하는 방법이 좋은 예가 될 수 있다.

야 한다. 무엇보다도 해당 지역의 자율적이고 종합적인 지역 개발을 위해 도종합개발계획을 비롯해 기존 지역개발계획을 반영해야 한다. 사업을 선정할 때도 지역공청회를 통해 지역의 의견을 수렴해야 할 것이다.

더 나아가 지역의 사회간접자본시설은 해당 지역의 경제 발전에 궁극적인 목표를 두고 있기 때문에 사회간접자본시설 사업 주체의 선정도 지역경제 발전의 관점에서 이루어져야 한다. 따라서 사회간접자본시설 확충사업의 경제적인 과실과 연관 효과가 해당 지역 귀착될 수 있도록 사업자를 선정해야 한다. 이를 위해 일정한 요건을 갖춘 해당 지역의 기업이 참여를 원하는 경우 지역 연고를 인정해 줄 필요가 있다. 그런데 지역의 기업은 대부분 소규모 자본의 중기업이라는 데 문제가 있다. 이에 대한 제도적인 보완장치로서 지역 중소기업과 대기업 간의 연계나 지역 중소기업 간의 컨소시엄을 형성하여 참여하는 경우 우선권을 부여하는 방안과 산업신용보증기금에 의한 보증과 상업 차관의 도입 과정에서 편의를 제공하는 방안이 제시될 수 있다.

제 5 절 결 론

사회간접자본시설은 국민경제의 혈관에 해당된다. 따라서 정부・기업・가계 등 모든 경제 주체가 사회간접자본시설 확충의 책무를 부담해야 한다. 예전에는 순수공공재로서 오로지 정부 부문이 담당하고 민간 부문은 편익을 향유하는 것으로 간주되었다. 그러나 정부 부문은 민간 부문의 대리인이고 그 재원 또한 민간 부문에 의해 조달된다는 점을 인식할 필요가 있다. 따라서 민자 유치는 예전에 민간 부문이 공공 부문을 통해 간접적으로 실시하던 것을 이제 주권자 자신이 필요한 사회간접자본시설을 직접 건설 관리 운영하게 되는 것으로 파악해야 한다. 그만큼 사회간접자본시설에서 민간 부문의 역할과 책무가 강조된다. 기업의 사회적 책임 의식과 함께 성숙된 기업윤리가 요구된다. 특히 우리나라 민자 유치는 다양한 편의와 혜택이 부여되기 때문에 공공재원으로서의 성격이 강하다. 따라서 이윤이나 부가적인 편익의 추구보다 공익에 대한 기여에 더 많은 관심을 집중시킬 것을 기대한다. 또한 정부 부문은 자신의 역할을 민간 부문이 떠맡았기 때문에 그 여력을 소득재분배와 지역 균형발전에 힘써야 할 것이다.

이 밖에도 민자 유치가 본래의 목적을 달성하기 위해서는 몇 가지 기술적인 요인이 고려되어야 한다. 무엇보다도 공정성을 확보할 수 있어야 한다. 다양한 유인 체제로 말미암아 참여기업들로 하여금 사회간접자본시설 확충이라는 본래의 목표보다는 부가적인 지대 추구(rent-seeking)에 전념하도록 할 가능성이 있다는 점을 부인하기 어렵다. 이러한 문제점은 대상사업 및 사업자 선정의 공정성과 관련하여 특정 기업에 대한 특혜 여부와 정경 유착에 대한 논란으로 이어진다. 사업 시행자에게 많은 혜택이 부여되기 때문에 선정 과정에서 특혜와 합리성의 시비가 있을 수 있다는 것이다. 따라서 선정 결과의 타당성과 함께 과정상 절차적 합리성도 함께 고려되어야 한다. 일반 국민들이 결과를 납득할 수 있어야 할 뿐만 아니라 결정과정에서도 공정성을 검증할 수 있어야 한다는 것이다.

또한 민간투자법은 여러 부처와 다양한 법령과 관련을 맺고 있기 때문에 부처이기주의와 법률 간 갈등의 소지를 내포하고 있다. 따라서 민자유치사업심의위원회의 부처간 조정 능력을 제고하고 유기적인 관계를 설정하기 위해 현재의 기획재정부에서 총리실로 그 지위를 격상시킬 필요가 있다.

마지막으로 환경보전에 관심을 가져야 할 것이다. 민자 유치를 통해 경제적 효율성만을 지향하는 경우 자연환경이나 생활환경이 침해될 우려가 있다. 사회간접자본시설은 편의의 문제인데 반해 환경 보전은 인간의 생존과 관련된 문제이다. 환경의 파괴는 자연과 인간에게 절대적인 영향을 미칠 뿐만 아니라 회복하는 데 많은 비용을 요구한다.[13] 따라서 개발과 환경

13) 유럽연합(EU)은 오랜 사회주의 체제에서 벗어나 자본주의 체제로 전환하는 동유럽을 선진 서유럽에 연결시킴으로써 동유럽의 경제 발전을 돕고 궁극적으로는 유럽공동체를 실현하기 위한 고속도로 건설을 계획했다. 로마 시대 이래 최대의 도로망으로 불리는 총연장 12,000㎞의 범유럽횡단고속도로가 그린피스를 비롯한 환경단체들의 반대에 직면했었다는 점을 고려할 때 환경 보전의 중요성을 인식할 수 있다.

의 조화를 통해 지속적으로 발전 가능한 전략을 택해야 할 것이다(Adams, 1990). 이를 위해서는 사회간접자본시설 확충사업을 전개할 때에는 환경영향평가와 인접 주민들의 의견 수렴 과정을 반드시 거쳐야 할 것이다.

제 13 장 지역 개발을 위한 해외자본 도입

제1절 서 론

현대의 시대적 조류는 지방화와 세계화로 요약된다. 중앙정부에 비해 지방정부의 역할과 권한이 강화되고, 국경의 의미가 희박해지면서 국가 간 유동성이 높아진다는 것이다. 이러한 시대적 흐름에 직면하여 지방정부는 지역 주민의 소득 수준 증대와 지역개발사업을 자신의 권한과 책임으로 수행해야 한다. 또한 세계화의 경향으로 말미암아 지방정부는 국제적인 무한경쟁에 휘말리게 된다. 현대의 경쟁은 승자와 패자의 관계보다는 상생 원리가 적용된다. 지구촌이라는 울타리 안에서 각 지방정부가 선의의 경쟁과 협력을 통해 상호 이해를 증진한다.

이와 같은 시대적 흐름 속에서 지방정부는 지역개발사업을 원활히 추진하기 위해 외국의 자본, 기술, 경영 기법을 이용할 필요가 있다. 그 결과 지방정부는 외국 자본의 활용에 관심을 가질 수밖에 없다. 이 장에서는 지방정부의 외국 자본 도입 필요성과 가능성을 점검하고 이에 대한 정책과제를 제시함으로써 투자 재원 조달에 여념이 없는 지방정부에 새로운 정책대안을 제시하는 데 목적이 있다.

지방정부가 외국 자본을 도입하는 방법에는 채권이나 주식을 발행하는 직접금융과 차관에 의한 간접금융, 외국인이 사업 주체로서 자본과 기술을 투입하는 직접 투자가 있다. 이 연구는 각각 투자선의 활용 가능성과 투자 활성화 방안을 제시한다.

제 2 절 외자 도입의 필요성과 가능성

1 지역 개발을 위한 투자 수요 확대

지방정부는 본격적인 지방자치와 무한경쟁 시대를 맞이하여 과거에 경험하지 못했던 막대한 재정 수요에 직면하고 있다. 지방정부는 지역 주민들의 복지 수요 증대, 지역 개발의 필요성 제고, 세계화에 대비한 지역산업의 육성 등의 사업을 효율적으로 추진하기 위한 재원 조달 방안을 강구하는 데 부심하고 있다. 이러한 환경적인 여건에 덧붙어 중앙정부의 지방정부에 대한 재정 운용 방향이 변화됨에 따라 지방정부의 재정 수요가 가일층 고조되고 있다. 그동안 중앙정부의 지방정부에 대한 재정 운용이 일방적인 보조와 지원에서 재정투융자와 공동 투자(matching fund system)의 방향으로 전환하고 있다. 실제로 중앙정부의 보조금이나 교부금은 그 규모를 감축하는 대신에 공공자금에 의한 투융자를 활성화시켜려는 방향으로 선회하고 있다. 지원을 하는 방법도 전액보다는 일정 부분을 해당 지방정부로 하여금 부담하도록 하는 공동 투자 방식을 현재의 보조금뿐만 아니라 교부금을 비롯한 전반적인 재정 운용에 적용하려 하고 있다. 이러한 재정 운용은 투자의 의욕과 여력이 있는 지방자치단체에 우선 지원한다는 취지로 세계적인 추세이며 지방자치 시대와 무한경쟁 시대에는 당연한 논리로 받아들여질 수밖에 없는 실정이다. 따라서 지방정부는 여건 변화에 순응하면서 투자 재원을 조달하기 위한 다양한 방법을 모색하게 됨에 따라 지방채로서 외국 자본 도입에 대한 관심이 제고되고 있다.

외국의 예를 보더라도 지역 개발에 관한 재원은 지방채와 같은 외부 재원에 의해 조달한다. 영국의 경우 지방경비 중에서 지역개발비에 해당되는 투자적 지출(capital expenditure)은 자체 재원인 자산세(rate) 수입이나 중앙정부의 투자적 교부금으로 충당하는 경우가 있으나 극히 일부에 지나지 않으며 주로 지방채에 의해 조달한다(Hepworth, 1976: 136). 이러한 현상은 미국이나 일본에서도 찾아볼 수 있으며 지역개발 재원은 중앙정부 보조보다 자체 조달, 자체재원 중에서도 일반재원보다 지방채에 의존한다.

2 국내 공공자금과 민간자본 활용 한계

지방정부는 막대한 투자 수요에도 불구하고 지역경제 기반의 취약으로 말미암아 자체 재원만으로 투자 수요를 충족시키지 못하고 있다. 그렇다고 해서 지역경제 낙후→잠재 세원 취약→재정자립도 저위→투자 재원 부족→지역경제 낙후 등으로 이어지는 빈곤의 악순환을 되풀이할 수 없는 상황이다. 따라서 지방정부는 지역경제의 흐름에 투입을 증대시킴으로써 지역 개발을 가속화시키기 위한 투자 재원 조달에 힘쓰고 있다. 먼저 공공투융자 재원을 생각할 수 있다. 정부는 각종 연기금과 여유자금을 투융자 재원으로 활용하기 위해 재정융자 특별회계와 공공자금관리기금을 설치 운용하고 있으나 국가적인 사회간접자본시설 확충을 위한 투자에도 부족한 형편이다. 그 다음으로 민간자본을 들 수 있다. 정부는 민간자본 유치에 관심을 갖게 되고 사회간접자본시설 확충을 위한 '민간자본유치촉진법'과 '지역 균형개발 및 지방중소기업 육성에 관한 법률'을 제정 시행하고 있다. 그러나 민간자본은 기본적으로 수익성을 바탕으로 움직이기 때문에 경쟁력이 취약한 지방정부에게는 화중지병(畵中之餠)에 불과하다.[1] 또한 민간자본을

1) 민간자본을 유치하고자 하는 경우 민간자본은 기본적으로 이윤 동기에 의해 움직이기 때문에 신뢰성과 안정성을 보장해 주어야 한다. 이를 위해 지방정부의 선발 투자나 유발투자가 선행되어야 한다. 이때 지방정부는 재정력이 취약하기 때문에 투자 재원을 외부에서 조달할 수밖에 없고 열악한 국내 금융시장을 고려할 때 외국자본에 관심을 갖게 된다. 이와같이 민간자본을 유치하기 위한 수단으로도 외자 도입이 필요하다.

유치하는 경우에도 국내 금융시장의 미성숙으로 말미암아 그 규모가 적고, 금리가 높아 공채비용(公債費用)을 가중시켜 건전재정의 원리를 침해할 우려가 있다. 따라서 국내 민간자본은 지방정부의 안정적이고 항구적인 투자 재원으로서 한계를 안고 있다.

3 외환시장 안정과 국제적인 신용도 제고

OECD 가입, WTO의 출범, FTA 체결 등 세계화로 말미암아 금융시장이 개방되고, 1997년부터 상업차관 도입에 대한 규제가 해제됨에 따라 외국 자본이 본격적으로 도입될 수 있는 여건이 마련되었다. OECD 가입으로 금융시장이 완전 개방됨에 따라 대기업 및 중소기업뿐만 아니라 투자 수요에 직면하고 있는 지방정부도 외국 자본을 활용할 수 있는 기회를 갖게 되었다.

일반적으로 외국 자본은 국내 자본에 금리가 낮고, 그 규모 또한 크기 때문에 도입과 상환면에서 양질의 재원으로 평가되고 있다. 이러한 외국 자본은 지방정부의 투자 수요에 대한 갈증을 해소할 수 있을 것으로 믿어 의심치 않는다.

특히 우리나라는 1996년에 정식으로 OECD에 가입했다. 가입 요건으로는 자본시장 개방 여부가 열쇠로 작용했다. 당시 자본이동 자유화 의무 범위는 OECD 회원국 평균 83%에 크게 밑돌았으나 OECD의 한국 가입심의위원회는 우리의 자본시장 자유화에 대한 미흡한 조치를 지적하고 집중적으로 개방 압력을 가한 바 있다(내외경제신문, 1995. 1. 14). OECD 가입으로 자본시장의 개방 폭이 가속화되고 본격적인 금융자유화 시대를 맞이하게 되었다. OECD 가입을 시점으로 국제적인 자본 이동이 자유화됨에 따라 지방정부가 저렴한 자금 조달을 통해 지역개발사업을 추진할 수 있는 기회가 확대되었다. 그 동안 OECD 가입으로 인한 자본시장의 개방에 따른 부작용으로 외환위기를 경험한 바 있으나[2] 1997년 외환위기 당시 40억 달러

2) OECD 가입으로 외환 거래가 자유화되면서 외국 자본이 밀물듯이 유입되었다. 국내 투신사들은 금리가 낮은 외환을 도입하여 국내기업에 대출해 주었다. 그 과정에서 투신사

에 불과했던 외환 보유고가 2006년 현재 2,300억 달러를 상회하고 경제 체질이 강화되면서 대외 신인도가 상승함에 따라 지방정부들이 외국 자본을 활용할 수 있는 여건이 호전되었다.

또한 국내의 정치적 안정과 지속적인 성장추세로 국제적인 신용도가 향상됨에 따라 외국 자본이 빠른 속도로 유입될 것으로 예상된다. 최근 외국 언론들은 미국에서 한국 관련 펀드들의 인기가 상승하고 있으며 이러한 낙관적인 추세는 계속될 것이며 외국 자본들이 한국 자본시장에 투자할 가능성이 증대되고 있다. 우리나라는 정치적 안정도, 통화 안정도, 인플레이션 전망, 시장평가 등을 기준으로 할 때 성장 잠재력이 크기 때문에 양호한 투자 대상국으로 평가되고 있다.

우리나라는 2006년 현재 비록 외채 규모가 증가되고 있기는 하지만 여전히 채권국가이다. 2006년 9월 말 현재 대외채권은 2,460억 달러, 대외채무는 2,494억 달러로 966억 달러의 순채권을 보유하고 있다. 또한 최근 들어 단기채 비중이 높아지는 경향이 있으나 여전히 장기채 비중이 높고(56.7%), 채무구조 역시 양호한 편이다. 역대 최대의 호황을 구가하고 있는 조선업체들이 장래 수출 대금을 미리 외환시장에서 매도하는 선물환 매도가 늘어나면서 외채 규모가 확대되고 있다. 여기에 국내 은행들이 조선업체의 선물환을 매입한 뒤 리스크 헤지를 위해 현물환 매각 자금을 해외에서 단기로 차입하는 과정에 단기채무가 증대되고 있을 뿐이다. 이러한 단기 외채의 증가는 우리나라 신용평가에는 부정적인 영향을 미칠 수 있으나 1997년 외환위기 당시와 같이 대외 지급 능력 측면에서 위기가 발생할 가능성은

들은 막대한 이윤을 확보했으나 단기로 차입한 외환을 장기로 대출해 주는 자금 운용의 모순(mismatching)을 야기했다. 그러던 중 1997년 태국 화폐인 바트(baht)화가 폭락하는 사태가 발생함에 따라 이에 놀란 외국 자본주들이 우리나라에 투자했던 자금들 급속하게 회수해 갔다. 그 과정에서 투신사들이 도산하고 국내에서 일시에 외환이 고갈되어 외환위기를 맞게 되었다. 또한 우리나라의 OECD 가입은 미국을 비롯한 외부 압력에 의해 진행된 측면도 있지만 무엇보다도 당시 김영삼 정부가 OECD 가입을 치적으로 간주한 측면도 있었다. 김영삼 정부는 원화를 절상하여(환률을 인하하여) 1인당 국민소득을 1만 달러로 부풀려 선진국이라는 외양을 갖추고자 노력했다. 이러한 인위적인 환율 인하는 국제수지에 타격을 주어 외환 보유고가 급격히 감소되었다.

낮은 것으로 평가할 수 있다.

또한 환율이 지속적으로 하향 안정세를 유지하고 있다는 점도 지방정부의 외국 자본 활용 가능성을 높이고 있다. 외환위기 당시 2,000원 육박하는 환율이 수출의 호조, 외국인 투자의 증가, 외환보유고의 증대 등으로 지속적으로 하락하여 2006년 말 현재 900원대에 진입했다. 향후에도 추가적으로 하락할 가능성이 내재해 있어 외자 도입에 따른 비용이 점점 줄어들 것으로 예상된다.

제 3 절 외자 도입의 방법과 절차

지방정부의 외자 도입은 지방채(local loan)로서 증서차입(차용증서)에 의한 차관 도입과 유가증권에 의한 외화채 발행으로 구분된다. 우리나라 지방재정법(제7조)은 "지방자치단체의 세출은 지방채 외의 세입을 그 재원으로 해야 한다"라고 규정하여 원칙적으로 비모채주의(非募債主義)를 채택하고 있다. 그러나 지방자치법(115조)은 항구적인 이익사업과 비상재해복구사업에 한해 예외적으로 지방채를 인정하고 있다. 따라서 지방정부는 일상적인 경직성 경비(일반회계채)를 제외한 사회간접자본 확충, 소득 증대, 생활환경 개선 등 장기적으로 이익이 되는 사업을 실시하기 위해 지방채로서 외국 자본을 도입할 수 있을 것으로 본다. 또한 외환거래법은 국내 법인의 외자 도입에 관한 절차·방법·조건 등을 구체적으로 제시하고 있기 때문에 지방정부의 외자 도입에 관한 법적 근거가 마련되어 있다고 볼 수 있다.

덧붙여 외국인이 사업 주체가 되어 지방정부의 지역 개발사업에 자본과 기술을 동시에 투자하는 외국인 직접 투자가 있다. 이러한 외국인 직접 투자는 투자 재원 조달뿐만 아니라 기술 이전 효과와 고용 증대 효과를 수반한다는 점에서 외채에 의한 방법보다 유리하다. 현재 제조업과 서비스업에 한정되어 있으나 앞으로 지역 개발사업에도 적극 활용될 수 있을 것으로 기대된다.

1 차관 도입

1) 공공차관

공공차관(公共借款)은 개발도상 국가를 위한 국제기구의 정책자금을 재원으로 공공 부문이 당사자가 되어 도입되는 차관이다. 이러한 공공차관은 우리나라 중앙정부나 지방정부를 포함한 법인이 세계은행(IBRD)과 아시아개발은행(ADB), 일본 국제협력은행(JBIC) 등 국제경제협력기구나 외국법인 등과의 공공차관 협약에 의해 도입된다. 공공차관의 주요한 도입선은 세계은행(IBRD), 아시아개발은행(ADB), 대외협력기금(OECF) 등으로 금리(8~10%)와 상환 조건(4~5년 거치, 7~20년 상환)이 유리하여 그동안 우리나라 지역 개발(주로 상수도), 사회간접자본시설 확충(도로 및 발전소), 소득 증대사업 등에 많은 공헌을 하고 있다. 특히 세계은행 차관은 그 규모와 상환 조건에서 최우량 재원으로 가장 많이 활용하고 있다. 실제로 세계은행 차관은 1962~1994 기간 동안 119건에 70억6천6백만 달러(50억2천2백 달러 상환)가 도입되었다.

이러한 공공차관은 개발도상국의 경제 개발과 복지 향상을 위해 제공되는 원조성 자금이기 때문에 공공차관 공여기관들은 자체적으로 차관 공여 기준을 설정하고 있다. 주로 1인당 국민소득(GNI)을 지표로 채택하고 있다. 우리나라는 1988년에 아시아개발은행과 일본 해외경제협력기금(OECF)에서 졸업하고, 1995년에는 1인당 국민소득이 4,800달러를 상회함에 따라 세계은행(IBRD) 차관 공여 대상국에서 졸업한 바 있다. 1995년 3월 부산광역시 교통관리사업 및 폐기물 처리사업을 위해 세계은행으로부터 1억7,500만 달러를 도입한 이래로 공공차관 도입 실적이 전무하다. 이에 따라 우리나라는 1947년 프랑스, 1966년 일본, 1971년 대만, 1982년 루마니아 등에 이어 30번째 졸업 국가가 되었다.

2006년 현재 각 국제기구들이 제시하고 있는 1인당 국민소득의 차관 공여 기준을 살펴보면 세계은행은 6,275달러, 일본의 국제협력은행은 6,055달러이다. 따라서 2006년 현재 1인당 국민소득이 18,372달러인 우리나라는 공공차관 공여 대상에서 제외된다. 그러나 1997년 외환위기와 같이 급격한 경제 상황의 변화가 있는 경우 개발 원조 관련 국제기구나 국가와의 협의를 통해 공공차관 도입을 재개할 수도 있다.

그동안 진행된 지방정부의 공공차관 도입 절차는 내무부 장관 승인→지방의회 승인→재무부 장관 승인→국회 총액 의결→재무부 도입(借主)→지방자치단체 전대(轉貸)로 이루어졌다. 현재 공공차관의 도입이 재개된다면 내무부 장관은 행정안전부 장관, 재무부 장관은 재정경제부 장관으로 대체될 것이다. 지방정부가 공공차관 협약에 의해 외자 도입을 추진하고자 할 때 기채 절차로서 행정안전부와 지방의회의 승인을 얻은 후 공공차관 도입계획을 작성하여 재정경제부에 신청하여 승인을 얻어야 한다. 재정경제부 장관은 모든 지방정부를 대상으로 공공차관의 사업 내용, 차관액, 예상 차관선, 차관 조건 등 기타 필요한 사항을 기재한 공공차관 도입계획안을 작성하여 전년도에 국회의 의결을 얻어야 한다. 재정경제부는 의결된 도입계획에 의해 공공차관을 도입하여 이를 각 지방정부에 전대(轉貸)하게 된다.

2) 상업차관

상업차관(商業借款)은 지방정부가 일반 경제 주체와 같은 지위에서 외국(법)인과의 차관 계약에 의해 도입되는 외국 자본을 말한다. 구체적인 차관 계약은 지방정부가 국제경제협력기구를 제외한 외국인으로부터 대외 지급 수단을 차용하거나 자본재나 원자재 등을 수출 신용제도에 의해 도입하는 협약이나 약정의 형태를 취한다. 이러한 차관 계약에 의해 도입되는 상업차관은 상환 기간이나 결제 기간이 3년을 초과한 것으로서 그 금액이나 가액이 100만 달러 이상을 원칙으로 하고 있다.

상업차관은 주로 민간 경제 주체에 의해 1962년부터 1980년대 후반까지 활발하게 도입되었으며 차관의 40% 가량이 사회간접자본시설(전기·가스·핵연료·교통시설)에 투자되었다. 경제개발계획이 추진된 이래 1978년까지 지속적으로 증가되다가 1979년 이후 국제 금리 인상과 투자 수요 감소로 둔화되었다. 1986년 이후에는 효율적인 외환관리와 해외 부문의 통화 증발을 억제하기 위해 신규 도입을 원칙적으로 금지한 적이 있다(조정구, 1994).

그러나 WTO 출범과 OECD 가입을 기해 금융시장이 개방되고, 외국 차관 도입에 대한 규제가 전면적으로 해제됨(1997)에 따라 지방정부의 상업차관 도입의 길이 열렸다. 대기업뿐만 아니라 중소기업 및 지방정부에도 상업차관의 문호가 개방되었다.

특히 상업차관은 금리와 상환 조건이 국내 금융시장보다 유리하기 때문에 막대한 투자 수요에 직면해 있는 지방정부에 매력적인 재원으로 받아들여질 수 있다. 실제로 상업차관의 금리는 6% 내(2007년 말 기준: 리보 4.95% +1% 이내의 스프레이드[3])로 국내 재원보다 상당히 유리한 조건이다. 현재 외환거래 관계 법령[4]의 개정으로 도입 절차 및 도입 자금의 용도상의 제약이 해소되었다. 지방정부는 과거 1년간 누적 차입 금액이 미화 3천만 달러 이하의 경우에는 지정 거래 외환은행장에게 신고하면 족하고, 누적액이 미화 3천만 달러를 초과하는 경우에는 재정경제부 장관과 사전 협의 후 행정안전부 장관에 신고해야 한다. 현재까지 재정경제부 장관에게 신고한 사례가 없기 때문에 지방자치단체가 3천만 달러 이상의 상업차관을 활용한 경우가 전무한 것으로 판단된다. 또한 예전에는 용도가 대기업의 경우에도 사회간접자본시설을 비롯한 특정 용도에 한정되었으나 현재는 제한을 두고 있지 않다.

2 외화채 발행

외화채(外貨債) 발행은 지방정부가 외국인을 대상으로 채권을 발행하여 외자를 도입하는 형태이다. 외국인으로 하여금 지방채를 인수하거나 지분

---

3) 리보금리(libo rate: London inter-bank offered rate)는 런던 금융시장에서 일류 은행이 다른 은행에 대출할 때 적용되는 이자율을 말하고 스프레이드 금리 차입자의 신용도를 감안한 할증금리를 말한다.

4) 외국환거래법 제18조, 동법 시행령 30조, 외국환거래규정 제7~14조 등

〈표 13-1〉 지방정부의 외화채 발행 현황

지방정부	발행시장	발행규모	상환조건	금리
대구시	일본 사무라이본드	50억 엔	5년 거치 만기 일시 상환	연 3.3%
서울시	뉴욕 양키본드	3억 달러	10년 거치 만기 일시 상환	연 7.85%

을 소유하게 함으로써 외국인 투자를 유치하는 방식이다. 외화채는 상환조건과 기간을 다른 형태의 외자에 비해 탄력적으로 조정할 수 있기 때문에 좀더 장기적이고 유리한 관점에서 외자를 도입할 수 있는 수단이다. 특히 국내 증권시장이 개방됨에 따라 외국에서 우리나라 관련 증권 및 국공채에 대한 관심과 신뢰도가 제고되어 있어 향후 기대되는 외자 도입 방법이다.

1997년 OECD 가입(외환 거래 자유화) 이전에는 사회간접자본시설 관련 외국 원자재 도입 자금의 결제 수단으로만 발행을 인가한 적이 있다. 당시 외화채 발행 사례를 살펴보면 지하철 관련 원자재 구입대금을 결제하기 위한 수단으로서 1985년 부산광역시를 필두로 대구광역시(1993)와 서울특별시(1994)가 발행한 적이 있다. 대구시는 일본 사무라이본드, 발행규모 50억 엔, 발행 조건 5년 거치 만기 일시 상환, 연리 3.55%, 서울시는 뉴욕 자본시장의 양키본드, 발행 규모 3억 달러, 발행 조건 10년 일시 상환, 연리 7.87%의 조건으로 발행한 바 있다.

외화채에 의한 외자 도입 시장은 유럽의 유로본드, 미국의 양키본드, 일본의 사무라이 본드 등이 해당되며 시장에 따라 도입 절차와 조건이 약간씩 차이를 보인다. 외화채는 지방채의 일종으로 국내에서는 행정안전부 장관 승인(전년도) → 지방의회 예산 승인(당해 연도) → 기획재정부 신고(3천만 달러 이상)의 절차를 공통적으로 밟아 지방정부가 외국 증권회사와 국제적인 교섭을 통해 구체적으로 외화채를 발행한다. 이러한 국내의 행정절차는 일상적인 지방채 발행에 관한 행정절차에 불과하다. 실제로 외화채는 1997년 외환거래 자유화 이후 상업차관과 동일한 외국환거래 법령의 적용을 받고 있다. 국제적인 절차는 외화채 인수 국가의 신용평가회사에 의한

〈표 13-2〉 도입선별 외화채 발행 절차

도입선	발행절차
양키본드	미국 신용평가회사(예: Standard & Poor's사, Moody's사)에 의한 신용평가→미국 증권관리위원회(SEC) 등록→미국 증권회사의 인수
사무라이본드	일본 신용평가회사(예: JBRI사, JCR사)에 의한 신용평가→외화채 소화를 위한 일본 4대 증권회사를 중심으로 간사단 구성(지방정부)→간사단(10개사) 중에서 주간사 결정(지방정부),채권관리회사(일본은행 중) 지정 의뢰→대장성에 유가증권 보고서(지방정부의 채권 상환 능력 평가 자료) 제출 승인→간사단과 발행 조건 교섭

발행 지방정부의 신용평가→인수 국가 증권회사와의 발행 조건 교섭→해외 증권회사의 인수 순으로 이루어진다. 예를 들어 일본 사무라이본드(대구시)와 뉴욕 양키본드(서울시)의 구체적인 발행 절차는 <표 13-2>와 같다.

이러한 외화채 발행 절차상 편의를 위해 해외투자 전문기관이나 증권사가 서울에 사무소를 두고 자국 자본 투자의 길을 개척하고 있어 발행이 점점 용이해지고 있다. 이와 같은 외화채 발행뿐만 아니라 국내 지방채의 외국인 인수도 기대할 수 있게 된다. 그동안 지방채는 자동차 등록과 법인 설립 등기를 비롯한 인허가 때 강제적으로 소화되어 주로 중간 수집상에게 헐값으로 판매되었다. 그러나 이제는 국내의 모든 지방채는 모든 증권회사 지점에서 제 값으로 거래될 수 있게 되었다. 그 결과 증권시장 개방에 의해 유입된 외국 투자재원이 국내 지방채를 인수할 수 있어 지방채에 대한 외국인 투자를 확대할 수 있게 되었다. 특히 외국인 주식투자 한도가 확대됨에 따라 그 속도가 가속화될 것으로 기대된다. 이와같이 외국인에 의한 지방채 소화를 촉진하기 위해서는 외국인에 의한 지방채 인수 방안이 활성화되어야 할 것이다. 이를 위해 미국과 같이 지방채 투자 수익금에 대한 소득세를 감면해 주는 방안도 마련할 필요가 있다(White, 1991).

3 외국인 직접투자

외국인 직접투자(foreign direct investment)는 외국인이 단순히 자산(주식이나 채권)을 국내에서 운용하는 것이 아니라 경영 참가와 기술 제휴 등을 통해 국내 기업과 지속적인 경제 관계를 수립할 목적으로 투자하는 것을 말한다. 경영에 실질적인 영향력을 행사하기 위한 것이라는 점에서 일반적인 투자와는 다른 개념으로서 외국인 직접투자는 지적 재산권과 부동산 등 모든 형태의 유・무형 자산이 이전돼 부를 창출할 목적으로 이뤄지는 투자를 포함한다.

경제개발협력기구(OECD)의 다자간투자협정(MAI)에서는 국내 기업의 사업 부문과 영업권 등을 외국인에게 매각한 경우도 외국인 직접투자로 본다. 이 밖에도 기업 경영에 실질적인 영향력을 행사하기 위해 외국인이 주식과 지분을 취득하는 투자도 외국인 직접투자로 볼 수 있다. 우리나라 외국인투자촉진법 상에는 외국인 직접투자를 다음과 같이 정의하고 있다(동법 7~9조). 첫째, 외국인이 내국 기업과 지속적인 경제 관계를 수립할 목적으로 당해 기업의 주식 또는 지분을 소유하는 것으로서, 주식 총수의 10% 이상을 소유하고 의결권을 행사하는 경우, 기업 경영에 실질적인 영향력을 행사하는 것이 합작 계약서 등에 의해 입증되는 경우이다. 둘째, 해외모기업 혹은 그 모기업과 대통령령이 정하는 자본 출자 관계가 있는 기업이 당해 외국인 투자기업(자회사)에 대부하는 5년 이상의 장기차관을 대부하는 경우이다. 셋째, 외국인 투자 중에서 신주(新株) 등의 취득에 의한 투자, 기존 주식 등의 취득을 위한 투자, M&A에 의한 주식 취득, 장기 차관 방식의 외국인 투자를 포함시키고 있다.

이러한 외국인 직접투자는 지방정부의 지역 개발사업에 외국인(기업)이 사업 주체로서 직접 참여하는 방법에 의해 외국 자본을 활용하는 방법이다. 외국인 직접 투자는 외국인이 사업 주체가 되어 국내 지역 개발사업에 자신의 자본을 투자한다는 점에서 지방정부가 사업 주체가 되고 단지 외국

자본만 활용하는 차관 도입이나 외화채 발행과 구별된다.

이와같이 외국인 직접투자에 의한 외국 자본 도입은 지방정부의 투자 수요를 충족시켜 주면서 지역 개발에 긴요한 신규사업(green field investment)에 대한 투자와 그에 따른 기술 이전이 가능한 것이어야 한다. 이러한 외국 자본은 그 성격이나 내용면에서 증권 투자나 기업 합병을 위한 외국인 투자와 구별된다. 채권 매입과 인수·합병·투자는 우리나라에서 생산성 제고나 기술 이전의 효과를 내지 못하고 단지 불로소득에 의한 자본이득을 취하는 데 목적이 있다면 단기성 자본 이동의 성격을 띠어 종국적으로는 핫머니가 될 수 있다. 또한 차관은 지방정부의 주체적인 지역 개발사업으로 생산성을 제고할 수 있으나 현재와 같은 기술보호주의 추세 하에서는 기술 이전을 기대하기 어렵다.

이에 반해 외국인 직접투자의 필요성과 효과는 여러 측면에서 논의될 수 있다. 부족한 투자 재원을 보전할 수 있을 뿐만 아니라 기술 이전과 다양한 연관 효과를 통해 국내 생산 요소의 질적 수준을 향상시킬 수 있어 투자지역의 산업구조와 경제활동 영역에 커다란 영향을 미칠 수 있다.

우리나라에서 외국인 직접투자는 투자 유치와 기술 도입의 수단으로 1962년부터 계속되고 있다. 산업별 투자 현황을 살펴보면 제조업과 서비스업이 주종을 이루고 있으며, 기간별로 살펴볼 때 1980년대 이후에 집중적으로 이루어지고 있다.

1998년 외국인투자촉진법의 제정으로 외국인 투자를 활성화하기 위해 세제 지원을 비롯한 다양한 지원책이 제시되고 있다.

첫째, 국가가 지정한 기술을 소유한 외국 기업의 경우 소득세 및 이익배당금에 대한 법인세를 감면하고 있다. 둘째, 토지 및 건물에 대한 지방세인 취득세·등록세·재산세를 일정 기간 동안 감면해 준다. 셋째, 외국 투자 유치와 관련하여 관세·특소세 및 부가가치세 등 국세를 감면하고 행정 업무의 통합으로 원스톱 서비스 체계를 확립했다.

세계화와 지방화 시대를 맞아 지역개발사업에 대한 막대한 투자 수요에 직면해 있는 지방정부 수준에서 그 필요성과 가능성이 고조되고 있다. 실제로 사회간접자본시설과 지역개발사업에 대한 민자 유치계획이 본격적으로 추진됨에 따라 외국 기업을 참여시키기 위해 노력을 기울이고 있다.

그럼에도 불구하고 최근에 접어들어 외국인 직접투자가 부진한 실적을 보이고 있다. 우리나라 외국인 직접 투자가 3년 연속 하향곡선을 그리고 있다. 지식경제부의 '2007년 외국인 직접투자 동향'(신고 기준 잠정치)에 따르면, 2006년에는 전년 대비 6.5% 감소한 105억1천만 달러로 집계되었다. 이로써 우리나라 FDI는 지난 2005년에 115억6천500만 달러로 전년 대비 9.6%, 2006년에는 112억4천만 달러로 2.8% 감소한 데 이어 지난 해에도 마이너스 행진을 이어가는 등 3년 연속 줄어들었다. 특히 전 세계적인 인수합병(M&A) 증가세에도 불구하고 지난 해 우리나라 M&A형 투자는 24억 8,000만 달러로 전년에 비해 42.4%나 감소했으며, 그린피드형(공장 설립) 투자는 80억3000만 달러로 15.9% 증가했다. 산업별로는 제조업이 전년 대비 36.7% 감소한 26억9,000만 달러를 기록한 반면 서비스업은 14.9% 늘어난 76억1,000만 달러의 실적을 거뒀다. 지역별로는 미국으로부터의 투자가 전년 대비 37.2%(23억4,000만 달러) 증가한 데 비해 일본으로부터의 투자(9억9,000만 달러)는 53.0% 감소했고, EU로부터의 투자 역시 43억3,000만 달러로 13.0% 축소되었다.

이러한 감소 요인은 대외적으로 미국 등 주요 선진국의 경제성장률 둔화, 원화 강세 등 부정적 요인과 대내적으로는 국내 투자 수요 증가세의 둔화 등으로 신규 투자 수요 창출이 쉽지 않기 때문인 것으로 보인다. 이 밖에도 M&A형 외국인 직접 투자에 대한 부정적인 인식과 중소기업 M&A시장의 미성숙, 근본적으로 취약한 국내 투자 환경, 경제자유구역 관련 제도의 문제 등에서 기인된다고 볼 수 있다.

외국인 직접 투자의 부진을 극복하고 활성화하기 위해서는 M&A형 투자유치를 위한 국내 기업의 원활한 구조조정 지원, 사모 펀드에 대한 부정적 인식 전환, 국내 중소기업 M&A시장 활성화, M&A 관련 세제 개편 등이 필요하다. 또한 R&D 부문의 외국인 직접 투자 유치를 위한 정부 주도 연구사업의 국제적 공동연구 추진 및 고급 인력 유치 노력과 더불어 경제자유구역의 인센티브 체계 강화, 규제 완화, 재정 지원 등 지원 체제의 개선이 요구된다.

제 4 절 효율적인 외자 도입을 위한 제도 정비

1 지방정부의 자본예산제도 도입

자본예산(capital budget)은 조세수입에 의해 지변되는 경상예산(current budget)과 달리 지방채에 의해 자본적 지출을 조달하고자 하는 복식예산의 일종이다. 이러한 자본예산은 원래 세계 대공황 당시 경기 회복을 위한 재정 운용 방안으로 도입되었으나 현재는 지역 개발을 위해 막대한 투자 재원 조달을 필요로 하는 각국의 지방정부에서 이용되고 있다. 대부분의 지역개발사업은 일상적인 행정 수요와 달리 재정 소요 규모가 크고 장기적인 사업계획 기간을 특징으로 하기 때문에 조세수입보다 지방채에 의해 조달하는 것이 재원 조달의 효율성과 세대 간의 형평성을 제고할 수 있다는 것이다 (Miksell, 1986: 184-185).

우리나라 지방정부가 해외자본을 도입하여 활용할 때 투자 대상이 되는 사업은 공단 조성, 도로·공항·항만 확충, 용수 및 수자원 관리 등이 주를 이룰 것이다. 지방정부는 이러한 지역 개발사업과 도입된 해외자본을 효율적으로 연계시키기 위해 경상예산과 독립된 자본예산제도를 도입할 필요가 있다. 도입된 해외자본이 일상적인 경비 지출이 아닌 투자재원으로 효율적으로 활용할 수 있는 방안이 선행되어야 한다는 것이다. 자본예산은 경상예산과 달리 장기적인 관점에서 지역 개발계획과 재정 투자계획을 유기적으로 연결시킬 수 있다.

이러한 지방정부의 자본예산제도는 장기 종합개발계획과 장기 재정계획을 연결시킨 자본투자계획(capital improvement program: CIP)을 핵심적인 내용으로 한다. 장기 종합개발계획은 각 지방정부가 필요로 하는 공공시설과 사회간접자본시설의 건설과 관리 운용계획을 포함하고, 장기 재정계획은 투자자본의 형성과 관리에 관한 사업별 · 기간별 재정 운용계획을 포함하고 있다. 이러한 양자를 연계한 자본투자계획은 통상 5~6년을 계획기간으로 하고 이를 기초로 1년 단위의 자본예산으로 실행된다.

현실적으로 자본예산의 성패는 개발계획을 뒷받침할 수 있는 재정계획체계의 정비 여부에 달려 있다. 이때 재정은 주로 지방채에 의해 조달되기 때문에 효율적인 지방채 발행계획이 필수적이다. 우리나라는 1988년부터 지방채 발행계획제도가 운용되고 있으나 본격적으로 해외자본을 지역 개발사업에 활용하기 위해서는 이에 대한 보완이 이루어져야 한다. 해외자본 도입에 관한 적극적인 자세와 인식의 전환이 필요하고, 지방정부의 개발계획이 중기재정계획을 반영할 수 있도록 하고, 지방채 발행계획를 수립할 때 중앙행정기관과의 협의가 제때에 이루어질 수 있도록 해야 할 것이다.

2 투자심사제도의 내실화

지방정부는 한정된 재원으로 재정 수요를 충족시키기 위한 방안으로서 1988년 지방재정법의 개정을 통해 중장기 지방재정 계획제도와 함께 투자심사제도의 근거를 마련하고 1991년부터 각 시도별로 투자심사기구를 설치 운영하고 있다. 각 시도는 투자사업 심사 규정을 마련하여 중요 사업의 규모, 우선순위, 파급 효과 등을 종합적으로 검토하여 희소한 재원의 효율적인 배분에 노력하고 있다. 투자심사에는 비용편익분석, 비용효과분석, 평점에 의한 방법, 경제적 타당성 분석, 재무적 타당성 분석 등 다양한 기법들이 이용될 수 있으나 실제 운용에는 많은 문제점들을 내포하고 있다. 특히 고위 행정관리자들의 계량적 기법에 대한 이해와 활용 의지의 부족, 전문인력의 부족, 기법 활용을 활성화하기 위한 예산상의 한계 등에 의해 효과적인 투자심사가 이루어지지 못하고 있다.

따라서 지방정부가 외자를 효율적으로 활용하기 위해서는 투자심사제도가 내실 있게 운용되어야 한다. 이를 위해서는 투자심사의 필요성에 대한 인식 전환과 아울러 심사 대상의 엄선을 비롯한 다양한 개선책이 마련되어야 한다. 교육훈련을 통한 전문인력의 양성, 심사의 합리성 제고를 위한 새로운 심사기법의 개발, 투자심사의 객관성과 과학성을 확보하기 위한 외부 전문인력의 활용 등이 요구된다.

3 중앙정부의 신용보증제도

지방정부가 외자를 도입할 때는 신용도에 따라 변동 금리가 적용된다. 실제의 외자도입 금리는 기본 금리(libo rate)와 신용도에 따라 증감되는 활증 금리(spread rate)로 이루어진다. 그 결과 신용도가 높은 지방정부는 유리한 조건에 외자를 도입할 수 있다. 그러나 외자를 도입하고자 하는 지방정부는 기본적으로 재정력이 취약하기 때문에 신용도가 낮을 수밖에 없어 재정력이 열악한 정부일수록 높은 공채비용을 부담해야 하는 모순된 상황에 처하게 된다. 따라서 일정 기준 이하의 지방정부가 외자를 도입하는 경우 중앙정부가 신용을 보증해 주는 장치를 제도적으로 마련할 필요가 있다.

이와같이 지방채에 의해 투자 재원을 조달하고자 하는 지방자치단체들은 재정력이 취약할 뿐만 아니라 대외적인 신용평가에서도 결코 유리한 입장이 아니다. 따라서 중앙정부의 지급 보증을 비롯한 신용보증이 요구되고 있다. 특히 지방채 발행에 대한 중앙정부의 엄격한 심사와 승인이 제도화되어 있기 때문에 승인 과정에서 지급 보증까지 서 준다면 외채에 의한 재원 조달이 더 용이해질 것이다. 우리나라 1960~70년대 급격한 경제 발전 이면에는 영세한 기업들이 투자 재원을 마련하기 위해 융자와 차관을 도입하는 데 정부의 지급 보증이 있었다는 사실을 상기할 필요가 있다(조창현, 1993: 15).

우리나라에서 가장 현실적인 방법은 재정융자 특별회계의 차관계정에 의한 신용보증을 들 수 있다. 차관계정은 종래의 자금관리 특별회계의 청구권자금계정과 차관계정을 통합한 것으로 해외차관 도입에 관한 주무 계정이다. 지방정부가 해외자본을 도입하는 것도 결국 차관의 일종이기 때문에 도입에 관한 절차와 신용보증에 관한 실무적인 업무를 차관계정으로 통합하는 것이 바람직하다.

4 중앙정부의 채무인수제도 활성화

지방정부가 일정한 조건 하에서 지방채(외화채 포함)를 발행한 경우 중앙정부가 채무를 인수할 수 있는 제도적인 장치가 마련되어 있다. 지역의 숙원사업이나 공약사업으로 중앙정부의 예산 지원이 불가피함에도 불구하고 당해 연도 예산상의 제약이나 물가 안정을 비롯한 거시경제 여건에 의해 재원 배정이 이루어지지 않은 경우 당해 지방정부가 중앙정부와의 협의를 통해 지방채를 발행하여 투자재원을 조달할 때 중앙정부가 그 채무를 인수할 수 있다.

이러한 지방채 인수제도는 그동안 중앙정부의 재원 배분시에 상대적으로 소외된 지역에 대한 투자를 증대시킬 수 있는 묘책으로 간주된다. 따라서 지방정부가 당해 지역의 국책사업을 실시하기 위해 외화채를 발행하는 경우 중앙정부와 그 채무 인수에 관한 투자계약을 체결할 수 있다.[5)]

이 밖에도 지방채의 인수제도와 관련하여 일본의 지방단체금융금고(地方團體金融公庫)와 미국의 전국개발은행(全國開發銀行, National Development Bank)을 참고할 필요가 있다. 일본의 지방단체공고는 전액 중앙정부가 출연한 기관으로서 공공자금을 지방자치단체의 모든 투자사업에 안정된 저리자금으로 공급하고, 필요한 경우 지방채를 인수한다. 따라서 우리도 지방정부가 해외자본을 비롯한 지방채 사업을 효율적으로 추진하기 위해 이를 전담하는 기관을 설치할 필요가 있다. 여의치 않는 경우 현행 재정융자특별회계의 지방채 인수 기능을 더욱 강화해야 할 것이다.

---

5) '재정융자특별회계법 및 동시행령 12조,' 법 12조: 이 회계는 지방자치단체가 특정한 사업을 수행할 목적으로 발행하는 지방채 중 행정안전부 장관이 재정경제부 장관과 협의를 거쳐 그 발행을 승인한 경우 인수할 수 있다. 동시행령 12조: 이 회계가 인수할 수 있는 지방채의 발행 조건 및 그 인수절차 등은 지방채를 발행하여 시행하고자 하는 사업의 특성을 고려하여 각 지방자치단체별로 다르게 정할 수 있다.

5 전대차관제도의 확대 개편

그동안 공공차관에 대해 중앙정부(재정경제부)가 차주(借主)로서 외국 공공기관과의 쌍무계약에 의해 차관을 도입하여 관련 지방정부에 전대(轉貸)해 주었다. 이는 국제 교류의 경험과 전문적인 지식이 빈약한 지방정부에 대한 편의 제공의 형식으로 이루어졌다. 그러나 1995년 공공차관 공여대상국에서 졸업한 이후 실질적으로 공공차관 도입이 차단됨에 따라 전대차관제도(轉貸借款制度)가 무명무실한 제도로 전락할 운명이다. 따라서 전대차관제도의 목적을 승계하면서 지방정부의 외자 도입을 지원하기 위해 향후 상업차관 도입이나 외화채 발행에도 확대해야 할 것이다. 이러한 전대차관은 현재 차관의 상환과 회수에 관한 업무를 담당하고 있는 재정융자특별회계의 차관계정이 담당해야 할 것이다.

6 외국인 투자 유치를 위한 투자자유지역 활성화

최근 세계 경제가 세계화와 현지화를 지향하게 됨에 따라 외국인 투자에 대한 부정적인 인식이 해소되고 있다. 특히 외국인 투자가 재원 조달, 고용증대, 기술 이전 등의 효과를 갖게 됨에 따라 지방정부의 지역 개발사업을 위한 주요한 투자선이 될 수 있다. 그러나 우리나라는 노사문제, 기반시설의 취약, 행정적인 절차의 번거로움 등에 의해 많은 제약을 받고 있다. 따라서 외국인 투자를 유치하기 위한 전반적인 투자환경의 개선이 필요하지만 시간과 재원이 많이 소비되기 때문에 일차적으로 특정한 지역의 투자여건을 개선하여 외국인 투자를 유치한 후 점차 확대시킬 필요가 있다.

현재 지정된 투자자유지역을 중심으로 이곳부터 관련 규제의 완화, 행정서비스 질의 제고, 사회간접자본시설의 확충, 기업활동에 대한 종합 지원 등 매력 있는 투자 조건과 환경을 조성하고 이를 점차 다른 지역으로 확대시켜 나가야 한다(김준동, 1994: 45).

이러한 투자자유지역 설치 및 활성화를 위한 노력과 함께 지역 개발사업을 위한 외국 자본 도입에 관한 제도적인 장치인 외국인투자촉진법(1998)이 제정됨에 따라 제도적 기틀은 마련되었다. 이제는 운영적인 측면에서 외국 자본에 대한 세제상의 지원, 주거환경 정비, 노사문제, 행정 서비스 등이 보완되어야 할 것이다.

제 5 절 외자 도입에 따른 재정 운용 행태 정립

1 진취적이고 적극적인 기업가 정신

투자 재원의 부족을 한탄하면서 중앙정부의 지원이나 민간 부문의 투자를 갈망하기보다 지역 개발사업을 주체적으로 추진하고자 하는 적극성이 필요하다. 양질의 해외자본을 도입함으로써 지역 개발을 가속화시키고 중앙정부와 민간 부문의 투자 유치를 촉진하고자 하는 무한경쟁 시대에 걸맞은 기업가정신이 요구된다. 이를 위해서는 국제적인 감각과 식견을 넓힘과 동시에 지역 개발에 대한 의지·사명감과 함께 장기적인 비전이 선행되어야 할 것이다.

아울러 외국 자본에 대한 인식의 전환이 필요하다. 민족주의나 국가자본론에 기초한 국수적인 자립갱생의 개발정책은 한계가 있다. 미국을 비롯한 세계 각국은 해외기업과 자본을 유치하기 위해 부지를 무상으로 제공하고 보조금을 공여하며 장기적인 대부까지 아끼지 않고 있다. 자국민이나 지역주민의 일자리와 소득을 창출할 수 있는 경우 어떠한 지원도 서슴지 않는다.[6] 따라서 외국 자본을 유치하기 위해서는 새로운 전략이 필요하다. 외국

6) 미국은 우리 기업의 개념을 새롭게 정립하면서 외국인 직접 투자를 적극 유치하고 있다. 우리 기업의 의미는 미국 국적보다는 실제로 미국인의 고용·소득·세수 증대에 대한 기

자본은 기본적으로 수익성과 안정성을 바탕으로 하기 때문에 필요한 경우 유인 체계를 과감히 활용할 필요가 있다. 이때 특혜 의혹이나 공정성 시비보다 지역 발전의 기여도의 관점에서 접근해야 할 것이다.

이를 위해 세제 혜택이나 행정 서비스를 개선하는 것도 중요하지만 외국자본이 직접투자를 기피하는 요인인 고금리, 고지가, 복잡한 행정규제, 불안한 노사관계, 외국인에 대한 배타적인 국민 정서 등에 대한 종합적인 대책을 수립해야 할 것이다.

2 수익자 부담 원칙을 위한 지역 주민의 자치의식

지역 개발을 위해 도입된 외국자본에 대한 공채비(公債費)는 수익자 부담 원칙에 따라 조달되어야 한다. 외국 자본은 기본적으로 장기적인 편익기간을 보유하고 시장 메커니즘이 적용될 수 있는 수익사업에 투자되기 때문에 그 상환 재원은 철저한 가격 체계에 의해 확보되어야 한다. 그동안 우리 사회간접자본시설의 자본금 회수는 주로 조세 형태로 이루어졌고, 공공요금은 소득재분배와 물가 안정에 중점을 두었다. 이러한 재정 운용은 자원 배분의 왜곡과 공공 부문의 재정구조를 악화시킨다. 따라서 시장 기능을 도입하여 교통요금과 사용료를 현실화하고 일률적인 요금 체계보다 서비스별 요금구조를 다양화하는 방안을 마련할 필요가 있다. 이를 위해서는 무엇보다 향유한 편익에 상응한 대가를 기꺼이 지불하는 지방자치 시대에 걸맞은 지역 주민들의 성숙된 주인 의식이 요구된다.

여 여부에 의해 결정되어야 한다는 것이다. 예를 들면 미국 국적을 갖고 있지만 외국에 투자하는 기업은 우리 기업이 될 수 없는 반면에 외국기업이라도 미국의 생산성 증대에 기여하는 경우 우리 기업으로 간주하고 지원을 아끼지 않는다. 이 밖에도 우리와 경쟁 관계에 있는 아시아 신흥 개발도상 국가의 경제 성장은 선진국의 직접 투자를 적극적으로 유치하여 자본·기술·경영기법 등을 활용한 데서 비롯되었다. 반면에 자립경제를 주창하던 사회주의 국가는 모두 몰락했다는 사실을 통해 외국 자본 유치의 중요성을 실감할 수 있다.

3 지역경영 시대에 부합되는 경영 마인드

지방채는 투자 수요를 충족시켜 주는 반면에 채무를 증대시키는 양날의 칼과 같다. 외자 도입은 기본적으로 지방정부의 채무 부담을 가중시키기 때문에 건전한 재정 운용을 침해할 우려가 있다. 외자에 의한 채무의 누적과 방만한 재정 운용으로 재정 경직성, 더 나아가 재정 파탄을 초래할 수도 있다.[7] 이러한 위험성은 정치적인 자치단체장의 선출로 고조될 우려가 있다. 따라서 외국 자본의 도입과 활용과 관련하여 재선을 목적으로 한 자치단체장의 방만한 재정 운용에 의한 지방재정의 악화를 방지하기 위해서는 지역 주민의 통제 메커니즘이 마련되어야 한다. 또한 외자 도입과 관련하여 대상사업의 엄선, 다양한 도입선 확보,[8] 합리적인 재원 배정 등을 통한 효율적인 재정 운용을 위한 정책분석과 의사결정에 관한 기법을 겸비한 경영 마인드가 요구된다.

7) 미국 워싱턴 DC는 한때 방만한 재정 운영으로 말미암아 35억 달러 규모의 1995년 예산 중에서 적자폭이 7억 2천억에 달해 채무변제 불능의 파산 상태에 직면해었다. 캘리포니아 주의 오렌지 카운티도 1994년 말 15억 달러의 투자 손실에 의해 재무국장이 사임하고 파산보호 신청을 했던 사실을 타산지석(他山之石)으로 삼아야 할 것이다.

8) 도입선을 결정할 때는 국제금리 추세의 정확한 예측이 선행되어야 한다. 사무라이 본드를 발행하여 지하철 건설 재원을 마련한 바 있는 대구시는 엔고로 상환에 부담이 가중된 바 있다. 또한 이러한 국제 금리의 상승은 우리와 같이 많은 외채를 보유하고 있는 나라는 많은 부담에 직면하게 된다.

제 14 장 광역지방정부 신설의 재정 여건

제1절 서 론

경기도는 인구·면적·재정력 등에서 다른 광역자치단체에 비해 그 규모가 월등히 크고 이에 따른 규모의 불경제(diseconomy of scale)가 나타남에 따라 경기 북부지역을 중심으로 분도의 필요성이 제기되고 있다. 이와는 반대로 시기 상조, 비용 과다, 지역불균형 심화 등을 이유로 한 반론도 거세다. 분도(分道)에 의해 새로운 광역자치단체가 생겨나는 경우 정치적·경제적·사회적 이해관계에서 많은 변화가 초래됨에 따라 당사자 간에 첨예한 의견 대립을 보이고 있다. 특히 경기도는 유권자 수와 수도권으로서의 위상에 의해 선거에 막대한 영향력을 미치고 있어 이해 당사자들 간 분도의 찬반론이 거세지고 있다. 이와같이 찬반론이 고조됨에 따라 행정구역 개편과 관련하여 우선적으로 고려되어야 할 가치들이 외면된 채 정치적 공방의 양상으로 변질되고 있다.

이 장에서는 지역 균형개발, 지역경제 발전, 주민 편의성 제고의 관점에서 분도의 필요성 여부를 분석하고(필요 조건), 재정력과 비용 추정 등 분도에 따른 제반 여건(충분 조건)을 검토함으로써 현재 다양하게 진행되고 있는 경기 북부지역의 분도에 대한 객관적인 기준을 제시하고자 한다. 이를 위해 먼저 경기 북부지역을 대상으로 분도의 필요 조건들을 분석한다. 생활권과 행정구역의 불일치에 따른 북부 주민들의 불편, 수도권 및 군사적 목적에 의한 북부지역의 중첩된 토지 이용 규제, 지역생산의 저조와 과다한 역외 유출 등을 검토한다.

이러한 문제점을 극복하고 경기 북부지역의 독자적이고 자족적인 발전을 유도하기 위해 성장거점 전략(growth center strategy)에 의한 경기 북부지역 분도의 필요성을 제시하고자 한다.

성장거점 전략에서 성장의 핵은 해당 지역의 발전을 위한 추진적이고 선도적인 산업시설 · 공공사업 · 정부기관 · 연구시설 등이 될 수 있다. 성장의 핵은 지역 발전에 필요한 자원과 인력을 흡입하는 구심력과 개발의 효과를 확산시키는 원심력을 갖게 된다(Myrdal, 1957).

이와같이 성장거점 전략으로서 경기 북부지역 분도의 필요 조건을 검토

[그림 14-1] 연구 흐름도

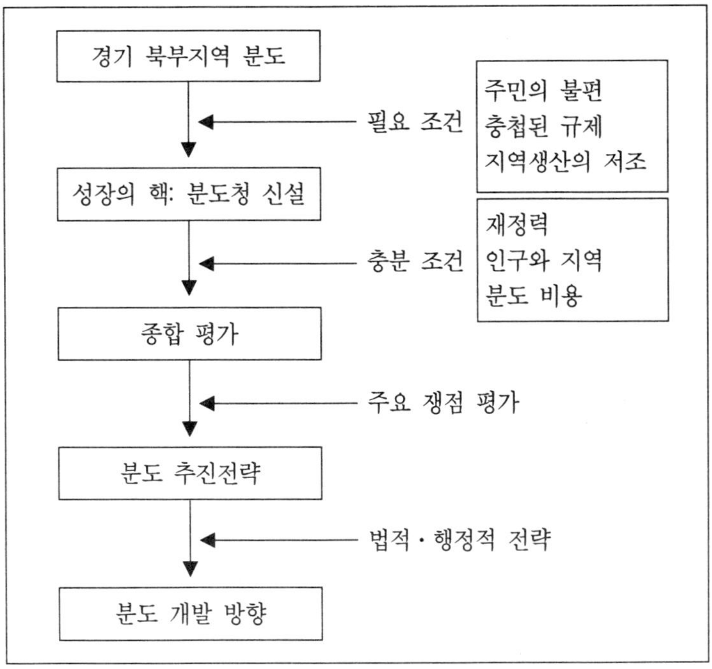

한 후 이에 대한 충분 조건을 분석한다. 무엇보다도 분도가 광역자치단체로서 자주성과 자생력을 갖출 수 있는가의 여부를 평가해야 한다. 이를 위해 재정 규모와 재정자립도, 인구 수와 면적, 분도에 따른 행정비용 등의 기반 여건을 검토한다. 이와같이 경기 북부지역 분도의 필요 조건과 충분 조건을 객관적인 자료와 통계를 바탕으로 평가한 후 향후 분도의 개발전략을 종합적으로 검토하고자 한다.

제2절 분도의 목표와 원칙

경기 북부지역을 중심으로 한 분도는 행정구역의 개편이기 때문에 사전에 목표와 원칙에 대한 논의가 전제되어야 한다. 적정한 행정구역에 대한 논의는 학자에 따라, 시간과 공간적 요인에 따라 다양하게 전개되고 있다. 밀스퍼(A. C. Millspaugh)는 주민의 공동생활권, 효율적인 지방행정, 자주재원 조달 가능성을, 페슬러(J. W. Fesler)는 지정학적인 여건, 행정 능률, 지역경제, 주민통제를, 영국 지방행정위원회는 지방행정의 효과성과 지역주민의 편의성을 행정구역 개편의 원칙으로 각각 제시하고 있다(조창현, 2002: 229-232).

이와같이 다양한 구역 개편의 원칙들 중 21세기라는 시대적 상황과 수도권이라는 지정학적인 여건을 반영한 경기 북부지역의 분도와 관련된 원칙들을 논의할 필요가 있다.

1 주민 편의성과 지역공동체

행정구역 개편은 지역 주민들이 행정기관을 비롯한 공공 서비스를 이용하는 데 적절한 규모로 이루어져야 한다. 이와 관련하여 최근에는 정보와 개방화 등의 시대적 조류에 의해 광역화가 일반적인 추세이다. 광역화는 기본적으로 규모의 경제(economy of scale)와 집적의 이익(economy of agglomeration)을 공간적으로 확대한 개념이지만 규모가 지나치게 확대되는 경우 규모의 불경제와 집적으로 불이익이 나타날 수가 있다. 따라서 주민의 편의 관점에서 행정구역의 적절성이 평가되어야 한다.

이러한 주민 편의성의 원칙은 기본적으로 주권재민의 행정 원칙에 입각한 것으로서 지역 주민의 생활권에 기초한 구역 개편을 의미한다. 지역 주민의 생활권은 현재의 경제사회적인 활동 영역으로 형성되지만 구성원의 관계는 역사성을 띠기 때문에 전통적인 공동체 요소를 내포하고 있다. 따라서 행정구역은 자연발생적인 측면과 함께 일상적인 공동체 영역을 반영해야 한다. 행정구역은 현실적인 생활권이라는 실체를 반영한 공간적 범위이다. 따라서 인위적인 행정구역 개편에 의해 현실적이고 협력적인 정주공간 체제가 훼손되어서는 안 된다. 진정한 의미의 행정구역 개편은 지역 주민의 생활권과 괴리된 행정구역을 조정하여 양자를 일치시키는 데 목적이 있다.

따라서 분도를 통한 행정구역 개편의 필요성을 제기하고 구체적인 개편구역을 획정할 때에는 무엇보다 먼저 주민의 편의성과 지역사회의 공동체적인 요소를 고려해야 한다.

2 행정의 효율성

행정구역은 행정기관이 해당 구역을 관할할 때 행정의 효율성을 확보할 수 있는 적정 규모여야 한다. 행정구역의 지나친 광역(廣域)과 협역(狹域)에 따른 미비와 낭비가 존재하지 않아야 한다. 행정의 효율성에 입각한 적정 규모는 지역 주민의 행정 수요, 지방정부의 역할, 사회경제적인 여건 등을 반영해야 한다.

또한 현대의 지방행정은 지방자치를 표방하고 있기 때문에 지역 주민들의 참여와 통제가 일상적이고 용이하게 이루어질 수 있도록 행정구역이 획정되어야 한다. 예전에는 주민의 참여와 통제를 주요 내용으로 하는 민주성을 행정의 효율성과 상충 관계가 형성되는 것으로 간주했다. 그러나 지방자치가 정착된 현대에는 주민의 관심 정도가 지방행정의 성공 여부를 평가하는 척도가 되기 때문에 상호 보완 관계가 형성되는 것으로 평가한다. 따라서 행정구역의 개편은 지방 선거구와 지방의원 수의 적정성을 고려해야 한다.

특히 세계화와 개방화의 시대적 흐름 속에서 지방행정의 효율성은 독자적인 지방정부에 의해서보다는 인접 지방정부들 간의 경쟁과 협력에 의해 제고되고 있다. 티부(C. Tiebout)에 의하면 비슷한 규모의 지방정부들이 병렬적으로 존재할 때 지역 주민들은 자신의 선호를 만족시키지 않는 지역을 떠나 적은 조세 부담으로 높은 수준의 공공재를 공급하는 지역으로 이동하게 된다(vote by feet). 그 결과 지방정부들은 적은 비용으로 양질의 공공재를 공급하기 위해 노력하게 된다(Tiebout, 1956). 이와 같은 지방정부들 간의 경쟁을 통해 지역 주민들의 욕구에 대한 만족도를 높이고 행정의 효율화를 기하기 위해서는 규모면에서 비슷한 지방정부가 다수 존재해야 한다. 이를 위해 지방정부의 규모를 전국적으로 통일시키기 위한 구역개편이 필요하다.

3 지역경제 발전

지역경제의 발전은 행정구역 개편의 기준이면서 목표이기도 한다. 지역경제 발전도는 행정구역을 개편하는 데 기준이 되고, 구체적인 행정구역 개편은 지역경제에 기여할 수 있는 방향에서 이루어져야 한다는 것이다. 행정구역 개편의 기준이 되는 경제지표에는 지자체의 자주재원 확보 가능성과 적정 규모의 자생적인 경제력이 속한다. 경기 북부지역의 분도와 관련한 지역 경제력은 북부지역 지자체들의 재정력과 지역경제 규모에 의해 평가되어야 한다.

더 나아가 행정구역의 개편은 기존 지역 경제력의 증대에 기여할 수 있는 방향으로 이루어져야 하고 그 가능성이 존재하는 경우에 구역 개편의 필요성이 정당화된다. 실제로 경기북부 지역을 중심으로 한 행정구역 개편은 해당 지역의 경제 발전에 긍정적으로 기여할 수 있는 것으로 기대된다. 경기 북부지역이 독자적인 광역행정 체제를 갖추는 경우 도청 소재지가 성장거점으로 작용함으로써 투자와 고용 기회가 확대되면서 지역경제의 성장이 촉진될 것이다.

또한 현재 경기 북부지역의 지역생산 상당 부분이 서울을 비롯한 역외로 유출되는 것도 방지할 수 있을 것이다. 경기 북부지역은 상대적으로 교육·의료·문화 등 생활 기반이 미흡한 관계로 직주분리(職住分離)에 의한 지역 생산의 역외 유출을 경험하고 있다. 이는 지역생산을 해당 지역에 귀착시킬 수 있는 생활 거점이 존재하지 않기 때문이다. 행정구역 개편에 의해 도청 소재지가 지정되는 경우 이곳을 중심으로 생활 기반이 조정되고 인구의 유입과 소득의 귀착을 도모할 수 있게 된다.

4 지역 균형개발

지역 성장과 함께 지역 개발의 한 측면을 담당하고 있는 지역 균형개발은 행정구역 개편의 모티브로 작용한다. 지역균형 개발을 위해 특정 지역의 분할 또는 통합이라는 행정구역 개편을 단행하기도 한다. 통상적으로 자생적 성장 능력이 없는 지역은 주변 지역과 통합을 추진하는 반면에 성장 여건을 구비한 지역은 분할을 통해 자족적인 발전을 도모하도록 한다.

현재 경기 북부지역은 인구·면적·경제력 면에서 여타의 시도 지자체들과 대등한 규모를 보유하고 있다. 다만 서울과 인접한 수도권이라는 지정학적 입지 여건 때문에 수도권정비계획법의 적용을 받고 있다. 경기 북부 10개 시군은 수도권이라고 하지만 지역 개발의 정도와 여건이 지방과 같은 수준에 머무르고 있다. 그럼에도 불구하고 동일한 수도권으로 지정되어 서울과 경기 남부지역의 과밀에 따른 반작용을 떠안는 지역으로서 보존을 위한 성장관리권역으로 지정되어 있다. 경기 북부지역은 수도권의 허파 역할을 하고 있다고 자위하지만 '소외된 수도권'으로 냉소적인 평가를 받고 있는 측면이 있다. 현재와 같이 북부지역이 남부지역과 동일한 행정 체제 내에 존재하는 한 북부지역은 현행 각종 토지이용 규제에 얽매일 수밖에 없다.

이러한 경기 북부지역이 경기 남부지역과 별개의 행정 체제를 갖추는 경우 북부지역 자체의 계획에 의해 개발과 보존이라는 새로운 지역적 역할 분담이 이루어지고 낙후된 지역경제를 활성화시킬 수 있을 것이다.

경기 북부지역이 독자적인 행정 체제를 갖추고 지역 발전이 가속화되면 인구와 산업의 수용 용량이 확대되어 서울과 경기 남부의 수도권 과밀을 흡수할 수 있게 된다. 수도권 전체의 과소와 과밀이 해소되어 전체적으로 지역 균형발전을 도모할 수 있게 된다.

제 3 절 분도의 필요성: 경기 북부지역의 현황

1 지역경제의 낙후성

경기도는 면적, 인구 수, 재정 규모 등에서 서울을 앞서 전국에서 가장 큰 규모를 자랑하는 광역자치단체이지만 남부지역과 북부지역의 격차가 심하여 동일한 자치단체로서의 정체성이 의심받고 있는 지역이다. 경기 북부의 면적은 경기 남부의 73%에 해당하지만 인구는 남부의 34%에 불과하다. 해방 전 경기 북부의 인구가 남부와 비슷하다는 점을 감안할 때 경기 북부가 남부에 비해 전반적인 생활 여건이 악화되었다는 쉽게 알 수 있다.

1) 취약한 재정력

2007년 예산 기준 경기도의 총 재정 규모는 17조 4천억 원에 달하고(본청 예산 제외) 이 중 남부지역이 13조 2억천억 원으로 전체의 76.2%, 북부지역은 4조 2천억 원으로 23.8%를 각각 점하고 있다. 남부는 시·군별 평균 6천296억 원인데 반해 북부는 4천168억 원에 불과하다. 이러한 남부와 북부 간의 재정력의 차이는 재정자립도에서도 분명하게 나타나고 있다. 재정자립도의 경우 남부는 50.4%인데 반해 북부는 36.6%에 불과하다.

2) 저조한 지역경제 수준[1)]

(1) 지역생산: 지역내 총생산

2005년 기준 경기도의 지역내 총생산은 163조9,826억 원으로 서울시 다음으로 큰 비중을 차지한다. 이 중에서 남부가 82.2%, 북부가 17.8%를 각각 나타내고 있어 절대 규모를 기준할 때 경기도 내의 지역내 총생산은 남부가 대부분을 차지하고 있음을 보여 준다. 시 · 군별로 살펴보면 화성시(13조 8천억, 8.4%) · 안산시(13조 7천억 원) · 수원시(13조) · 용인시(12조 6천억) · 평택시(12조 5천억) 등이 비교적 높은 비율을 차지하고 있는 반면에 연천군(7,435억, 0.45%) · 가평군(8,968억) · 양평군(1조 293억) · 동두천시(1조 1,548억) 등이 낮은 점유율을 보이고 있다.

이와같이 대부분의 남부지역은 높은 수준의 지역내 총생산 규모를 보이는 반면에 북부지역은 그 규모가 열악하다. 실제로 남부지역은 시군당 6조 4,180억 원인데 반해 북부지역은 시군당 2조 9,203억 원에 불과하다.

인구 수를 기준으로 한 경우에도 남부는 1인당 1,700만 원인데 반해 북부는 1,100만 원에 불과하다. 시 · 군별 인구점유율을 기준으로 한 입지상[2)]에 의한 경우에도 남부는 1.10이고 북부는 0.70이다. 이는 남부는 인구점유

---

1) 지역경제는 지역생산과 지역귀착으로 이루어져 있으나 기존 연구들은 지역생산에 국한하여 지역경제를 분석했다. 그러나 지역 주민의 복지 수준을 향상시킬 수 있는 진정한 지역경제 발전을 도모하기 위해서는 지역경제를 지역생산뿐만 아니라 지역귀착 측면에서 분석해야 한다. 더 나아가 지역 주민의 복지 수준과 직결된 실질적인 지역경제 수준은 귀착 측면에서 접근해야 한다. 왜냐하면 지역생산의 경우는 균형을 이루고 있으나 지역 귀착의 불균형이 발생한다면 지역생산이 해당 지역의 복지에 기여하지 못하기 때문이다. 이 연구에서는 지역생산은 지역내 총생산(GRDP), 지역귀착은 지방세수와 예금액을 기준으로 살펴보고자 한다.

2) 입지상은 인구점유율을 기준으로 한 특정 지표의 점유율을 나타낸다. 지역내 총생산의 입지상=(지역GRDP/전국GRDP)/(지역인구 수/전국 인구 수). 입지상이 1(unit)이면 인구점유율과 지역내 총생산 점유율이 같다. 1 이상이면 인구점유율보다 높은 지역내 총생산 점유율을 나타내는 반면에 1 이하이면 인구점유율보다 낮은 점유율을 보여 준다.

〈표 14-1〉 경기도 남부와 북부의 재정력(2007년)

(단위: 백만 원, %)

구 분	재정 규모	일반회계	특별회계	자립도
합 계	17,390,855	11,671,086	5,719,769	45.9
남 부	13,222,557	8,590,323	4,632,234	50.4
수원시	1,164,072	800,054	364,018	62.5
성남시	2,464,411	1,017,477	1,446,934	71.7
부천시	803,279	560,141	243,138	56.5
안양시	647,874	504,526	143,348	60.8
안산시	689,543	506,639	182,904	55.3
용인시	1,431,231	965,005	466,226	63.8
평택시	1,024,417	564,002	460,415	46.5
광명시	329,459	271,135	58,324	45.7
시흥시	487,915	374,343	113,572	57.2
군포시	303,119	221,927	81,192	51.8
화성시	743,702	539,875	203,827	63.0
이천시	368,915	315,596	53,319	38.2
김포시	396,599	262,753	133,846	44.5
광주시	456,079	259,069	197,010	58.9
안성시	391,574	283,617	107,957	34.9
하남시	228,855	176,118	52,737	41.0
의왕시	193,395	138,801	54,594	44.3
오산시	307,141	231,168	75,973	53.5
여주군	292,377	231,990	60,387	40.2
양평군	276,753	204,812	71,941	18.7
과천시	221,847	161,275	60,572	48.4
북 부	4,168,298	3,080,763	1,087,535	36.6
고양시	1,085,195	738,948	346,247	61.6
의정부시	529,275	325,309	203,966	43.4
남양주시	477,399	365,077	112,322	41.1
파주시	541,251	414,699	126,552	42.4
구리시	241,269	172,009	69,260	37.1
포천시	322,277	262,538	59,739	32.6
양주시	327,517	259,815	67,702	31.3
동두천시	179,046	151,864	27,182	24.2
가평군	220,605	176,582	44,023	23.9
연천군	244,464	213,922	30,542	28.6

자료: 행정안전부(2007). 「지방자치단체 예산 개요」.

율에 비해 더 많은 지역내 총생산의 점유율을 보이는 반면에 북부는 인구 점유율에 미치지 못한다는 점을 나타내고 있다. 실제로 남부에 속하는 화성시(2.93)·평택시(2.12)·이천시(1.80) 등 남부지역들이 인구점유율을 상회하는 지역총생산의 점유율을 보인다. 북부지역의 경우 포천시(1.14)를 제외하고는 뚜렷한 수치를 보이지 못하고 있다. 특히 남양주시(0.53)·의정부시(0.57)·고양시(0.58) 등은 도내에서 최하위 수준에 머무르고 있다..

(2) 지역귀착: 지역 소득

지역내 총생산(GRDP)은 지방자치단체별 부가가치 생산액의 합계로서 우리나라 산업입지 선정과 지역 균형개발의 기준지표로 활용되고 있다. 1980년대 이후 지역간 격차를 시정하기 위해 균형개발정책으로 전환함에 따라 지역내 총생산을 기준으로는 어느 정도 지역 균형을 달성했다고 평가할 수 있다. 그러나 이는 생산 측면에만 중점을 둔 것에 불과하다. 실제로 지역생산이 해당 지역에 귀착되어 지역 주민의 소득과 생활 수준의 향상에 기여했는지에 대해서는 관심을 갖지 않았었다. 특히 우리나라와 같이 교육을 비롯한 생활 기반시설이 대도시에 집중된 곳에서는 직주분리 현상이 광범위하게 나타나기 때문에 지역생산과 지역귀착이 괴리될 개연성이 높다. 실제로 선행 연구(김정완, 2003)에 의하면 우리나라에서 지역생산은 시·도간 균형을 이루고 있으나 역외 유출입이 심하다는 점을 보여 주고 있다.

현재 지역 소득에 관한 지표를 공시적으로 공표되지 않고 있기 때문에 지역귀착을 나타내는 경제 지표들(지역예금액·가계소비액·지방세) 중에서 대표지표(지역예금액)를 선정하여 지역 소득을 추계하는 방법을 사용한다(김정완, 2004).

경기도의 지역소득액은 106조 8천억 원으로 1인당 1천만 원이다. 남부지역은 1인당 1천1백만 원인데 반해 북부지역은 7백만 원에 불과하다. 북부지역 중에서 고양시만이 경기도 평균에 접근할 뿐이고 여타 지역은 저조한 수준을 면치 못하고 있다. 특히 양주시와 가평군은 3백만 원, 연천군과 남양주시는 4백만 원, 포천시는 5백만 원에 그치고 있다. 이에 반해 남부지역에 속하는 수원시 1천4백만 원, 안양시 1천3백만 원, 안산시는 1천1백만 원에 이른다.

〈표 14-2〉 경기도 남부와 북부의 지역내 총생산(2005년)

(단위: 백만 원, 명)

구 분	지역내 총생산	인구 수	1인당 지역내 총생산	입지상
경기도	163,982,651	10,853,157	15	1.00
남 부	134,778,222	8,104,559	17	1.10
수원시	13,003,546	1,054,619	12	0.82
성남시	10,397,010	992,758	10	0.69
부천시	9,447,200	863,397	11	0.72
안양시	7,979,903	629,426	13	0.84
안산시	13,734,010	697,239	20	1.30
용인시	12,631,694	702,007	18	1.19
평택시	12,518,712	391,468	32	2.12
광명시	3,642,789	329,716	11	0.73
시흥시	7,185,047	397,983	18	1.19
군포시	3,438,775	280,492	12	0.81
화성시	13,761,923	310,562	44	2.93
이천시	5,271,931	194,130	27	1.80
김포시	4,418,006	214,901	21	1.36
광주시	3,306,105	220,705	15	0.99
안성시	4,064,552	160,061	25	1.68
하남시	1,545,741	134,159	12	0.76
의왕시	1,985,831	146,937	14	0.89
오산시	2,141,484	131,377	16	1.08
여주군	1,727,989	105,279	16	1.09
양평군	1,029,297	86,137	12	0.79
과천시	1,546,677	61,206	25	1.67
북 부	29,204,429	2,748,598	11	0.70
고양시	7,966,338	910,602	9	0.58
의정부시	3,486,733	404,937	9	0.57
남양주시	3,605,787	454,498	8	0.53
파주시	4,185,748	267,607	16	1.04
구리시	1,829,331	193,532	9	0.63
포천시	2,796,015	162,455	17	1.14
양주시	2,539,293	167,248	15	1.00
동두천시	1,154,812	84,601	14	0.90
가평군	896,836	55,370	16	1.07
연천군	743,535	47,748	16	1.03

(3) 지역생산의 역외 유출입

현실적으로 지역내 총생산은 단지 생산 측면만을 나타내고 귀착 측면을 고려하지 않기 때문에 지역생산과 지역귀착의 불일치가 발생할 수 있다. 예컨대 산업지대에서는 지역내 총생산은 높지만 사업주와 근로자들이 도시지역에 주소와 생활근거지를 두는 경우 지역생산의 과실이 도시지역으로 유출되어 생산과 귀착의 괴리를 발생시킬 수 있다. 특히 우리나라는 교육·문화·의료시설 등이 대도시에 편중되어 대도시 인구 집중과 직주분리 현상이 심하기 때문에 그 가능성이 높다. 만약 지역생산과 지역귀착의 불일치가 발생한 경우 지역생산의 유출지역(산업지역)은 지역 소득, 지역 소비, 지방세수 등 성장에 따른 과실을 향유하지 못하면서 생산활동에 따른 외부불경제(external diseconomy)만을 떠맡게 된다. 반면에 유입지역(도시지역)은 비용을 지불하지 않으면서 혜택만을 보게 된다.

선행 연구(김정완, 2004)에 의하면, 우리나라는 지역생산의 역외 유출입 현상이 심하다. 실제로 전국적으로는 지방에서 수도권으로, 지방에서는 인접 도에서 광역시로, 수도권에서는 인접 시도에서 서울시로 방범위하게 유출되고 있다. 경기도는 전국에서 가장 큰 규모인 연간 57조의 역외 유출을 경험하고 있다. 비율로 살펴보면 지역생산의 34.88%가 역외 유출되고, 이 중에서 남부는 34.76%인데 반해 북부는 35.42%에 이른다. 북부지역는 남부지역에 비해 지역생산 규모 자체가 취약함에도 불구하고 역외 유출이 심한 이중적인 취약구조를 내포하고 있다. 북부지역 10개 시군 중에서 고양시만이 역외 유입을 있고 여타 지역은 역외 유출을 겪고 있다. 특히 가평군 83.38%, 양주시 83.06%, 연천군 73.62%, 포천시 72.38% 등은 높은 역외 유출률을 보이고 있다.

3) 열악한 지역발전도

지역 발전을 위한 대표적인 인프라인 고속도로 부문에서는 경기 북부의 고속도로 총연장이 9.6㎞에 불과해 경기 남부에 비해 취약할 뿐만 아니라 전국에서 가장 뒤떨어져 있다. 경기 남부 고속도로 총연장 369.4㎞와 비교하면 0.03%에 불과한 수준이다. 기업구조면에서도 경기 북부는 300인 이상

〈표 14-3〉 경기도 남부와 북부의 지역 소득(2005년) (단위: 백만 원, %)

구 분	지역내 총생산 (A)	지역 소득(B)			순유출입액 (B-A)	순유출입률 (B-A)/A×100
		규모	1인당	입지상		
경기도	163,982,651	106,784,662	10	1.00	-57,197,989	-34.88
남 부	134,778,222	87,924,222	11	1.10	-46,854,000	-34.76
수원시	13,003,546	14,306,857	14	1.38	1,303,311	10.02
성남시	10,397,010	18,181,033	8	1.86	7,784,023	74.87
부천시	9,447,200	8,073,304	9	0.95	-1,373,895	-14.54
안양시	7,979,903	8,481,394	13	1.37	501,491	6.28
안산시	13,734,010	7,467,494	11	1.09	-6,266,516	-45.63
용인시	12,631,694	6,472,516	9	0.94	-6,159,178	-48.76
평택시	12,518,712	3,433,191	9	0.89	-9,085,521	-72.58
광명시	3,642,789	2,809,170	9	0.87	-833,620	-22.88
시흥시	7,185,047	3,135,720	8	0.80	-4,049,326	-56.36
군포시	3,438,775	2,427,810	9	0.88	-1,010,965	-29.40
화성시	13,761,923	1,153,584	4	0.38	-12,608,340	-91.62
이천시	5,271,931	1,562,944	8	0.82	-3,708,987	-70.35
김포시	4,418,006	1,418,218	7	0.67	-2,999,787	-67.90
광주시	3,306,105	1,062,487	5	0.49	-2,243,618	-67.86
안성시	4,064,552	673,714	4	0.43	-3,390,838	-83.42
하남시	1,545,741	994,361	7	0.75	-551,380	-35.67
의왕시	1,985,831	1,225,422	8	0.85	-760,409	-38.29
오산시	2,141,484	1,191,548	9	0.92	-949,936	-44.36
여주군	1,727,989	869,924	8	0.84	-858,065	-49.66
양평군	1,029,297	254,533	3	0.30	-774,764	-75.27
과천시	1,546,677	2,728,998	5	4.53	1,182,321	76.44
북 부	29,204,429	18,860,440	7	0.70	-10,343,989	-35.42
고양시	7,966,338	8,846,089	10	0.99	879,751	11.04
의정부시	3,486,733	3,186,693	8	0.80	-300,040	-8.61
남양주시	3,605,787	1,653,771	4	0.37	-1,952,016	-54.14
파주시	4,185,748	1,329,831	5	0.51	-2,855,917	-68.23
구리시	1,829,331	1,829,427	9	0.96	96	0.01
포천시	2,796,015	772,240	5	0.48	-2,023,775	-72.38
양주시	2,539,293	430,137	3	0.26	-2,109,156	-83.06
동두천시	1,154,812	467,083	6	0.56	-687,729	-59.55
가평군	896,836	149,058	3	0.27	-747,778	-83.38
연천군	743,535	196,110	4	0.42	-547,425	-73.62

주: 지역소득액= 예금액×1.2993.

대기업이 52개로 남부 376개의 13.8% 수준이며, 50인 이상 중규모 기업도 경기 남부의 62%에 머물러 있다. 지방자치단체의 재정자립도를 보더라도 경기 북부는 경기 남부의 88% 수준에 불과하다. 경기 북부는 경기 남부에 비해 지역 발전을 나타내는 거의 모든 지표에서 현저히 저발전되어 있다고 할 수 있다.

또한 경기 북부지역은 수도권의 일부이기 때문에 수도권 이외의 다른 지역과 비교하여 그 발전도를 살펴볼 필요가 있다. 지역발전도를 측정하는 경제력, 생활환경, 교육, 안전, 교통, 주거 편의 등 각종 지표들을 합산한 지역 종합 발전도를 경기 북부와 남부를 분리하여 다른 16개 광역자치단체와 비교한 것이다. 시도 단위별 종합 발전도는 대전을 비롯한 울산, 경기 남부, 서울, 광주 등이 비교적 높은 수준을 보이고 있고, 강원, 충북, 인천, 경기 북부, 경북 등이 낮은 수준에 머물러 있다.

지역발전도 변화 추이를 보면, 광역시 승격 이후 급격하게 변모하고 있는 울산을 비롯한 전북·전남 등이 비교적 큰 폭으로 지역발전도가 개선되고 있다. 반면 경북·강원·제주 등의 지역발전도는 상대적으로 큰 폭으로 악화되고 있다. 경기 남부와 경기 북부의 경우에는 이들과 달리 비교적 큰 변화를 보이지 않고 있다. 이러한 결과는 경기도를 남부와 북부로 구별하

〈표 14-4〉 경기 남·북부지역 일반 현황 비교

구 분	경기 남부(A)	경기 북부(B)	B/A
면적(㎢)	5,895.29	4,295.58	0.73
인구(명)	7,169,061	2,442,975	0.34
인구증가율(1998~2000)	3.08	4.09	1.33
1인당 지역내 총생산(천 원)	12,755	6,331	0.50
고속도로(㎞)	369.4	9.6	0.03
50인 이상 사업체 비율	1.19	0.74	0.62
지방자치단체 재정자립도	67.8	59.4	0.88
고교생 대학 진학률(%)	70.2	60.3	0.86
4년제 대학 학교 수	29	3	0.10

자료: 박희봉(2004).

〈표 14-5〉 종합 지역발전 지수 및 순위

구 분	1995		2000		순위 변동	구 분	1995		2000		순위 변동
	발전도	순위	발전도	순위			발전도	순위	발전도	순위	
서 울	0.111	6	0.383	4	2	강 원	0.076	7	-0.179	13	-6
부 산	0.165	4	0.248	7	-3	충 북	-0.097	11	-0.209	14	-3
대 구	-0.298	13	-0.021	10	3	충 남	-0.341	15	-0.123	12	3
인 천	-0.517	16	-0.485	15	1	경 북	0.074	8	-0.982	17	-9
광 주	0.344	3	0.373	5	-2	경 남	0.021	9	-0.113	11	-2
대 전	1.059	1	0.592	1	0	전 북	-0.134	12	0.063	8	4
울 산	-0.307	14	0.497	2	12	전 남	0.015	10	0.271	6	4
경기 남부	0.455	2	0.386	3	-1	제 주	0.124	5	0.039	9	-4
경기 북부	-0.751	17	-0.741	16	1	평 균	0.000	-	0.000	-	-

자료: 박희봉(2004).

지 않고 분석된 기존 연구에서는 발견될 수 없었던 경기 남부의 위상과 경기 북부의 위상을 뚜렷하게 구분하고 있다. 즉 경기 남부의 지역발전도는 전국에서 2~3위를 차지할 정도로 높은 수준이나 경기 북부는 최근까지도 여전히 전국 최하위 수준인 16~17위에 맴돌고 있다. 실제로 경기 북부를 경기 남부와 별개로 나누어 전국 시·도간 비교 분석 결과, 경기 북부의 발전 수준은 예상과는 달리 비수도권의 다른 지역보다도 오히려 낮은 것으로 나타났다.

2 낙후성의 요인

1) 국가의 편중된 개발정책

우리나라는 1960년대 이후 국토 개발전략으로 불균형 성장 전략을 채택했었다. 전략적으로 한정된 투자 재원을 중요한 부문과 지역에 집중 투자함으로써 그 효과를 극대화시키는 전략이었다. 이에 따라 초기에는 노동집약적 경공업에, 1970년대에는 중화학 공업에 집중 투자가 이루어졌고, 지역적으로는 경부선 축 주변 지역에 모든 자원이 집중되었다.

따라서 중앙정부의 정책적 배려에 의해 투자가 집중된 지역과 그 주변지역은 파급 효과에 의해 빠른 속도로 성장한 반면에 그 외 지역은 성장이 정체되어 지역 격차가 심화되었다.

경기도의 경우 국가의 투자는 주로 서울을 중심으로 서부(인천권)와 남동지역에 집중되었다. 따라서 서부지역의 인천과 부천이 급속히 성장하여 남동지역인 안양・수원・성남・오산・평택지역으로 발전이 파급되어 나갔다. 이는 경제 개발 과정에서 서울과 인천, 서울과 부산의 양 축선을 중심으로 자원이 집중 분배되어 발생한 불균형 성장전략의 필연적인 결과라고 할 수 있다.

2) 과도한 규제

불균형 성장전략으로 말미암아 수도권이 과도하게 팽창함에 따라 환경보존과 수도권 과밀 억제를 위한 정책이 입안되었다. 그 대상에 성장지역인 경기 서부 및 남동부뿐만 아니라 성장에서 소외되었던 경기 북부지역까지를 포함시켰다. 정부는 1982년 제2차 국토종합개발계획을 통해 수도권 억제와 국토 균형 개발을 주요한 목표로 추진하기 시작했으며 그 핵심적인 내용은 수도권에 대한 규제였다. 정부는 '수도권의 인구 수용 능력의 확충과 인구 분산', '수도권 인구 및 산업 분산', '수도권 시설 분산', '수도권입지규제' 등 다양한 수도권 정책을 입안하여 규제의 그 강도를 점점 높여갔다.

경기도 전체를 대상으로 한 각종 규제는 수도권 정비계획, 개발제한구역, 상수원보호구역 등이다. 경기 북부지역은 그동안 개발에서 소외되었음에도 불구하고 다른 수도권 지역과 동일한 규제를 받고 있다. 더 나아가 경기북부 지역은 군사시설보호구역으로 규제를 추가적으로 받게 됨에 따라 자주적이고 자생적인 지역 개발이 불가능한 상태이다.

첫째, 경기도의 군사시설보호구역의 면적은 2000년 현재 25개 시・군에 걸쳐 2,437.77㎢(통제보호구역 415.49㎢, 제한보호구역 2,022.28㎢)로 경기도 전체 면적의 23.92%에 이른다. 이 중에서 경기도 내 보호구역 면적의 86.6%에 이르는 2,112.21㎢가 경기 북부지역에 집중적으로 설정되어 있다.

〈표 14-6〉 경기도의 토지개발 규제 현황

구 분		경기도		남부		북부	
		면적(㎢)	비율(%)	면적(㎢)	비율(%)	면적(㎢)	비율(%)
행정구역		10,189.24	-	5,893.14	57.84	4,296.09	42.16
군사시설보호구역		2,437.77	23.92	325.56	13.35	2,112.21	86.65
수도권 권역규제	과밀억제권역	1,192.60	11.70	750.27	62.91	442.33	37.09
	성장관리권역	5,206.30	51.10	2,101.56	40.37	3,104.74	59.63
	자연보전권역	3,791.38	37.21	2,763.83	72.90	1,027.55	27.10
개발제한구역		1,302.83	12.79	760.24	58.35	542.29	41.62
상수원보호구역		265.08	2.60	58.18	21.95	206.90	78.05
팔당상수원특별대책지역		2,101.89	20.63	1,737.79	82.68	364.10	17.32

참고 1) 행정구역 면적과 개발제한구역은 1999년 기준임(경기통계연감).
2) 군사시설보호구역은 2000. 12. 30 기준임(시·군 내부자료).
3) 그 외는 이상대(2001: 51)의 자료를 이용 재구성함.

특히 경기 북부지역은 전체 면적의 약 50%가 군사시설보호구역으로 각종 개발이 제한되고 있다. 군사시설보호구역으로 지정된 지역은 개발이 억제될 뿐 아니라 도로 등 지역 전체 발전에 영향을 미치는 사회간접시설의 설치에도 걸림돌로 작용하고, 광범위한 지역이 군사시설보호구역으로 제한되기 때문에 각종 투자를 유치하기 어렵다. 또한 북한과 대치하고 있는 상황도 심리적으로 투자를 기피하게 하여 경기 남북 간의 지역 불균형을 심화시키고 있다.

둘째, 수도권 정비계획을 규정하고 있는 수도권정비계획법과 시행령은 경기도 전역을 수도권 규제 대상지역으로 지정하고 있다. 이 수도권정비계획은 이미 개발된 경기 남부지역과 북부지역을 동일하게 규제함으로써 경기 북부의 개발 여지를 주지 않고 있다. 대학 신설의 금지, 공장총량제의 시행으로 인한 산업단지 신설 금지, 대규모 관광단지 조성의 불가 등이 경기 북부의 개발을 가로막고 있는 요소들이다.

셋째, 개발제한구역은 급속한 도시화와 산업화에 따른 무질서한 도시의 평면적 확산을 방지하고자 1971년 도시계획법 제정을 통해 그 설정 근거가 마련되었다. 경기도는 전체 면적의 12.8%(개발제한구역 1,302.83㎢ 중

58.35%가 남부, 41.62%는 북부)가 개발제한구역으로 지정되어 있다. 이러한 개발제한구역 내에서는 건축물의 신축 및 증·개축 등 각종 사업이 제한을 받도록 되어 있다.

3 균형 발전을 위한 성장거점 전략: 분도

경기 북부지역의 낙후 문제점을 해소하고 독자적이고 자족적인 발전을 유도하기 위한 성장거점 전략(growth center strategy)으로서 분도 신설의 필요성을 제시하고자 한다.

성장거점 전략은 지역 균형개발을 통해 복지국가의 전제 조건인 균등한 국민적 최저 수준(national minimum)을 확보하기 위한 지역발전 전략 중의 하나로서 프랑스에서 채택된 바 있다. 프랑스의 지역 간 불균형은 '파리와 사막'으로 표현되는 바와 같이 수도와 기타 지역 간의 격차가 심각했었다. 이를 개선하기 위해 집중화된 분산(concentrated decentralization) 정책으로 성장거점 전략을 채택했다. 이는 특정 지역을 성장의 거점(growth center)으로 지정하여 집중적으로 개발한 후 그 효과가 배후지역으로 확산되어 전체적인 발전을 유도하는 전략이다. 이러한 성장거점 전략은 슘페터(J. Shumpeter)의 혁신 확산의 원리를 경제적이고 공간적인 개념으로 확대시킨 것이다.

성장거점 전략에서 성장의 핵(growth pole)은 해당 지역에서의 발전 추진적이고 선도적인 산업시설·공공사업·정부기관·연구시설 등이 될 수 있다. 성장의 핵은 지역 발전에 필요한 자원과 인력을 흡입하는 구심력과 개발의 효과를 확산시키는 원심력을 갖게 된다.

이러한 성장거점 전략에 따라 낙후된 경기 북부지역을 균형적으로 개발하기 위해서는 성장의 핵으로서 경기 북부 도청을 신설할 필요가 있다. 도청을 입지시키는 경우 유관 공공시설과 함께 산업시설이 입지하게 되고 인구가 늘어나면서 지역이 발전할 수 있게 된다. 이와같이 경기 북부지역의 분도가 신설되는 경우 북부지역의 균형 발전뿐만 아니라 북부지역 주민의 행정적 불편을 해소함으로써 참여행정을 실현할 수 있을 것이다.

또한 분도를 통해 독자적인 토지 이용 계획을 수립하여 공간의 효율적인 이용이 가능해진다. 현재에는 경기도라는 하나의 행정권역으로 관리되기 때문에 접근성이 높고 인구가 많은 남부지역은 개발, 북부지역은 보존이라는 차원에서 토지이용계획이 수립되어 있다. 국토종합개발계획이나 각종 지역개발정책에서 북부지역은 남부지역에 대한 녹지공간이나 완충지대로 간주되기 때문에 각종 규제가 중첩된 상태로 낙후성을 면치 못하고 있다. 경기 북부지역이 별도의 광역자치단체로 출범하는 경우 독자적인 행정 주체로서 새로운 개발과 보존 정책에 의해 효율적인 공간 이용계획이 가능해짐에 따라 지역 발전을 촉진할 수 있게 된다. 이러한 경기 북부지역의 자족적인 발전은 수도권의 인구와 산업시설의 재배치에도 공헌하게 되어 서울의 과밀을 해소하는 데 기여하게 될 것이다

제 4 절 분도에 따른 충분 조건

1 자주 재정력

경기 북부지역 분도 신설의 찬반에 관한 쟁점 중에서 북부지역의 재정력에 관한 내용이 중요한 부분을 차지한다. 반대론자들은 북부지역은 재정 규모와 재정자립도에서 취약하기 때문에 독자적인 자치단체를 유지할 수 없다고 주장한다. 더 나아가 반대론은 북부지역이 취약하기 때문에 지금까지 남부지역의 세수를 북부지역에 지원하고 있다는 점을 강조하고 있다. 이와 반대로 찬성론자들은 북부지역은 다른 광역자치단체과 비교할 때 재정 규모와 재정자립도에서 뒤지지 않을 뿐만 아니라 분도가 되는 경우에는 자체수입이 더 확대될 수 있다는 점을 주장하고 있다. 이와같이 상반된 주장의 타당성을 검증하기 위해 북부지역의 재정 현황을 평가하고자 한다.

1) 재정 규모와 재정자립도

10개 시·군으로 이루어진 경기 북부지역의 2007년 예산 기준 재정 규모는 4조2천억 원으로 전국 시도 재정 규모(본청분 제외) 평균인 3조 6천억 원을 크게 상회하고 있다. 실제로 서울특별시(5조 8천억 원)를 제외한 여타 광역시보다 큰 규모이며, 도(道)의 경우에도 충북도(3조 3천억 원)나 제주도(2조 3천억 원)보다 크며, 강원도(4조 4천억원)나 전북도(4조 7천억 원)와 비슷한 규모를 보여 준다. 재정자립도의 경우도 36.6%로 서울특별시의 자치구(50.5%)에 비해서는 낮지만 전국 평균(27.5%)에 비해 월등히 높은 수준을 유지하고 있다.

〈표 14-7〉 전국 시·군·자치구의 재정 규모와 재정자립도(2007년)

(단위: 백만 원, %)

구 분	재정 규모	일반회계	특별회계	재정자립도
경기 북부	4,168,298	3,080,763	1,087,535	36.6
서울시	5,822,903	5,342,146	480,757	50.5
부산시	2,031,256	1,883,190	148,066	24.5
대구시	1,411,276	1,361,586	49,690	28.1
인천시	1,760,554	1,622,622	137,932	28.8
광주시	790,933	774,147	16,786	19.3
대전시	893,544	801,143	92,401	25.8
울산시	751,918	710,519	41,399	35.1
강원도	4,428,253	3,654,526	773,727	21.0
충북도	3,283,644	2,792,963	490,681	26.0
충남도	5,287,954	3,967,173	1,320,781	27.7
전북도	4,698,799	4,014,702	684,097	17.9
전남도	6,408,943	5,475,339	933,604	18.1
경북도	6,798,995	5,798,905	1,000,090	23.6
경남도	7,008,468	5,813,103	1,195,365	29.9
제주도	2,312,042	1,852,139	459,903	26.4
평 균	3,616,111	3,059,060	557,051	27.5

자료: 행정안전부(2007). 「지방자치단체 예산 개요」.

2) 남부지역 세수의 북부지역에 대한 지원

분도 반대론자들은 현재 남부지역에서 징수한 세수로 북부지역에 지원되기 때문에 북부지역이 분도되는 경우 재정력이 취약하게 된다는 점을 주장하고 있다. 현재 지방세는 도세 7개, 시·군세 9개 총 16개의 세목으로 이루어져 있다. 시·군세는 시·군의 자체수입으로 운용되고, 도세는 도 본청에서 사용하는 것을 제외하고 일정 비율을 시·군에 지원해 주고 있다. 이러한 도의 지원금은 재정보전금·도비보조금·징수교부금으로 이루어져 있다.

반대론자들이 주장하는 바와 같이 현재 남부지역의 세원이 북부지역에 지원되는지 여부를 평가하기 위해서는 북부지역의 도세 징수액과 북부지역에 대한 도의 지원금 규모를 비교할 필요가 있다.

2005년 기준 북부지역에서 징수되는 도세(공동시설세 제외)는 1조 2천억 원이지만 도 지원금은 도세 징수액의 61.912%인 7천7백억 원에 머무르고 있으며, 4천8백억이 환원되지 않고 있다. 경기 북부 10개 시·군 중에서 동두천시·가평군·연천군만이 도세 징수액보다 더 지원받고 있을 뿐이다. 물론 남부지역의 경우에도 도세 징수금의 전체가 아닌 일정 비율만이 환원되고 있다(49.34%).

그러나 적어도 남부지역의 재원이 북부지역에 지원되고 있다는 주장은 근거가 없다. 또한 현재 도 지원금 중에서 도비보조금을 제외한 재정보전금과 징세교부금은 관계 법령으로 규정되어 있기 때문에 분도가 된다고 해도 분도청이 동두천시·가평군·연천군에 대해서는 동일한 액수를 지원하게 되어 이들 시군은 별다른 불이익을 받지 않는다.

또한 재정자립도와 도 지원금 간의 상관관계 분석 결과 도 지원금은 시

〈표 14-8〉 도 지원금과 재정자립도 간의 상관계수(2005년)

도비보조금	재정보전금	도세징수교부금	합계
-0.094	0.6711	0.6421	0.6030

〈표 14-9〉 경기도 시·군별 도세징수액과 도 지원금 현황(2005년)

(단위: 백만 원, %)

구 분	도세징수액 A	도 지원금				미환원액 A-B	환원율 B/A×100
		도비 보조금	재정 보전금	징수 교부금	계(B)		
경기도	5,250,237	1,026,143	1,563,731	157,507	2,747,381	2,502,856	52.33
남 부	4,001,028	649,197	1,204,777	120,031	1,974,005	2,027,023	49.34
수원시	365,518	45,022	137,742	10,966	193,730	171,788	53.00
성남시	512,740	33,716	157,451	15,382	206,549	306,191	40.28
부천시	263,015	39,308	97,049	7,890	144,247	118,768	54.84
안양시	207,266	21,316	85,015	6,218	112,549	94,717	54.30
안산시	222,674	42,477	83,845	6,680	133,002	89,671	59.73
용인시	525,126	45,654	193,541	15,754	254,949	270,177	48.55
평택시	164,786	54,299	42,319	4,944	101,562	63,224	61.63
광명시	81,894	24,315	30,492	2,457	57,264	24,631	69.92
시흥시	158,339	27,453	42,341	4,750	74,544	83,795	47.08
군포시	84,296	13,669	27,036	2,529	43,234	41,062	51.29
화성시	249,323	37,559	49,804	7,480	94,843	154,480	38.04
이천시	89,373	26,347	20,329	2,681	49,357	40,016	55.23
김포시	94,027	28,285	28,528	2,821	59,634	34,393	63.42
광주시	122,034	31,125	29,346	3,661	64,132	57,902	52.55
안성시	78,338	49,100	24,630	2,350	76,080	2,258	97.12
하남시	106,553	18,982	19,872	3,197	42,051	64,503	39.46
의왕시	50,302	13,425	14,888	1,509	29,822	20,480	59.29
오산시	67,618	14,141	15,199	2,029	31,369	36,249	46.39
여주군	55,694	35,145	13,219	1,671	50,035	5,659	89.84
양평군	42,035	41,618	15,017	1,261	57,896	-15,861	137.73
과천시	460,078	6,241	77,114	13,802	97,157	362,921	21.12
북 부	1,249,210	376,946	358,954	37,476	773,376	475,833	61.91
고양시	422,574	41,730	143,420	12,677	197,827	224,746	46.81
의정부시	121,325	44,043	37,845	3,640	85,528	35,797	70.49
남양주시	258,269	39,528	44,573	7,748	91,849	166,420	35.56
파주시	153,939	51,441	31,082	4,618	87,141	66,798	56.61
구리시	64,893	21,791	19,311	1,947	43,049	21,844	66.34
포천시	63,455	40,661	17,933	1,904	60,498	2,957	95.34
양주시	81,542	34,095	21,096	2,446	57,637	23,905	70.68
동두천시	28,355	32,121	18,525	851	51,497	-23,142	181.62
가평군	35,957	31,662	14,103	1,079	46,844	-10,886	130.28
연천군	18,901	39,874	11,066	567	51,507	-32,606	272.51

군 간 재정자립도라는 형평성과 관계없이 운용되어 왔다. 따라서 경기도청이 운용하는 도 지원금은 재정자립도가 취약한 경기 북부에 대한 정책적 배려가 미비했다는 점을 알 수 있다. 분도가 되는 경우 중앙정부로터 각 시군이 지원받은 재원에는 변화하고 없고, 추가적으로 경기북도청(본청)에 대한 추가적인 지원을 받을 수 있다. 현재 경기 북부지역은 경북도와 유사한 인구 규모와 행정 수요를 보유하고 있기 때문에 본청분 2005년 기준 연간 2조(지방교부세 515백만 원, 국고보조금 1,409백만 원)를 더 지원받게 된다.

이에 반해 10개 시군의 지역 주민들이 부담하는 조세는 변화가 없다. 국세와 지방세는 조세법률주의에 따라 관계 법령에 의해 현재 부담하고 있는 수준을 지속적으로 부담하면 된다. 일부 북부지역 중에서 잘사는 지역(고양시)은 분도가 되는 경우 조세 부담이 늘어난다고 생각하나 이는 이치에 맞지 않는 주장이다.

2 인구 수 및 면적

경기북부 지역의 면적은 4,296㎢로 전국 평균(5,863㎢)에 못 미치지만 특별시나 광역시 · 제주도보다는 넓다. 경기 북부지역은 전국 다른 도에 비해 면적은 협소하지만 인구 수는 2백70만 명으로 경남도를 제외하고는 전국에서 가장 많은 수준을 나타내고 있어 향후 독자적인 광역행정 체계를 유지하는 데 손색이 없다. 특히 인구증감률(3.40%)에서는 전국에서 가장 높은 수준을 보이고 있어 선도적인 광역자치단체로 발전할 것으로 예상된다.

〈표 14-10〉 경기 북부지역의 면적과 인구 현황

구 분	면적 (㎢)	인구 수(명)		
		2000	2005	증감률(%)
경기 북부	4,296	2,325,993	2,748,598	3.40
서울시	605	10,311,314	10,167,344	-0.28
부산시	764	3,796,506	3,638,293	-0.85

대구시	884	2,524,253	2,511,306	-0.10
인천시	994	2,545,769	2,600,495	0.43
광주시	501	1,371,909	1,401,745	0.43
대전시	540	1,385,606	1,454,638	0.98
울산시	1,057	1,040,225	1,087,648	0.90
강원도	16,613	1,554,688	1,513,110	-0.54
충북도	7,431	1,497,513	1,488,803	-0.12
충남도	8,601	1,921,604	1,962,646	0.42
전북도	8,055	1,999,255	1,885,335	-1.17
전남도	12,073	2,130,614	1,967,205	-1.58
경북도	19,026	2,797,178	2,688,491	-0.79
경남도	10,521	3,094,413	3,160,431	0.42
제주도	1,848	542,368	557,569	0.55
평 균	5,863	2,402,424	2,402,098	0.13

3 분도 비용

분도 비용과 관련한 '경기북도 설치 등에 관한 법률안'(의안번호 3170)에 의하면 7천70억 원으로 추산된다. 산하기관과 특별행정기관의 건립과 운영에 관한 경비가 대부분을 차지한다. 그러나 경기 제2청사를 비롯한 산하기관과 특별행정기관 중의 많은 부분이 이미 설치되어 운영되고 있기 때문에 실제 비용 크게 감소될 수 있다.

또한 분도는 관계 법령의 제정에 의해 추진되기 때문에 대부분 국고 지원으로 충당된다. 경기 북부지역은 인구와 세원면에서 다른 광역자치단체와 비슷한 규모이기 때문에 국세 부담에 상응한 행정 편의를 향유할 수 있어야 한다. 이러한 관점에서 국고 지원에 의한 분도가 이루어져야 할 것이다. 분도 비용을 단순히 평가하기보다는 현재 북부지역의 주민들과 기초자치단체들이 수원 소재 도청을 이용하면서 겪고 있는 불편과 시간 등의 비용과 비교할 필요가 있다.

그리고 경기 북부지역을 대상으로 분도가 이루어지면 분도청은 성장의 핵(growth pole)으로서 인구와 산업시설을 유인하게 되어 국세와 지방세의 세원이 확충되어 분도 비용의 상당 부분을 충당할 수 있을 것이다. 더 나아가 분도 비용을 소모성 경비로 간주하기보다는 공공 투자로 볼 필요가 있다. 공공 투자는 취업자 수, 지방세수, 지역내 총생산 등 지역경제에 대해 긍정적인 파급 효과를 미치게 된다는 점을 감안할 필요가 있다.

4 자체 성장 능력

경기 북부지역이 분도될 경우 자체 능력에 의해 자립 성장과 투자 유치가 가능할 것인가의 여부가 관심거리이다. 북부지역은 인구와 면적에서 여타 광역자치단체들에 뒤지지 않는다. 특히 가장 높은 인구 증가율을 보이고 있다는 점이 장점으로 작용할 수 있다. 다만 수도권정비법를 비롯한 관계 법령에 의해서 토지 이용 규제가 심각하다는 점이 걸림돌로 작용할 수 있다.

경기 북부지역이 낙후된 지역임에도 불구하고 수도권정비법의 규제를 받게 된 이유는 경기도를 단일한 광역자치단체로 보고 남부지역과 동일하게 관리되었기 때문이다. 또한 경기도 자체의 지역 개발 전략도 남부는 개발, 북부는 보존이라는 암묵적인 역할 분담에 의해 북부는 저발전 상태에서도 규제를 감수하고 있다.

그러나 북부지역이 별도 광역자치단체로 분도가 된다면 다른 도(道)와 비슷한 지역 발전의 여건을 갖추고 있기 때문에 수도권정비법을 비롯한 관계 법령의 개정을 통해 규제가 완화될 수밖에 없다.

만약 분도가 된다면 규제의 완화와 함께 북부지역 자체의 개발전략에 의해 개발과 보존을 조화시키면서 지역 특성에 부합되는 지역 개발사업을 추진할 수 있게 된다. 또한 경기 북부지역은 국토의 중심부를 차지하고 향후 통일시대의 발전 거점으로 평가되기 때문에 충분한 자체 발전 역량을 지니고 있다. 이와같이 지정학적인 장점을 보유하고 있어 외부의 투자 유치도 활성화될 수 있을 것이다. 민간자본은 기본적으로 이윤 동기에 의해 움직이기 때문에 성장잠재력이 있는 북부지역에 투자가 활성화될 것으로 기대된다.

경기 북부지역이 분도되는 경우 국가경쟁력이 약화될 것으로 우려하는 견해가 있다. 그러나 국가경쟁력은 기업들의 국제적인 가격 경쟁력에 의해 결정되고 기업들의 경쟁력은 입지 여건에 의해 많은 영향을 받게 된다. 그동안 기업들이 투자 여건이 양호한 경기 북부지역에 투자하고 싶어도 규제 때문에 불가능했었다. 만약 북부지역의 분도와 함께 규제가 완화되는 경우 기업들의 채산성이 높아져 경쟁력을 제고할 수 있게 될 것이다.

5 외국의 광역화 추세

정보통신과 과학·기술의 발달로 광역행정 체제를 지향하면서 구역의 통폐합이 일반적인 경향이다. 그러나 통합을 진행하고 있는 외국의 자치단체들은 우리나라 광역자치단체에 비해 인구 규모가 작은 국가들이다. 예를 들어 미국 1~3만 명, 독일 10만~35만 명, 프랑스 55만 명 등이다(최창호, 1995). 이들 국가들의 경우 규모의 경제(economy of scale) 차원에서 통합을 추진하는 경우가 있다. 그리고 외국 사례의 경우에도 구역의 통폐합보다는 행정협의체의 구성에 의한 광역행정이 일반적인 현상이다.

그러나 현재 경기 북부의 경우 인구 수가 250만 명에 이르고 지정학적 여건에 의한 규모의 불경제(diseconomy of scal)가 발생하고 있다. 행정구역의 개편은 각국의 개별적인 사항에 의해 판단해야 한 문제이다. 실제로 유럽에서 추진되고 있는 광역화는 경기 북부지역에서 시·군 간의 통합의 정도로 평가할 수 있으며, 실제로 분도와 함께 시·군 통합 필요성이 제기되기도 한다.

제5절 결 론

행정구역의 개편은 역사성, 주민생활권, 지정학적 여건, 지역 개발 전략 등 다양한 요인에 의해 이루어지게 된다. 이러한 행정구역 개편이 성공적으로 이루어지기 위해서는 필요 조건과 충분 조건이 구비되어야 한다. 먼저 필요 조건을 살펴보기로 하자. 경기 북부지역의 경우 생활권과 행정구역의 불일치, 낮은 지역생산력과 지역생산의 높은 역외 유출, 저개발 상태하의 과도한 토지 이용 규제 등에 의해 주민들의 불편과 지역경제의 낙후성을 초래하고 있다. 따라서 경기 북부지역 균형 발전을 위해 성장거점(growth center)으로서 독자적인 도청 소재지를 개발할 필요가 있다.

그 다음 경기 북부지역이 독자적인 광역자치단체로서 유지·운영될 수 있는 충분 조건을 검토해 볼 필요가 있다. 무엇보다도 인구와 면적, 재정자립도 등에서 광역자치단체로서의 여건을 구비하고 있고, 새로운 광역자치단체로 출범하는 경우 토지 이용의 효율성을 증대시켜 자체 지역 개발과 외부 투자 유치가 활성화될 것으로 기대된다.

경기 북부지역의 독자적인 광역행정 체제에 의해 효율적으로 지역 개발을 추진하는 경우 서울 중심의 수도권 과밀을 해소하여 국토의 균형 개발에도 기여할 수 있을 것이다. 더 나아가 경기 북부지역은 국토의 중심부에 해당되고 향후 통일 거점으로 간주되고 있기 때문에 무한 경쟁 시대에 국가경쟁력 제고와 통일정책에도 중요한 역할을 수행할 것으로 기대된다.

참고 문헌

국내 문헌

공은배(1996). 「지방교육재정제도 발전 방안」, 한국교육개발원.

경기도(2001a). 「경기도 통계연보」.

———(2001b). 「경기도 예산개요」.

———. 「경기통계연보」, 각 연도.

———. 「시군 단위 지역내 총생산」, 각 연도.

곽채기(2001). "지역에서 창출·생성된 세원의 지방세화 방안," 「지방세」, 통권 65호, 한국지방재정공제회.

———(2003). "주민참여예산제도와 지역 NGO의 역할." 「법률행정논총」. 제32권 제2호. 전남대학교 법률행정연구소.

———(2005). "주민참여예산제도의 기본모형과 제도설계 방안." 「한국지방재정논집」. 제10권 제1호. 한국지방재정학회.

———(2006). "주민참여예산제도의 운영 성과: 광주광역시 북구 사례를 중심으로." 한국지방재정학회 특별세미나 발표 논문.

———(2007). "광주광역시 북구의 주민참여예산 제도화 과정과 운영 성과." 「한국지방재정논집」. 제12권. 제3호. 한국지방재정학회.

곽채기·박광우(2005). "광주광역시 북구 주민참여예산제 운영 성과 평가 및 발전 방안." 주민참여예산제 평가와 과제 시민토론회 자료집. 광주광역시 북구 참여자치21.

교육개혁위원회(1995). 「신교육 체계 수립을 위한 교육개혁 방안」.

교육과학기술부. 「교육통계연감」. 각 연도.

국중호(1998). 「지방재정과 교육재정의 통합 방안」. 한국조세연구원.

국토개발연구원(1993). 사회간접자본시설 확충을 위한 민자유치 방안. KDI연구 속보: 5-6.

김관보 · 김옥일(2007). "예산과정의 시민참여 성과의 영향 요인에 관한 연구." 「지방정부연구」. 11권 2호. 한국지방정부학회.

김대영(2001). "지방소비세제 도입의 실천 방안." 「지방세」. 제61호. 한국지방재정공제회.

김동건(1997). "미국의 지방교육재정제도에 대한 고찰." 「재정논집」. 제12집 제1호. 한국재정학회.

김성태(2005). "한국 지방교부세제도의 장기 개선 방안 분석." 「한국지방재정논집」. 제10권 1호. 한국지방재정학회.

김수근(1996.6). "도세징수교부금제도의 개혁," 「지방재정」. 한국지방재정공제회.

김용성(2003). 「2003년도 국가예산과 정책 목표: 지방재정의 현안과제와 대응 방안」. KDI.

김웅(2001). "예산참여운동의 의의: 브라질 PT의 참여예산제도를 중심으로." 「이론과 실천」, 2001년 10월호. 민주노동당.

김윤상(역)(1997). 「진보와 빈곤」, 비봉출판사, Henry George, *Progress and Poverty*, New York: Robert Schalkenbach Foundation, 1992[1879].

김정완(1995). "지방경영시대 지방정부 외국자본 활용에 관심 가져야," 「리전인포」. 전남발전연구원.

———(1996). 「민선자치시대 지방재정 조정재원의 합리적인 배분 방안」. 제34회 지방행정연구대회, 전라남도연구단.

———(1997). "지방양여금 제도의 정책효과와 발전 방안," 「공공행정연구」. 창간호. 대전 · 충남행정학회.

———(1998a). "교육재정의 적정 규모 추정과 재원 확충을 위한 발전 방안." 「21세기」. 1998년 가을호. 광주 · 전남21세기발전협의회.

———(1998b). "지방교부세 배분에 있어 자구 노력에 대한 인센티브제도의 대안적 모델 모색." 「한국행정학보」. 제32권 2호.

———(2002). "지역생산과 지역분배의 불일치를 개선하기 위한 세원 조정 방안: 부가가치세의 공동세원화," 「한국행정과 신뢰」. 2002년도 동계학술대회 발표논문집. 한국행정학회.

———(2003). "지역생산의 역외 유출입에 관한 연구," 「재정연구」. 제9권 제2호. 한국조세연구원.

———(2004a). "지역생산의 역외 유출입에 따른 세원 조정 방안: 부가가치세의 공동세원화," 「한국지방재정논집」, 한국지방재정학회, 제9권 2호(통권 16호).

———(2004b). "시 · 군별 지역생산과 지역귀착의 괴리: 경기도를 중심으로," 「경기논단」. 제6권 제2호, 경기개발연구원.

———(2004c). "경기도 북부지역 분도 신설의 주요 쟁점에 대한 평가: 재정력을

중심으로." 「한국거버넌스학회보」. 제11권 제2호. 51-76.
———(2006a). "시도별 지역생산의 역외 유출입에 따른 재정보전 방안." 「경기논단」. 제8권 제2호. 137-157.
———(2006b). "지방재정조정제도의 운용 현황에 대한 평가," 「경기논단」, 제8권 제4호. 85-106.
김정완 · 허훈(2007). 「접경지역 낙후지역 선정지표 개선연구」. 경기도.
김정욱(1994). "관광과세화와 세부담의 지역간 전가에 관한 연구." 「한국행정학보」. 제28권 14호.
김정훈(2001). 「지방교부세의 형평화 효과에 관한 연구」. 한국조세연구원 정책보고서 01-09.
———(2002). "지방교부세의 형평화 효과와 정책과제," 「지방교부세의 형평화 효과에 관한 정책토론회 자료」. 한국조세연구원.
김종순(1997). "지역간 재정력 격차와 지방교부세제도의 역할," 「지역개발과 지방재정의 역할」. 한국지방재정학회 · 경기개발연구원.
김준동(1994). 「주요국의 투자자유지역 운영 현황과 우리 제도의 개선 방안」. 대외경제정책연구원.
김충련.(2003). 「SAS 통계분석」. Data Research & Communication.
김태보(1985). "지역경제 개발과 자주재원 확충에 관한 연구." 건국대학교 석사학위 논문.
김태일(1999). "지방교부세의 수평적 재정형평화 효과분석: 측정 방법에 대한 논의를 중심으로," 「한국행정학보」, 제33권 3호.
나중식(2004). "브라질 알레그레시의 주민참여예산제도." 「한국행정논집」. 제16권 제3호. 한국정부학회.
———(2005). "주민참여예산제도의 운영모형에 관한 비교연구: 브라질 · 미국 · 한국을 중심으로." 「지방행정연구」. 9권 2호. 133-158. 한국지방정부학회.
남동우(1996). "강원도의 자주재원 확충 방안에 관한 연구." 강원대학교 대학원 박사학위 논문.
문형표(2003. 12. 31). "지역간 형평성과 재정분권화." 「2003년도 국가예산과 정책목표: 지방재정의 현안 과제와 대응 방안」. KDI.
박경환(1997). "지방세로서 관광세 도입 효과," 경북대학교 대학원, 박사학위 논문.
박병희(1996). "지방재정조정제도의 균등화 및 역진화 효과 분석," 「공공경제」. 창간호.
———(2002). 지역경제력과 지방세수 수입 간의 관계에 관한 연구. 「재정논집」. 제16집 제2호. 한국재정 · 공공경제학회.
박병희 · 이재기(1993). 「지방세출예산 운영과 지역균형발전」. 지방재정 발전을 위한 세미나. 강원도.

박완규(1990). “지방교부세 배분 방식의 개선 방안.” 「재정논집」. 제4집. 한국재정학회.

———(1991). “지방교부세 배분 방식의 개선: 수평적 형평성과 징세 노력 증진을 중심으로,” 「재정논집」. 제5집. 한국재정학회.

———(1996). “지방자치단체의 재정변수에 대한 실증분석.” 「재정논집」. 제11집 제2호. 한국재정학회.

———(1997). “지역경제 활성화와 지방재정의 관계,” 「지방재정」. 통권 85호. 한국지방재정공제회.

박정수(1990). “한국의 지역별 재정귀착,” 「재정논집」. 제4집. 한국재정학회.

———(1997). 「광역자치단체와 기초자치단체 간 재원조정에 관한 연구」. 한국조세연구원.

———(1998). “광역과 기초자치단체 간 재원 배분의 향후 정책과제,” 「지방재정학보」. 제3권 제2호. 한국지방재정학회.

———(2006). “지방교육재정 구조개혁과 분권화 해법,” 「한국행정연구」, 제15권 제2호, 한국행정연구원.

박정수・안종석(1996a). 「중앙정부와 지방자치단체간 재원 배분에 관한 연구」. 한국조세연구원.

———(1996b). “교육재정의 구조와 재원 확충 방안.” 한국조세연구원.

박혜자(2006). “복지 분야 지방이양의 문제점과 개선 방안: 분권교부세제도를 중심으로.” 「한국거버넌스학회보」. 제13권 제3호. 279-300.

박희봉(2004). “경기 북부 저발전 원인과 발전 방향 : 중앙정부 정책을 중심으로,” 「법정책연구」, 대진대학교 법정책연구소.

배인명(1997). “지방채 상환 능력에 관한 연구: 서울시를 중심으로,” 「한국행정학보」, 제31권 제3호, 한국행정학회.

삼성경제연구소.(1993). 「인프라 확충을 위한 재원 조달 및 민간참여 방안」.

서정섭(2003). 「재정보전금제도의 개선 방안」. 연구보고서 2003-09. 한국지방행정연구원.

소성규(2004). “경기북도 신설의 당위성과 방법론.” 「법과 정책연구」. 제4집 제2호. 한국법정책학회.

손희준(2008. 6). “지방교부세 제도의 발전적 개편 방안.” 「2008 지방재정 세미나」. 한국지방재정학회.

신해룡(1989. 7). “한국 재정지출의 공공선택론적 분석,” 건국대학교 박사학위 논문.

안병용(2004). “경기도 분도에 관한 쟁점과 검토 사항.” 2004년 신흥대학 지역사회개발연구소. 세미나 자료.

안완기(2007). 「전라북도 주민참여예산제도 효율적 운영 방안」, 전북발전연구원.
양영철(1990). "관광세의 신설과 운영 방안에 관한 연구." 「제주대학교 지역발전연구」. 제2호.
엄창옥(2005). "헨리 조지의 토지사상," 「헨리 조지: 100년 만에 다시 보다」, 경북대학교출판부.
오수길(2007). 「주민참여 촉진을 위한 민간참여 현황 분석」. 뉴거버넌스연구센터.
오연천(1987a). "세원분포의 실태와 지역적 편중의 측정에 관한 소고." 「재정논집」. 창간호. 1987년 3월: 269-287.
———(1987b). "지방재정자립도 산정 방식의 한계와 지방재정력 측정지표의 활용 방안," 「행정논총」. 제25권 1호. 서울대학교 행정대학원.
오연천 · 곽채기 외(2007). 「경기도 재정운용정책 개선 방안 연구」. 서울대학교 · 경기도.
우천식(2005). "교육 분야 국가재정 운용 계획." 한국개발연구원.
유 훈(1993). "지방재정과 지방채." 「지방세」. 1993. 6.
유경문(1996). "교육재정과 지방자치단체의 역할." 「지방자치시대의 지방재정 발전 방향」. 한국재정학회.
유태현(1996). "한국 지방재정조정제도 정책 방향 전환에 관한 연구," 고려대학교 박사학위 논문.
윤석완(2006). "보통교부세 인센티브제도의 문제점과 제도 개편에 관한 연구." 「한국지방재정논집」. 제12권 제2호. 175-200.
윤홍주(2003). "지방교육자치제의 구현을 위한 조건으로서 교육재정분권화의 논리와 과제." 「교육행정학연구」. 2.
이계식(1991). 「지방재정조정제도와 재원 배분」. 한국개발연구원.
이남철(1990). "지방재정 확충을 위한 관광세 신설 방안." 「내무부 지방행정연수원 연구논문집」.
이복수.(1994). "지방재정 확충을 위한 관광세 신설에 관한 소고." 「강원대학교 지역개발연구」. 제3권.
이삼주(2001). "지방소비세 확대 방안." 「21세기 지방행정의 과제와 비젼」. 한국행정학회 · 강원행정학회 2001년 학술세미나 발표논문집. 한국행정학회.
이상대(2001), "경기 북부 · 접경지역의 발전과 수도권 규제 완화." 「경기 북부 경제신호등」, 제6집.
이상용(1996). 「지방재정진단제도의 효율적인 운용 방안」. 한국지방행정연구원. 연구보고서 95-7(제209호): 8.
———(1997). 「도세징수교부금제도의 개편 방안」. 한국지방행정연구원.
———(2004). "지방재정 인센티브제도의 개편 방안." 「한국지방재정논집」. 제9권

제1호, 한국지방재정학회.

이상용・이영희(1994). 「광역과 기초자치단체 간의 재원조정 방안」. 한국지방행정연구원.

이상희(1983). 「지방재정론」. 계명사.

이세구(2005). 「주민참여예산제도 도입에 관한 연구」. 서울시정개발연구원.

이영조(1997). "지방채 운영의 활성화를 위한 재정신용평가와 투자유인제도 도입 검토," 「한국행정논집」, 제9권 제4호, 한국행정학회, 대구경북행정학회.

이영희(1996). "도와 시군간 재정조정 실패 분석," 한국지방재정공제회, 「지방재정」, 15-4.

———(2001). "부가가치세 일부의 지방이양을 통한 지방소비세 도입 방안," 「지방세」. 제61호. 한국지방재정공제회.

이재성(1996). "지방재정조정제도의 발전 방향." 「지방재정」. 통권 80호. 1996년 3호: 53.

이재원(1997). 「광역자치단체로서 경기도 본청의 이전재정 기능에 관한 연구」. 경기개발연구원.

이재율(1997). "헨리 조지의 분배이론 연구," 「경제학연구」, 제46권 제2호, 한국경제학회.

이창균(1997). 「지방재정 인센티브제도의 합리적인 발전 방안」. 한국지방행정연구원.

이홍구(1994). 「외국인 직접투자와 투자정책」. 한국개발연구원: 40-41.

재정경제부. 「국세통계연보」. 각 연도.

정윤형(역)(1991). 「정치경제학 및 과세의 원리」, 비봉출판사, Ricardo, David, *On the Principles of Political Economy and Taxation*, The Works and Correspondence of David Ricardo, vol. I, (ed) Piero Sraffa, Cambridge: Cambridge Univ. Press, 1970.

조연상(1998). "지방재정의 효율적 운영 방안에 관한 연구," 「지방재정연구」. 제2호. 한국지방정학회.

조정구(1994). 「국제금융 환경 변화와 국제금융시장 활용전략」. 대외경제정책연구원.

조창현(1993). "지역개발사업의 효율적인 재정 지원 방안." 「지방재정」. 3호.

———(2002). 「지방자치론」. 박영사.

주만수(2005). "지방교부세 지역균형 수요의 위상 정립과 특성 분석." 「한국지방재정논집」. 제10권 2호.

진경아(2005). "주민참여예산제도의 활성화 방안에 관한 연구: 광주광역시 북구 주민참여예산제 사례를 중심으로." 서울시립대학교 도시과학대학원 석사학위 논문.

차미숙(1998). "지역산업구조 변화의 지방재정효과 분석." 「지방재정학보」. 제3권 제1호. 한국지방재정학회.

최영한(1992). "지방재정조정제도와 자주재원 확충 노력에 관한 연구." 건국대학교 박사학위 논문.

최창호(1995). 「지방자치학」. 삼영사.

통계청(2001a). 「지역내 총생산 및 지출」.

———(2001b). 「지역통계연보」.

———(2006a). 「지역내 총생산 및 지출」.

———(2006b). 「지역통계연보」.

통계청. 「지역통계연보」, 각 연도.

———. 「지역내 총생산 및 지출」, 각 연도.

———. 「지역통계연보」, 각 연도.

하봉운(2005). 「경기도 교육지원사업 평가와 향후 추진 방향 수립을 위한 연구」. 경기개발연구원.

한국도시행정연구소, 「전국통계연감」, 각 연도.

한국지방행정연구원(1988). 「지방재정 확충을 위한 자원세 신설의 타당성 분석」. 연구보고서 41.

행정안전부. 「지방자치단체 예산개요」, 각 연도.

———(1999). 「지방채발행계획 수립지침」.

———(2001). 「지방자치단체 예산개요」.

———. 「지방재정연감」, 각 연도.

허재완(1994). "자치단체에 대한 인센티브 부여 강화 방안." 「지방재정조정제도 기능 강화 연구」. 충청남도.

———(1996). "징세 노력 유인을 위한 지방교부세 배분구조에 대한 제안." 「연세경제연구」 제3권 제2호.

홍생표(1994). 「지방교육재정 확충 방안」. 한국교원단체총연합회.

국외 문헌

Adams, W. M.(1990). *Green Development: Environment and Sustainability in the Third World*. London and New York: Routledge.

Ahamd, E.(1997). "Intergovernmental Transfers: An International Perspective," E. Ahamd(ed.). *Financing Decentralized Expenditures*, Cheltenham:

Edward Elgar.

Ahluwala, Montex S.(1976). "The Scope for Policy Intervention," *Redistribution with Growth*, (ed.) by Hollis Chenery, M. S. Ahluwala, C. L. G. Bell, John H. Duley & Richard Jolly. Oxford Univ. Press: 73-90.

Almond, G. A. & S. Verba(1963). *The Civic Culture*. Princeton Univ. Press.

Andelson, Robert V.(1979) (ed). *Critics of Henry George*, London: Associated Univ. Press.

Ashauer, D.(1989). "Is Public Expenditure Productive?" *Journal of Monetary Economics*. March: 177-200

Baker, Keith G.(1976). "Public Choice Theory: Some Important Assumptions and Public Policy Implication," R. T. Golembiewski, F. Gibson, & G. Y. Cornog, eds., *Public Administration*, Rand, McNally College Publishing Company.

Bartlett, R.(1973). *Economic Foundation of Political Power*. New York: The Fress Press.

Bland, Robert L. & Irene S. Rubin(1997). *Budgeting: A Guide for Local Governments*. Washington, DC: International City/Country Management Association

Bocatto, Evandro & Eloisa Perza de Toledo.(2008). "A Democratic Story: Collaboration in the Use of Public Budget." *International Journal of Society and Social Policy*. 28(1/2).

Brennan, G. & J. M. Buchanan(1977). "Toward a Tax Constitution for Leviathan," *Journal of Public Economics*, vol. 8, December.

Breton, A.(1974), *The Economic Theory of Representative Government*. Chicago: Aldine Publishing Co.

Buchanan, James M.(1976). "Exterality in Tax Response," *Southern Economic Journal*, No. 33, July.

———.(1997). "The Balanced Budget Amendment: Clarifying the Argument." *Public Choice*. 90: 117-138.

Buchanan, James M., & Gordon Tullock(1962). *The Calculus of Consent: Logical Foundations of Constitutional Democracy*, Ann Arbor: Michigan Univ. Press.

Buchanan, J. M. & R. Wagner(1977). *Democracy in Deficit: The Political Legacy of Lord Keynes*. New York: Academic Press.

Cohn, E & T. Geske(1990). *The Economics of Education*. (3rd ed.). Pergamon.

Congressional Budget Office.(1987). "CBO Replies to Lindsey," *Tax Notes*, May.

Crain, W. Mark & Robert B. Ekelund Jr.(1978), "Deficit and Democracy," *Southern Economic Journal*, 44.

Cutanda, Antonio & Joaquina Paricio(1994). "Infrastructure and Regional Economic Growth: The Spanish Case." *Regional Studies*. 28(1): 69-77.

Darwent, D. F.(1975). "Growth Poles and Growth Centers in Regional Planning: A Review," John Friedman & William Alonso(eds.). *Regional Policy*. Cambridge: The MIT Press.

Doel, Hans van den(1979). *Democracy and Welfare Economics*. London: Cambridge Univ. Press.

Douglas, Jennifer Ritter(2000). "Measuring Debt Capacity: The Washington County, Maryland Experience," *Government Finance Review*, 16(4).

Downs, Anthony(1960). "Why the Government Budget is too Small in a Democracy," *World Politics*, 12.

———(1967). *Inside Bureaucracy*, Boston: Little, Brown and Company.

Ebdon, Carol(2000). "The Relationship between Citizen Involvement in the Budget Process and City Structure and Culture." *Public Productivity and Management Review*. 23(3).

Ebdon, Carol & Aimee L. Franklin(2005). "Are We All Touching the Same Camel? Expoling a Model of Participation in Budgeting," *American Review of Public Administration*. 35(2).

———(2006). "Citizen Participation in Budget Theory." *Public Administration Review*. 66(3).

Frank, J. Fabozz, Dessa Fabozzi, & Syvian G. Feldstein(1995). *Municipal Condition*, ICMA.

Friedman, John & Clyde(1980). *Territory and Function*. Univ. of California Press.

Friedman, John(1955). *The Spatial Structure of Economic Development in the Tennesse Valley*. Univ. of Chicago Press.

GFOA(2000). *Benchmarking and Measuring Debt Capacity*, Miranda and Picur.

Goldscheid, Rudolf(tran.). Elizabeth Hendersons(1958). "A Sociological Approach to Problems of Public Finance," Richard A. Musgrave & Alan T. Peacock, (ed.) *Classics in Theory of Public Finance*, London:

MacMilan.

Groves, Sanford M. & Maureen Godsey Valente(1986). *Evaluating Financial Condition: A Handbook for Local Government*. ICMA: 278-279.

Haider, D.(1989). "Grants as a Tool of Public Policy." Lester M. Salamon(ed.), *Beyond Privatization: The Tools of Government Action*. Washington D.C: The Urban Institute Press.

Harmon, Micheal M. & Richard T. Mayer.(1986), *Organization Theory for Public Administration*, Little, Brown and Company.

Heller, Walter W.(1966). *New Dimension Economy*, Cambridge-Harvard Univ. Press.

Hepworth, N. P.(1976). *The Finance of Local Government*. London: George Allen & Unwin. 136.

———.(1988). *The Finance of Local Government*, 7th. London: Unwin Hyman Ltd: 62-67.

Horner, Jim.(1997), "Henry George on Thomas Malthus: Abundance and Scarcity," *American Journal of Economics and Sociology*, Vol. 56, No. 4.

Hsiao, Cheng.(1986). *Analysis of Panel Data*. New York: Cambridge Univ. Press.

Inman, R.(1979). *The Fiscal Performance of Local Government*, John Hopkins Univ. Press.

Johns, R. L., Morphet, E. L. & K. Alexander(1983). *The Economics and Financing of Education*. (4th ed.). Prentice-Hall.

Johnson, Eric R.(1998). "Recommended Budget Practices: Incorporating Stakeholders into the Process." *Government Finance Review*. 14(4).

Jones, Thomas H.(1985). *Introduction to School Finance: Techinique and Social Policy*. Macmillian Publishing Co.

Kaufman, George.(1981). *Debt Management. Richard Aronson and Eli Schwartz. Management in Local Government Finance*. ICMA: 314.

Kim, Jeong Wan(1996). "Local Tax in Korea: Regional Disparity and Its Determinants," *Korean Social Science Journal*, Vol. xxii, Korean Social Science Research Council, Korean National Commission for UNESCO.

Kravis, Irving B.(1960). "International Difference in the Distribution of Income." *Review of Economic and Statistics*. 42: 408-410

Lamb, Robert & Stephen P. Rappaport(1987). *Municipal Bonds*. McGraw-Hill Book Company.

Leibenstein, H.(1970). *General X-Efficiency Theory and Economic Development.*

Looney, R & P. Frederiksen(1981). "The Regional Impact of Infrastructure Investment in Mexico." *Regional Studies*. 15: 285-296.

Mera, K.(1973). "Regional Production Functions and Social Overhead Capital: An Analysis of the Japanese Case." *Regional Urban Economics*. 3: 157-186.

Mikesell, John L.(1982, 1986). *Fiscal Administration: Analysis and Applications for the Public Sector*. Illinois: The Dorsey Press.

Miller, Thomas I., & Michelle A. Miller(1991). "Standards of Excellence." *Public Adminstration Review*. 51(6).

Myrdal, G.(1957). *Economic Theory and Under-Developed Regions*, London: Gerald Duckworth & Co. Ltd.

Nalbandian, John.(1991). *Professionalism in Local Government: Transformations in the Roles, Responsibilities, and Values of City Managers*. San Francisco: Jossey-Bass.

Niskanen, W. A.(1971). *Bureaucracy and Representative Government*, Chicago: Aldine-Atherton, Inc.

O'Donnell, Edward T.(1997). "Though Not a Irishman: Henry George and the American Irish," *American Journal of Economics and Sociology*, 56(4).

OECD(1992). *Revenue Statistics of OECD Member Countries.*

———.(1994). *Revenue Statistics of OECD Member Countries* 1965-1993.

Ostrom, V.(1987), *The Political Theory of a Compound Republic*, The Univ. of Nebrask Presss.

Ostrom, Vincent & Elinor Ostrom.(1971), "Public Choice: A Different Approach to the Study of Public Administration," *PAR*, March/April.

Ostrom, V. C., M. Tiebout & R. Warren.(1961), "The Organization of Government on Metropolitan Areas: A Theoretical Inquiry," *American Political Science Review*, Vol. 55, Dec.

Pechman, Joseph A.(1966). *Federal Tax Policy*. Washington, D.C.: Brooking Institute.

Pindyck, Robert S. & Daniel L. Rubinfield(1991). *Econometric Models and Economic Forecast*. 3rd ed. New York: McGraw Hill.

Robbins, Mark D., Bill Simonsen, & Barry Feldman(2008). "Citizens and Resource Allocation: Improving Decision Making with Interactive

Web-Based Citizen Participation." *Public Adminstration Review*. May/June

Sayrs, Lois W.(1989). *Pooled Time-Series Analysis*. Newbury Park. California. Sage Press, Inc.

Seers, D.(1967). "*The New Meaning of Development*." *International Development Review*. Univ. of Sussex. March.

Shah, A.(2007). *Participatory Budgeting*, Washington, D. C.: The World Bank.

Simonsen, William & Mark D. Robbins.(2000). *Citizen Participation in Resource Allocation*, Boulder, CO: Westview Press.

Suits, D. B.(1977). "Measurement of Tax Progressivity." *American Economic Review*. 67: 747-52.

Tiebout, Charles M.(1956). "A Pure Theory of Local Expenditures." *Journal of Political Economy*. 64(5).

White, Wilon(1991). *The Municipal Bond Investment Advisor*. Chicago, Illinois: Probus Publishing Company.

Wildavsky, Aaron(1964). *The Politics of Budgetary Process*. Boston: Little, Brown & Company.

Williamson, J. C.(1965). "Regional Inquality and the Process of National Development: A Description of the Patterns." *Economic Development and Culture Change*. 13: 3-45.

Williamson, O. E.(1964). *The Economics of Discretionary Behavior*. Englewood Cliffs: Prentice-Hall, Inc.

Wolman, Harold & Barbara Davis(1980), *Local Government Strategies to Cope with Fiscal Stress*, Washington, DC: Urban Institute.

Wright, D. S.(1990). "Intergovernmental Relations, and Intergovernmental Management: Historical Reflections and Conceptional Comparisions," *Public Administrative Review*, 50(1).

찾아보기

ㄱ

ㄷ

ㄹ

ㅁ

ㅂ

부 록

Part I Theory of Local Finance

Chapter 1
Public Choice and Local Finance

Keynesian public finance theorists suggest that local finance as pure public goods be decided in the mechanism of political and administrative process. Whereas public choice theorists insist that it be proceeded in terms of market economy principles such as competition and choice. Public choice gives instructive and normative insights to local governments which face ceaseless increase of size, accumulation of debt, disagreement of demand and supply, and moral hazard. Tiebout model based on public choice is being empirically analysed in various circumstance settings. Tiebout model contributes to the values of democracy and capitalism by insisting that local finance be outlined by free exchange model. But it may aggravate imbalance among regions or income classes by largely accenting free market principles. Because it can not be a permanent alternative guideline, it should be applied jointly with other approaches

Key Words: public choice, Tiebout Model, public finance theorist, market failure, government failure.

Part II Local Tax

Chapter 2
Land Value Tax of Henry George

Henry George aims at exposing the reason why the poverty spreads widely despite the continuous social and economic progress, and suggesting policy remedies for it. George thinks that imbalance of income among society members is accrued to the fact that the land among three production facts -land, capital, and labor-monopolies the produced value-added in form of the rent. Under such income distribution context, the private ownership of the land leads to wealth disparity in which the land owners get richer at expense of the laborers. He suggests a new policy recommendation to improve income imbalance while sustaining the basic liberal capitalism economy system. That is, individual ownership of land is absolutely guaranteed, but the windfall or value-added which accrues from the common effort of community members and natural condition or the land location should be gathered in the name of the land value tax. In turn the land value tax should be used as income redistribution fund. And its revenue is enough to pay for all the public outlay and substitute the other taxes.

Key Words: Henry George, the land value tax, income redistribution.

Chapter 3
Regional Disparity of Local Taxes

The various policies to enlarge local finance have being suggested since the local autonomy restarted. Besides size enlargement of local finance, balance among local governments have to be considered. This study analyzes inter-governments disparity and holding rate of local taxes which are basis of local finance, and then searches for economic factors determinating local tax distributions. Such findings of this study describe that overall disparity of local taxes is more serious than other local economic indices like GRDP. In a perspective of the tax resources, consumption and income taxes are more unbalanced than property taxes. In a view of the tax usage, earmarked taxes are more uneven than universal taxes. And in a point of taxing agent, upper level government taxes are more lopsided than lower level government taxes.

In the field of interregional holding rate of local taxes, the capital area acquires more portions than the southwestern area like Jeonnam and Chungnam. Such interregional disparity of taxes results from unbalance of tax resources which consists of service(3rd) industry rather than agriculture and forestry(1st) and manufacturing(2nd) industry. Therefore for achieving the balanced tax revenue among local governments, it is necessary to implement policy aiming at balanced regional development leading to proportional tax resources distribution and change taxing agent according to tax disparity.

Key words: local tax, tax disparity, tax resources, taxing agent, GRDP

Chapter 4
Tax Resources of Local Government

Local governments have confronted increasing financial demand since local self-government was reintroduced. First of all local taxes as independent fund are expected to be raised. But because local tax revenue consists of largely property taxes which is inelastic to economic growth compared with income or consumption taxes, it is not enough to correspond with overall financial demand. Thus consumption taxes are required to be enlarged. Tourist tax as new promising consumption tax is being recommended in fact that it is stable independent tax resources, user charge, and regional development means. Tourist tax can enhance financial self-sufficiency degree of 0.63% in case of 5% tax rate and 1.19% in case of 10% tax rate in Pocheon Si But In order that tourist tax succeed, several points should be considered. Such as overlapping taxation with national taxes, tax export, and regional financial imbalance are considerations.

Key Words: tourist tax, tax export, consumption tax

Part III Rearrangement System of Local Finance

Chapter 5
New Administrative Demands of Local Share Tax

Local Share Tax is expected to reset its status and guideline as its size is growing and its role is changing. Up to now Local Share Tax has been largely distributed on the basis of regional equity. Thus Local Share Tax has occurred several dysfunctions that it suffocated self-effort of local governments and brought about the distortion of resources distribution among regions because it has been distributed regardless of regional administrative demand. Now Local Share Tax should not only accept equity but also efficiency of resources distribution as the standard of its allocation. Gyunggi-do faces various fiscal demands that should be met by Local Share Tax. That is to say, it suffers from large efflux of GRDP, fiscal revenue shortage occurred by fiscal decentralization in 2005, and fiscal complimentary demand to compensate broad land usage regulations aiming at national environmental and military policy purpose. It should not be considered as regional egoism but advancement and sophistication of Local Share Tax that it reflects such fiscal demands of Gyunggi-Do.

Keywords: Local Share Tax, Gyunggi–do, GRDP, regional equity

Chapter 6
Incentive System of General Local Share Tax

A new standard for distributing General Local Share Tax is demanded as the local governments face the new competitive environments. The self-effort as a new distribution standard is needed. This study analyzes the existing incentive system of General Local Share Tax, which has been acted since 1996, and suggests a developmental alternative. For the aim, such preconditions as the size of incentive finance, measurement index of self-effort, and targeted local government level are to be suggested. New model of the incentive system accepts three indices of self-financing, economy, and fiscal soundness. And it allots ten percent of total General Local Share Tax to each upper local government based on its accomplishment of three indices. Measurement findings of the present self-effort of local governments address that they are passive and unwilling to enhance their self-efforts and confirm it is necessary to accelerate incentive system in distributing General Local Share Tax. Results from simulation of indices suggested in this paper improve regional equity compared with existing system. And they present that evaluating indices are demanded to be exchanged for the alternative indices newly suggested.

Key Words: General Local Share Tax, incentive system, self–effort, alternative indices, self–financing

Chapter 7
Responsbility of Local Government for Local Educational Finance

The contribution of local governments to local educational finance is weak because the independence of local education from general local government is overemphasized in Korea, even if local education is the basic affairs of local government. But because local education is essential part of local government, it is necessary to raise care of local government for local education and its finance. The incentive system, in which a certain part(10%) of Local Education Share Tax is distributed to local governments in according to their contributions and self-efforts for local educational finance, is recommended. It is necessary for such incentive system to succeed that the development of self-efforts index, the choice of targeted local government level, and the size of incentive finance are to be preset. Besides, the competitive mood for local educational finance has to be spreaded among local governments.

Key Words: local educational share tax, incentive system, self-efforts

Chapter 8
Influx and Exflux of Regional Product and Financial Compensation

The real regional economy consists of both regional growth and distribution. Nevertheless so far the regional distribution is thought to be naturally accompanied by regional growth. But like in Korea where the discrepancy between working place and living place is common, the mismatch between regional growth and distribution can be large. Actually such phenomenon is widely found. The value added as a result of regional economic activities influxes and exfluxes among the regions. Commonly value added flows into the Capital from local area in whole country, metropolitan from provincial area in the local level, and Seoul from surrounding area in Capital area. Consequently the inefficiency of resources distribution and the inequity of income redistribution among the regions takes extensively place in Korea.

Thus a part(5%) of value-added tax, national tax on the value added which flows out and into other regions, needs to equally be redistributed to the regions which suffer from exflux of valued added in according to the exflux amount by means of a revenue sharing between central and local governments

Key Word: GRDP, Value-Added Tax, Influx and Exflux of Regional Product

Chapter 9
Redistribution Criteria of Local Financial Compensatory Grant

The regional economy consists of both the regional growth and the regional distribution. But there is not always concurrence between the regional growth and distribution in specially Korea where the residential place and working site are largely different. Thus the previous study(chapter 8) suggests that the rearrangement grant of local finance managed by the central government be needed to correct discrepancy between regional growth and distribution. This study deals with Kyunggi-Do which suffers from the most efflux of the regional economy. It analyses the influx and efflux of the regional economy of cities and counties in Kyunggi-Do and suggests the change of distribution criteria of the General Local Compensatory Grant, which is a representative local grant managed by Kyunggi-Do, to compensate the efflux of regional economy of each city and county. If the efflux of regional growth is to be considered as a new standard of distribution of General Local Compensatory Grant, it will promote the equity in its distribution and the efficiency in resource allotment among the cities and counties.

Key words: Regional Economy, General Local Compensatory Grant, Influx and exflux of regional growth

Part IV Management of Local Finance

Chapter 10
Web-based Model of Citizen Participatory Budgeting System

Citizen participatory budget as the world trends in local finance is aiming at fiscal democracy and efficient finance management. In developed countries, it maintains the complementary balance between off-line and on-line(web-based) methods, but the Korean local governments depend on largely the former. Even the North District of Gwangju Metropolitan City, the first practitioner and the most stable user of citizen participatory budget in Korea, is mainly based on off-line systems in which the representatives of citizens are entitled to take part in budgetary process, but it fails to attract relevant and available information from many citizens, rather results in participatory dysfunctions. Thus it is necessary to establish web-based participatory model in which real time, instructive, and interactive communication can take place between citizens and budgetary agency like Hartford town, Connecticut State. For such purpose, establishment of e-budget contents, specification of targeted budgetary items, securement of participants' representative, harmony with performance budget and double entry budget, and relevant role distribution between on-line and web-based citizen participation are demanded. The web-based citizen participation budgetary armed with such factors is expected to enhance fiscal democracy in the e-government era.

Key words: citizen participatory budget, fiscal democracy, web-based, e-budget, e-government

Chapter 11
Estimation of Reasonable Size of Local Debt

Washington County evaluated its current debt situation and estimated affordable debt level in the future aiming at sound financial management. Washington County set its objective at the average of 17 peer counties which have similar financial condition with itself. Based on calculated objective level, Washington County estimated out relevant debt level in considering various variables including population, individual income, general financial revenue, and property tax revenue for 20 years later. Such peer group analysis is reasonable approach for estimating affordable debt level specially in considering that there is not hard theoretic standard for relevant debt burden. Each local government competes to attract more population and business which decide their own location by evaluating combination of public goods and tax burden. In such competing relationship among local governments, peer group analysis can be more effective method than any other artificial standard.

Key Words: affordability, break–even year, debt burden, debt issuance, debt level, debt outstanding, debt service, direct debt, FMV: fair market value, GO: general obligation, GFOA: Government Finance Officers Association, overall debt, peer group analysis

Part V Regional Development and Local Finance

Chapter 12
Regional Balanced Development and Private Capital

Law for Attracting Private Capital aims at inducing extra capital and innovative mind of private sector to build SOC which is base for national economy. Attraction of Private Capital can contribute to efficiency, but it may bring about by-products including environment pollution, economy concentration, unfairness argument, and negligence of R&D. Besides because private capital moves specially on the base of profit and safety, undeveloped regions can not expect investment, as a result imbalance among regions gets worse. Thus at the same time as Law for Attracting Private Capital gets effective, several points which can activate investment in the unfavored regions have to be compensated, such as investment principle of public fund for undeveloped regions and private capital for urban area, attractive investment of public fund to induce private sector in risky area, and joint development of undeveloped and developed area.

Key words: Law for Attracting Private Capital, private capital, balanced regional development, SOC

Chapter 13
Regional Development and Foreign Capital

Local governments which face with demand of immense finance are recommended to utilize foreign capital which is more favorable in interest rate, available size, and repayment condition than domestic fund in the era of localization and globalization. Foreign capital can be attracted in forms of foreign bond issuance, public foreign loan, commercial foreign loan, and foreign direct investment, but it is not positively being used in reality. To actively attract foreign capital, enlargement of investment object, trust guarantee by central government, active transfer of foreign public loan to local government acceptance of foreign loan by central government, and positive establishment of free investment district have to be realized. And active mind and innovative thought of local governments to attract and utilize foreign capital is required in harmony with globalization era.

Key Words: credit loan, foreign bond issuance, public foreign loan, commercial foreign loan, transfer of foreign public loan

Chapter 14
Financial Precondition of New Large-Scale Local Government

Gyunggi-Do is much greater in population, physical size, and fiscal capacity than any other local government in Korea, so that it produces diseconomy of scale. Thus the necessity of dividing it into south and north and establishing new province in north area is being provoked. Such reestablishement of the local administration boundary requires both requirement and satisfaction factors to achieve the intended goal. First, requirement factors have to be analysed. In the north area because of mismatch between living and administrative area, low regional products and its efflux, and excessive regulation of land, the residents are suffering from relative poverty and underdevelopment compared with the south counter partners. Therefore a new independent province hall as a growth pole, which can promote the development of north area, is needed to be built. Next satisfaction factors have to be dealt with. The north area has enough population, area and fiscal capacity to maintain new administrative provincial authority.

Key Words: North Region of Gyunggi-Do, diseconomy of scale, growth center.

저자 소개

김정완(Jeong Wan Kim)

- 전남대학교 행정학박사(1994)
- 광주 · 전남발전연구원 책임연구원 역임
- 전라남도 중기지방재정계획 심의위원 역임
- 행정자치부 지방재정발전기획단 연구위원 역임
- 미 캔자스대학교(경제학과) 객원교수 역임
- 행정고시 문제선정 · 채점 · 면접위원 역임
- 한국행정학회 한국지방재정학회 한국거버넌스학회 등 주요 학회 이사 및 임원 역임
- 경실련 정부개혁위원회 위원(현)
- 한국정책연구 편집위원장(현)
- 현재 대진대학교 법무행정대학원장(겸)
  행정학과 교수(kjwd@daejin.ac.kr)

지방재정의 이론과 실제

Theory and Practice of Local Finance in Korea

펴낸날 / 제1판 제1쇄 2009년 8월 31일
지은이 / 김정완
펴낸이 / 임춘환
펴낸곳 / 도서출판 대영문화사
주소 / 서울 용산구 청파동 1가 178-2 ㊐ 140-869
등록 / 1975년 12월 26일 제3-16호
전화 / (02)716-3883, (02)714-3062
팩시밀리 / (02)703-3839
우체국 온라인 / 011353-02-009106

ISBN 978-89-7644-313-7

〔값 18,000원〕